本书部分资料来源于“**古蜀文明早期遗址调查**”项目，为“**古蜀文明早期遗址调查**”项目成果之一。

四川省文物考古研究院博士文库

从三星堆遗址看成都平原文明进程

The Rise of Social Complexity on the Chengdu Plain: A View from Sanxingdui

万 娇◎著

科学出版社
北 京

内 容 简 介

本书通过对三星堆遗址陶器序列的完善和空间结构发展的分析，推测复原了三星堆“城长”的过程。此外，还通过对三星堆城市结构的还原、成都平原遗址分布和某些独特遗迹现象的分析，推测在三星堆甚至成都平原迈入文明过程中的关键所在。

本书适合于从事考古学、人类学、历史学等方面的专家、学者以及大专院校相关专业师生参考、阅读。

图书在版编目（CIP）数据

从三星堆遗址看成都平原文明进程 / 万娇著. —北京：科学出版社，2020.9

（四川省文物考古研究院博士文库）

ISBN 978-7-03-066252-1

Ⅰ. ①从… Ⅱ. ①万… Ⅲ. ①三星堆文化–研究②成都平原–考古–文化–研究 Ⅳ. ①K872.710.4

中国版本图书馆CIP数据核字（2020）第182746号

责任编辑 雷 英
责任校对 邹慧卿
责任印制 赵 博
封面设计 美光设计

出版发行 科学出版社
北京东黄城根北街16号
邮政编码 100717
网 址 http://www.sciencep.com
印 刷 北京厚诚则铭印刷科技有限公司
版 次 2020年9月第一版 2025年3月第四次印刷
开 本 720毫米×1000毫米 1/16
印 张 25 插 页 12
字 数 504 000
定 价 220.00元
（如有印装质量问题，我社负责调换）

三星堆遗址研究的新成果

——万娇《从三星堆遗址看成都平原文明进程》读后（代序一）

广汉三星堆遗址是中国长江上游地区规模最大、保存最完好的先秦时期遗址，也是三星堆文化命名的典型遗址，三星堆遗址的研究对于认识成都平原的先秦文化以及中国早期国家的形成和发展，都具有重要的意义。由于三星堆器物坑的发现吸引了国内外绝大多数研究者的注意，以及三星堆遗址的考古报告长期没有刊布等原因，三星堆遗址本身的考古研究一直相当缺乏，制约了成都平原及四川盆地先秦文化研究的深入。四川省文物考古研究院的副研究员万娇在北京大学考古文博学院攻读博士学位期间，一直关注三星堆遗址的考古发现和研究，在所在单位四川省文物考古研究院和三星堆工作站领导和同事的关心和支持下，选择了三星堆遗址作为博士学位论文的主要研究对象。现在读者看到的这本《从三星堆遗址看成都平原文明进程》的新书，就是万娇在她的博士学位论文的基础上，修改、增补和强化完成的。在北京大学考古文博学院学习期间，我先后担任过她的硕士生导师和博士生导师，对她的学术经历和研究特长比较了解，自然有责任对该书的写作背景、主要内容、学术贡献以及还需继续探讨的问题做些介绍，以权作该书的导读和书评吧。

该书作者万娇博士是土生土长的四川人，她从南京大学历史学系考古专业毕业后，就进入北京大学考古文博学院做研究生，由我担任她硕士学位论文的指导教师。那时我正好致力于滇东黔西青铜文化的考古研究，因而也就建议万娇在云南选取一个相关的研究课题作为硕士学位论文的选题，后来出版的《苍洱地区史前文化》（文物出版社，2013年）一书就是她在硕士学位论文基础上完成的。万娇结束北京大学研究生学业后，进入四川省文物考古研究院工作，我是很希望她在四川继续开展云南高原先秦至汉晋时期文化的研究（四川西南部也就是凉山彝族自治州也在云南高原的范围内），但因单位工作安排和她自己兴趣的缘故，她在一段时间内都在帮助同事们鉴定不同遗址发掘的动植物遗存，自己还参与发掘了成都平原上什邡县的桂圆桥遗址，并负责整理其中的早期遗存，辨认出成都平原已知最早的新石器时代文化，提出了“桂圆桥文化”的命名。桂圆桥遗址包含了三星堆遗址第一期遗存（即宝墩村文化），该遗址的地理位置也在距离三星堆遗址不远的沱江冲积扇上，发掘了桂圆桥遗址的万娇自然也就会关注三星堆遗址的早期遗存。因此，当她又一次进入北京大学考古文博学院攻读博士学位之时，她就将博士学位的题目锁定在了三星堆遗址的基础研究上。本来，我是不希望自己的硕士生毕业后在博士生期间继续由我担任导师的，这样容易因导师学识和知识的缘故制约学生的发展，因而我曾经建议万娇选择三星堆遗址及其相关时期的成都平原农业作为她博士论文选题，并请长于史前考古和植物考古的张弛教授和秦岭副教授担任她的博士学位导师。万娇尽管对植物考古很感兴趣且受过植物考古的训练，但由于三星堆遗址的既有植物标本和她自己在遗址青关山地点发掘浮选的植物标本都不理想，不得已只好利用三星堆工作站历年考古发掘所获的陶器标本，改换论文题目，研究遗址分期、布局以及区域相关文化发展过程这些基本问题。张弛教授和秦岭副教授也以不太熟悉三星堆遗址和文化为由，又将万娇论文的指导责任还给了我。在万娇收集资料和撰写论文的过程中，长期主持三星堆考古工作站工作的前后两任站长，陈德安研究员和雷雨研究员给予了很大的支持和帮助，才有万娇博士学位论文的顺利完成和书稿的成功修订，这是需要特别感谢的。

万娇《从三星堆遗址看成都平原文明进程》一书，全面收集了三星堆遗址、成都平原及相关地区历年来的考古发现和研究成果，并亲自发掘和整理了桂圆桥遗址全部、三星堆遗址部分考古资料，基于这些新的资料，作者根据典型层位和陶器类型的排比，对三星堆遗址的考古材料重新进行了分期编年，进而探讨了三星堆遗址各期主要遗存的分布及其功能，在此基础上对成都平原从桂圆桥到十二桥两千多年的文化发展进程进行了探讨。全书分为六章，第一章绪论是对三星堆遗址和成都平原史前及原史时代考古发现与研究的学术史回顾，第二章是三星堆遗址陶器的排序分期和遗址的分期编年，第三章是成都平原公元前3～前2千纪间几种文化先后关系的分析，第四章是三星堆城址的结构及结构要素时间先后的考察，第五章则是从水利和作物两个方面对成都平原文明进程的探讨，第六章是结语。我阅读该书后，认为该书材料丰富而翔实，结构合理且清晰，论述有理且有据，结论也颇多新意，是三星堆遗址和成都平原青铜时代前期文化发展进程研究的新成果。该书的学术贡献主要体现在以下几个方面：

首先，作者基于三星堆遗址已经公布和未曾公布的考古材料，以地层叠压打破关系为依据，通过不同年度不同地点资料分别排序分析，从地点到遗址，从具体到一般，对三星堆遗址进行了更为详细和全面的综合分期，将该遗址的遗存划分为三大期八小期12阶段，给三星堆遗址、三星堆文化和成都平原龙山至西周时期考古材料的分期断代竖立了一个更加细密的标尺。这个分期标尺包括三个刻度：一是考古分期中最常用的以陶器群、陶器组合和陶器型式变化作为主要指征的器物分期，考古学界一些研究者也将其视为遗址乃至于文化的分期，它使得三星堆遗址及其相关文化的分期有了视觉上的可视性，也使得分期标尺上的刻度能够标识得更加细致；二是三星堆聚落和城邑演变过程和三星堆遗址文化遗存堆积过程的分期，这种分期尽管可以陶器的多寡部分体现出来，但更主要的是每个时期文化堆积的广度、厚度和不同品级遗存的丰俭程度，以及包括城邑的城墙、城壕、大型建筑、工场等的有无和复杂程度的变化，它们共同指示着三星堆遗址的兴起、发展、鼎盛和衰落的发展演变进程；三是以三星堆遗址的三种文化作标尺，串联分析了相关的什邡县桂圆桥遗址及成都十二桥和金沙遗址，除了强化论述了先前就已经提出的桂圆桥文化外，还提出并论证了桂圆桥文化→桂圆桥二期→宝墩村文化→三星堆文化→十二桥文化的公元前3000～前1000年间成都平原的文化序列，为进而探讨成都平原的文明进程奠定了基础。

其次，万娇博士在遗址分期的基础上，对三星堆遗址的平面格局进行了细致的考察。她通过细致分析三星堆古城西南部的三星堆土台（即她所说的“三星堆城墙”）内外文化堆积的时代、房屋遗迹的时间异同，推断在三星堆第一大期即宝墩村文化之时，有可能就存在三星堆小城；她通过三星堆遗址的水道与城墙的关系以及城墙夯筑技术的异同，提出三星堆古城西北部的月亮湾小城的城墙可能在三星堆第一大期即宝墩村文化时期就已经存在，三星堆第二大期即三星堆文化城邑是在先前基础上营建的见解；她通过三星堆城址东北部小城即“仓包包小城”相关遗迹的比较分析，如小城南城墙的夯筑方法与大城南城墙相似，小城南城壕至大城东城墙后沿城墙内向南的现象，结合^{14}C测年数据，推测仓包包小城可能晚于大城东城墙而与大城南城墙基本同时。在具体分析三星堆城址各组成部分的基础上，万娇博士勾勒出了三星堆城邑的形成、兴盛和衰落的发展过程，提出早在桂圆桥文化向三星堆文化的过渡阶段（即万娇分期的第Ⅰ段），在“几”字形古马牧河的河曲内就形成了聚落；以后的宝墩村文化鼎盛时期（即万娇所划分的第Ⅲ段），聚落除了扩展到马牧河以北的月亮湾地点外，可能还在马牧河与鸭子河间形成了拥有大型建筑的月亮湾小城。随着三星堆文化兴起（第Ⅵ段时），三星堆大城的东城墙开始营建，月亮湾小城大型建筑增多且出现了器物坑，而三星堆小城内先前的房屋却被毁弃并没有再重建；到了三星堆文化晚期（第Ⅷ段时），月亮湾小城继续繁华，还新建了仓包包小城和外城的南城墙，三星堆小城以南的区域也得到开发。在三星堆遗址第三大期之时，月亮湾小城的青关山大型建筑被平毁，大城西城墙上出现了房子，城内文化堆积明显减少，“三星堆遗址这一延续千年的中心聚落彻底衰落”。这些，都是目前对三星堆遗址发展演变的最全面和最具体的阐述。

其三，万娇博士基于对成都平原及其周边地区现今自然环境和历史自然环境资料的梳理，考察了成都平原从桂圆桥文化到十二桥文化遗址分布的变化，阐述了一系列有关成都平原早期文明进程的新观点。她通过岷江上游地区与成都平原地区新石器时代遗址此消彼长的时间观察，认为岷江上游营盘山、姜维城等遗址的马家窑文化的人们，可能是受到发现更适合人类生息的成都平原的吸引，翻越九顶山或沿着岷江河谷进入成都平原，形成了桂圆桥文化和宝墩村文化的聚落。她通过岷江和沱江冲积扇的洪水和降雨信息的归纳和分析，认为新石器末期的人们进入成都平原不久，就在成都平原陆续筑城，其最初的筑城动机就在于“筑城以防洪”，并且正是由于洪水的威胁和破坏，使得人们不得不放弃规模宏大的岷江冲积扇的宝墩村城址，迁徙到洪水威胁较小的沱江冲积扇，促进了沱江流域的开发和社会的发展，形成了三星堆文化和三星堆城这个中心。她通过分析早期卫星影像和相关文献记载，提出马牧河可能是从三星堆时期就已存在的古河道，在三星堆城西北的马牧河上游应该存在一个类似都江堰鱼嘴的分水工程设施，正是水利技术的成熟和水利设施的修建，是三星堆文化兴盛表象背后的重要动因。这些，尽管都不一定是定论，却也都是具有新意的研究结果，具有学术价值。

除了上述三方面的学术贡献外，万娇博士此书还有不少新创见。例如，成都十二桥遗址的木构建筑遗迹，建筑史学家将其复原为水滨的曲尺形居住建筑，但万娇博士却根据遗迹埋藏现象，论述了该建筑遗迹为水滨码头的栈桥及仓储管理类建筑。再如，成都方池街遗址的驳岸遗迹，先前已有学者指出它们的水利工程属性，但解释可能还存在问题；万娇博士对方池街遗址重新进行了复原，将其重新复原为东外江而西内江，鱼嘴在外江分水嘴处，内外江间为分水平梁的结构布局，其复原更加合理。这些新见在书中还随处可见，读者自可发现和评判，我这里就不再列举了。

万娇博士《从三星堆遗址看成都平原文明进程》一书，所用材料多未发表，具有材料新的优势；所论问题也有新材料做依据，具有论据新的长处；所得结论也多首次提出，具有观点新的特点。此外，该书的研究内容也都是区域考古的基础性研究问题，具有延伸研究和扩展研究的可能性。但是该书有些问题的结论也还存在可商之处，有的论述也还有待于进一步补充强化。这些问题如下：

在三星堆遗址的分期编年上，大概因为材料的限制和自己对于材料烂熟于心的缘故，万娇博士将注意力主要集中在了期段之间陶器特征的分别上，而包括我在内的读者首先需要分辨三星堆遗址三个大期的文化特征，然后是每个小期的区分特征，至于各小段之间的细微差别，恐怕除了参与过三星堆遗址发掘和资料整理的研究者才能够领悟了。关于三星堆遗址各期段的绝对年代，万娇博士似乎有过于依靠^{14}C测年数据之嫌，根据有限的这些数据，将三星堆文化的上限（第Ⅵ段）提早到公元前1900年，下限（第Ⅹ段）推晚到公元前1100年，整个文化的跨度长达800年。在万娇博士分期的三星堆文化最早阶段（第Ⅵ段），尽管还没有典型的二里头文化的陶器，但在第Ⅶ段却已经有二里头文化第二期的典型陶器，如果按照交叉断代的研究成果和二里头遗址新的年表，二里头遗址第一期不早于公元前1750年，第二期自然更晚，如果考虑到二里头文化可能在三星堆文化形成过程中的作用，以及远距离文化传播所需的时间，将三星堆文化的开始时间推定在公元前1900年恐怕有点偏早。三星堆文化与十二桥文化，也就是第二大期与第三大期的界限，万娇博士有这样的描述，“第三大期最大的特征在于尖底器的出现”，第二大期的“Ⅹ段”与第三大期的“Ⅺ段”之间的“演变关系并不明确，中间似有缺环”。作为第二大期最后一段的那个灰坑（2012GSFgT5388H11），其陶器仍然没有类似三星堆一号器物坑那样的早期尖底器，而三星堆一号坑的铜容器最晚也就是殷墟二期偏早阶段，也就是商王武丁在位时期，按照夏商周断代工程的拟合年表，武丁末期如果取其整数也就在公元前1200年左右，万娇博士推定的三星堆文化的下限似乎也有点偏晚。这样一早一晚，三星堆文化的年代跨度被拉长到800年，每个阶段的年代跨度达到了150～250年之久，其中最早阶段（第Ⅵ段）长达250年，相当于整个二里头文化的年代跨度（公元前1750～前1500年），这种可能性比较小。三星堆遗址和三星堆文化的年表，还有待于更多的系列测年数据，缩小整个文化和各期段的绝对年代跨度。

在成都平原的文化发展进程上，万娇博士发现并提出“桂圆桥文化”，并将其作为成都平原最早的新石器文化冠于宝墩村文化之前，这是一个重要的贡献。不过，桂圆桥遗址分为三期，第一期遗存属于桂圆桥文化，第三期遗存属于三星堆第一大期即宝墩村文化的范畴，这都没有疑问，有疑问的是第二期遗存究竟属于桂圆桥文化还是宝墩村文化。桂圆桥第二期文化层很薄，其中既有桂圆桥文化因素的陶片，也有宝墩村文化因素的陶片。万娇博士将桂圆桥第二期作为过渡期，这是从两种文化因素并存这个角度来考虑的，却也还须考虑另外一种可能性，即该期的早期陶片或许是早期地层扰入晚期地层的，这也是文化堆积的正常现象。桂圆桥第二期遗存有无可能就是宝墩村文化的遗存？这还是目前不能排除的一种可能性。也正因为如此，在成都平原公元前3000～前1000年的文化发展序列中，桂圆桥文化与宝墩村文化之间，目前似乎无须安插一个桂圆桥二期遗存作过渡期。与其将桂圆桥二期作为成都平原早期文化大的发展进程中的一个相对独立的阶段，还不如将宝墩村文化晚期（也就是宝墩村文化第四期，我所称的“鱼凫村文化”）作为过渡期更加恰当。在宝墩村文化晚期，出现了不少原先所无的新因素，聚落与墓地的关系出现了变化，墓葬规模变大，随葬品出现了类似良渚文化的玉锥形器、二里头文化的白陶漩涡器等奢侈品，将宝墩村文化晚期作为一种过渡文化，以此连接宝墩村和三星堆文化，可以更好地反映当时成都平原的社会变化。

万娇博士在成都平原文化变迁及其背后动因的分析上，十分注重环境因素对文化的影响，认为岷江冲积扇宝墩村文化城邑和聚落的消失与洪水有关。成都平原古城的兴起以及三星堆遗址的筑城，有些的确可能具有防御洪水的功能，尤其是像三星堆大城临近鸭子河的北城墙和临近马牧河的西北小城南城墙等内城墙，应该都兼有防御外敌和防御洪水的双重作用。不过，成都平原西北高而东南低，地面比降3‰～11‰，河流从西北流向东南，除了在东南部的龙泉山前会有河流流速减缓的壅水现象外，其余地区河流的流速都较快，洪水会迅速通过河流排出至下游地区，宝墩村文化城址都分布在成都平原中西部，围绕今成都市区分布，城址分布地带的总体地势高于周边地区，洪水的威胁相对于成都市区一带应该是较小的。再说，无论是岷江冲积扇还是沱江冲积扇，其地貌都是整体平整而局部起伏，如果生息在这里的人们经常受到洪水威胁，他们自然会将聚落和城邑规建在当地地势较高的区域。洪水来得快也退得快，发洪水的时候自然会对靠近水滨生活的人们，以及生息在相对低洼处的人们造成威胁，但不会对整个自然地理区域的人们造成威胁。当时的人们只要有一段时间的定居生活经验，就可以知道聚落选址和城邑选址的恰当位置。洪水总是周期性的，或许十年一遇，而百年一遇就少见，千年一遇的洪水在这个时期是否会遇到都很难说。即使当时的聚落和城邑遭到洪水的侵袭，避难的人们在洪水过后通常也会返回原先的家园，很难想象沱江冲积扇的宝墩村文化的人们会因为洪水全都迁居至沱江冲积扇。应该注意的是，随着三星堆文化的兴起，不仅成都平原的岷江冲积扇几乎没有早先居民的邑聚，就连四川盆地及其周围地区的其他地方先前文化的遗址也陡然消失。成都平原以外的丘陵和岭谷地区，河川附近就是洪水不能到达的山丘和高坡，面临洪水时人们完全可以就地后靠，没有必要远迁他处。三星堆文化形成过程中宝墩村文化聚落的消失，以及三星堆文化发展过程中成都平原及其周边地区聚落的消减，恐怕不能只从洪水的角度来解释，还需要考虑其他可能的历史原因。

三星堆遗址既是包含了三个延续的考古学文化的典型遗址，也是有别于中原文化的古蜀文化中心都城，并且在城市规划建设、宇宙观念和宗教崇拜上又自己创造的独特城址，目前的研究还不能完全揭开笼罩在三星堆遗址及其相关文化上的神秘面纱。令人欣喜的是，最近在三星堆遗址南部的原三星堆一、二号坑之间又发现了多个新的器物坑，三星堆古城北部先前曾经发现玉器坑和陶瓦件的地点也将开始新的考古发掘工作，另在三星堆古城以西的仁胜村地点的发掘也揭示了该地点的时代和功能，这些新的考古讯息意味着三星堆遗址、三星堆文化和古蜀文明研究的一个新的热潮即将到来。

我们期待着。

北京大学考古文博学院　孙　华

2020年8月15日

序二

《从三星堆遗址看成都平原文明进程》，我看到的是万娇发给我的一个比较简陋的电子版，但比她以前装订得很漂亮的博士论文《从三星堆遗址看成都平原文化演进》内容丰富了不少。三星堆最近的发现很精彩，我想这也给万娇增添了不少勇气，“文化演进”变成了“文明进程”。

三星堆是一个历时很长的超大型遗址，我们既往的工作，还远远没有揭露出遗址的本来面目，有些东西要下定论还很困难。不过她提出一期有城，而且通过对城墙形成过程的分析，认为一期的城墙很可能是现有城墙的最早部分，这还是让我蛮惊喜的，这个思路很有意思，从城墙的厚度、结构去逆推城墙的年代和形成过程，有一定的合理性，但从推论到证实还是需要过程的，三星堆一期没有发现城墙，的确是个遗憾，但我坚信一定会有，期待以后新的城墙解剖。

三星堆城址的结构以及城墙与水系的关系，也一直是大家的兴趣点，万娇通过各种资料加上想象，做了复原，对不对先不说，但这是首次对三星堆城址的结构做出的一个相对全面的复原推测，从而为大家理解三星堆城址提供了一个新的视角。

另外，她对水利的关注和大胆推测，尤其是沿马牧河上溯至小石河分岔口的水系和地貌分析，也是一个亮点。她认为逐渐成熟的水利技术是导致三星堆遗址从一期开始兴起、兴盛并最终进入青铜时代、拥有灿烂文明的一个关键因素，而与三星堆一期文化基本同时期的、岷江流域的宝墩文化却因为水利技术的欠缺而逐渐没落、消失。这个解释非常吸引人，她也创新性地复原了方池街的水利设施结构，作为三星堆存在类似水利结构的辅证。不过，从推论到实证需要大量的田野工作，万娇只是提出了猜想，尚需实证。

万娇是四川省文物考古研究院第一个边工作边读博的博士，听说是未经批准擅自从工地偷偷溜到北京参加的考试。考上后，院里总体认为这是一件好事，虽然程序上不太对，但总还是要支持的，就象征性地扣点工资、罚点钱，并没有通报批评。当时万娇好像沉浸在被录取的喜悦中，也没在意扣了多少，但我想金额一定不大，没影响到生活。打那以后，我们院的年轻同志似乎搞懂了院里对报考在职博士的态度，因此即使工作再忙，也都一个接一个义无反顾地去报考在职博士，一边工作，一边提高，这是好事。

作为我院第一个勇敢去念博士的小小师妹（其实是师侄），我是非常支持的。之前我主持发掘桂圆桥遗址的时候，万娇就参与了发掘，后来还把其中的早期部分整理成简报发在《文物》上，我因为整理三星堆遗址的综合报告，无暇他顾，同时认为就此锻炼一下年轻人，也是好事，于是让她独立完成了整理和简报编写，但后来觉得桂圆桥的这篇简报还是过于简单了点，既然提出了“桂圆桥文化”的命名，信息还应该再丰富一些，这是后话。

2012年，三星堆遗址得益于“十二五”考古工作规划重启发掘，万娇的博士论文想写四川盆地的植物考古，像三星堆这么重要的遗址，自然是不能放过的。她想做一个自主的发掘，要浮选、要筛土、要系统地提取资料，好像计划得很好，我很赞成，就给她配备了足够的人员，为了探方的选址，还派如今的网红“曾（卷柄）院士”去青关山实地钻探，她选来选去，选了青关山T5388来做发掘，说是要把两级台地的地层连接起来，我也觉得挺好。但是开挖两天，她就放弃筛土了，因为南方黏糊糊的土，实在是筛不动。三星堆遗址的堆积特点，一是遗物丰富，出土陶片特别多；二是遗迹丰富，叠压打破关系十分复杂，田野工作非常考验人。万娇的发掘常常受挫，所以一个4米×4米的探方，从2012年底挖到了2015年初，她挖完的时候我也松了一口气。不过我觉得她多少有些拖延症（这点有些像我），前面两年都不怎么看到她，探方也挖得断断续续的，夏天暴雨，探方壁再怎么给搭上防雨布还是要局部垮塌，虽然最后的探方壁得益于“曾院士”高超的铲边技术，看上去也非常平整、光滑，但早已不是原来的探方壁了。断续闪现两年后，2014年底的一天，万娇突然来了，来了就一直没走，探方、库房、办公室，各种认真、努力、挑灯夜战，看得我都很感动，但我想如果早两年如此，博士论文应该会更加精彩的。

她抱着写四川早期农业的初衷去挖青关山T5388，到最后发现材料不理想转而去分析三星堆的分期和聚落结构，这个弯转得比较急，还好三星堆的材料足够多，即使很多还未正式发表，但她可以放心地用。大堆大堆的田野材料支撑起了论文的基础，不过基础分析都比较枯燥，得有耐心阅读，我因为材料熟悉一点，可以看得快一点，坦率地讲，有些观点与我的认知有些冲突，但立一家之言应该问题不大，后面的城市结构分析和文明进程分析更有意思一点，也有很多新意，但有待进一步论证的地方也很多，有的地方看起来是推测，其实猜测的成分更多一些，希望读者在阅读时注意分辨，没什么不好，只是还需要多做工作，结论未来有被推翻的风险，当然，也不排除被证实的可能，谨此。

四川省文物考古研究院　雷　雨

2020年8月18日于三星堆遗址工作站（老站）

目　　录

第一章　绪　　论

1.1　选题的缘起和意义

成都平原所在的四川盆地是一个相对独立的地理单元，四周群山环抱，道路艰险。正是这样的地理格局，使以成都平原为核心的古蜀国相对独立地发展，最终发展成桂圆桥文化—宝墩文化—三星堆文化—十二桥文化这样一脉相承的考古学文化序列，形成具有自身特色的青铜文化。同时，这样的地理环境也为学者的研究界定了一个相对单纯的空间范围。即便是讨论盆地与周边文化的交流，因出入盆地的通道有限，基本都一一可考，这为探究成都平原文化如何与外来文化交流互动，并在何种影响下发展，提供了绝好的限制条件。

近年来四川考古蓬勃发展，桂圆桥遗址、宝墩史前城址群、金沙遗址、三星堆遗址、十二桥遗址群等的发现、调查、勘探和发掘，逐步搭建起成都平原的考古学文化序列框架。盆地外围，三峡考古成果丰硕，西北岷江上游汶川姜维城、茂县营盘山、金川刘家寨遗址等相继发掘，岷江上游地区部分流域也进行了调查。西南以麦坪为代表的瀑布沟水库淹没区遗址群发掘并逐批公布材料。东南以叫化岩、石柱地为代表的向家坝水电站淹没区遗址群发掘。“十二五”以来，三星堆遗址开始勘探、发掘，逐步探索城内的空间布局和发展演变，并对城周围区域展开调查，取得了一系列丰硕的成果。这些新的考古材料的积累为研究提供了丰富的素材，对探讨四川盆地早期文化的传播，以及文化在成都平原的发展搭建了很好的材料平台。

由于《田野考古工作规程》中有对早期遗址需进行浮选的硬性规定，四川地区植物考古也随之蓬勃发展，越来越多的浮选报告披露了遗址作物种植等植物资源利用信息。材料的积累也为探讨四川地区的史前时代农业提供了基础。

而这些材料的富集，让我们渐渐有了探讨成都平原生业形态的“资本”，尤其对成都平原的农业结构有了更准确、更清晰的认识。进而可以对成都平原迈入文明的基础有更深入的理解。同时，农业的传入、发展和变革，会从另一个隐秘的角度，印证或者诠释成都平原文化发展的影响来自何方。

考古材料与史书记载都是认识过去非常重要的素材。与考古材料的微观、随机、复杂、真实不同，传统的史书记载虽然更宏观、系统，但经过时间的沉淀（淘汰）和编写者的裁剪，再加上中原本位的立场，具体到四川，古蜀国的早期历史语焉不详、面目模糊，并且记载的史料严重背离已知的常识，真实性堪忧，一直被当作传说看待。但四川作为中国西南疆域重要的组成部分，古蜀是中华文明多元一体历史进程中的一个典型代表，其实为我们更深刻地认识中华文明形成的历史进程提供了别样的视角。

早在民国时期，梁启超先生就敏锐地提出：“旧史因专供特殊阶级诵读，故目的偏重政治，而政治又偏重中枢，遂致吾侪所认为极重要之史迹，有时反阙不载。试举其例：如巴蜀滇黔诸地，自古本为中华民族文化所未被，其次第同化之迹，治史者所亟欲闻也。”①

正如梁先生感慨，二十四史读下来，往往是读了很多帝王将相等人物的故事。而像新石器时代到青铜时代这种处于文字萌芽和肇始期的历史，史料的记载更是相当缺乏，甚至连很多“故事”都没有被记下来，更遑论微观的历史细节。

考古则不然。考古面对的主要是直观的、微观的遗迹现象。能与什么样的历史人物关联，对应上什么样的宏观历史或者抽象出什么样的社会认识，往往是仁者见仁、智者见智。尤其是文字资料缺乏的史前时代的研究，更是严重依赖考古学家的孤军奋战。并且，除开一些特定的高等级遗迹，考古发掘的主要对象还是普通的基层社会组织和日常生活遗迹。这些琐碎的细节，正可资以从另一个角度重书历史。梁启超先生的遗憾，并不是书读得不够，而是史书记载中相关史料的匮乏，这样的缺憾，无法起古人于地下，只能通过地下埋藏的古人活动遗留下的遗迹和遗物来推测，也就只能由考古来解答了。

因为考古的蓬勃发展，比之于博学的梁先生，我们有幸亲见他认为的“化外

---

① 梁启超：《中国历史研究法》，中华书局，2009年，5页。

之地”并非一片蛮荒，甚至能把他笼统的“自古”标上刻度，一步一步地揭示成都平原上古蜀文化次第发展之迹。

1.2 研究范围的限定

本书拟以三星堆遗址为切入点，讨论成都平原早期文明的形成与发展。三星堆遗址是成都平原目前可见的沿用时间最长的遗址。遗址内堆积丰厚，历经千余年发展，最终形成了高等级、大体量、结构复杂的“城”。三星堆遗址作为成都平原的中心聚落，其复杂化过程是成都平原文化演进的集中反映。

从目前的发现看，成都平原内遗址间交流频繁、联系紧密，文化面貌趋于相同，显示出同根同源同发展的总体特点。故本书虽然以三星堆遗址的发展为主线，但对三星堆遗址的探讨，离不开整个成都平原的发展，而三星堆遗址的发展在成都平原的文明进程中扮演了非常关键的角色。成都平原的文明进程从考古学的视角看，就是成都平原考古学文化演变、兴替的过程。成都平原文化的演进，又与周边先进文化的交流和影响密不可分。

所以，本书讨论的核心遗址是三星堆遗址，重点讨论范围是成都平原，同时，涉及对周边地区文化交流的探讨。

1.2.1 研究空间范围的确定

四川盆地是一个相对独立的地理单元，大致以广元—雅安—叙永—奉节四点连线为界，分为盆地和盆缘山地两部分。盆地内地理环境十分复杂，大致可以分为三个区域：盆地东南部为一系列平行的山岭和谷地，构成盆东岭谷地区；盆地中部的广大地区丘陵广布，起伏和缓，相对高差不大，构成盆中丘陵地区；龙门山以东、龙泉山以西为成都平原，是我国西南地区最大的平原，长约140、宽40～50千米，气候温润，地势平坦，河渠纵横，村庄星罗棋布。

成都平原内气候条件、地理环境相差不大，雨量充沛、土壤肥美且宜于耕作，动植物资源丰富；并且成都平原也是四川盆地进行考古调查和发掘工作最多、最好的区域，也是公布资料最丰富、最详细的区域。本书以三星堆遗址为切入点讨论文化演进，而三星堆的发展不是孤立的，其根源和支撑还在于更为广阔的成都平原。故此，成都平原是本书讨论的主要空间范围，而在与周边文化交流部分，会涉及周边主要文化及盆地内相关区域。

1.2.2 研究时间范围的确定

本书既以三星堆遗址为切入点讨论成都平原文明进程，成都平原已知最早的遗址是新石器时代晚期末段的桂圆桥遗址，故研究的时间上限设定为桂圆桥遗址早期，也就是距今5000年左右。又因桂圆桥遗址和川西高原密不可分，讨论部分会适当向前延伸至马家窑文化晚期，也就是距今大约5500年。

三星堆遗址从宝墩文化发端，经过近千年的发展进程，逐渐发展为一个面积350万平方米的城①。城内结构复杂，高等级建筑与普通建筑并存。从2个“祭祀坑”出土的器物来看，三星堆已经有了一套相对独立和完整的礼仪制度，大立人服饰华丽、文章黼黻，坑内其他人体造像的穿着或繁或简，各有特色，衣冠服饰间似乎等级森严。我们知道，“礼别尊卑”，如果身份等级能从衣冠服饰中看出，则足以说明K1、K2两个祭祀坑所代表的社会已经出现大的等级分化，并且这种等级分化以“礼”的方式制度化地确定下来。目前三星堆遗址虽未见文字，但有城邑，有青铜，有礼制，说明祭祀坑时期的三星堆遗址已迈入文明的门槛。

三星堆衰落之后，金沙随之兴起。金沙同样显示了一个复杂社会的存在，但正如江章华先生注意到的“金沙聚落的兴衰反映出该聚落完全是因‘祭祀区’而兴，又因‘祭祀区’的衰落而衰落，似乎其存在的基础就是‘祭祀’”②。也如江先生所言“将来必须对各发掘区材料作系统梳理，首先要打破现有发掘区的划分，弄清聚落本身的区划。深入分析，理清各期遗存的分布范围、面积、形制等，最后对聚落的变迁及性质作出判断”③。

如果说三星堆遗址作为成都平原的中心聚落，其发展，如火车之车头，带动成都平原迈入文明，那么距其不远的金沙遗址则是继三星堆之后成都平原的又一超大型中心聚落。金沙遗址位于繁华的成都市区，其核心祭祀区被保留为金沙遗址公园，周边由于房地产的开发，发掘面积较大，遗迹遗物也非常丰富。尽管与至今仍一派田园风光的三星堆遗址相比，金沙遗址已不完整，聚落结构难以完全明晰，但这并不妨碍对金沙遗址的重要性的确定。以金沙遗址为代表的十二桥文化是三星堆文化的直接继承者，金沙遗址接棒三星堆成为成都平原的政治、

---

① 因为三星堆古城大城城墙未完全闭合，加上城墙厚度有40~50米，所以大城面积实际是一个估算值，目前主要有3.5平方千米和3.6平方千米两种说法，保守起见，本文用3.5平方千米，也就是350万平方米。

② 江章华：《金沙遗址初步分析》，《文物》2010年第2期。

③ 同②。

经济、文化中心。对成都平原文明进程的探讨，金沙是其中非常重要的一环。但是，金沙同样面临着资料发掘、整理和公布这三者之间的不均衡发展，同样存在资料的积压和公布不及时的问题。虽然三星堆和金沙这两个遗址都有望在近期出版重要报告，大大推进对成都平原文明进程的研究和理解。但本书因材料局限，立足三星堆，展望成都平原，对成都平原文明进程的讨论，核心时间段以三星堆文化为始终，十二桥文化和其代表遗址金沙及其之后的文化发展会略有涉及，但不作为重点进行讨论。故本书研究的下限可以三星堆与金沙之交替时段结束。

1.3 田野考古工作和研究史的回顾

本书既立意从三星堆遗址入手研究成都平原文明进程，自然以三星堆遗址为核心。三星堆遗址是四川科学考古工作的发端，由此成文的《汉州发掘简报》[①]更是四川第一篇考古简报。三星堆遗址现在仍然是推进成都平原早期文化研究中最重要的一环。其田野工作回顾和研究史回顾为本章的重点内容，同时也会对成都平原其他相关遗址的发现和研究做交代。

田野考古工作和研究本是相互促进的关系，重要的田野考古工作会直接推动相关研究的进展，而研究中发现的问题也会相应成为下一步田野考古工作的重点。但因为田野考古工作内容相对庞杂，所以田野工作和研究分为两部分分别叙述。

1.3.1 田野考古工作回顾

民国时期，地方上没有专业的考古机构，考古工作多是由大学、博物馆等进行主动性的调查和研究，也有少量的发掘。

中华人民共和国成立之后，国家设立机构推进文物考古工作。最先得到重视的是文物工作，设立防止文物流散与对文物进行征集、收藏、管理和展示的文物管理单位和博物馆等，并在博物馆下设考古队，处理基本建设中临时发现的文物考古工作。后来随着考古工作越来越多、越来越重要，考古队就逐渐从省市博物

① David C. Graham. A Preliminary Report of the Hanchow Excavation. *Journal of the West China Border Research Society*, 1934, (6).

馆剥离，成为独立的考古机构①。考古工作也从主动性的、选择性的研究，变成了一种不容推脱的社会责任。

我国历史悠久，地下埋藏文物众多，而且我国从落后的农业国到工业化、城镇化这样翻天覆地的变化，涉及众多的大型基础设施建设、城市建设，等等。我国也从这么多年的实践中，逐渐探索出大型基本建设、城市建设中“保护为主，抢救第一，合理利用，加强管理”的文物工作十六字方针。

考古从跟进、配合到后来考古先行、考古前置的工作模式，极大地推动了成都平原田野考古工作的发展和成果的积累，并且将其中如三星堆遗址、宝墩古城址群、金沙遗址核心区等转变为主动性田野考古工作。

成都平原田野考古工作主要由四川省文物考古研究院、成都文物考古研究院

① 中华人民共和国成立后，四川的文物工作即引起政府重视，1950年12月，川西行署成立“川西文物保管委员会”，在川西行署文教厅领导下，进行川西古迹文物保护、调查、征集、研究等工作。1952年，川西行署与川南、川东、川北行署合并为四川省，同年“四川省文物管理委员会”成立。西南大区也在重庆设立西南博物院，由徐中舒先生担任院长，冯汉骥先生担任常务副院长，并负责西南片区大型基础建设的文物考古工作。1956年西南大区撤销，西南博物院改为重庆市博物馆。1958年，四川省文物管理委员会与四川省博物馆合署办公。1981年，重新设立“四川省文物管理委员会”，下设“四川省文物管理委员会办公室”，内设考古队、文物队等，负责全省考古发掘研究和文物保护宣传工作。1985年初，增挂“四川省文物考古研究所”，2004年，更名为四川省文物考古研究院。1958年9月15日，成都市人民政府组建成都市地志博物馆筹备委员会。1974年初，成都市文化局根据工作需要，组建“成都市文物管理处”，办公地点设在文殊院内，恢复了原地志博物馆的文博业务工作。1982年，成都市委、市政府决定在此基础上恢复“成都市博物馆”。1992年夏，成都市博物馆考古队更名为“成都市文物考古工作队”，脱离博物馆系统，单独负责成都地区的田野考古工作。1999年，成都市文物考古工作队加挂“成都市文物考古研究所”牌子。 2003年，成都博物馆、成都金沙遗址博物馆、成都船棺遗址博物馆、成都十二桥古蜀遗址博物馆、成都隋唐窑址博物馆整合组建了成都博物院，取消成都博物馆独立法人资格。成都博物院、成都市文物考古工作队、成都文物考古研究所实行三块牌子一套班子的架构。成都博物院、成都市文物考古工作队具有独立法人资格，为独立核算单位。2015年12月2日，成都市博物院分为成都博物馆，成都金沙遗址博物馆，成都市文物考古工作队（成都文物考古研究所）。2017年6月13日，成都市文物考古工作队不再挂成都文物考古研究所牌子，加挂成都文物考古研究院牌子。

两家单位负责，四川大学历史文化学院因学生实习参与部分田野工作。另有成都市区县文物管理所、德阳市文物管理所及德阳市区县文物管理所参与相关工作。

本书田野考古工作即以三星堆遗址考古工作为核心，详述其发现历史。而对成都平原其他遗址，仅做概述。

1.3.1.1 三星堆遗址的发现及考古工作简述

1927年①，广汉太平场燕道诚淘浚溪流，于溪底发现璧形石环数十枚及石圭、玉琮、玉圈等②，意外地揭开了三星堆考古大发现的序幕。

1931年春，汉州（广汉）传教士董笃宜牧师（V. H. Donnithorne）获知这一消息，并通过驻扎在当地的陶宗伯旅长辗转拿到一些石器标本，交给当时华西大学的戴谦和教授。1932年，葛维汉博士就任华西博物馆馆长，得知这一线索后，意欲发掘这一遗址，并开始筹备工作③。

1934年，华西大学博物馆的葛维汉、林名均等在广汉三星堆遗址发掘，标志着三星堆遗址科学考古工作的开始④。虽然由于当时广汉附近“匪风甚炽，工作十日即行结束”⑤，这短短的十天所获不丰，但意义却十分重大。这也是四川地区第一次科学的史前考古发掘。

---

① 许杰：《四川广汉月亮湾出土玉石器探析》，《四川文物》2006年第5期。燕道诚何时发现溪底石器坑，有林名均、郑德坤1931年说，冯汉骥、童恩正1929年说，戴谦和、许杰1927年说。今从许杰1927年说。

② 林名均：《广汉古代遗物之发现及其发掘》，《说文月刊》1942年第三卷第七期；郑德坤：《广汉文化》，《四川古代文化史》，《民国丛书：第5编39文化·教育·体育系》，上海书店出版社，1996年，31~42页。原书1946年7月由华西大学博物馆作为“华西大学博物馆专刊”印行。以上两文均收入《三星堆研究》第一辑，天地出版社，2006年，96~112页。

③ 同②。

④ David C. Graham. A Preliminary Report of the Hanchow Excavation. *Journal of the West China Border Research Society*, 1934, (6)；林名均以《广汉古代遗物之发现及其发掘》为题，简述了发掘经过、获得的遗物，并对其做了一定的推测，发表于《说文月刊》（巴蜀）1942年第三卷第七期；郑德坤在《四川古代文化史》（1946）一刊中也有提及；葛氏文也被翻译成中文，沈允宁译：《汉州（广汉）发掘简报》，以上资料均收入《三星堆研究》第一辑，天地出版社，2006年。

⑤ 郑德坤：《广汉文化》，《三星堆研究》第一辑，天地出版社，2006年，105页。

此后，内忧外患，时局维艰，三星堆没有再开展考古工作。

1954年，在调查广汉车站的时候，王家祐先生在冯汉骥先生嘱托下调查了三星堆遗址，当时王老先生将其命名为广汉中心乡遗址，并进行了试掘，出土了大量石屑、陶片和少数未制成的石器，推测为石器制造场所①。

1956年，四川省文物管理委员会田野组先后调查涪江流域和温江专区，发现新繁水观音、广汉中兴乡真武村横梁子（月亮湾附近）和三星村三星堆三处早期遗址②。

1960年③，四川大学历史系考古学教研组组织学生实习，再次调查了广汉中兴公社真武宫一带，采集到与新繁水观音及成都羊子山土台遗址相似的陶片，判断为同一文化系统，并判断年代当在西周时期④。

1963年，在冯汉骥先生指导下，四川省文物管理委员会和四川大学历史系考古教研室联合组成发掘队对三星堆遗址的三个地点进行了发掘，包括对月亮湾梁子的解剖⑤。

1980年5月，四川省文物管理委员会和广汉县文化馆联合试掘三星堆，试掘开方5个，取得初步成果。

1980年11月到1981年5月，由四川省文物管理委员会、四川省博物馆和广汉县文化馆联合组队，正式发掘。正式发掘开方44个。试掘和正式发掘总计发掘面积1225平方米⑥。共发现灰坑3个，墓葬4座，可知大体布局的房基18座，陶片十余万片，石器近百件。地层划分为8个自然层，5个文化层。

---

① 西南博物院筹备处：《宝成铁路修筑工程中发现的文物简介》，《文物》1954年第3期；冯士美：《回忆先父冯汉骥》，《长江文明》第八辑，2011年，35页。

② 王家祐、江甸潮：《四川新繁、广汉古遗址调查记》，《考古通讯》1958年第8期。

③ 原简报在描述时间时说的是“今年6月初”，宋治民先生《关于蜀文化的几个问题》（《考古与文物》1983年第2期）一文中提到此次发掘是在1960年。

④ 四川大学历史系考古学教研组：《广汉中兴公社古遗址调查简报》，《文物》1961年第11期。

⑤ 马继贤：《广汉月亮湾遗址发掘追记》，《南方民族考古》第五辑，四川科学技术出版社，1993年，310～324页。可惜这份珍贵的资料并未及时发表，而是事隔近30年后，由四川大学马继贤老师撰文追记。由于三星堆遗址城墙并非夯筑，没有夯窝，所以这次试掘未能确认月亮湾梁子为城墙。

⑥ 四川省文物管理委员会、四川省博物馆、广汉县文化馆：《广汉三星堆遗址》，《考古学报》1987年第2期。

1982年4月到12月，四川省文物管理委员会等在三星堆砖厂西面、三星堆第三个堆子的南侧进行了两次小规模的发掘（属三星堆遗址第Ⅰ发掘区），面积为100平方米。此次发掘材料并未公布，但曾在一些简报和论文中相继被提到。陈显丹先生曾提及这两次发掘地层共分为6层：1、2层为农耕土和现代层，3～6层为文化层，出土遗物主要有小平底陶罐、乳头状足的陶盉、尖底陶盏、薄胎尖底陶罐等。这些出土遗物又恰好与新繁水观音遗址出土的器物相衔接，从而弥补了四川地区从商代晚期至西周初期的这一空白缺环。此外发现了一座马蹄形窑址①。《广汉三星堆遗址》中曾提到："在三星堆西南约300米处，发掘了一百平方米的面积。文化层仅厚1米，可分为两层，下层堆积同三星堆晚期堆积完全一致。上层所出的陶器与新繁水观音遗址所出相同，尤其是水观音的细泥尖底杯、尖底罐等典型器，在上层大量出现。"②

1984年，四川省文物管理委员会等在真武村西泉坎地点和三星村三星堆地点进行了两期发掘，并对整个遗址群进行了全面复查。两期发掘面积共计520平方米③。3～5月，在西泉坎地点进行发掘，布方7个，发掘面积175平方米。出土陶器的主要类型有小平底罐、尖底罐、高柄豆、鸟头把勺、尊形器、盖纽、三足炊器的足等。同时发现了大量的成品及半成品的石璧、石璧废料，还发现了房屋基址，从而推测这里可能是石璧的加工作坊。第一个双手倒缚的石雕奴隶像也是在此发现的④。西泉坎发掘有房屋基槽和大量烧土，从结构看是与三星堆相同的方形房子。找到了前几年发掘的四期文化遗物的直接叠压关系⑤。

三星堆1984年抢救发掘共开探方200平方米，这里属于低洼的废弃坑，没有发现重要遗迹，但出土了相当数量的二期或三期文化的典型器物，构成了遗址分期的重要材料。陈显丹先生撰文称：1984年10月至1985年元月，四川省文物管理

① 陈显丹：《广汉三星堆遗址发掘概况、初步分期——兼论"早蜀文化"的特征及其发展》，《南方民族考古》第五辑，四川科学技术出版社，1993年，215页。

② 四川省文物管理委员会、四川省博物馆、广汉县文化馆：《广汉三星堆遗址》，《考古学报》1987年第2期。

③ 赵殿增：《广汉县三星-真武遗址》，《中国考古学年鉴·1985》，文物出版社，1985年，209页。

④ 同①，215、216页。

⑤ 同③。

委员会等配合砖厂取土，又在三星堆第一个堆子的北侧进行发掘，发掘面积125平方米。所获之物主要是夏商之际的陶石器①。此次发掘共划分出6个地层，据同篇文章中的“广汉三星堆遗址历次发掘分期对照表”看，这6个地层中，第6层属三星堆三期，第2～5层属三星堆四期。似乎并不如行文判断的“夏商之际”那么早。

1984年三星堆发掘的另一项收获是在三星堆土堆下部发现了一层文化堆积，初步确定土堆为人工堆积而成。经复查，整个遗址群东西长1600～2000米，南北宽1000～1200米。在遗址群的东部和西部，也有两条类似三星堆情况的土埂堆积，它们是否为早期的城址或建筑基址？为探讨此问题，准备在1985年的工作中做进一步的探索②。

1986年3～5月，为配合砖厂取土和教学任务，四川省文物管理委员会与四川大学考古专业师生在三星堆附近联合进行了发掘。此次发掘共布方61个，面积1525平方米③。其中在第一发掘区开探方19个，第二发掘区9个，第三发掘区33个。共发现灰坑93个，房屋基址11处。出土陶器能复原的有200多件，石器300多件。第三发掘区地层可分为15层，第6层至第1层为汉代至近现代层；第15层至第7层为“三星堆文化”堆积，时代属于新石器时代晚期至西周早期（距今4800～2800年）④。

1986年7月，由于砖厂工人取土，发现一号祭祀坑，随后进行了抢救性发掘，开方6个，发掘面积150平方米⑤。

---

① 陈显丹：《广汉三星堆遗址发掘概况、初步分期——兼论“早蜀文化”的特征及其发展》，《南方民族考古》第五辑，四川科学技术出版社，1993年，216页。

② 赵殿增：《广汉县三星-真武遗址》，《中国考古学年鉴·1985》，文物出版社，1985年，210页。

③ 此处为《中国考古学年鉴·1987》中提及的面积和布方数，陈显丹在《广汉三星堆遗址发掘概况、初步分期》中提到的相应面积是1325平方米，布方53个。

④ 陈德安、陈显丹：《广汉县三星堆遗址》，《中国考古学年鉴·1987》，文物出版社，1988年，235页。

⑤ 四川省文物管理委员会、四川省文物考古研究所、广汉县文化局：《广汉三星堆遗址一号祭祀坑发掘简报》，《文物》1987年第10期；四川省文物考古研究所：《三星堆祭祀坑》，文物出版社，1999年。

1986年8月，同样由于砖厂工人取土，发现二号祭祀坑，随后进行抢救性发掘，开方4个，发掘面积100平方米①。

1987年，真武村砖厂在“仓包包”高地取土，发现铜牌饰、玉瑗、玉凿、石璧、石斧等②，并在简报中提到遗址的东、西、南三面尚保存有商代早期的夯土城墙。

1988年10月到1989年5月，试掘三星堆南城墙（此处当指三星堆城墙，非龙背梁子大城南城墙——笔者注）和回龙寺东城墙燕家梁子地段两处。发掘面积共400余平方米。在东城墙和南城墙外侧，均发现壕沟遗迹。由于发掘面积有限，未对壕沟做进一步的清理。在东城墙中部，还发现在城墙修筑中使用了土坯。土坯一般长36～42、宽32～34、厚20厘米左右。城墙体量较大，厚40米左右。现露出地表部分一般高3～5米，地表以下深2～3米。城墙结构由主城墙、内侧墙和外侧墙三大部分组成。主城墙为平行夯层；内侧墙和外侧墙均为斜行夯层。夯层一般厚10～20厘米，夯面上平整光滑。有的夯面上还能见到用成排木棒平行拍打后留下的痕迹。夯土内包含的陶片均为三星堆一期（相当于龙山时期）的，不见更晚的陶片；在东城墙和南城墙，均发现三星堆遗址二期（相当于夏至商代早期）偏晚的堆积压在城墙夯土层上。从而可以确定三星堆遗址城墙的修筑时期相当于商代早期③。

1991年12月到1992年5月，试掘地点紧靠西城墙北段缺口的南侧，布方面积500平方米。在缺口处发现成排柱洞遗迹，为追踪遗迹，又向北开方300余平方米，实际揭露面积800余平方米。西城墙的结构和东城墙、南城墙基本相同。断面由主城墙、内侧墙和外侧墙三大部分组成。主城墙为平行夯层，内侧墙和外侧墙为斜行夯层。在主城墙顶部发现土坯砖。城墙外侧有壕沟。壕沟底部由内侧向外侧倾斜。在城墙内侧发现较为丰富的龙山至西周早期的文化堆积和房屋遗迹。

---

① 四川省文物管理委员会、四川省文物考古研究所、广汉县文化局、文管所：《广汉三星堆遗址二号祭祀坑发掘简报》，《文物》1989年第5期；四川省文物考古研究所：《三星堆祭祀坑》，文物出版社，1999年。

② 四川省文物考古研究所三星堆工作站、广汉市文物管理所：《三星堆遗址真武仓包包祭祀坑调查简报》，《四川考古报告集》，文物出版社，1998年，78～90页。

③ 陈德安：《广汉三星堆早期属国城墙》，《中国考古学年鉴·1990》，文物出版社，1991年，298、299页。

相当于龙山时期的文化层和房屋遗迹被内侧墙夯土叠压；而内侧墙上又叠压着商代晚期的文化层。城墙外侧壕沟内最底层的堆积为商代晚期至西周早期，其中的小平底罐、高柄豆、尖底罐等器物很具时代特征，其上为淤沙土和汉、宋时期的堆积。据此，可以推测西城墙的始建年代当在商代中期或更早，使用至西周早期以后就被废弃了①。

1994～1995年，试掘解剖南城墙西段，并对东段进行钻探，发掘面积400平方米。基本解决了城墙、壕沟的布局和走向问题。

1996年11月，四川省文物考古研究所、四川联合大学文学院、日本国国际日本文化交流中心合作，对三星堆遗址进行了环境考古调查，包括对北部四区采用网格控制法进行高密度勘探。在遗址北部和西部壕沟（或古河道）开掘小型探坑，分层采集土样和收集各种标本用于孢粉分析和^{14}C年代测定。用航模对三星堆遗址2/3的地表进行了地貌摄影，对遗址内三星堆、月亮湾及南城墙、西城墙等重点区域进行了红外遥感摄影②。

1997年，仁胜村砖厂在遗址西面取土时，挖到象牙1根，四川省文物考古研究所三星堆遗址工作站与广汉市文物管理所闻讯赶赴现场调查，确认为墓葬。1998年开始发掘，发掘面积934平方米，清理出墓葬29座。年代上限为三星堆一期后段，下限在三星堆遗址第二期前段。所出玉石器形制风格较为特殊，与以往成都平原所出商代玉石器不同。M5出土的玉锥形器与良渚文化相似③。

1999～2000年，四川省文物考古研究所发掘月亮湾台地和城墙，发掘面积450平方米。证实了月亮湾的“土埂”为人工夯筑的城墙，在城墙外（东）侧发现宽50余米的壕沟。在城墙内（西）侧的居住遗址内发现房屋遗迹20余座，灰坑70余个，墓葬9座，出土了大量陶器和玉石器④。发现属于三星堆一期文化（即

① 陈德安：《广汉三星堆遗址西城墙》，《中国考古学年鉴·1993》，文物出版社，1995年，234、235页。

② 袁金泉：《广汉三星堆遗址》，《中国考古学年鉴·1997》，文物出版社，1999年，221页。

③ 四川省文物考古研究所三星堆工作站：《四川广汉市三星堆遗址仁胜村土坑墓》，《考古》2004年第10期。

④ 陈德安：《三星堆遗址月亮湾城墙》，《中国考古学年鉴·2001》，文物出版社，2002年，279页。

宝墩文化）阶段多层地层直接叠压在一起的现象，使宝墩文化各期各段的划分有了直接的地层依据；同时发现了从宝墩文化向三星堆文化典型器物群过渡的地层，初步认识了宝墩文化典型器物群消失和三星堆文化典型器物群产生的交替过程；还明确了月亮湾城墙建造的具体年代及其与上、下层文化之间的关系①。

2000年，在三星堆遗址月亮湾进行发掘，共开探方22个，发掘面积550平方米。

2005年，试掘青关山台地，发现长50余米的墙体遗迹。后因发掘程序问题中止。此后基本转入室内整理，着手三星堆遗址综合大报告的整理、编写和出版。

2011年，三星堆遗址“十二五”期间的《三星堆遗址2011～2015年度考古工作规划》获批，重启三星堆遗址的全面勘探和重点发掘工作。

2012年开始，同时对三星堆遗址内多处重要遗迹开展工作。

2012年，全面揭露青关山台地大型建筑基址②、FgT5388，开始对台地结构进行解剖发掘。

2013年，解剖真武宫城墙、仓包包城墙③。

2014年，同时解剖三星堆城内月亮湾城墙东边、与之平行的李家院子城墙④和三星堆大城东北角的马屁股城墙⑤，确认马屁股城墙为最早始建于三星堆遗址第三期的城墙拐角。但因为后期扰动太大，城墙上面的具体结构不清楚。从目前已知的部分来看，应该是逐层平夯的，与李家院子城墙解剖结构相近。

2014年，在清理青关山台地北部大沟时，发现大沟从上到下均包含尖底杯，显示出短期堆积的特征，为快速填充堆积。“大沟”南面为高台大型建筑，北面极有可能是城墙。“大沟”其实是城墙与高台建筑之间的空地，在高台建筑废弃

---

① 赵殿增：《一个充满活力的学科生长点——苏秉琦先生指导下的三星堆考古》，《三星堆考古研究》，四川人民出版社，2004年，64页。

② 雷雨：《三星堆商代遗址》，《中国考古学年鉴·2014》，中国社会科学出版社，2015年，380～382页。

③ 同②。

④ 雷雨：《广汉三星堆商代遗址》，《中国考古学年鉴·2015》，中国社会科学出版社，2016年，293页。

⑤ 四川省文物考古研究院：《四川广汉市三星堆遗址马屁股城墙发掘简报》，《四川文物》2017年第5期。

后被垃圾快速填满。随即钻探发现夯土的深度和城墙截面的起伏相当。经解剖，证实原以为是台地一部分平地的青关山北面其实是城墙。

1.3.1.2 十二桥文化遗址的发现及考古工作简述

十二桥文化遗址最早是20世纪50年代新凡（后改为“新繁”）水观音遗址发掘时便发现的一组以尖底器为特征的器物群，但是当时并没有命名为文化。在1982年三星堆遗址三星堆堆子附近发现类似的以尖底为特征的尖底盏、尖底杯，发掘者经比对将其归为三星堆四期。1985年，十二桥遗址一期发掘，发现数量较大、类型丰富的尖底盏、尖底杯、尖底罐等尖底器，从而区别出一组不同于三星堆文化的典型器物，并在一期简报中事实上定义了“十二桥文化”①。

1. 新繁水观音遗址

1956年10月，四川省文物管理委员会在温江专区做过一次文物普查工作，在新凡调查时，收集到水观音砖瓦厂在取土场发掘中出的5件铜兵器和2件尖底器②。1957年2～3月，四川省博物馆文物工作队在新凡县西南水观音庙的后面，砖瓦厂取土场的西南角，开3米×3米的探坑8个，出土了“鬶形器、大量的尖底器和圜底器”，清理古墓1座。1958年4～7月，在第一次试掘坑（T8）东南面发掘了800多平方米。地层分为耕土层、扰土层、文化层和生土层四层。其中第3层文化层中可能发现了较多的火烧坑（原文称之为烧火坑），可惜这些遗迹并没有编号做区分，而是统一归入了地层之中。另外，发现了早期墓葬5座，晚期墓葬3座。晚期墓葬的葬具仅见于新凡水观音遗址，为陶罐环绕墓坑③。

2. 十二桥遗址群

“十二桥遗址群”是对古郫江（唐代以前成都城南及西南有两条江，对成都城来说，古郫江距离较近，故又称内江）故道沿岸诸多遗址的总称。在这条古河

---

① 四川省文物管理委员会、四川省文物考古研究所、成都市博物馆：《成都十二桥商代建筑遗址第一期发掘简报》，《文物》1987年第12期。

② 王家祐等：《四川新凡、广汉古遗址调查记》，《考古通讯》1958年第8期。

③ 四川省博物馆：《四川新凡县水观音遗址试掘简报》，《考古》1959年第8期。

道两岸，成都市的考古学家跟随城市建设的步伐，相继发现了多个三星堆文化以后的遗址，但受发掘范围限制，这些遗址都没能查明边界，只能推测它们是濒临河道、彼此距离不远、有共时关系的遗址群。

（1）方池街遗址

1982年7月，成都市方池街人防工事施工时，人防干部周尔泰捡到一些文物并报告成都市文物管理处。成都市博物馆考古队和成都市文物考古研究所从1982年到1985年在成都方池街连续四年进行了四次抢救性发掘。1986、1987年也在方池街古遗址进行了两次小规模发掘。遗址可分为5层：第4A层为战国晚期文化层，第4B层为战国早期、春秋晚期文化层，并在第4B层下发现石埂。第5层为洪积再生层。发掘报告认为其内涵比较复杂，陶器主要还是商周的①。

（2）十二桥遗址

1985年12月，成都市干道指挥部在修建综合楼地下室时，发现一处商代木结构建筑遗址，随后进行了两次发掘。第一次是1985年12月至1986年7月，第二次是1986年9月到1987年4月，两次发掘面积约2500平方米。十二桥遗址的文化堆积厚4米以上，分为13层，时代从隋唐到商代早期。发现了夯土台基、春秋战国时期的竹骨泥墙大型房屋建筑、商末周初的大型木结构建筑等②。

（3）指挥街遗址

1985年12月，成都市指挥街在施工过程中发现许多文物。1986年，四川大学博物馆、成都市博物馆对该遗址进行了抢救性发掘，发掘面积342平方米③。第5、6层包含周时期遗物，从沉积上看，第5A层为纯净河沙，第5B层为黄青沙层夹大量陶器、铜器、卜甲、人骨、兽骨和朽木等，第6层为青黄色沙砾层，出土大量陶、石、玉、骨器和卜甲、人骨、兽骨、朽木等。这样的沉积顺序，也正好

---

① 成都市博物馆考古队、成都市文物考古研究所：《成都方池街古遗址发掘报告》，《考古学报》2003年第2期。

② 四川省文物管理委员会、四川省文物考古研究所、成都市博物馆：《成都十二桥商代建筑基址第一期发掘简报》，《文物》1987年第12期；四川省文物考古研究院、成都文物考古研究所：《成都十二桥》，文物出版社，2009年。

③ 四川大学博物馆、成都市博物馆：《成都指挥街周代遗址发掘报告》，《南方民族考古》第一辑，四川大学出版社，1987年，171～210页。

符合洪积特征。孙华先生通过对陶器的比对，认为指挥街遗址第5、6层为洪水冲积的次生堆积，地层不具有分期意义①。

此外金沙遗址以东，位于古郫江沿线的抚琴小区、青羊宫②、方池街③、君平街、指挥街④、盐道街、上汪家拐⑤、新一村⑥等，这些遗址对于认识三星堆文化以后成都平原的文化序列、文化面貌、聚落形态等，都很有意义。

（4）金沙遗址

金沙遗址位于成都市区西部的二环路与三环路之间，地处青羊区苏坡乡的金沙村与金牛区营门口乡的黄忠村，分布范围约4.2平方千米。摸底河由西向东横穿遗址中部，把金沙遗址分为南北两半，北为黄忠村，南为金沙村。金沙遗址的发现可以追溯到1995年发掘的“黄忠村遗址”，1995年底，成都市文物考古研究所便开始对黄忠村遗址进行勘探和发掘，当时因住宅小区建设，成都市文物考古研究所在遗址东北部的黄忠村“三和花园”地点进行了考古发掘，发现了规模相当可观的大型地面宫室建筑群基址。由于当时没有意识到这处重要遗迹很可能是一组大型宫室建筑群的一部分，这些基址没有全部揭露，已发掘的部分也未能保护，回填后的遗址现在已全部叠压在“三和花园”住宅区下。1999年度发掘面积达1400平方米，发现窑址、墓葬和灰坑，文化面貌即属十二桥文化⑦。2001年2月，中房集团成都房地产开发总公司在成都市西郊的青羊区金沙村一组修建蜀风

---

① 孙华：《成都十二桥遗址群分期初论》，《四川盆地的青铜时代》，科学出版社，2000年，74～77页。

② 四川省文物管理委员会：《成都青羊宫古遗址清理简报》，《考古通讯》1956年第2期；四川省博物馆：《成都青羊宫遗址试掘简报》，《考古》1959年第8期。

③ 成都市博物馆考古队、成都市文物考古研究所：《成都方池街古遗址发掘报告》，《考古学报》2003年第2期。

④ 四川大学博物馆、成都市博物馆：《成都指挥街周代遗址发掘报告》，《南方民族考古》第一辑，四川大学出版社，1987年，171～210页。

⑤ 成都市文物考古队、四川大学历史系：《成都市上汪家拐街遗址发掘报告》，《南方民族考古》第五辑，四川科学技术出版社，1993年，325～358页。

⑥ 成都市文物考古研究所：《成都十二桥遗址新一村发掘简报》，《成都考古发现2002》，科学出版社，2004年，172～208页。

⑦ 成都市文物考古研究所：《成都市黄忠村遗址1999年度发掘的主要收获》，《成都考古发现1999》，科学出版社，2001年。

花园大街，在开挖下水道时发现了大量的玉石器、铜器和象牙等珍贵器物。成都市文物考古研究所随后在遗址范围内进行了大规模的勘探和考古发掘。2001年7月，成都市文物考古研究所对金沙“兰苑”地点进行发掘，发掘面积达12800平方米①。此后还有蜀风花园二期地点②、黄忠A线地点③、人防地点④、“春雨花间”地点⑤、强毅汽车贸易有限公司地点⑥、星河路西延线地点⑦、阳光地带二期⑧等。这些发现和发掘使得十二桥文化最为重要的聚落——金沙遗址被世人认识。

（5）新一村遗址

1990年，成都市文物考古研究所在新一村东南的西安路办事处修建宿舍的区域勘探中，发现十二桥文化遗存，并发现遗址在该区域东部边缘、距西郊河约15米，并折向西北。1991年，在紧邻新一村北边的四川省纺织研究所进行勘探时，于西南部发现十二桥文化遗存堆积。1995年，配合成都蜀华房地产开发公司新一村商业住宅楼的修建，成都市文物考古研究所对新一村遗址进行了考古勘探和发

---

① 成都市文物考古研究所：《成都市金沙遗址“兰苑”地点发掘简报》，《成都考古发现2001》，科学出版社，2003年，1～32页；成都市文物考古研究所：《成都金沙遗址Ⅰ区“梅苑”地点发掘一期简报》，《文物》2004年第4期。

② 成都市文物考古研究所：《金沙遗址蜀风花园城二期地点试掘简报》，《成都考古发现2001》，科学出版社，2003年。

③ 成都市文物考古研究所：《2001年金沙遗址干道黄忠A线地点发掘简报》，《成都考古发现2003》，科学出版社，2005年。

④ 成都市文物考古研究所：《金沙村遗址人防地点发掘简报》，《成都考古发现2003》，科学出版社，2005年。

⑤ 成都市文物考古研究所：《成都市金沙遗址“春雨花间”地点发掘简报》，《成都考古发现2004》，科学出版社，2006年。

⑥ 成都市文物考古研究所：《金沙遗址强毅汽车贸易有限公司地点发掘简报》，《成都考古发现2007》，科学出版社，2009年。

⑦ 成都市文物考古研究所：《金沙遗址星河路西延线地点发掘简报》，《成都考古发现2008》，科学出版社，2010年。

⑧ 成都文物考古研究院、成都金沙遗址博物馆：《金沙遗址·阳光地带二期地点发掘报告》，文物出版社，2017年。

掘，有效发掘面积396平方米[①]。新一村遗址发掘出土了一批与十二桥文化器形相似但风格不同的器物，比较典型的特征是加厚的下折唇。也因此有学者提出将新一村遗址出土的典型器物群命名为新一村文化。

1.3.1.3 宝墩遗址群的发现及考古工作简述

1995年，成都市文物考古工作队、四川联合大学考古教研室、新津县文物管理所联合组队调查新津县西北龙马乡宝墩村的“龙马古城”，并试掘确认城墙。根据发掘所获陶片，认为文化面貌与三星堆遗址一期较为相似，年代相当，面积60万平方米[②]。此后又陆续发现了温江鱼凫城、郫县古城、都江堰芒城、崇州双河城（下芒城），证实“成都平原首次发现了相当于中原龙山时代、距今四五千年的古城址群”[③]。正式提出将这一古城址群代表的考古学文化命名为“宝墩文化”[④]。1996年，中日联合考古调查队对宝墩遗址进行了发掘[⑤]。2009年，为了进一步考察宝墩遗址的文化来源、生业形态、聚落结构和聚落变迁、人地关系以及社会发展状况等，同时也为中华文明探源工程第三段课题做前期调查研究，成都文物考古研究所组织考古人员再次对宝墩遗址进行了试掘和田野调查，包括大范围的地面调查、对城内60万平方米的普探、解剖城墙、试掘内城鼓墩子以北堆积较厚的探方，并取土样进行浮选和后期实验室大植物遗存鉴定[⑥]。大范围的地面调查发现了宝墩遗址大城城墙，并对其进行解剖，确认为宝墩时期城墙，对小

① 成都市文物考古研究所：《成都十二桥遗址新一村发掘简报》，《成都考古发现2002》，科学出版社，2004年，172～208页。

② 成都市文物考古工作队、四川联合大学考古教研室、新津县文管所：《四川新津县宝墩遗址调查与试掘》，《考古》1997年第1期。

③ 江章华、颜劲松、李明斌：《成都平原的早期古城址群——宝墩文化初论》，《中华文化论坛》1997年第4期。

④ 同③。

⑤ 中日联合考古调查队：《四川新津县宝墩遗址1996年发掘简报》，《考古》1998年第1期；成都市文物考古研究所、四川大学历史系考古教研室、早稻田大学长江流域文化研究所：《宝墩遗址——新津宝墩遗址发掘和研究》，有限会社阿普，2000年。

⑥ 姜铭、玳玉：《新津宝墩遗址2009年度考古试掘浮选结果分析简报》，《成都考古发现2009》，科学出版社，2011年，68～82页。

城内进行了勘探，发现小城内存在湖相堆积和洪水堆积①。2010年，分别发掘鼓墩子②、罗林盘③地点；2011、2012年，揭露出多组大型建筑基址④；2012年，发掘了治龙桥地点⑤；2013年，发掘了田角林地点⑥。宝墩遗址不仅被确证为内外城结构，并且外城城墙围合面积达276万平方米，并在内城中央发现一面积约300平方米的大型建筑基址。这些发现极大地拓展了对宝墩遗址及成都平原文化发展进程的认识。

1996年，成都市文物考古工作队、郫县博物馆对郫县古城遗址进行了较为详细的调查、钻探和试掘⑦。1997～1998年，成都市文物考古研究所会同郫县博物馆对该遗址进行了较大规模的勘探发掘，并在此次发掘中确认城墙始筑于遗址早期，在晚期偏早阶段增筑，发现了面积达551平方米的大型单体建筑⑧。

1964年，四川大学历史系考古专业曾对温江鱼凫村遗址进行调查。1996年秋，成都市文物考古工作队等单位对该遗址进行了联合调查并试掘⑨。

1989、1990年，中国社会科学院考古研究所四川队、都江堰市文物局曾两次

① 成都文物考古研究所、新津县文管所：《新津宝墩遗址调查与试掘简报（2009～2010）》，《成都考古发现2009》，科学出版社，2011年。

② 成都文物考古研究所、新津县文物管理所：《2010年新津县宝墩遗址外城罗林盘地点发掘简报》，《成都考古发现2012》，科学出版社，2014年。

③ 成都文物考古研究所、新津县文物管理所：《新津县宝墩遗址鼓墩子2010年发掘报告》，《成都考古发现2012》，科学出版社，2014年。

④ 江章华等：《宝墩遗址聚落考古取得重大进展》，《中国文物报》2012年8月17日第8版。

⑤ 成都文物考古研究所、新津县文物管理所：《成都市新津县宝墩遗址治龙桥地点的发掘》，《考古》2018年第1期。

⑥ 四川大学历史文化学院考古学系、成都文物考古燕家院、新津县文物管理所：《成都市新津县宝墩遗址田角林地点2013年的发掘》，《考古》2018年第3期。

⑦ 成都市文物考古研究所、郫县博物馆：《四川省郫县古城遗址调查与试掘》，《文物》1999年第1期。

⑧ 成都市文物考古研究所、郫县博物馆：《四川省郫县古城遗址1997年发掘简报》，《文物》2001年第3期。

⑨ 成都市文物考古工作队、四川联合大学历史系考古教研室、温江县文管所：《四川省温江县鱼凫村遗址调查与试掘》，《文物》1998年第12期。

对都江堰市区南约12千米、地处川西平原西部边缘的青城乡芒城村芒城遗址做过调查，但收效甚微。1996年11月，成都市文物考古工作队会同都江堰文物局对遗址进行了一次较为详细的调查并试掘①，确认芒城遗址属宝墩时期。

1996年，成都市文物考古工作队调查发现崇州市双河古城。1997年，成都市文物考古工作队对双河遗址进行了较为详细的钻探，并进行了试掘。双河古城西垣不存，北、东、南三面均为双重城垣，中间为壕沟，城垣所围面积为11万平方米②。

1997年秋，成都市文物考古工作队调查发现崇州紫竹村遗址③。

2002～2003年，因修建成温邛高速公路曾对盐店古城进行过调查和试掘④。2013年，因修建成蒲铁路，成都文物考古研究所会同大邑县文物保护管理所对盐店古城进行了发掘⑤。

2003年，高山古城发现⑥。2012年以来，作为中华文明探源工程子项目“宝墩遗址的发掘与研究”延伸课题“成都平原西部山前地带先秦时期聚落调查与研究”的组成部分、“斜江河流域先秦遗址考古调查”项目之一，成都文物考古研究所开始以该城址为中心，进行以区域系统钻探和重点试掘为主的考古调查，意外发现高山古城有宝墩文化、商周、汉代等不同时期的聚落⑦。2014年，在城址

① 成都市文物考古工作队、都江堰市文物局：《四川都江堰市芒城遗址调查与试掘》，《考古》1999年第7期。

② 成都市文物考古工作队：《四川崇州市双河史前城址试掘简报》，《考古》2002年第11期。

③ 江章华、王毅、蒋成等：《成都平原早期城址及其考古学文化初论》，《宝墩遗址——新津宝墩遗址发掘和研究》，有限会社阿普，2000年，102页。

④ 成都文物考古研究所、大邑县文物保护管理所：《大邑县盐店古城遗址2002～2003年发掘简报》，《成都考古发现2014》，科学出版社，2016年。

⑤ 成都文物考古研究所、大邑县文物保护管理所：《大邑县盐店古城遗址2013年发掘简报》，《成都考古发现2013》，科学出版社，2015年。

⑥ 陈剑：《大邑盐店、高山新石器时代古城遗址》，《中国考古学年鉴·2004》，文物出版社，2005年。

⑦ 成都文物考古所、大邑县文物管理所：《2012～2013年度大邑县高山古城遗址调查试掘简报》，《成都考古发现2013》，科学出版社，2015年。

的中部偏南区域进行了重点试掘，布方4个，有效发掘面积91平方米①。2015、2016年，在遗址内进行了两次正式发掘，发掘面积1600平方米。

此外还有成都南郊十街坊遗址②、西郊化成村遗址③，成都高新西区“格威药业一期”遗址④、航空港遗址⑤、顺江小区三期遗址⑥，成都电子科技大学清水河校区实验楼地点⑦，郫县西南交通大学新校区遗址⑧，温江区红桥村遗址⑨，新都区斑竹园镇忠义遗址⑩，青白江区三星村遗址⑪。其中十街坊发现宝墩时期的排列规整的长方形竖穴土坑墓，三星村遗址“一些遗迹单位宝墩文化时期的遗物和三星堆文化的遗物共出，为研究宝墩文化的发展演变和三星堆文化的起源问题提供了新的线索”⑫。

① 成都文物考古研究所：《成都市大邑县高山古城2014年发掘简报》，《考古》2017年第4期。

② 成都市文物考古研究所：《成都市南郊十街坊遗址年度发掘纪要》，《成都考古发现1999》，科学出版社，2001年。

③ 成都市文物考古研究所：《成都市西郊化成村遗址1999年度发掘报告》，《成都考古发现1999》，科学出版社，2001年。

④ 成都市文物考古研究所：《成都市高新西区“格威药业一期”新石器遗址发掘简报》，《成都考古发现2003》，科学出版社，2005年。

⑤ 成都市文物考古研究所、新都区文物管理所：《成都市高新西区航空港古遗址发掘简报》，《成都考古发现2003》，科学出版社，2005年。

⑥ 成都文物考古研究所：《成都高新西区顺江小区三期新石器遗址发掘简报》，《成都考古发现2008》，科学出版社，2010年。

⑦ 成都文物考古研究所：《成都电子科技大学清水河校区实验楼地点古遗址发掘简报》，《成都考古发现2006》，科学出版社，2008年。

⑧ 成都市文物考古研究所：《成都市郫县西南交通大学新校区一、二期古遗址试掘简报》，《成都考古发现2003》，科学出版社，2005年。

⑨ 成都文物考古研究所、温江区文物保护管理所：《成都市温江区红桥村遗址2008年度发掘简报》，《成都考古发现2007》，科学出版社，2009年。

⑩ 成都文物考古研究所、新都区文物管理所：《成都市新都区斑竹园镇忠义遗址发掘收获》，《成都考古发现2007》，科学出版社，2009年。

⑪ 成都文物考古研究所、青白江区文物保护管理所：《成都市青白江区三星村遗址试掘简报》，《成都考古发现2004》，科学出版社，2006年。

⑫ 成都文物考古研究所、青白江区文物保护管理所：《成都市青白江区三星村遗址试掘简报》，《成都考古发现2004》，科学出版社，2006年，280页。

1.3.1.4 成都平原其他重要遗址的发现及考古工作简述

（1）广汉烟堆子遗址

1986年，第二次文物普查时发现四川省广汉市兴隆镇西林村与竹林村交界的高台烟堆子遗址，2003年，四川省文物考古研究院、德阳市文物考古研究所及广汉市文物管理所等单位联合组成考古队对其进行勘探和正式发掘。遗址包含典型的三星堆文化遗物，距离三星堆遗址约12千米，为三星堆时期的遗址[①]。

（2）什邡桂圆桥遗址

桂圆桥遗址位于四川省什邡市城区东郊，回澜镇玉皇村2、3组，川渝中烟工业公司长城雪茄烟厂异地技术改造项目建设用地选址内（455亩，约合30万平方米）。2009年4月在什邡市第三次全国文物普查中发现。四川省文物考古研究院联合德阳市博物馆和什邡市博物馆，对该遗址进行了大规模抢救性发掘。遗址包含新石器时代、商、西周、汉、晋和宋六个时期的文化遗存。尤其重要的是，桂圆桥遗址发现了早于三星堆一期、迄今为止成都平原最早的新石器遗址[②]。

（3）广汉新药铺遗址

2011～2013年，分两次对三星堆遗址以上段鸭子河北岸和南岸开展了大面积拉网式的考古调查，2012年发掘了其中的新药铺遗址[③]。发掘布方16个，实际发掘面积356平方米。主要遗存年代为商代晚期，发掘者判断大概相当于殷墟二、三期，并且推测新药铺遗址为当时服务于三星堆遗址的制陶遗址。

（4）什邡星星村遗址

星星村遗址位于什邡市南泉镇星星村14组，东南距三星堆遗址约20千米，两遗址均位于鸭子河冲积平原上。2013年4～7月，四川省文物考古研究院、德阳市文物管理所、什邡市文物管理所等单位组成考古队对该遗址进行了抢救性考古发

① 四川省文物考古研究院、德阳市文物考古研究所、广汉市文物管理所：《2004年广汉烟堆子遗址商周时期遗迹发掘简报》，《四川文物》2005年第2期。

② 四川省文物考古研究院、德阳市博物馆、什邡市博物馆：《四川什邡桂圆桥新石器时代遗址发掘简报》，《文物》2013年第9期。

③ 四川省文物考古研究院：《四川广汉新药铺商代遗址发掘报告》，《考古学报》2017年第2期。

掘。遗存包含新石器时代晚期至商周的遗迹、遗物，器类主要有小平底陶罐、高柄陶豆、敛口陶瓮、陶器盖、石斧、石锛、石凿等。其中新石器时代晚期遗存略早于三星堆一期，夏商时期遗存年代与三星堆二期相当[①]。

（5）什邡静安村遗址

静安村遗址位于什邡市马祖镇静安村3组。2014年1～3月，四川省文物考古研究院对该遗址进行了抢救性发掘。遗址主要分为两个时期，早期为新石器时代晚期，约相当于桂圆桥二期；晚期为商周时期，约相当于三星堆四期。

（6）什邡箭台村遗址

2012年11月，什邡市元石镇箭台村金河南路施工时发现文物，路基沟槽两侧剖面暴露出灰坑，德阳市文物考古研究所、什邡市文物管理所进行了抢救性发掘。2014年11月，委托山西龙腾勘探有限公司进行全面勘探，勘探面积约11万平方米。发现了23处文化层堆积，显示出遗址整体范围分布较零散、局部分布较为密集的特征，并且密集的平面多呈椭圆形分布。2014、2015年，四川省文物考古研究院、德阳市文物考古研究所、什邡市文物保护管理所根据勘探结果进行了试掘。2012、2015年，共布方11个。根据调查、勘探、试掘结果，发掘者认为箭台村遗址是三星堆遗址外三星堆文化分布面积最广、出土遗物最丰富、延续时间最长、聚落等级最高的遗址，换句话说，它是三星堆文化时期仅次于三星堆遗址的遗址。并且，发掘者还认为箭台村遗址时代跨桂圆桥遗址第一期、三星堆遗址一至四期至西周—春秋、汉代，虽然原生地层被破坏，但均有遗物发现，从未间断[②]。从地理位置看，箭台村遗址和桂圆桥遗址、什邡城关战国秦汉墓地同位于什邡城内。箭台村遗址以北不远即是什邡城关战国秦汉墓地、东南稍远便是桂圆桥遗址，出土遗存年代跨度大倒也在情理之中。

（7）边堆山遗址

此外，还有一个虽然不在成都平原，但仍然非常重要，与本书也十分相关的遗址，那便是绵阳市中区边堆山遗址。1988年，中国社会科学院考古研究所四川工作队在绵阳和广元调查时发现边堆山遗址，遗址范围预估在10000平方米

---

① 金国林：《发现三星堆古城周边的平民聚落》，《大众考古》2013年第4期。

② 四川省文物考古研究院、德阳市文物考古研究所、什邡市文物保护管理所：《四川什邡市箭台村遗址Ⅳ、Ⅴ、Ⅵ区发掘简报》，《四川文物》2016年第2期。

左右[①]。1989年，中国社会科学院考古研究所和绵阳博物馆一起发掘了边堆山遗址[②]。

1.3.1.5 区域、流域调查

四川省文物考古研究院为了弄清成都平原北部以三星堆遗址为中心的周邻地区商周遗存的分布情况，在广汉、什邡、新都、彭县等县市文物管理所的积极配合下，对濛阳河、青白江流域、石亭江、绵远河、鸭子河和马牧河流域进行了考古调查。但因为种种原因，仅发表了广汉、什邡境内石亭江、绵远河、鸭子河、马牧河流域的调查资料，而青白江、濛阳河流域新都、彭县两县古遗址的材料并未发表[③]。

（1）石亭江、绵远河流域

1987年5月、12月，在广汉市境内的石亭江、绵远河流域进行考古调查，1989年1月、1990年7月，再次对已发现的商周遗址进行了复查。此区的发现主要集中在石亭江流域，发现了3处遗址，由西到东分别为广汉兴隆乡毗卢寺遗址、兴隆乡烟堆子遗址和金渔乡石佛村遗址。其中毗卢寺遗址有疑似墓葬出土的兵器，有戈和钺，形制与彭县竹瓦街窖藏相近。

（2）鸭子河、马牧河流域

1988年11月，在广汉、什邡、彭县境内的鸭子河和马牧河流域进行了更大范围的考古调查，包括广汉市东南乡金华村遗址、西外乡狮堰村四社戴家湾狮堰采集点、三星乡大堰村遗址、三星乡大堰村四社的金谷堆遗址、什邡马井乡人民村与新安村之间的长条形台地上、马井乡大碑村四社小石河（即鸭子河上游）南岸台地上、泉固采集点、农科采集点、水碾河遗址、三包采集点等。

---

① 中国社会科学院考古研究所四川工作队：《四川绵阳市边堆山新石器时代遗址调查简报》，《考古》1990年第4期。

② 何志国：《绵阳发掘边堆山新石器时代遗址》，《四川文物》1990年第2期。

③ 四川省文物考古研究所三星堆工作站、四川省广汉市文管所、什邡县文管所：《四川广汉、什邡商周遗址调查报告》，《南方民族考古》第五辑，四川科学技术出版社，1993年，295～309页。

（3）鸭子河流域调查（三星堆遗址以上段）

2011年，三星堆遗址“十二五”期间的《三星堆遗址2011～2015年度考古工作规划》获批，重启三星堆遗址及其周边地区的调查、勘探和发掘工作。2011～2013年，分两次对三星堆遗址以上鸭子河北岸和南岸开展了大面积拉网式的考古调查，发现商周石器遗址17处[①]。其中北岸发现10处，从东到西，分别为将军庙遗址、新药铺遗址、郑家碾遗址、罗家牌坊遗址、高坎子遗址、字库院子遗址、扒墙土地遗址、刘家院子遗址、陶家矮墙遗址、朱家祠堂遗址。南岸发现7处遗址，由东到西，分别为王家祠堂遗址、干油坊遗址、周家场遗址、白庙子遗址、许家院子遗址、谭家瓦窑遗址、新庵堂遗址。

（4）成都平原社会复杂化进程区域调查

2005～2007年，成都文物考古研究所、北京大学考古文博学院、台湾大学人类学系、美国圣路易斯华盛顿大学艺术史与考古系、哈佛大学人类学系共同在成都平原展开系统考古调查以研究这一地区的史前聚落模式，进而了解这一地区在从宝墩文化到汉代这一长达2000年的时段里的文化变迁和社会复杂化进程。但由于种种条件的制约，最终以郫县古城遗址为中心，对其周边区域进行了系统调查（随机调查）[②]。而据介绍，这是一个历时5年的项目，田野工作结束应该是2009年。2009年，为了搞清楚宋家河坝遗址磁力异常的点，考古队试掘了两个1米×1米的探方[③]。

1.3.1.6 成都平原考古发现与工作小结

从上述考古调查和发掘工作来看，迄今为止，成都平原是四川地区考古工作做得最多、最好的地区，也是考古资料积累得最多的地区。

从目前的资料积累来看，对成都平原文明进程探讨的资料虽说不是十分完

① 四川省文物考古研究院：《四川鸭子河流域商周石器遗址2011～2013年调查简报》，《四川文物》2014年第5期。

② 成都平原国际考古调查队：《成都平原区域考古调查（2005～2007）》，《南方民族考古》第六辑，科学出版社，2010年，255～278页。

③ 成都平原国际考古调查队：《宋家河坝：成都平原青铜时代小型聚落的田野调查、发掘及地球物理勘探》，《南方民族考古》第十一辑，科学出版社，2015年，231～245页。

备，但已经有相当的基础。当然，成都平原的考古工作年年进行，考古成果也是日新月异，但整理和发表有一定的滞后性。本书利用的资料中有部分为未公布的三星堆遗址资料，也有工作中掌握的第一手资料，但即便如此，资料的掌握也跟不上田野考古的步伐。这虽是本书的遗憾，但是诸多同仁共同努力的成果，也是成都平原考古之幸运。故笔者虽近水楼台，可耳闻诸多新发现，但在材料应用方面也只能遗憾舍弃。

1.3.2 研究史回顾

以三星堆遗址发掘为主线的成都平原文明进程的研究大致可以中华人民共和国成立、1986年、2011年为界，分为以下四个阶段。

中华人民共和国成立以前，工作有限，资料有限，研究有限，是四川成都平原科学考古研究之始，当为成都平原考古研究的萌芽期。

中华人民共和国成立以后到1986年三星堆祭祀坑发现之前，成都平原考古研究一直致力于对四川考古学文化面貌的认识和研究，致力于考古学文化序列的建立，但因为缺乏大发现和史料记载，认识如盲人摸象，一点一点地拼贴出成都平原史前文化的面貌，当为成都平原考古文化研究的探索期。

1986年，三星堆两个祭祀坑的发现，刷新了人们对成都平原文化发展及文明程度的认识。这一时期，该地区考古学文化序列虽然在命名上受到争议，但陶器序列基本建立。大的有三星堆古城的确定和宝墩古城址群等的发现。宝墩遗址在2009～2010年的野外调查中还发现面积达260万平方米的外城，显示出宝墩这一聚落更为复杂的结构。这些大发现和基础研究为以后的研究突破奠定了坚实的基础。所以将1986～2010年定为成都平原考古研究的发展期。

2011年之后，四川考古进入一个新的时期，从考古学文化序列研究转移到聚落和社会研究上来，包括重启三星堆遗址的勘探、发掘和周边调查，通过目的明确的研究性解剖、勘探和调查，研究三星堆遗址的城市建设和布局，以及探讨三星堆文化时期以三星堆遗址为核心的遗址布局和社会结构。宝墩遗址开始针对性地通过勘探解决内城与水的关系，通过有目的的发掘了解城的布局结构和功能分区。同时，土样浮选和大植物遗存鉴定等普遍应用于这一时期的遗址。开始多方面探讨人与环境、生业形态、社会结构等，并且从一个新的角度，系统、综合地看待成都平原几大遗址群的相互关系。2011年之后的研究，是在原有基础上将成都平原的考古研究向纵深方向拓展，经过这几年的考古工作和研究，我们获得了对成都平原文化发展更立体、更全面、更深刻的认识，并且这个过程目前仍在不断延续。本书即希望为这一领域的研究做一点点微薄的贡献。

1.3.2.1　萌芽期

1934～1949年，虽然有华西大学博物馆、1941年设立的四川博物馆，有葛维汉教授、冯汉骥教授等知名学者，但社会动荡不安，没有专门的考古研究机构，也完全没有基建考古的意识。考古是一项非常需要经费支持的工作，进行考古工作的筹款和获取各方面的支持都有赖于学者的努力。在这样的环境下，考古工作零散而零星，进展有限。中国讲究文物古董的收藏，博物馆、机构和私人都可收集文物，在考古不发达的地区，研究能稍微在文物收集工作的基础上有所突破，但总体而言，收集既不系统也不全面，研究也不够科学，但不失为开拓之举，仍然具有重要的学术意义。

1927年，燕道诚的无意之举，悄悄叩开了古蜀之门。1934年，虽然是在兵荒马乱的年月里，葛维汉、林名均等仍然执着地进行了四川考古史上第一次科学的史前考古发掘，并对出土的器物进行编号、描述和研究。葛维汉虽然在简报中提到了“the Hanchow Culture（汉州文化）”，但并没有论述这些陶片、石器和玉器何以就代表了“汉州文化”，以及“汉州文化”的面貌是什么。因为没有建立起自身的年代序列，葛维汉博士只好通过各种对比并根据华西博物馆收藏的汉代藏品，利用排除法进行推测。尤其是对“方玉”（即玉琮）的识别和比较，以及西周玉器多刻画禽鸟的特征，把遗址的年代下限推定到周初，也就是大约公元前1100年。

葛维汉博士的发掘结束不久，敏锐的郭沫若先生便来信索取资料，并回信与林名均，称赞他们是“华西科学考古工作的开拓者”[①]。虽然如此，郭先生的回信仍然显示出早期考古典型的史学倾向。比如他心心念念的甲骨文中有“蜀”，

① 英文原文为：You are really the pioneers in（scientific）archaeology in West China. 见David C. Graham. A Preliminary Report of the Hanchow Excavation. 原文载《华西边疆研究学会杂志》1934年第6期。后编入葛维汉著，沈允宁译：《汉州（广汉）发掘简报》，《三星堆研究》第一辑，天地出版社，2006年，95页。

史书里“武王伐纣，蜀与焉”①，并且以自己的博识，判断“在广汉发现的工艺品，如方玉（即玉琮，作者注）、玉璧、玉刀等，一般与华北和中原地区的出土物极相似。这就证明，西蜀（四川）文化很早就与华北、中原有文化接触。在殷代甲骨文上就载有‘蜀’称，武王伐纣时，蜀人协助周王作战。此外，在广汉发现的各种陶器是极古老的器型，你们判断为周代早期的文物，也许是可靠的……有朝一日四川别处会有新的发现，将展现这个文化分布的广阔范围。并且肯定会出现更可靠的证据”②。郭沫若先生还在信中指出：“考古工作要产生极有价值的结果，紧接着要迅速地进行发掘，探索四川史前文化，包括民族、风俗习惯以及认清它们与我国其他地区的文化接触。这些是极为重要的问题。”③但葛维汉等筹备了很久才得以进行的“汉州考古发掘”仅仅进行了十天就匆匆结束，郭先生热情洋溢的“紧接着要迅速地进行发掘”无论从当时的社会环境还是发掘经费等来说，都难以实施。先生虽宏才大略、高屋建瓴地指出了四川考古的发展方向，而终因时代的局限，再不能迈进一步。随后的兵荒马乱，让先生的宏图规划终成空文。直到中华人民共和国成立以后，三星堆遗址考古才逐步开展起来。

1941、1942年，卫聚贤先生先后推出《说文月刊》“巴蜀文化专刊”两期，分别是第三卷的第四期和第七期，并亲自撰文《巴蜀文化》，以青铜兵器的收集、整理和研究为主，提出了“巴蜀文化”④。林名均在第三卷第7期发表了《广汉古代遗物之发现及其发掘》。1946年，郑德坤在其专著《四川古代文化史》中有专章叙述“广汉文化”。可见1934年葛维汉博士的发掘虽然只有短短十天，但在四川考古史上的影响是巨大的。

---

① （晋）常璩著，任乃强校注：《华阳国志校补图注》，上海古籍出版社，2007年，113页。

② 葛维汉著，沈允宁译：《汉州（广汉）发掘简报》，《三星堆研究》第一辑，天地出版社，2006年，95页。

③ 同②。

④ 卫聚贤：《巴蜀文化》，《说文月刊》1941年第三卷第四期；次年修改后再以同一题目，发表于《说文月刊》1942年第三卷第七期。

1.3.2.2 探索期

1949～1986年，这阶段最大的特征是成立了专门的文物考古机构。一方面，通过各种抢救性发掘，为四川考古和文博事业积累了丰富的材料；另一方面，通过有学术目的的主动性发掘，开始尝试以三星堆遗址为主线，建立四川地区以成都平原为中心的考古学文化序列。

1950年12月，川西行署成立“川西文物保管委员会”，在川西行署文教厅领导下，进行关于川西古迹文物保护、调查、征集和研究等工作①。

1952年，川西行署与川南、川东、川北行署合并为四川省，成立“四川省文物管理委员会”，下设文物工作队，负责全省考古发掘和文物保护工作。1958年，因精简机构，将“文管会办公室”并入省博物馆，只负责管理地面文物，而考古发掘则由省博物馆古代史部负责。1981～1982年，重新设立“四川省文物管理委员会”，下设“四川省文物管理委员会办公室”，成为县团级独立单位，内设考古队、文物队等，负责全省考古发掘研究和文物保护宣传工作。1985年初又增挂“四川省文物考古研究所”②。

同时，西南大区1951年也在重庆设立西南博物院筹备处，由徐中舒先生担任院长，冯汉骥先生担任常务副院长，并负责西南片区大型基建的文物考古工作。中华人民共和国成立以后，百废待兴。各种基础设施建设如火如荼，也多有文物、遗址、墓葬发现。成渝铁路修建时，沿线收集到很多文物。在宝成铁路工程开始的时候，还没有基建考古的说法，西南文教部为了配合建设工程，指派当时还是设在重庆的西南博物院筹备处派遣工作组前往清理和收集沿线发现的文物。1953年初，随着工作的展开和各种重要发现的日益增多，于是扩大组织，与宝成铁路施工局政治部、四川省人民政府文化事业管理局、民政厅、公安厅、绵阳专员公署等单位联合组成宝成铁路文物保护委员会，由西南博物院筹备处领导。直到1956年，因西南大区撤销，西南博物院也撤销，不再负责西南片区文物考古工作。关键人物徐中舒先生回成都继续担任四川大学历史系主任，冯汉骥先生回成都担任四川大学历史系考古专业教研室主任和四川省博物馆馆长。西南博物馆的

---

① 《川西区保护历代古迹文物暂行办法》，《文物参考资料》1951年第3期。

② 赵殿增：《20世纪80年代的四川考古》，《四川文物》2010年第1期。

撤销并未影响到四川省的考古工作和研究发展。

1956年秋，四川省文物管理委员会田野组在调查温江专区时，发现新繁水观音、广汉中兴乡横梁子、三星堆三处遗址。当时只是觉得这批陶片与四川各个时代墓葬出土的陶器及成都青羊宫遗址的陶片、器形、特征相比，都有显著的区别，初步认为这三个遗址（相当于殷周时期）的文化与战国以下的文化会是不同的文化系统①。1957～1958年，对其中的新繁水观音遗址进行了试掘，说是试掘，1957年开3米×3米探坑8个，1958年布方800余平方米，两次加起来的面积约有1000平方米，应该算是发掘②。从发掘简报的描述看，四川当时的田野技术尚处在萌芽阶段。勉强能说有地层的概念，但是划分并不严谨。也没有什么遗迹的概念，如“能复原和能看出器形的陶片往往成堆的出现”，从后文有的“成堆或分散的卵石往往同灰烬、木炭、竹炭、烧土伴随出土。另外有烧火坑或灶的痕迹”③推测，在新繁水观音的文化层里，很可能是挖到了这一时期常见的遗迹“火烧坑”④。水观音遗址发现的用陶罐砌成陶椁的墓葬形制，迄今未见于其他遗址。在年代的判断上，由于还未建起本地区的年代序列框架，执笔者邓伯清先生选择用铜戈和中原地区进行比较来推断年代。这在当时来说无疑为认识这批器物的大致年代起到了十分积极的作用。但也该认识到这样的年代判断也有其局限性，铜戈在成都平原使用的时间较长，中原固然是重要的参照，但更准确可靠的还是需要逐步建立自身的年代序列，完全依据铜戈得出的年代差异判断显得粗疏而不够精确。虽然有一批新的陶器器形，也借用陶器和周边遗址甚至三峡地区的忠县㽏井沟遗址比较，但邓伯清先生并没有趁机提出“水观音文化”这样的考古学文化概念，虽然此前夏鼐先生已经撰文明确了“考古学文化”及其定名的问题⑤。

无论是一个遗址还是一个地区，考古最基础的工作都是时空框架的搭建，其中尤为要紧的，是年代序列的建立。只有在建立清晰的年代序列的前提下，才有

---

① 王家祐、江甸潮：《四川新繁、广汉古遗址调查记》，《考古通讯》1958年第8期。

② 四川省博物馆：《四川新凡县水观音遗址试掘简报》，《考古》1959年第8期。

③ 同②。

④ 万娇：《什邡静安村遗址火烧坑实验报告》，《夏商周方国文明国际学术研讨会论文集》，科学出版社，2015年，283～286页。

⑤ 夏鼐：《关于考古学文化的定名问题》，《考古》1958年第4期。

足够的基础去获知遗址中人群活动的时代背景，进而讨论其时代特征。而建立年代序列的基础在于考古学文化序列，而考古学文化的识别、定名和排序正是解决年代学框架的基础。

在1980年发掘广汉三星堆遗址之前，四川省发掘的遗址并不多。1953年与西南博物院联合发掘成都羊子山土台遗址①。1954年发掘青羊宫遗址②。1955年独立发掘羊子山遗址。1959、1975年发掘巫山大溪遗址③。1974、1976年发掘凉山州西昌市礼州遗址④。巫山大溪遗址名为遗址，其实重点是墓葬，1959年两次发掘228平方米，墓葬74座。1975年的发掘在整理简报时正式提出了"大溪文化"，并辨析了与屈家岭文化、仰韶文化的文化异同和早晚关系，对"考古学文化"的概念把握得当。礼州遗址发掘和公布资料的重点，仍然是墓葬，但由于礼州遗址破坏比较严重，文化面貌不清楚，简报整理者通过与云南元谋大墩子遗址的对比，认为礼州遗址和大墩子遗址文化面貌相近，从而提出了大墩子–礼州文化类型。从这两个文化/类型的命名和到目前为止的沿用来看，应该说，大溪文化这一考古学文化的提出和命名是成功的，这也是四川省真正"考古学文化"的研究和考古序列建设的开始。

还有一点在四川考古史上比较遗憾的，是1963年，四川大学历史系1959级学生在广汉三星堆遗址月亮湾附近的实习简报未能及时公布。四川大学1959级学生实习定在广汉三星堆遗址是冯汉骥先生决定的。冯汉骥先生1942年在华西大学社会系教授人类学、民族学课程，1944年四川大学搬回成都后，应徐中舒先生邀请，在四川大学历史系任教。其间葛维汉先生曾请冯先生鉴定华西大学博物馆收

① 四川省文物管理委员会：《成都羊子山土台遗址清理报告》，《考古学报》1957年第4期。

② 四川省文物管理委员会：《成都青羊宫古遗址清理简报》，《考古通讯》1956年第2期；四川省博物馆：《成都青羊宫遗址试掘简报》，《考古》1959年第8期。

③ 四川长江流域文物保护委员会文物考古队：《四川巫山大溪新石器时代遗址发掘记略》，《文物》1961年第11期；四川省博物馆：《巫山大溪遗址第三次发掘》，《考古学报》1981年第4期。

④ 礼州遗址联合考古发掘队：《四川西昌礼州新石器时代遗址》，《考古学报》1980年第4期。

藏的燕家院子出土的玉器[①]，因为当时、甚至那之后的很长时间，四川其他地区从未发现过类似的精美玉器，所以冯汉骥先生一直非常关注三星堆遗址，包括1954年西南博物院调查宝成线的时候在中兴乡试掘，1956年王家祐等调查中兴乡三星堆遗址。1960年，四川大学考古专业1957级学生的三年级考古学通论课程实习选择在广汉中兴乡。1963年实习是冯汉骥先生亲自指导，四川省文物管理委员会张才俊、戴堂才，四川大学童恩正、宋治民、马继贤先生等先生参加，学生有15人，工作40余天，发掘仅150平方米，可以说是一次教科书式的发掘。发掘结束后，由童恩正先生、宋治民先生和马继贤先生整理并执笔写成报告，冯汉骥先生审阅后命送《考古学报》发表，但因为某些原因，未能及时寄出，随后“文化大革命”爆发，手稿失散[②]。30年后，方由马继贤先生将部分资料整理成《广汉月亮湾遗址发掘追记》。

宋治民先生曾根据1963年发掘整理的收获和已经发表简报的新繁水观音遗址、广汉中兴公社月亮湾遗址和成都羊子山土台遗址来探讨早期蜀文化发展序列[③]。

可见，成都平原考古的发展是与三星堆遗址考古工作息息相关的，成都平原考古学文化序列的建设始于三星堆遗址的探索。

从我们目前看到的资料来看，三星堆遗址1980年发掘资料的整理和简报的编写，是成都平原考古学研究的一个转折点[④]。

简报根据包含物的变化将三星堆遗址分为三期，并认为“第一期和第二期文化遗物的特征变化较大，判然有别，其间又有明显的间隙层，故第一期与第二期文化的年代相去较远。而第二期与第三期文化遗物的特征，差异不甚大，并有不少承袭因素，可能两期文化之年代紧相衔接”[⑤]。并且在第一期地层中采集了

① 冯士美：《回忆先父冯汉骥》，《长江文明》第八辑，河南人民出版社，2011年，35页。

② 宋治民：《怀念冯汉骥先生》，《中华文化论坛》1999年第3期。

③ 宋治民：《关于蜀文化的几个问题》，《考古与文物》1983年第2期。

④ 简报的正式发表在1987年，但发掘、整理、编写的主体工作在1986年之前，引文最晚到1983年，未提及1985年发现的十二桥遗址，简报的形成和送寄当在1986年之前，所以此部分研究宜放在探索期。

⑤ 四川省文物管理委员会、四川省博物馆、广汉县文化馆：《广汉三星堆遗址》，《考古学报》1987年第2期。

木炭样本，送中国社会科学院考古研究所实验室进行^{14}C测定，测定年代为距今4075年±100年，树轮校正为距今4500年±150年，这也是三星堆遗址第一次使用^{14}C测年来判断绝对年代，并以高柄豆、小平底罐、鸟头形把勺为代表，在成都、雅安、汉源、阆中发现相似的器形，推测其分布范围不限于广汉一隅，建议将其命名为“三星堆文化”。

如果把《广汉三星堆遗址》这篇简报放在四川的考古研究史中看，会看到三星堆1980年的发掘和整理其实也是四川考古的一个分水岭。之前的考古，最关心的往往是铜器、玉器和石器，对陶器的关注也有，但缺乏规范的整理和系统的研究方法。《广汉三星堆遗址》为四川考古建立了一个很好的以陶器为本的传统。应该说，从这个时候起，成都平原自身的考古学文化序列的建设和区系类型的探索才初见成效。虽然技术上还存在这样那样的缺陷，但毫无疑问，这是四川考古学界意识到成都平原需要建立自己的考古学文化序列，并迈出坚定的一步。

1980年三星堆遗址的发掘还创下了四川考古史上的多个第一次，其中之一就是使用真正的直升机航拍。请当时的成都空军司令部两次派直升机飞到1980年发掘地点进行航拍，留下了珍贵的影像资料，并且还采集了木炭标本，送中国社会科学院考古研究所^{14}C测年室测定绝对年代，这也是四川第一次送测^{14}C样本的发掘，并且在发表简报的时候同时公布了^{14}C测年数据，这在今天是常事，但在当年是绝对的创新，也是真正意义上四川的科技考古元年。

但是，今天我们站在一个更高的角度回顾过去，既要看到此次发掘的优点，也该总结这篇简报的不足。这一点黄家祥老师已经在《〈广汉三星堆遗址〉的初步分析》一文中部分指出①。虽然我们需要从总结的角度去认识这些优点和不足，但《广汉三星堆遗址》这篇简报在四川考古史上的开创意义是必须承认和认真学习的。

第一是田野技术，从简报的记述来看，田野考古工作中对墓葬开口层位的描述和判断都略显含混。考古的研究是基于田野资料的实证科学，田野考古技术对于考古成果，尤其是分期分段的重要性是不言而喻的。

第二是对文化内涵的界定和把握，即从^{14}C测年数据和器物比对上得出三星堆遗址堆积的延续时间是距今4500～3000年，从新石器时代晚期延续到商末周

---

① 黄家祥：《〈广汉三星堆遗址〉的初步分析》，《考古》1990年第11期。

初。也就是说整理者认识到三星堆遗址跨越了新石器时代晚期和青铜时代，也意识到一期与后两期存在较大的差别，并且在讨论文化分布时，是以高柄豆、小平底罐和鸟头形把勺这些二、三期的器物为典型器来讨论的，但在命名上还是一以贯之，统以“三星堆文化”之名。正合了文末执笔者自言要避免的“这就会使一定不同类型的文化遗存长时间的混淆在一起”①。

第三是对分期的把握，既然三期间的文化关系有近有远，延续时间有长有短，就当在分期中有所体现。先是在简报中平分为三期，后来又根据1982年的发掘，多出来了和新繁水观音遗址相似的一期。看不出其中文化发展的节奏变化。

第四是在器物的发表上，第一期器物识别出来的有镂孔圈足豆、翻口高领广肩细泥灰陶罐、灰陶盆、侈口深腹缸，但只发表了一件镂孔圈足豆，整个一期就发表了这一件器物。从文后附的“陶片统计表”中可以看出，DaT2第四文化层陶片总数247片，第五层92片，仅一个探方就出一期陶片300多片，虽然相较于前三个文化层，数量偏少，但既然另立一期，却仅用一件器物代表一期的文化面貌，这对于只能通过阅读报告来认识“三星堆文化”的学者来说，对一期的文化面貌恐怕连粗略了解都谈不上，仅仅是知道有这么一期的存在。

第五是主观划分出文化层，文中发表器物的层位实际是简报定义的“包含器物较多的文化层”的层位顺序而非原始层位，这样就看不出间歇层。

虽然有以上不足，但借用苏秉琦先生1984年于“全国考古发掘工作汇报会”闭幕式的讲话来评价，便是“我国考古工作和考古学发展到现在，已经进入了一个新时代。它的主要标志是：①已有相当数量的一批系统的而不是零星的、扎扎实实的而不是草率的田野考古工作、工地和原始资料。②已经初步形成具有中国特色的学科体系。③我们已有一批在建国后新培养、成长起来的专家、学者”，并且评论说“像月亮湾、三星堆和方池街的材料，虽主要是一堆破陶器，倒是成系统的”，“我看见了这些，感觉到我看见了巴蜀文化的一角”②。

1980年后，三星堆1982、1984、1986年都进行了发掘，但再没出过遗址发掘简报。这段经历，正如老子所言的“祸兮，福之所倚，福兮，祸之所伏”。

1986年，四川大学考古专业学生在三星堆实习，是三星堆历年来发掘面积

① 夏鼐：《关于考古文化命名的问题》，《考古》1959年第4期。

② 苏秉琦：《提高学术水平，提高工作质量》，《四川文物》1984年第3期。

最大的一次，也是“文化层堆积最厚、地层叠压关系明确、出土物最丰富的一次”[①]。学生实习刚刚结束，砖厂取土便发现了一号祭祀坑，随后又发现了二号祭祀坑。这些稀奇古怪的面具、精美的文物、异想天开的造型，改变了三星堆遗址的命运，也改变了三星堆考古工作的既定轨道。

1986年的四川大学实习，“发现灰坑100多个，房址9间，有的地方的文化层堆积厚达2.5米，可以分为16层，从而为建立三星堆遗址的分期、标尺和年代序列创造了条件”[②]。遗憾的是，这批材料没能得到及时的整理和公布。这其中，对祭祀坑的过度关注应该是最重要的原因之一。

1.3.2.3 发展期

这一阶段有两个显著的特征：一是大发现不断，对成都平原考古文化内涵、价值意义的认识在不断深入和提高。二是随着考古工作的推进、材料的积累、研究的深化，通过对几个大遗址或遗址群的分期研究，建立起了成都平原的考古学文化序列。

1986年7、8月，三星堆遗址一、二号祭祀坑的发现和发掘，构成了三星堆遗址及成都平原文化研究中的分水岭。之前的发掘虽然收获丰富，序列的构建也在有条不紊地进行，但随着三星堆遗址的发掘逐年推进，所有的考古工作者都对这个遗址寄予了厚望。1927年燕道诚的发现，1934年葛维汉的首次发掘，让三星堆遗址在重要发现和四川考古史上都占有一席之地。大家都在默默地期待更重要的遗迹和遗物出现，而1986年，两个祭祀坑的发掘，直接把三星堆遗址在成都平原的地位确认下来，也把成都平原在中国青铜时代的地位确认下来。祭祀坑的发现对以往的认识造成了极大的冲击，考古学家开始突破秦灭巴蜀之前古蜀为蛮荒之地的刻板认识，开始重新审视遗址中一些原来并不被重视的现象，如三星堆遗址中横亘着的几道土埂。考古学家开始做以前都不会想着要去做的事情，就是有意识地去寻找和验证三星堆遗址的城墙。从祭祀坑旁边的三星堆开始，兴奋的考古

---

① 陈显丹：《广汉三星堆遗址发掘概况、初步分期——兼论“早蜀文化”的特征及其发展》，《南方民族考古》第二辑，四川科学技术出版社，1989年，216页。

② 赵殿增：《一个充满活力的学科生长点——苏秉琦先生指导下的三星堆考古》，《三星堆考古研究》，四川人民出版社，2004年，62页。

工作者不断对三星堆遗址进行新的探索，自然就忽视了一项最基础的工作——对以往发掘资料的整理和发表。1980年发掘后发表简报《广汉三星堆遗址》，这样及时的发掘—整理—发表的优良传统并没有很好地延续下去。

“两个祭祀坑的发现，也在某种程度上打乱了工作的计划性，同时带来了不少新的问题和新的矛盾。不仅上千件埋入时就被有意打碎文物的修复、整理、研究、保护工作需要投入很大的力量，而且社会各方面对这批文物的关注和需求，使我们无法正常地继续原有的工作，其中包括1982～1986年发掘资料的整理工作被迫停止。”①

有远见卓识的苏秉琦先生一再提醒要从坑里跳出来。1987年5月他在“三星堆十二桥遗址考古发掘座谈会”上讲道：“大家从两个坑谈到‘城’，坑埋的是什么，意味着什么，是不是城，城内外怎么样，我看还是从区系角度提问题。……巴蜀文化自成体系，特征不只是表面的，而是内在的特征。……四川这段工作有划时代意义，在这个基础上看两个坑和城，不妨说是看到了四川的古文化古城古国。”②

1988年，三星堆遗址成为国家级文物保护单位。而大约1500年的年代序列，仍然是悬而未决的问题。

1987年，在《成都十二桥商代建筑遗址第一期发掘简报》中，执笔者提出，以小平底器、尖底器和高把豆为典型器物的陶器组合区别于其他文化。1993年，孙华先生提议将此类文化命名为“十二桥文化”③。

1992年，四川大学马继贤先生以“追记”的形式，发表了1963年四川大学在三星堆遗址月亮湾实习时的简报④。马老师根据地层2、3层所出器物的差异，将以3层为代表的遗存划分为月亮湾一期，以2层为代表的遗存划分为月亮湾二期。并认为“月亮湾一期与三星堆一期具有共同的特点，其时代应大体相当”，“月

① 赵殿增：《一个充满活力的学科生长点——苏秉琦先生指导下的三星堆考古》，《三星堆考古研究》，四川人民出版社，2004年，63页。

② 同①。

③ 孙华：《试论广汉三星堆遗址的分期》，《南方民族考古》第五辑，四川科学技术出版社，1993年，10～24页。

④ 马继贤：《广汉月亮湾遗址发掘追记》，《南方民族考古》第五辑，四川科学技术出版社，1993年，310～324页。

亮湾二期与三星堆三、四期同时，反映了三星堆文化的晚期特征。”可以说是继《广汉三星堆遗址》之后，以另一批材料对《广汉三星堆遗址》的分期进行了检验和丰富。

虽然三星堆遗址的发掘资料没能及时整理和公布，但对于成都平原发现的早期遗存的认识，尤其是它们之间早晚关系的研究，已经有不少学者做过工作。四川省文物考古研究所的赵殿增先生在四川历年考古发现的基础上，将四川先秦文化总括为“巴蜀文化”，并将其分为三期。早期是新石器时代晚期至青铜时代前期，从三星堆遗址一期一直到新繁水观音遗址早期（也就是后来所言的三星堆一至四期——笔者注）。中期是青铜时代中期，主要包括新繁水观音晚期墓葬、彭县竹瓦街青铜窖藏、成都羊子山土台遗址等。礼器以青铜罍为代表，兵器以戈、矛为代表，陶器中长柄器、长把器、瘦袋足三足器逐渐消失，尖底器仍然存在，但圜底器已经占了很大比例。晚期巴蜀文化是青铜时代后期，主要以一批巴县、昭化、绵竹等船棺葬为代表，此外还有涪陵小田溪的土坑墓，羊子山、新都的大型木椁墓等。这一阶段兵器以柳叶形剑、烟荷包式钺、中胡三穿及大三角形戈为代表，铜容器中辫索纹竖环耳釜、鍪、甑，纹饰中“巴蜀符号”以及刻有巴蜀符号的各式铜印章为代表。陶器则以小口圜底罐、浅圜底釜、喇叭状矮圈足豆等为代表[①]。在这个分期体系中，铜器作为分期的重要依据。简言之，便是无铜器的一期和以铜器差异划分的二、三期。

四川大学的宋治民先生则通过对陶器的分析，以春秋战国为界，分出了“早期蜀文化”和“晚期蜀文化”，并认为“早期蜀文化”之前，还有一个“蜀文化的前身”阶段。具体说来，便是以三星堆第一期和月亮湾下层所出的第一组陶器为代表的“蜀文化前身”，陶器上以泥质灰陶为主，包括镂孔圈足豆、盆等。第二组陶器以小平底罐、高柄豆、圈足盘、圈足豆、高柄豆形器座、盉、器盖等，以及三星堆的鸟头形把勺为主。《广汉三星堆遗址》中划分的第二、三期，月亮湾上层和羊子山土台基址上层所出均属第二组陶器。第三组陶器以各类尖底器、小平底罐、高柄豆、圈足豆、盉、器盖、高柄豆形器座等为代表，并根据地层叠压和陶器类型排出了典型单位的相对早晚，便是①三星堆第一期；②月

① 赵殿增：《巴蜀文化的考古学分期》，《中国考古学年会第四次年会论文集》，文物出版社，1983年。

亮湾下层；③三星堆第二期；④三星堆第三期；⑤月亮湾上层、羊子山土台基址上层；⑥十二桥早期；⑦十二桥中期、指挥街早期、水观音早期；⑧十二桥晚期、指挥街晚期、水观音晚期[①]。

读这两位先生的这两篇文章，可以看到材料和方法对考古研究的决定作用。赵先生的出发点是铜器，陶器只是支撑铜器分期的论据。而宋先生的出发点是陶器，几乎没怎么用到铜器的材料。赵搭建的是整个四川地区先秦时期的年代框架，而宋则排出战国之前成都平原的陶器序列，再结合^{14}C数据来推定年代框架，最后综合来讨论和周边文化中相似器物的关系。这两篇文章一篇发于1983年，一篇发于1990年。应该说两篇文章都有开创意义，赵殿增先生是在卫聚贤先生对“巴蜀文化”概括提炼的基础上，向史前延伸，并以陶器等考古资料对其进行丰富和细化，以铜器构建起大的年代框架，注意到陶器的区别。在赵先生写这篇文章的时候，四川已公布的陶器资料实在不多，难以完全从陶器的角度来解决年代序列的问题。而宋先生写作时，三星堆、十二桥、指挥街的材料都在1987年公布出来，并且宋治民先生参与了1963年四川大学月亮湾的发掘和整理工作，并已和童恩正先生、马继贤先生整理出初步的简报，只是因故没有发表[②]。宋先生是在有这么一批资料的基础上，综合运用地层学、类型学的方法来探讨分期和年代。从方法来说，我们现在在讨论遗址分期和年代时，使用的也是和宋先生当年同样的方法，只是我们站在前人的肩膀上，有更多的材料，更多相互借鉴比较的观点，更多的技术手段，可以把论证过程演绎得更严密一点。

宋治民先生使用了当时已公布的全部遗址资料，比对出“蜀文化前身”和“早期蜀文化”三组八段的顺序，前五段均是以三星堆遗址（三星堆和月亮湾）所出陶器为基础进行讨论，后三段的排定，也是由于《广汉三星堆遗址》报告中提及的1982年发掘出与新繁水观音相似的尖底器而直接给出了地层依据。三星堆遗址延续时间长、出土物丰富，是进行分期分析的最佳典型遗址之一。基于三星堆遗址的分期研究，是探讨成都平原文化分期最重要的依据。

三星堆遗址的分期工作，当是始于对1980年发掘材料整理中形成的认识。

---

① 宋治民：《早期蜀文化分期的再探讨》，《考古》1990年第5期。

② 马继贤：《广汉月亮湾遗址发掘追记》，《南方民族考古》第五辑，四川科学技术出版社，1993年，310页。

此后历年材料积累，都因两坑重器的缘故积压。陈显丹先生在历年发掘的基础上，系统梳理，对三星堆遗址进行了分期研究[①]。在这篇文章中，陈先生公布了1982、1984、1986年的部分资料，并对历次发掘的地层做了分期对照表。从公布资料和分期的对应来看，除1980年简报公布的层位为文化层位外，后面几年的材料应该是采用的自然层位，虽然文中未曾言明。陈文将三星堆遗址分为四期，但对一期和二期的分界与《广汉三星堆遗址》有所出入。

此后，孙华先生也对三星堆遗址进行了分期。从不同性质的文化入手，将相似的二、三期合为一期。这样就将遗址分为三期，并建议将三星堆第一期遗存命名为“边堆山文化”，第二期遗存称为“三星堆文化”，第三期遗存命名为“十二桥文化”[②]。

在对三星堆遗址进行发掘和研究的同时，随着成都平原及周边地区考古工作的推进，逐渐积累了一批材料，构成讨论成都平原及四川盆地考古学文化和年代序列研究的基础。孙华先生和江章华先生以这些材料为基础，以成都平原为中心，综合各遗址材料，提出了各自的分期。

孙华先生将三星堆遗址分为了三期6段，其中第一期仅包含第1段，为新石器晚期或铜石并用时期。第二期分为4段，包括第2～5段4个发展阶段。第三期也只包含1段，即第6段。十二桥遗址群也分为了三期6段。第一期以十二桥遗址的⑬～⑪层为代表，这3个地层即代表了发展的3个阶段。第二期以新一村遗址⑧～⑥层为代表，可分为早、晚两个阶段。第三期在遗址群中分布甚广，是该遗址群繁盛期的遗存，以青羊宫④～②层、上汪家拐⑤～④B为代表，也可分为早、晚两个阶段。综合这两处典型遗址（群）的分期后，孙华先生将成都平原的青铜文化分成了四个大的发展时期，包括以三星堆遗址第二期为代表的第一期，以三星堆遗址第三期和十二桥遗址群第一期为代表的第二期，以十二桥遗址群第二期为代表的第三期，以十二桥遗址群第三期为代表的第四期，即边堆山文化—

---

① 陈显丹：《广汉三星堆遗址发掘概况、初步分析》，《南方民族考古》第二辑，四川科学技术出版社，1989年。

② 孙华：《试论广汉三星堆遗址的分期》，《南方民族考古》第五辑，四川科学技术出版社，1993年。

三星堆文化—十二桥文化，由此构建起成都平原青铜时代的文化序列[①]。

江章华先生在论述成都平原先秦文化序列的时候，以宝墩等成都平原古遗址群、三星堆遗址、十二桥遗址群的材料为基础，探讨了成都平原从新石器晚期到青铜时代晚期的年代序列。对这两个遗址（群）也进行了重新认识，分期方面也略有差别[②]，提出了宝墩文化—三星堆文化—十二桥文化—汪家拐文化作为成都平原考古学文化序列。

这其中，江先生将三星堆文化分为三期。这三期从典型单位选择和器类归纳来看，与孙华先生的三星堆第二期大致相当，鉴于孙华先生提议将三星堆遗址第二期命名为三星堆文化，两位学者的分期事实上只是表述的不同，并没有实质性的差别。江先生三期的划分大致对应孙先生第二期3段的划分（表1.1）。当然，这其中孙华先生是在对三星堆遗址进行分期，而江章华先生仅仅是针对三星堆遗址中属于三星堆文化的部分进行分期，这两个概念并不相同，在同一个遗址中发现并不等于属于同一个文化。是否属于同一文化，应该更侧重于探讨文化的内涵是否相近，文化中出现的变化是否能被认为是同一文化的主体仍然在延续。

但在三星堆遗址，这是一个引起很多争议的复杂问题。因为三星堆遗址从目前的发现和研究看，是一个连续使用的遗址，那么这其中文化面貌发生比较大变化的期段，应当视为不同的文化，还是同一文化的不同发展阶段？而在其他出现了文化断层的遗址中，又该如何表述这种区别。这是造成成都平原考古学年代序列争议的最根本原因。

因为三星堆遗址是一个特例，是成都平原极少数甚至是唯一连续使用时间将近1500年的遗址，其地层叠压关系，几乎可以串联起整个成都平原的新石器时代晚期和青铜时代早中期。

---

① 孙华：《四川盆地青铜文化初论》，《四川盆地的青铜时代》，科学出版社，2000年。

② 江章华、王毅、张擎：《成都平原先秦文化初论》，《考古学报》2002年第1期。

表1.1 三星堆遗址分期对照表

孙华			江章华		
分期	典型单位	器类	分期	典型单位	器类
三星堆遗址一期	63月亮湾③层，80三星堆Ⅲ⑤、⑥层，84西泉坎④层，86三星堆ⅢH19	绳纹深腹盆、绳纹圈足簋、素面高颈壶、镂孔圈足杯	三星堆文化一期	86三星堆⑫、⑪层和80三星堆Ⅲ④、③层	小平底罐、敞口深腹平底器、绳纹花边深腹罐、高柄豆、细颈壶、瓶、盉、鬲形器，鸟头把勺、圈足盘、器盖
三星堆遗址二期	80三星堆Ⅲ④～②层，86三星堆Ⅲ⑧～⑫层和63月亮湾②层	带檐鬲形器、封口盉、耸肩小平底盆、瘦体瓶、小平底盘、大圈足盘、细高柄豆形器、圈足盖、鸟头柄勺	三星堆文化二期	86三星堆⑨层，80三星堆Ⅲ②层和63月亮湾②层	小平底罐、高柄豆、瓶、盉、鬲形器、鸟头把勺、圈足盘，喇叭口高领、凸肩小平底壶，长颈壶、圈足带耳长颈壶、觚等
三星堆遗址三期	西泉坎	袋足封口盉、耸肩小平底盆、尖底盏、尖底罐、尖底杯等	三星堆文化三期	以86三星堆发掘的⑧A、⑧B、⑧C层为代表	小平底罐、高柄豆、瓶、盉、鬲形器、鸟头把勺、圈足盘、喇叭口高领、凸肩小平底壶，长颈壶、圈足带耳长颈壶、觚等

三星堆遗址在简报《广汉三星堆遗址》中分作了四期，从而构建起了三星堆遗址的年代框架。其中，一期被视为相当于龙山时代的新石器时代晚期文化遗存，在遗址内广泛分布，出土陶片虽多，但大部分比较残破，能修复的不多，所以公布出来的资料非常少。《广汉三星堆遗址》只公布了1件圈足，陈显丹先生在《广汉三星堆遗址发掘概况、初步分期》中公布了22件，马继贤先生在《广汉月亮湾遗址发掘追记》中公布了10件左右。对于不能直接接触到发掘材料，只能通过发表的材料来认识三星堆一期的学者来说，这点材料连完整认识这种文化尚且不足，更罔谈分期分段了。

其实，学者们很早就意识到四川盆地存在着相当于龙山时期的新石器时代晚期文化。早在1953年修建宝成铁路时，绵阳边堆山遗址就被推断为属于龙山时期遗存[①]，但是一直苦于遗存太少而无法深入探讨。此后比较重要的是三星堆遗址中1963年月亮湾地点的发掘和1980、1984、1986年的发掘。1963年的发掘资料时隔30年后由马继贤先生撰文追记，20世纪80年代的发掘资料也逐渐通过简报发表出来。1988年中国社会科学院考古研究所再次调查了成都平原边缘的绵阳边堆山遗址[②]。1989年，中国社会科学院考古研究所四川队和绵阳市博物馆又对该遗址进行了比较大规模的发掘。这样到了90年代初的时候，关于四川盆地新石器时代晚期考古遗存的资料便逐渐丰富。1992年，何志国先生提出了以边堆山为代表的四川盆地新石器晚期遗存命名为“边堆山文化”[③]。孙华先生在对三星堆遗址分期后，认为：“三星堆的三期遗存，它们的文化内涵既有联系，又有相当大的差别。……实际上应当视为同一文化系统下的三种不同的考古学文化。”[④]为了区别于三星堆遗址中发现最多的第二期文化，也建议将三星堆一期文化及同类遗存命名为“边堆山文化”。

1995年，新津宝墩古城、温江鱼凫城、郫县古城、都江堰芒城、崇州双河城（下芒城）经调查和试掘，确认为文化面貌与三星堆遗址一期接近的古城址。更大规模的考古工作随后展开，获得了丰富的遗迹、遗物。1997年，江章华先生、颜劲松先生和李明斌先生联合撰文，提出将这一“与三星堆文化既有区别，又有发展关系”、内涵独特的发展时期，“以一个典型遗址——新津宝墩遗址来命名这一文化，即‘宝墩文化’”[⑤]，并在这篇文章中，将宝墩文化分为四期7段。第一期以宝墩遗址为代表，分为早、晚两段。第二期以芒城遗址为代表。第三期分为3段，早段以鱼凫村遗址早段和古城遗址早段为代表，中段以鱼凫村遗址中

---

① 西南博物馆筹备处：《宝成铁路修筑工程中发现的文物简介》，《文物参考资料》1954年第3期。

② 中国社会科学院考古研究所四川考古队：《四川绵阳市边堆山新石器时代遗存调查简报》，《考古》1990年第4期。

③ 何志国：《绵阳边堆山文化初探》，《四川文物》1993年第6期。

④ 孙华：《试论广汉三星堆遗址的分期》，《南方民族考古》第五辑，四川科学技术出版社，1993年；《四川盆地的青铜时代》，科学出版社，2000年，66页。

⑤ 江章华、颜劲松、李明斌：《成都平原的早期古城址群——宝墩文化初论》，《中华文化论坛》1997年第4期。

段为代表，晚段以古城遗址晚段为代表。第四期以鱼凫村遗址晚段为代表[①]。

1999年，王毅先生和孙华先生联合撰文，以新津宝墩村遗址出土器物为主线，分析了与边堆山文化、三星堆一期的异同，确认其“具有一群共同特征的陶器群可以将其从四川盆地其他文化中分辨出来”[②]，并进一步与盆地东部峡江地区的考古材料进行比对，同时参照^{14}C数据，认为宝墩村文化的绝对年代大致在公元前2800～前2000年。在经过与广元张家坡、通江月亮岩、擂鼓寨、江津王爷庙遗址的比较分析后，文章最后认为：“宝墩村文化是局限于四川盆地的考古学文化。该文化以成都市区为中心分布区，川西平原为基本分布区。它在向东发展的过程中，在川中丘陵一带与分布于川东平行谷地的以忠县哨棚嘴第一期、老关庙下层遗存为代表的考古学文化发生接触，并受到了后者的制约而未到达重庆沿江一带。”[③]

2002年，陈显丹先生和刘家胜先生共同撰文，不同意“新津宝墩文化早于三星堆文化，三星堆文化是直接从宝墩文化发展而来”此类的观点，并牵涉出文化命名及文化内涵的争议[④]。文章将三星堆遗址分为四期，并认为四期均属于“三星堆文化”。而不是像孙华先生建议、江章华先生认为的仅把三星堆遗址第二期命名为“三星堆文化”。

同年，江章华先生等对成都平原的先秦文化做了综合性梳理，提出了从宝墩文化—三星堆文化—十二桥文化—上汪家拐遗存的考古学文化序列。与之前孙华先生在《四川盆地青铜文化初论》一文中相比，江先生将十二桥文化的第三期独立为上汪家拐遗存，并将原来的早晚两段的划分重新分为三期[⑤]。

2010，江章华先生利用金沙遗址已发表简报的春雨花间、精品房、蜀风花园城二期、博雅庭韵、兰苑、芙蓉苑南地点、国际花园、三合花园、西城天下、干道黄忠A线、人防地点10余处发掘点资料，对金沙遗址做了系统的梳理，其中

---

① 江章华、颜劲松、李明斌：《成都平原的早期古城址群——宝墩文化初论》，《中华文化论坛》1997年第4期。

② 王毅、孙华：《宝墩村文化的初步认识》，《考古》1999年第8期。

③ 同②。

④ 陈显丹、刘家胜：《论三星堆文化与宝墩文化之关系》，《四川文物》2002年第4期。

⑤ 江章华、王毅、张擎：《成都平原先秦文化初论》，《考古学报》2002年第1期。

博雅庭韵和国际花园沿用时间较长，分出4组地层关系。通过对上述遗址的综合分析，江章华先生将金沙遗址分为六期。一期相当于十二桥第13、12层，判断其年代当在商代晚期。二期大约在商末周初，三期年代当在西周早期。四期尖底杯基本消失，年代约当西周晚期，并且开始出现船棺葬。五期开始出现柳叶形剑，陶器不明。六期船棺葬增多，有较多的同穴双棺合葬墓，出青铜剑、青铜戈。但五、六期青铜剑茎上两穿居于正中，不同于战国时期柳叶形剑上穿偏居茎侧，并且也未发现战国时期墓葬中常见的青铜兵器与工具，推测五、六期墓葬不会晚至战国，当在春秋时期。并将五期排在春秋早期，六期排在春秋晚期。并根据各期遗存在金沙遗址的分布，推测二至四期是金沙聚落最繁盛的时期。三合花园大型建筑群的年代当在三期。五、六期，金沙遗址已明显衰落，发现的遗存骤然减少，目前发现的主要是墓葬。在对金沙遗址的时空格局分析的坚实基础上，江先生进一步推论金沙遗址可能是十二桥文化时期古蜀社会的某类重要形制的聚落所在地，在商代晚期还未形成规模，到商末周初才初具规模，西周时期是其繁荣稳定的发展时期，到春秋时期已衰落。文章对金沙是否为古蜀王都提出了怀疑，提出“金沙遗址会不会是西周时期古蜀国的宗庙所在地”①，认为金沙遗址的衰落与西周晚期古蜀社会的转型有关。虽然目前对于金沙“祭祀区”的内容和性质还不十分清楚，但推测与神权政治密不可分②。

至此，在1986～2011年，成都平原的考古学文化序列的大体框架已经搭建完成。在推进考古学文化序列建设的同时，三星堆遗址通过调查和解剖性发掘，确认了遗址上纵横交错的几道土埂确为城墙，成为成都平原上发现的第一座商代的古城。

1.3.2.4 拓展期

在成都平原先秦考古学文化序列框架基本建立之后，考古研究逐渐从区系类型向聚落考古转移③。聚落结构、生业形态等得到了更多的重视，多种科学技术手段应用于考古，跨学科的合作已是常态。虽然没有发现类似三星堆、金沙、宝

---

① 江章华：《金沙遗址初步分析》，《文物》2010年第2期。

② 同①。

③ 江章华：《成都平原先秦聚落变迁分析》，《考古》2015年第4期。

墩古城址群重大发现，但对三星堆、宝墩、高山等遗址的全面开展工作和深入探讨，对以往这几个遗址的认识也发生了翻天覆地的变化。成都平原考古发展可以说是进入了一个全新的时期。

2009年，宝墩遗址发现外城城墙，围合面积达276万平方米，2010～2013年连续对宝墩遗址进行了发掘，对宝墩遗址城内外结构有了进一步了解。同时，持续的浮选和大植物遗存鉴定，让成都平原宝墩时期的生业形态模式得以初步确立①。并计划对遗址周围的古地貌、古环境、古气候进行研究；探讨聚落内部结构及变迁历程；对遗址周边展开更大范围调查，了解周围同时期聚落的分布状况及其与宝墩的关系，最终形成对宝墩聚落变化、生业形态、人地关系的综合认识②。

2011年三星堆遗址“十二五”期间的《三星堆遗址2011～2015年度考古工作规划》获批，重启三星堆遗址及其周边地区的调查、勘探和发掘工作。

从2011年起，四川省文物考古研究院及下设的三星堆工作站确立了完善基础测绘数据、全面勘探、重点发掘几大工作方向，并确立了“十二五”期间重点解决城内布局的首要目标。从2011年起，对三星堆遗址内的城墙进行了解剖发掘，明确不同城墙的夯筑结构，并由此讨论城墙的夯筑年代、城的发展等一系列的问题。

从2013年起，遗址北面的真武宫城墙、青关山城墙、马屁股城墙三点连线，更正了以往认为三星堆古城以鸭子河为屏障、并未修筑北城墙的认识，合围了古城。

并且从2011年开始，考古资料相对薄弱的沱江流域开始按流域进行调查，收获颇丰，对沱江流域的遗址结构有了一定的认识。并且沱江流域的考古发掘工作也逐步推进。

---

① 姜铭、玳玉等：《新津宝墩遗址2009年度考古试掘浮选结果分析简报》，《成都考古发现2009》，科学出版社，2011年，68～82页；石涛、何锟宇、左志强等：《新津县宝墩遗址2010～2011年出土植物遗存分析报告》，《成都考古发现2013》，科学出版社，2015年；闫雪、姜铭、何锟宇等：《新津县宝墩遗址2013～2014年出土植物遗存分析报告》，《成都考古发现2013》，科学出版社，2015年。

② 何锟宇：《宝墩遗址：成都平原史前大型聚落考古新进展》，《中国文化遗产》2015年第6期。

2012年起，成都文物考古研究所启动“斜江河流域先秦遗址考古调查”，重点对高山古城进行了勘探，发现了早期遗存。2015、2016年进行的正式发掘，城内发现多处墓地和保存较好的人骨，探讨成都平原的人口来源提供了非常难得的材料。

可以说，2010年前后对于成都平原考古而言是一个显著的分水岭。以宝墩和三星堆遗址为代表的超大型遗址，都不约而同地开始探讨聚落内部结构及其发展变化，中心聚落与周边聚落的关系，聚落的生业形态和人地关系等，研究也向着纵深方向发展。

本书初稿为笔者的博士论文，正是写于三星堆遗址“十二五”工作期间，部分参与三星堆遗址“十二五”工作，既得益于三星堆遗址新的考古工作成果，又与三星堆遗址的考古发掘工作相互促进。

1.3.3　存在的问题

经过考古工作者数十年的田野考古工作积累和考古学家的研究，以成都平原为代表的四川盆地先秦时期文化序列基本建立，虽然其间还有些细节需要讨论，关于文化命名、归属和分期都还存在着争议，如三星堆一期和宝墩文化，三星堆四期和十二桥文化；如十二桥文化的内涵和外延，以新一村遗址为代表的十二桥遗址群第二期是归属于十二桥文化还是独立成新一村文化？而第三期以汪家拐遗址为代表的遗存是归属于新一村文化还是独立成汪家拐文化？

虽然这并不影响我们根据典型陶器的形制来判断其在序列中所处的相对位置，但争议的存在，正说明这其中的部分文化的内涵和外延不够明确。部分原因是以新一村遗址、汪家拐遗址为代表的期段出土材料本身就不够丰富，没有大遗址作为研究的支撑。而造成争议的另一个重要原因，是材料公布不全面、不及时。学者们从自己掌握、别人不清楚的材料出发，形成自己的意见和立场，然后毫无意外地意见相左。尤其是这个序列中关键遗址三星堆的材料迟迟未能公布，使得无论是序列的探讨还是文化因素的分析，总是有一根支柱显得不够坚实。对于三星堆遗址本身的研究来说，其发展演变的讨论受限于材料，显得过于简略。这也直接导致之前的宝墩文化和之后的十二桥文化，在模糊状态（共存状态）的判定中直接偏向了材料公布较多的宝墩文化和十二桥文化。三星堆文化自身由于公布材料不够而显得不够坚实，导致了前后文化对其形成挤压。就序列而言，研究成都平原的相对早晚还有其他遗址可以替代和弥补，但无法清晰地分辨三星堆文化的内涵和外延，对探讨成都平原的文化发展进程却影响深远。毕竟，作为成都平原的顶级聚落，三星堆遗址的发展在很长时间里代表了成都平原社会发展的最高水平，是我们探讨成都平原文明演进过程中至关重要的一环。

考古是一门从实物出发，讲求实证的科学。成都平原及其周边地区的考古发掘年年进行，到如今已有数十年的积累。尤其是最近十余年来，省内考古同行的辛勤工作使得发掘资料也在源源不断、更快、更详细地公布。对成都平原的考古学研究，已经从一开始的序列，到后来的聚落，再到江章华等先生所思考的“古蜀社会的政治体制，以及其政治中心的聚落格局问题”①。虽然现有的材料积累还不足以供我们讨论类似的“非物质”的问题，但从考古的成果和资料的积累来讲，也是时候来重新审视成都平原的考古文化序列，明晰现有的宝墩文化、三星堆文化、十二桥文化等主体文化的边界。并且从聚落、生业、社会、文化多角度来讨论三星堆遗址的形成与发展过程以及成都平原文化的演化进程。

1.4　研究方法

本书的研究方法，是在考古地层学、类型学和在此基础上的区系类型学等相对传统的考古研究方法的基础上，结合聚落考古等研究理论和技术手段来探讨。简单地说，就是“通过一个‘点’（典型遗址），形成一条‘线’（年代分期标尺），认识一个面”②，来构建一个区域的文化发展序列。正如苏秉琦先生指出的那样，无论是三星堆遗址还是成都平原，无论是古城还是古国，“我看还是从区系角度提问题”③。区系类型，即便是在各种科技手段引入考古研究的今天，仍然是考古学研究和探讨的基础④。

构建起年代序列框架，就可以通过对遗址内各个发掘区不同时段、不同遗存的比较和探讨来获知聚落发展的框架。在明晰聚落发展的框架结构后，继而对更

① 江章华：《金沙遗址初步分析》，《文物》2010年第2期。

② 孙华：《云南高原西部史前文化的探索（代序）》，《苍洱地区史前文化》，文物出版社，2013年，ⅶ页。

③ 赵殿增：《一个充满活力的学科生长点——苏秉琦先生知道下的三星堆考古》，《三星堆考古研究》，四川人民出版社，2004年，63页。

④ 宋治民：《宋治民考古文集·自序》，科学出版社，2004年，ⅲ页。

大区域内不同时期遗址数量进行统计，考察该区域聚落分布结构，探讨其背后收缩或扩张的原因。

“考古学的基础是田野考古，没有田野考古就没有考古学。考古学研究是包括了田野调查和发掘、室内整理、编写考古发掘（调查）报告、综合研究这几个环节。考古学的研究不仅是综合研究，从田野调查和发掘开始就是研究的开始，所以必须重视田野工作。通过发掘和整理，在地层学和类型学这些基本方法论指导下，通过实践丰富和加深对考古学方法论的认识和理解，然后将发掘出的遗迹和遗物整理成发掘报告。经过反复的这种实践、认识，科学地处理好复杂的遗迹、遗物时代的能力，提高识别不同考古学文化或类型的能力，提高识别一个遗址或墓地不同文化因素的能力，也就是提高了研究的能力。当然这些都不是考古学研究的最终目的，但是这些都是基础性的研究工作，只有也只能通过这些看似烦琐的研究工作，才能最终复原古代人们的社会历史，这需要许多研究人员的努力，需要许多代研究人员的努力。我们今天在考古学研究领域里取得的成果是在前人研究的基础上取得的，我们今天的研究成果又是为后人的研究打下基础。所以不能轻视这些基础性的研究工作，在考古学研究中舍此而无其他捷径，而一些综合性的研究成果在整个考古学研究中其实也只是基础性的研究。”①

考古研究始于田野，从大量的田野材料中归纳出一些研究者自认为正确的认识，而验证这些认识，最终还必须回到田野工作中去。梳理成都平原考古的研究史，可以深切地感受到，研究的推进和田野技术的进步、田野工作的积累相辅相成。无论有多少音韵学、民族学等多学科研究的辅证，在考古学研究中，检验真理的唯一标准在于考古发现。而考古学研究的根基在于时空框架的构建，要讨论政治、经济、文化、社会等种种问题，考古最先要建立的便是时空框架。即先建立考古学年代序列，提供时间轴上的纵向坐标，再从纵向坐标延展，讨论遗址或文化在空间上的发展演变。

① 宋治民：《宋治民考古文集（自序）》，《宋治民考古文集》，科学出版社，2004年，iii页。

1.4.1 考古学年代序列的建立

本书对成都平原文明进程的探讨，是以三星堆遗址年代序列和文化面貌变迁的探讨作为切入点的。所以本书的首要任务，便是建立起三星堆遗址的分期和年代标尺。并与以往学者建立的成都平原考古学年代序列做比对。

通过对三星堆遗址历年发掘所出遗物（主要是陶器）的分析，来建立三星堆遗址独立的分期体系。对其中一些好的单位中大量出现的类似器物的测量和数据分析也是非常有意思、有意义的。虽然对一个灰坑而言，这样的材料也许不能说明什么问题，但是一个遗址、一个地区都这样做的话，一定可以找出其中的规律。所以本书在涉及三星堆遗址的主要器类，尤其是在一个单位大量出现的时候，并没有采用通常的器物描述方法，而是采取表格的形式，简化文字描述。因为器物的形状，在现在的技术条件下，可以用绘图来解决，仅仅对关系到分型的特征进行提示性描述。作为对分型分式不充分的补充，本书在排图的时候，尽量将同类器物排在一起，并且尽可能按器物的结构来排图，以方便读者自行完形填空，获得未必准确、但更为完整的认识。

三星堆遗址是一个沿用时间很长的遗址，甚至可以说，是目前所知先秦时期成都平原沿用时间最长的遗址，从龙山时期一直沿用到商代晚期，并且从目前的认识来看，这中间的文化虽历经几次变迁，但基本没有中断。对三星堆遗址单独分期，将为成都平原的年代序列提供有力的支撑。三星堆遗址的分期及其演变，将构成本书所有讨论的基础，是本书最重要的部分之一。

并且，本书也会将三星堆遗址的分期通过桂圆桥遗址、金沙遗址等，在时间轴上向前延伸和向后延续。

1.4.2 三星堆遗址聚落形态研究

在三星堆遗址分期的基础上，通过对三星堆遗址不同时期遗存的分布状况、多寡状况、重要遗迹的兴衰状况的分析，以掌握三星堆遗址各个时期和阶段，聚落和城邑的营建活动、日常活动、特别活动以及这些活动的强度和影响度，将时间、空间和遗存现象结合起来。

在三星堆遗址的发掘中，细致地划分土质土色，用地层学的方法提供准确的相对早晚关系是非常重要的。更重要的是对地层堆积形成过程的还原分析。这样，每一次发掘，不仅仅是机械地遵守田野考古工作规程，枯燥的验证或丰富文化序列，还是对古代社会生活的一次有益探索。而这一点，对于我们理解三星堆遗址的形成过程至关重要。

三星堆遗址不是一个普通的聚落，而是一个有着复杂城墙结构的古蜀大型中心聚落。对三星堆遗址城墙、壕沟、建筑遗迹、墓地分布的分析，揭示三星堆遗址作为一个连续使用、不断发展的“聚落”的发展历程。

1.4.3 成都平原的文明进程

三星堆遗址的文化序列，构成讨论和检验成都平原文化序列的基础。通过对成都平原典型遗址的分析及与三星堆遗址的比较，第一是验证序列，第二是看三星堆遗址各期文化面貌与岷江流域典型遗址相应阶段的文化面貌有无异同。在此序列基础上，以三星堆遗址为中心的沱江流域和宝墩、十二桥、金沙所在的岷江流域这两个成都平原的两大自然分区为基础单元，通过对这两个流域的遗址在不同时期的分布状况的分析，探讨成都平原从距今5000年到距今3000年的文化演进过程及特点。

第二章　三星堆遗址的分期

三星堆遗址位于成都平原北部，广汉市南兴镇[①]北面，东距广汉市政府驻地“雒城镇”约8千米，鸭子河为三星堆遗址北界，马牧河横穿遗址。地质构造上属“成都断陷盆地之东侧”[②]，系沱江上游一系列冲积扇连接而成的冲积平原。遗址主要部分在南兴镇所辖的三星、真武、回龙三个自然村以及三星乡所辖的仁胜、大堰两个自然村境内的鸭子河南岸与马牧河两岸阶地上，分布面积约12平方千米[③]。

三星堆遗址面积大，堆积丰厚，延续时间长，本是解决成都平原考古学文化序列最好的入手处，只可惜公布的材料太少，1980年发掘的资料发表了简报，但受限于篇幅，所公布材料经过执笔者的严格挑选，如陶片本身很少很破碎的三星堆一期仅公布了一件陶器！《广汉三星堆遗址》的执笔者毫无疑问做了大量的研究工作，将三星堆遗址分为三期，并且在简报最后提出了以1982年三星堆地点上层作为三星堆遗址第四期的典型单位，其典型组合为尖底杯、尖底罐。这四期构建起了三星堆遗址的年代框架，为我们认识三星堆遗址提供了可靠的年代标尺，也一直在三星堆遗址的日常整理中被熟练地使用。

但是，这里有一点不足，就是简报公布的第一期陶器太少了，虽然后来在一些论文中也零星公布过一些材料，但非常有限。尤其对于不能系统、大量接触到

---

① 南兴镇原名“中兴乡”，1980年改名南兴乡；1986年撤乡建镇，现为南兴镇。

② 四川省广汉市《广汉县志》编辑部：《广汉县志》，四川人民出版社，1992年，51页。

③ 四川省文物考古研究所：《三星堆祭祀坑》，文物出版社，1999年，9页。

三星堆遗址一手材料的其他研究者而言，只能凭借这些十分有限的材料来认识三星堆遗址的第一期，所获有限。这也导致学术界对三星堆一期的认识一直是零星的、片面的、不充分的。

三星堆遗址几十年发掘工作的积累是非常丰富的（图2.1；表2.1）。中华人民共和国成立后的考古工作主要分为两个阶段：1986年之前的工作重点是了解三星堆遗址的文化面貌，解决分期问题，发掘集中在三星堆和真武宫—月亮湾这两个地点。1987年认识到三星堆遗址的东、西、南三面尚保存有商代早期的夯土城墙后，工作重点转移到对城圈的确认，重点解剖了东城墙（1989）、西城墙（1991）、南城墙（1994）和月亮湾城墙（1999）。

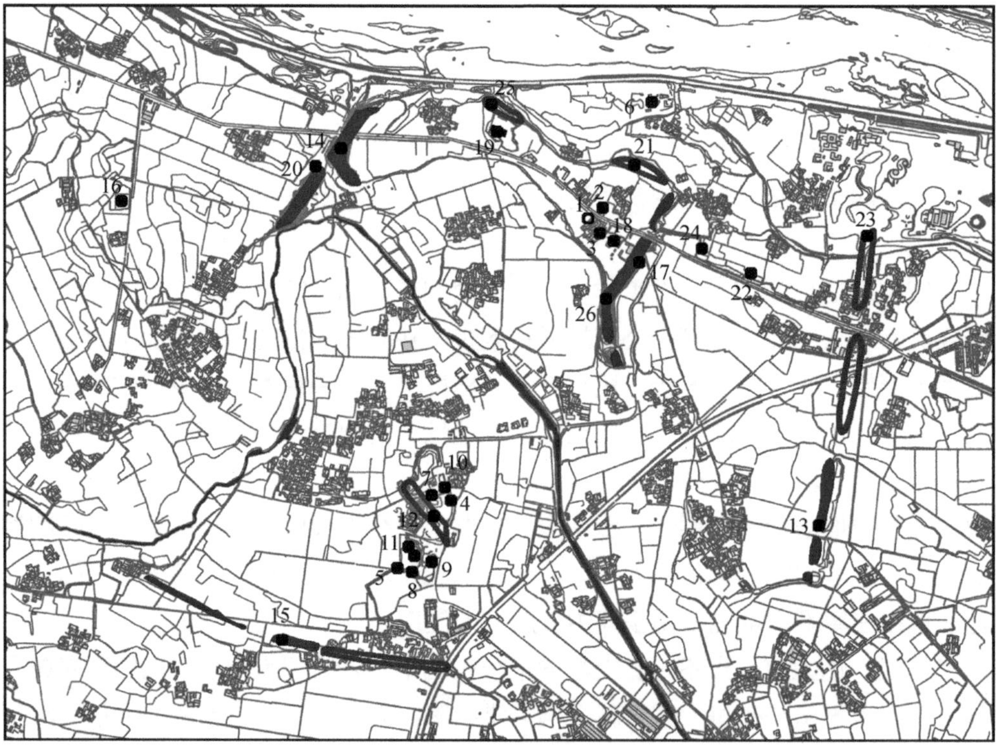

图2.1　三星堆遗址历年发掘点位置示意图

（图上编号与表2.1对应）

表2.1　三星堆历年发掘总表

编号	时间	地点	性质	面积	收获（基于原分期）
1	1927	月亮湾小城东 燕家院子北倒流堰	发现		玉、石器坑
2	1934	月亮湾小城东 燕家院子北	试掘	44	开探沟（40尺×5尺），2条 试掘，出土陶器、石器
3	1963	月亮湾小城东 燕家院子附近	发掘	310	三星堆一期、二期、三期?
同1	1964春	中兴公社农民在距原发现玉石器地点五六十米处掘坑积肥时，发现石器一坑，其中有成品、半成品和石坯	发现		现藏四川省博物馆
4	1980.5	三星堆小城东南 三星堆城墙内侧	试掘	1225	房屋21座，墓葬4座
	1980.11～1981.5		发掘		
5	1982.4～12	三星堆小城外 三星堆壕沟外	发掘	200	小型陶窑1座。出土大量薄胎尖底罐（杯）等
6	1984.3～5	西泉坎	发掘	300	出现大量红烧土，回填保护。 大量的成品及半成品的石璧和废料及房屋基址。发现第一个双手倒缚的石雕奴隶像
7	1984.12～1985.1	三星堆小城东南 三星堆城墙内侧	发掘	200	三星堆遗址二、三、四期堆积
8	1986.3～6	Ⅰ区 三星堆城墙外侧	发掘	200	堆积较薄，多为四期
9	1986.3～6	Ⅱ区 三星堆城墙外侧	发掘	375	堆积较薄，多为四期
10	1986.3～6	Ⅲ区 三星堆城墙内侧	发掘	750	大量的房屋遗迹
11	1986.7～9	三星堆城外200米	发现 发掘	250	一、二号祭祀坑

续表

编号	时间	地点	性质	面积	收获（基于原分期）
12	1988	三星堆城墙	发掘	200	确定三星堆土埂是早商时期人工垒筑的城墙
13	1989 ~ 1990	大城东城墙	发掘	400	在城墙外侧找到壕沟
14	1991	月亮湾小城西城墙北端的城墙缺口处	发掘	400	在城墙内侧找到了城墙和遗址的叠压关系，并对城墙的壕沟进行了部分发掘，基本弄清了西城墙的年代、结构、壕沟的深度，并在该处发现建筑遗迹，估计属于城门望楼之类的建筑
15	1994 ~ 1995	大城南城墙西端试掘，东端钻探	试掘	400	基本解决了城墙、壕沟的布局和走向问题
16	1997 ~ 1998	大城外西面仁胜墓地	发掘	600	清理墓葬29座，出土了数十件玉石器和陶器，其中出土了牙璧形器和具有良渚文化风格的玉锥形器
17	1999 ~ 2000	月亮湾小城月亮湾城墙	发掘	450	墓葬9座，房屋21座，解剖了月亮湾内城墙，基本弄清月亮湾内城墙的年代结构和夯筑方式等问题
18	2000.12 ~ 2001.7	月亮湾小城东燕家院子附近	发掘		发现大量三星堆四期文化堆积。器物坑（大量完整或接近完整的器物，有意埋藏）
19	2005	月亮湾小城内青关山台地	发掘		大型夯土建筑墙体
20	2005	三星堆小城西城墙缺口	试掘		表土下为砂石，无法下挖，认为此缺口为水门
19	2012 ~ 2013	月亮湾小城内青关山台地	发掘		长逾65、宽近16米，建筑面积逾1000平方米的红烧土建筑基质[1]
21	2013	月亮湾小城真武宫城墙	发掘		确认真武宫城墙与月亮湾城墙建筑方式相近
22	2013	仓包包小城仓包包城墙	发掘		确认一道残长550、顶宽约20、底宽近30、残高2.7米的夯土城墙，夯筑方法与东城墙相近[2]

续表

编号	时间	地点	性质	面积	收获（基于原分期）
23	2014	大城东北角 马屁股城墙	发掘	184.5	长期受鸭子河冲刷、被晚期沟打破，残破不堪。确认为城墙[3]。筑墙方法与东城墙南段一致，推测为大城东北角[4]
24	2014	仓包包小城 李家院子城墙	发掘		现存长度约150、宽约20米[5]
25	2014	月亮湾小城 青关山城墙	发掘		长约140、顶宽10～15米。分块斜向堆筑方法与真武宫城墙和月亮湾城墙一致

注：[1][2]　雷雨：《三星堆商代遗址》，《中国考古学年鉴·2014》，中国社会科学出版社，2015年，380～382页。

[3]　四川省文物考古研究院：《四川广汉三星堆遗址马屁股城墙发掘简报》，《四川文物》2017年第5期。

[4]　雷雨：《三星堆商代遗址》，《中国考古学年鉴·2016》，中国社会科学出版社，2017年，377、378页。

[5]　雷雨：《广汉三星堆商代遗址》，《中国考古学年鉴·2015》，中国社会科学出版社，2016年，293页

新的发现源源不断，发掘的收获逐年积累，越来越多的资料来不及整理，无形中造成了资料的积压。在三星堆遗址的分期分段和文化面貌的探讨上，可资参考的已公开发表的资料很少，除1963、1980年两年发掘的资料公布较为系统之外，其他年度的资料公布得都很零星。经过近40年的不断积累，三星堆文化的内涵较之于1980年发掘所获的认识已有很大的拓展，已发表的陶器器类已不能概括三星堆遗址的文化全貌。

虽然三星堆遗址公开发表的资料有限，但三星堆遗址从1980年开始发掘以来，尤其是1986年设立三星堆遗址工作站后，进行了大量的基础田野工作，这些工作的收获是巨大的，积累的资料也是非常丰富的。本书的研究便是得到了三星堆遗址工作站的大力支持，蒙站长雷雨老师慷慨允许，可以在书中利用三星堆遗址历年发掘尚未公布的部分成果。此外，笔者还在2012～2015年，部分参与了三星堆遗址青关山台地的发掘和整理工作，这部分资料本该先发简报的，但因为时间来不及，也得蒙允许，可以先行利用。这些都构成了本书讨论的材料基础。

2.1 初识三星堆

无论是发掘的面积、收获还是研究，都表明对三星堆遗址文化面貌比较全面的认识是始于1980年的发掘和整理。遗址内文化层的堆积并非均衡分布，此后的发掘对三星堆遗址的分期细化和各期文化面貌都有所补充。本章的探讨，也从1980年的发掘材料入手，构建框架。三星堆历年发掘中1980、1982、1984、1986、1999、2000年这几个年度工作的文化层堆积好、出土器物丰富，其中又以1986、1999年发掘点文化堆积延续时间最长，且发掘普遍挖到生土，序列最全。本书中拟通过典型探方的层位关系来构建三星堆遗址大的分期框架，再选择历年发掘中对序列和文化面貌认识有所增益的单位，细化分段和充实分期，以丰富对三星堆遗址文化的分期分段和对各期段文化面貌的认识。

首先，我们需要对三星堆遗址的年代框架有一个总体、宏观的认识。如果没有亲自参与发掘或整理，仅仅依靠经过不同标准层层筛选出的标本资料而非对陶片分析统计的大数据上的分期，是很容易失之偏颇的。所以我们对三星堆遗址分期的探索，必须从已经发表了上述统计工作的1980年发掘材料入手。

1980年发掘区位于三星堆的北侧，当时认为其属于中兴古遗址的一部分，分布范围“不少于四万平方米”①。试掘5米×5米探方5个，发掘5米×5米探方44个，共计发掘面积1225平方米。发掘探方的编号采用了象限法，即选定原点后，以正东为X轴正方向，以正北为Y轴正方向，将整个发掘区分为四个象限，将四个象限命名为ABCD，每个象限中以a、b、c、d……命名横轴，以1、2、3、4……命名纵轴，所以每个探方的探方号由象限+横坐标+T+纵坐标组成。发掘统一了地层，共分出8个原始地层，对应5个文化层。简报发表资料使用的是文化层。所以本小节中提到1980年出土的标本时，使用（1）~（5）代表归并后的文化层而非田野阶段划分的地层，这一点和其他发掘地点相区别②。

---

① 四川省文物管理委员会、四川省博物馆、广汉县文化馆：《广汉三星堆遗址》，《考古学报》1987年第2期。

② 1980年三星堆地点的发掘采用了“文化层”这样的概念，耕土层和扰土层以及发掘者认为的自然堆积，都不算文化层，这与考古发掘通常使用的从上到下按顺序编地层的方法有所区别。同样的地层编号规则，1982年、1984年都延用，直到1986年再次发掘三星堆地点时才更改为通行的地层编号法，为表示区别，本书中对这几个年份的地层用（1）、（2）、（3）表示。

1980年是三星堆遗址第一次大面积的揭露，之前虽然做过很多工作，但发掘面积都不大，并且1980年的材料还经过科学的整理并发表出来。所以在三星堆遗址的田野考古工作历程和研究史中，此批材料占据了非常重要的地位。

对三星堆遗址或三星堆文化的分期探讨，学者们主要借助这批材料，形成了各自的分期观点。为了便于比较，我们选择其中比较有代表性的陈显丹①、孙华②、江章华等③等先生的文章，并和简报分期做对比，将这些分期观点整理成表2.2。

表2.2　1980年分期地层对照表

自然层	文化层	简报分期	陈文分期	孙文分期	江文分期
①	表土层				
②	第（1）文化层	第三期	第三期	第3段	三星堆文化二期
③	第（2）文化层	第二期	第二期	第2段	三星堆文化一期
④	第（3）文化层	第二期	第一期	第2段	三星堆文化一期
⑤	间隙层		第一期		
⑥	第（4）文化层	第一期	第一期	第1段	
⑦	间隙层		第一期		
⑧	第（5）文化层	第一期	第一期		

从表中可以看出，孙华和江章华两位先生对简报在出土物变化上的把握基本认可，但对变化的节奏、期段的划分和文化归属则各持己见。而陈显丹先生则不同意简报将第（3）文化层划为第二期，认为虽然有间歇层的间隔，但第（3）文化层仍然应该归入第一期。当然，陈显丹先生毫无疑问在材料上更具有优势，文中也公布了更多的标本来支持他的观点，但是陈先生与众不同的观点在发表后也引起了较大的争议。对于期段的划分和把握，考古学家往往在完成对陶器/陶片的分型分式后直接提出，得失存于寸心之间，也让后来的研究者难以接着讨论。

① 陈显丹：《广汉三星堆遗址发掘概况、初步分期——兼论“早蜀文化”的特征及其发展》，《南方民族考古》第二辑，四川科学技术出版社，1989年，213～231页。

② 孙华：《试论广汉三星堆遗址的分期》，《南方民族考古》第五辑，四川科学技术出版社，1993年，10～24页。

③ 江章华、王毅、张擎：《成都平原先秦文化初论》，《考古学报》2002年第1期。

2.1.1 分期分段标准的讨论

分期是每一个考古遗址必须面对和解决的问题。期段的划分是对遗物变化幅度和节奏的分析和把握。考古年代序列通常建立在遗址中大量出土、富有变化的陶器上，本章期段分析的主要依据同样是陶器，并且将从陶器的4个层面来讨论变化的节奏。

第一层面毫无疑问应该是陶质陶色的差异，即不用参照器形，直接从陶质陶色上就可以分辨。

第二层面是装饰的差异，每个时代总是有各自的偏好和审美，有的喜欢拍印绳纹，有的喜欢刻画线条，有的喜欢戳印篦点纹，有的还喜欢在器物外表加贴实用或非实用的附加堆纹等，也可以帮助我们判断陶片的年代和文化归属。

第三层面是典型陶器器类的差异，即典型器物群是否有大的变化，原有的典型器类消失，新的典型器类出现。

第四层面便是从典型陶器的式别变化来综合考虑、分析。当然，第四层面也是主观介入最多的、最易引起争议的。

为什么从这四个层面来讨论呢？这就涉及导致这四个层面变化的根本原因和难易程度。

第一层面陶质陶色的差异多是技术层面导致的，包括陶土的选取与加工、羼和料的选取和配比、陶器的成型与修整、陶窑的形制与火候、烧制的技术等。所以第一层面的差异特别具有不可逾越的时代性。

第二层面装饰的差异是由技术和审美共同导致的，纹饰精致而繁复的几何图案的篦点纹需要专门的工具、耗费大量的人力，如彩陶、黑陶，再如拍印的印纹硬陶等，这些装饰都极具时代和地域特色。

第三层面典型陶器器类的差异是由生业形态、饮食结构、食物的存储烹制方式以及生活习惯决定的。比如说炊具是使用袋足的鬲、三足的鼎、圜底的釜还是平底的罐？不同地区有各自习以为常的习惯，所以炊具和饮食具，牵涉的文化因素最多，也最具有地域特色。而考古学文化通常便是以某几种典型器物构成的典型器物群来作为核心要素进行定义的。

第四层面是在前三层面确定的情况下，根据随着时间的差异器物发生的改变，综合多种器物发生的变化，对分期做更细致的划分，也就是我们通常说的分段。

很多时候，我们在做多个遗址跨区域对比的时候，无法掌握这些遗址的一手资料，讨论依据的主要是考古报告、简报中绘制的线图，所以常常将讨论局限在器类和器形的变化，也就是第三和第四层面。除了能直接接触到陶片这样第一手资料的学者，第一层面不是很好讨论，当然也有学者试着从陶土成分分析等科技手段来探讨。但事实上，作为第一层面区分标准的陶质陶色的差异是肉眼可见的。比如羼和砂粒的特征、陶片颜色、火候等。第二层面大家也在用，比如借用彩陶、黑陶这些具有非常显著特征的陶器来探讨大的时代的划分和文化归属。当然，第一和第二层面的分析比较宏观，可以用作对遗址大期的把握。本章所言的大期，很大层面上是可以对应上不同的考古学文化的。

对大期的划分来说，必须首先从第一、第二层面来进行把握。仅从器形来判断容易有失偏颇，因为早期的器物完全可以出现在晚期的地层和遗迹中。仅以标本论分期，往往是只见树木，不见森林，对于地层归属的判断也往往让人困惑。对陶质陶色和纹饰的把握最简单的是统计，也就是我们通常整理工作中最基础的分陶片和数陶片。很多遗址其实都做了很好的工作，因为以前出版的原因，大多发表的只是统计数据或者纹饰拓片，但其实反映陶质陶色和纹饰的照片会更加直观，尤其是某些陶质陶色纹饰会和特定的器形联系起来的时候，这时候将两者结合起来讨论，就显得非常重要了（图版五～图版八）。

2.1.2 1980年地点的分期探讨

1980年发掘地点公布了其中一个探方1980GSDaT2各文化层陶质、陶色和纹饰的统计数据，可以让我们对三星堆遗址的陶片有一个大体的认识和把握（表2.3）。

从1980GSDaT2[①]陶质陶色的比例看，（5）层以泥质灰陶、夹砂褐陶为主，（4）层以泥质灰陶为主，较少的泥质褐陶，极少量的夹砂褐陶。而（3）、（2）、（1）层最多的是夹砂褐陶，其次为夹砂橙黄陶，陶质、陶色构成和比例都较为接近（图2.2；表2.3）。从总体来看，（5）、（4）层以泥质陶为主，（3）、（2）、（1）层以夹砂陶为主，二者的区别泾渭分明，第一层面的分期

① 在指代清楚、不影响上下文理解的前提下，为行文简洁，本书中对部分探方号的发掘年份、遗址缩写字母进行了省略，后文不再一一注释。

似应从此处划开。（5）、（4）层虽然同是以泥质陶为主，但二者之间同样存在着较大的差异，表现为（5）层泥质灰陶虽然以49%居于首位，但夹砂褐陶也以42%的比例高居第二，而（4）层泥质灰陶的比例高达80%，并且仅有极少的夹砂陶。这是一个探方的情况，而对于整个1980年的发掘点而言，在简报中给出的数据，泥质灰陶约占总陶片数的65%以上。当然，1980GSDaT2（5）、（4）层的陶片相较于（3）、（2）、（1）层来看总量偏少，这是事实。1980GSDaT2（5）层仅出土92片陶片，（4）层出有247片陶片，这两层数据出现偏差的可能性较大，尤其是（5）层，陶片数量不足百片。并且，还有一个需要考虑的情况，（5）、（4）层间陶质、陶色的比例差异到底是由该地层时代的不同造成的，还是由该区域的功能差异造成的，是一个有待验证的问题。

陶质、陶色之外，我们再来看看纹饰的统计数据（图2.3；表2.4）。

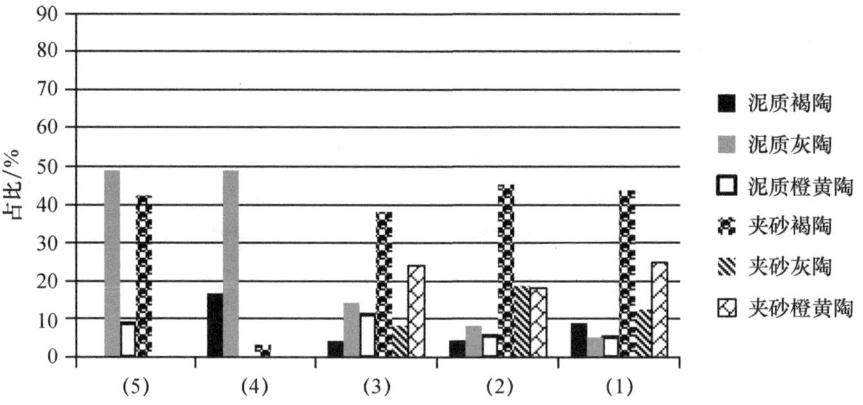

图2.2　1980GSDaT2出土陶器陶质、陶色比例图

表2.3　1980GSDaT2出土陶器陶质、陶色统计表

层位	泥质褐陶/片	泥质灰陶/片	泥质橙黄陶/片	夹砂褐陶/片	夹砂灰陶/片	夹砂橙黄陶/片	合计/片
（5）	0	45	8	39	0	0	92
（4）	41	198	0	8	0	0	247
（3）	82	269	212	729	159	456	1907
（2）	250	459	321	2579	1072	1033	5714
（1）	294	168	175	1445	410	819	3311

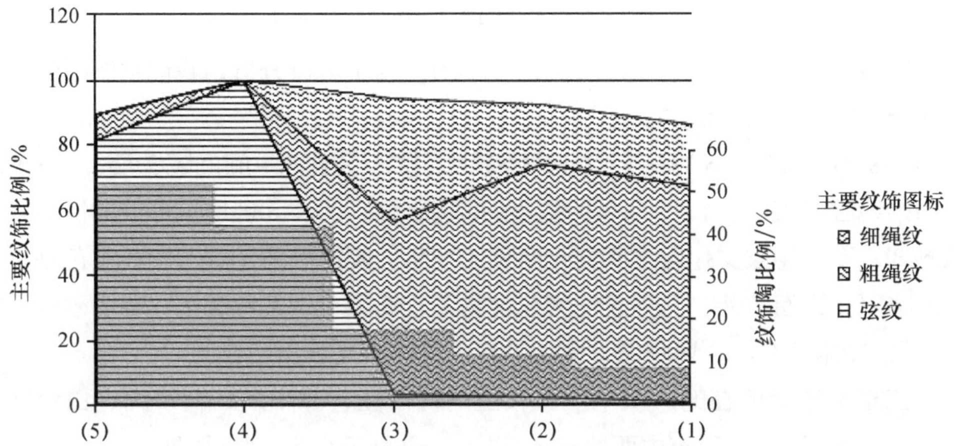

图2.3　1980GSDaT2出土陶器纹饰分析图

表2.4　1980GSDaT2出土陶器主要纹饰统计表

层位	陶片总数/片	纹饰总数/片	弦纹/片	粗绳纹/片	细绳纹/片
（5）	92	48	39	4	0
（4）	247	103	103	0	0
（3）	1907	334	11	178	125
（2）	5714	672	14	482	125
（1）	3311	276	3	182	52

从图2.3我们可以看出，饰纹陶在陶片总量中的比例逐层阶梯状下降，（5）、（4）层都在40%以上，而（3）层锐减到不足20%（图2.3）。除了比例上的巨大差异，构成纹饰的主体也在发生变化。（5）、（4）层纹饰的主体为弦纹，而（3）、（2）、（1）层的主体是绳纹，其中又以粗绳纹为主。

综合考虑陶质、陶色、纹饰的构成和比例，我们可以看出1980GSDaT2的（5）、（4）层和（3）、（2）、（1）层存在明显的差异，虽然⑤层陶片数量较少，容易造成数据波动。但（3）、（2）、（1）层间陶质、陶色、纹饰构成和比例的近似，却是建立在较大数量统计上的不争的事实，说明（3）层与（2）、（1）层间的关系较（3）与（4）层之间的关系更为紧密。从对出土遗物把握更加全面的统计数据来看，对于简报和几位先生在1980年材料分期上的探讨和由此产生的争议，本书倾向于认同简报的分期，（4）、（3）层陶器出现了较大的变化，在分期上应该从二者之间分开（表2.3、表2.4）。

并且，地层的形成也可以支撑这一判断。为了进行分析，我们将简报的文化层还原到原始地层堆积中去。

1980GSDaT2（5）、（4）为原始地层⑧、⑥层，中间间隔⑦层。（3）层为原始地层④层，（4）、（3）层之间间隔⑤层。⑦、⑤层堆积形成的性质，关系到⑧、⑥、④层文化层之间文化间隔的判断。简报描述⑦层“为浅黄色黏土，东面略厚，西面较薄，几乎无任何包含物”，⑤层“浅黄色黏土，略含砂粒，并含有极少碎陶片”[①]，可见⑦、⑤层堆积的主体都是浅黄色黏土。

三星堆遗址所在的广汉平坝区，区内青白江、濛阳河、鸭子河、白鱼河、石亭江、绵远河6条河流由西北流入境内，形成6河6埂、槽埂相间、平坝沿河流走向分布的地形[②]。三星堆遗址位置在湔江冲洪积扇范围以南[③]、鸭子河南岸阶地，马牧河从遗址中穿过。三星堆遗址中靠近鸭子河和马牧河的一些地点，有含沙、砾石较多的洪积间隙层。而⑦、⑤层堆积均为浅黄色黏土，简报中没有提到大量的砂和卵石，并且其余的地层堆积也同样是黏土堆积，只是颜色不同，分别为灰黑、浅灰或黄褐色。

那⑦、⑤层较为纯净的浅黄色黏土堆积是怎么形成的？为什么和其他地层不一样，没有什么包含物呢？

1980年发掘发现了房屋基址18座，简报没有分别给出每座房屋基址的层位关系，只笼统地说建造在黄褐色生土层上，但在描述（3）/④层的时候，又说：“在同一地层中，其他地方亦有大片胶结在一起的红烧土堆积和灰烬。红烧土堆

---

① 四川省文物管理委员会、四川省博物馆、广汉县文化馆：《广汉三星堆遗址》，《考古学报》1987年第2期。

② 四川省广汉市《广汉县志》编辑部：《广汉县志》，四川人民出版社，1992年，54页。

③ 湔江冲洪积山，仅在鸭子河以北，宝成铁路西侧，还具冲洪积扇的形态特征，扇面由北西西向南南东倾斜，坡降约为3‰，向南到濛阳河一带，冲洪积扇已过渡为宽阔的一级阶地。四川省广汉市《广汉县志》编辑部：《广汉县志》，四川人民出版社，1992年，54页。

积直接压在房基址上。”[①]可见部分房屋基址是叠压在（3）/④层之下的，房屋倒塌下来形成了（3）/④层堆积的一部分。建筑房屋的沟槽有的甚至打破生土。⑦、⑤层土质因是黏土，肯定不是自然的洪积间隙层，而是与建筑基址相关的人为垫土层[②]。⑦、⑤层与其他黏土地层的区别，应该是干净的黏土和因文化遗物夹杂变色的黏土的区别，而不是成因上的区别。

（5）/⑧、（4）/⑥、（3）/④文化层的形成大致是这样的。首先，在生土上挖基槽、建房子，生活在生土面上，各种人类行为对地面进行改造和房屋废弃后的堆积形成了（5）/⑧层。后来又在⑧层基础上垫上纯净的浅黄色黏土，形成⑦层，也就是简报认为的间隙层。人类又在其上建房子、居住、生活，建筑倒塌、废弃形成（4）/⑥层。再在⑥层上垫上纯净的浅黄色黏土，形成⑤层，即简报认为的另一间隙层。然后在其上建房子、居住、生活，形成（3）/④层。简报中描述④层时提到其下有大片的红烧土堆积和灰烬，并且红烧土堆积是直接叠压在房屋基址之上，看来，建于⑤层之上的建筑曾经历大火焚烧，（3）/④层也含有大量的灰烬和较多的炭屑，似乎（3）/④层是焚烧后的堆积经过扰动形成的。如是，（4）层和（3）层间可能还有不小的间隔。

简报中交代说所有的房屋均建在生土上，这似乎与我们上文的判断有矛盾。但同时，简报中又说甲组的F1～F5、F8～F15十三座房址中出土有属于第二期文化的遗物。乙组F4～F7四座房内地面垫有一层厚2～5厘米的白膏泥，并且出有属于第三期的文化遗物。如果房子都是直接建在生土上，那就是第一期的房屋，那个时候木骨泥墙的房屋需要跨越好几百年才到第二期和第三期，所以大概率的是这些建筑的沟槽都打破了生土，但地面部分应该是甲组在（4）/⑥层下、乙组在（3）/④层下。

虽然第一层面的分期我们能从（4）层和（3）层间断开，但我们必须注意到（5）、（4）层间仍然存在着较大的差异，（3）、（2）、（1）层间也同样存在着不同。但这些差异就必须结合陶器的器形来讨论了。1980年三星堆Ⅲ区地点

① 四川省文物管理委员会、四川省博物馆、广汉县文化馆：《广汉三星堆遗址》，《考古学报》1987年第2期。

② 据1980年三星堆遗址发掘者之一的陈德安先生回忆，⑦层间隙层应该是从遗址外挖生土运到此处作房屋基址垫土，并非自然形成的间隙层。

曾统一地层，使用其他探方的资料虽然在层位关系上也是同样确定的，但从已有总体认识的单个探方1980GSDaT2的出土陶器入手，我们可以更好地将陶质、陶色、纹饰的变化与器形的演变相互对应，获得对这个探方每个文化层更全面的认识。在此基础之上，结合其他探方相同地层出土的陶器，更好地分析1980年的这批材料。

2.1.3 1980GSDaT2（5）、（4）层

（5）、（4）层出土陶器种类比较单调，主要有喇叭口壶和宽沿尊，即简报中所言的“翻口高领广肩细泥陶罐”和“灰陶盆”。可见的底部有平底和圈足，以表褐里黑的镂孔圈足豆最具特征。分项叙述如下（图2.4）。

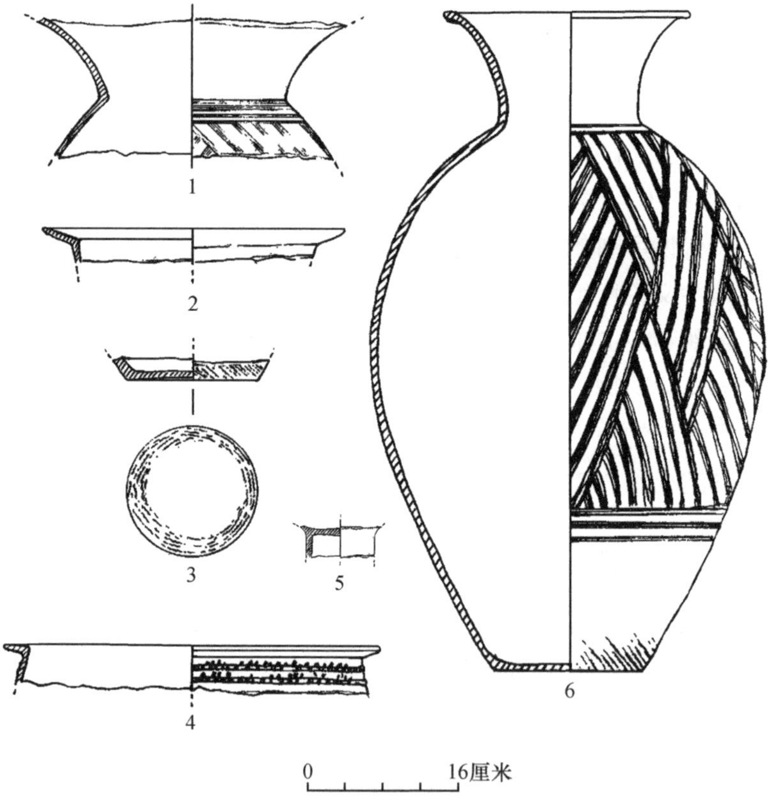

图2.4 1980GSDaT2一期陶器

1、6. 喇叭口壶［T2（4）：5、T2（5）：38］ 2、4. 宽沿尊［T2（4）：16、T2（5）：6］
3. 平底［T2（4）：4］ 5. 圈足［T2（5）：7］

喇叭口壶　均为泥质陶，为（5）、（4）层典型器类之一，领外翻成喇叭口，口径多在20厘米以上，高超过半米，体量巨大。1980GSDaT2（5）：38，泥质陶，器表色泽不匀，局部呈红褐色，局部呈灰褐色，下腹呈灰色。卷沿，圆唇，高领内弧，溜肩，深鼓腹，平底。肩上部饰横划纹，腹部饰纵向几何状划纹，下腹饰三组横划纹，划纹均为四根一组，纹印较浅。口径26、底径17、高66.8厘米①（图2.4-6）。1980GSDaT2（4）：5，泥质灰褐陶。高领外翻，斜弧肩。肩上部饰三组平行凹弦纹，下部饰平行斜划纹。残高14.8厘米（图2.4-1）。

宽沿尊　均为泥质陶。折沿较宽。可分为宽平折沿和宽斜折沿。平折沿腹部略外斜，斜折沿腹部略内收。1980GSDaT2（5）：6，泥质灰褐陶。火候高。敛口，宽平折沿，圆唇。腹部饰篦点状压印纹。口径40、残高4.8厘米（图2.4-4）。1980GSDaT2（4）：16，泥质灰陶。敞口，宽斜折沿，圆唇。口径32、残高3.6厘米（图2.4-2）。

圈足　1980GSDaT2（5）：7，泥质灰陶。筒状圈足较直。柄径7.3、残高3.6厘米（图2.4-5）。

平底　1980GSDaT2（4）：4，泥质灰陶，火候较高。平底微内凹。下腹及底部饰绳纹。底径14、残高2.4厘米（图2.4-3）。

1980GSDaT2（5）、（4）层陶片不多，器物也不是很丰富，以平底器为主，亦有少量圈足器。器形以喇叭口壶、宽沿尊为主。但有一点必须指出的是，1980GSDaT2（5）、（4）层出土器物较少，仅仅依赖出土器物较少的1980GSDaT2（5）、（4）层推定1980年三星堆Ⅲ区（5）、（4）层的文化面貌，容易产生偏差。为了更全面地反映（5）、（4）层的文化面貌，讨论其陶器组合，我们从其他探方的相应层位中挑选陶器。从中可以看出，1980年三星堆Ⅲ区（5）、（4）层所出器类确实不丰富，标本主要还是选自（4）层，仍以宽沿尊、喇叭口壶为主，另有深腹罐、高圈足瓦楞纹杯等。1980年三星堆Ⅲ区（5）、（4）层代表器物组合以宽沿尊、喇叭口壶为主，另有深腹罐、高圈足瓦楞纹杯。宽沿尊、喇叭口壶为1980年三星堆Ⅲ区（5）、（4）层典型陶器（图2.5）。

---

① 图上实测器物口径、底径相同，高为70.8厘米，但卡片记录为66.8厘米。本书中所述器物尺寸均以卡片记录为准，与实测略有出入。

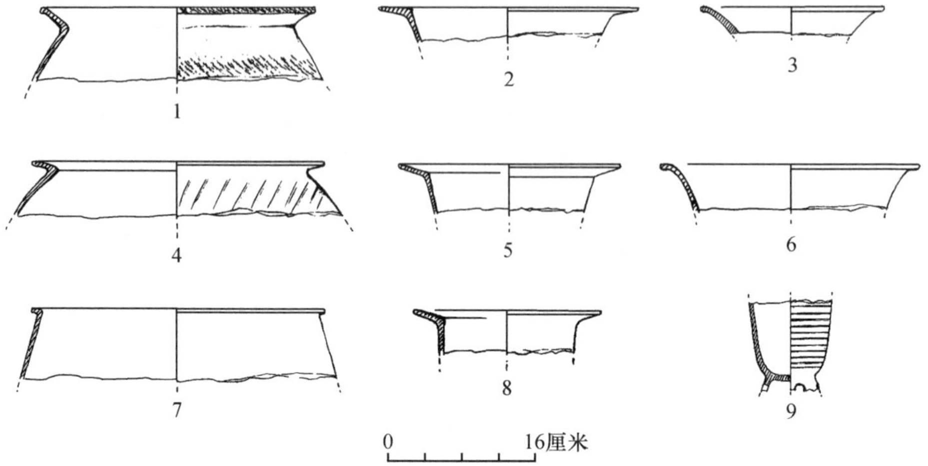

图2.5　1980GSⅢ区一期陶器

1. 花边口沿罐［1980GSAaT3（4）：141］　2、5、8. 宽沿尊［1980GSAaT3（4）：143、1980GSAaT4（4）：48、1980GSAaT3（4）：142］　3、6. 喇叭口壶［1980GSAbT3（4）：2、1980GSAaT2（4）：202］　4. 平折沿深腹罐［1980GSAaT4（4）：3］　7. 窄沿深腹罐［1980GSAaT4（4）：16］　9. 圈足尊［1980GSDbT2（5）：1］

喇叭口壶　1980GSAaT2（4）：202，泥质黑灰陶。火候较高。喇叭形敞口，卷沿，厚圆唇。口径28厘米（图2.5-6）。1980GSAbT3（4）：2，泥质灰褐陶。残存口沿，喇叭形口外翻，卷沿，圆唇。口径20厘米（图2.5-3）。

宽沿尊　1980GSAaT3（4）：143，泥质灰陶。敞口，宽平折沿，圆唇，斜腹内收。口径28厘米（图2.5-2）。1980GSAaT3（4）：142，泥质灰陶。直口，宽斜折沿，圆唇，直腹。口径20厘米（图2.5-8）。1980GSAaT4（4）：48，泥质红褐陶。敞口，宽斜折沿，圆唇，斜腹略内收。口径24厘米（图2.5-5）。

圈足尊　1980GSDbT2（5）：1，夹砂黑褐陶。深直腹，腹部饰数道平行凹弦纹，足上饰五个圆形镂孔（图2.5-9）。

花边口沿罐　1980GSAaT3（4）：141，夹砂红褐陶。局部呈灰色，宽斜折沿，方唇，束颈，鼓腹。唇部饰斜绳纹，腹部隐约可见有绳纹。口径29.6厘米（图2.5-1）。

平折沿深腹罐　1980GSAaT4（4）：3，泥质灰褐陶。敛口，宽平折沿，沿面微拱，圆唇，束颈，鼓腹。颈以下饰平行斜向划纹。口径32厘米（图2.5-4）。

窄沿深腹罐　1980GSAaT4（4）：16，夹砂黑褐陶。口沿为泥质，胎较薄。敛口，窄平折沿，圆唇，直腹微外撇。口径32厘米（图2.5-7）。

根据典型单位我们确定宽沿尊和喇叭口壶是1980年三星堆Ⅲ区（5）、（4）层的典型陶器。根据典型器物重新核对地层，会发现1980GSCcT（2）层所出陶器一部分与（5）、（4）层的典型陶器相似（图2.6）。

喇叭口壶　1980GSCcT2（2）：3，泥质黑灰陶。口径22厘米（图2.6-1）。1980GSCcT2（2）：5，泥质灰白陶。唇部压印成锯齿状，领部饰水波状划纹（图2.6-16）。1980GSCcT2（2）：6，夹细砂红褐陶。口径16厘米（图2.6-6）。1980GSCcT2（2）：4，泥质灰陶。口径24厘米（图2.6-11）。

宽沿尊　1980GSCcT2（2）：20，泥质灰陶。口径20厘米（图2.6-9）。1980GSCcT2（2）：21，泥质灰陶。口径20厘米（图2.6-4）。

盘口尊　均夹砂陶。斜折沿，沿面下凹成盘口。1980GSCcT2（2）：9，夹砂红褐陶。敞口，宽斜折沿，沿面微下凹，尖唇，斜腹。沿外壁有模糊的交错绳纹，下部接器身处饰一周斜向戳印纹，腹部残留一周凹弦纹。口径28厘米（图2.6-2）。1980GSCcT2（2）：10，夹砂黑褐陶。器壁较薄。敞口，宽斜折沿，

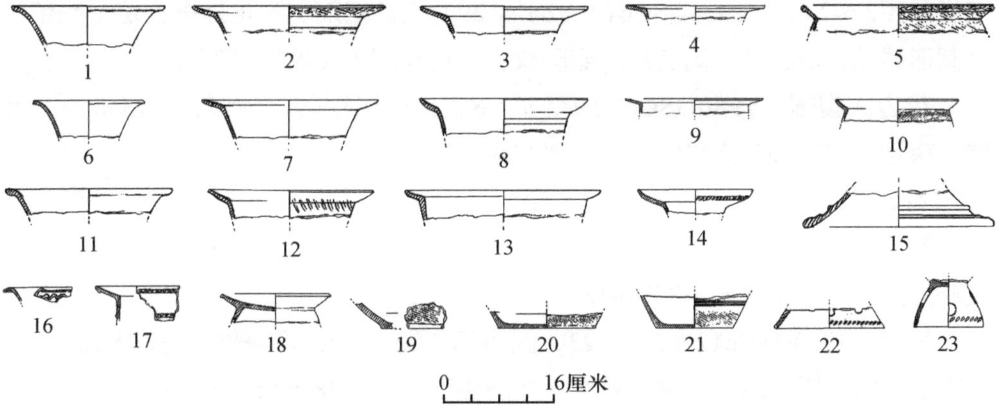

图2.6　1980GSCcT2（2）层所出早期陶器

1、6、11、16. 喇叭口壶［T2（2）：3、T2（2）：6、T2（2）：4、T2（2）：5］　2、3、7、8、10、12～14、17. 盘口尊［T2（2）：9、T2（2）：13、T2（2）：10、T2（2）：17、T2（2）：14、T2（2）：11、T2（2）：16、T2（2）：18、T2（2）：15］　4、9. 宽沿尊［T2（2）：21、T2（2）：20］　5. 花边深腹罐［T2（2）：8］　15. 器盖［T2（2）：23］　18. 圈足盘［T2（2）：22］　19. 假圈足［T2（2）：26］　20、21. 平底［T2（2）：25、T2（2）：24］　22、23. 镂孔圈足［T2（2）：29、T2（2）：27］

沿面微凹，圆唇，斜腹。口径25.6厘米（图2.6-7）。1980GSCcT2（2）：11，夹砂黑褐陶。敞口，宽斜折沿，沿面微下凹，方唇，斜腹。口沿与器身相接处饰一周斜向戳印纹。口径24厘米（图2.6-12）。1980GSCcT2（2）：13，夹砂黑褐陶。敞口，宽斜折沿，沿面微下凹成浅盘口，尖圆唇，斜腹。口径24厘米（图2.6-3）。1980GSCcT2（2）：15，夹砂红褐陶。直口，宽斜折沿，沿面微下凹，圆唇，直腹。沿外壁及腹部各有一周带状压印纹（图2.6-17）。1980GSCcT2（2）：16，夹砂红褐陶。敛口，宽平折沿，沿面下凹成盘口，圆唇，腹较直。口径28厘米（图2.6-13）。1980GSCcT2（2）：17，夹砂褐陶。敞口，宽斜折沿，沿面下凹成盘口，方圆唇，斜腹。腹部有两周凹弦纹。口径24厘米（图2.6-8）。1980GSCcT2（2）：14，夹砂褐陶。敛口，斜折沿较窄，沿面下凹成盘口，圆唇，腹微鼓。腹部饰较粗的斜绳纹。口径18厘米（图2.6-10）。1980GSCcT2（2）：18①，夹砂红褐陶。内壁磨光，敞口，斜折沿较宽，盘口较深，圆唇，斜腹。沿外壁饰一周带状压印纹。口径16.8厘米（图2.6-14）。

镂孔圈足　1980GSCcT2（2）：27，夹砂褐陶。覆钵状高圈足，足壁外弧，方唇。足上部及中部各饰两个对称的圆形镂孔，下部饰一周楔形戳印纹。足径10厘米（图2.6-23）。1980GSCcT2（2）：29，夹砂褐陶。圈足外撇，足上残留两个圆形镂孔，下部饰一周三角形戳印纹。足径16厘米（图2.6-22）。

花边深腹罐　1980GSCcT2（2）：8，夹砂黑褐陶。敛口，宽斜折沿，圆唇，束颈。唇部饰交错绳纹，领外壁饰较粗的斜绳纹。口径28厘米（图2.6-5）。

圈足盘　1980GSCcT2（2）：22，夹砂陶。口沿及内壁为黑色，外壁呈褐色，圈足与器身相接处有接痕。敞口，方唇，唇下缘微突出，浅弧腹，圜底，圈足略外撇。口径16厘米（图2.6-18）。

器盖　1980GSCcT2（2）：23，泥质黑灰陶。胎较厚。敞口，盖沿宽厚，呈喇叭状外撇，厚圆唇。近盖口处饰一周凸棱纹。口径28厘米（图2.6-15）。

---

① 根据2006CGDT2441⑤：2器形，1980GSCcT2（2）：18也可能为盘口壶。但也存在如此瘦长体的尊，如1980GSDbT2（5）：1（图2.5-9）。2006CGDT2441⑤：2，泥质黄灰陶，浅盘口，圆唇，高领。盘口约占口径的一半。CcT2②：18虽为夹砂陶，但内部磨光，与其他盘口尊不同。肩部残，残存部分较平。简报判断为尊。成都文物考古研究所：《成都电子科技大学清水河校区实验室楼地点古遗址发掘简报》，《成都考古发现2006》，科学出版社，2008年，152、153页。

平底　1980GSCcT2（2）：24，泥质黑灰陶。下腹略内收，平底。腹部饰平行凹弦纹，近底处饰斜绳纹。底径11.2厘米（图2.6-21）。1980GSCcT2（2）：25，夹砂黑褐陶。平底。下腹及底部饰斜绳纹。底径14厘米（图2.6-20）。

假圈足　1980GSCcT2（2）：26，夹砂红褐陶。斜腹，平底，假圈足。腹部饰较粗的斜绳纹（图2.6-19）。

1980GSCcT2（2）层所出的陶器既有宽沿尊，也新出现了折沿、沿面略内凹成盘口的宽沿尊，并且沿面由微凹逐渐演变到下凹成盘口，折沿也从宽到窄，唯有1980GSCcT2（2）：18与其他盘口尊有较大的差异，折沿显得过于宽大，与通常所见盘口尊有别。

成都电子科技大学清水河校区实验室楼地点所出2006CGDT2441⑤：2[①]为泥质灰陶，口径19厘米。与传统的盘口尊不同，2006CGDT2441⑤：2有肩，器形整体与喇叭口壶比较接近，应为一种新器形的盘口壶（图2.7）。

虽然也不清楚1980GSCcT2（2）层何以出现了与本身地层预期年代差异很大的器物。但是1980GSCcT2（2）层以下未见标本卡片，（2）层标本卡片中也未见晚期标本。这让统一地层后的1980GSCcT2（2）层的年代归属略显尴尬。1980GSCcT2（2）层中，既有（5）、（4）层典型器物喇叭口壶和宽沿尊，同时也有（5）、（4）层中不曾有的盘口尊，并且即便是宽沿尊，也出现了此前不见的沿面略下凹的现象。这种不同，说明1980GSCcT2（2）层和（5）、（4）层的年代也是有距离的。

从喇叭口壶来看，（5）、（4）层翻领外翻较甚、领部内曲，1980GSCcT2（2）层领部内曲弧度逐渐减少。

除了盘口尊，1980GSCcT2（2）层器类上也新出现了圈足盘等，喇叭口壶、宽沿尊当与（5）、（4）层同类器有演变关系，在年代上应该是晚于（5）、（4）层典型陶器组合代表的年代。

从陶器器形与陶质的对应看，喇叭口壶、宽沿尊多为泥质陶，深腹罐、花边口沿罐、盘口尊、盘口壶以及圈足多为夹砂陶。虽然1980GSDaT2的（5）、

---

① 成都文物考古研究所：《成都电子科技大学清水河校区实验楼地点古遗址发掘简报》，《成都考古发现2006》，科学出版社，2008年，153页。

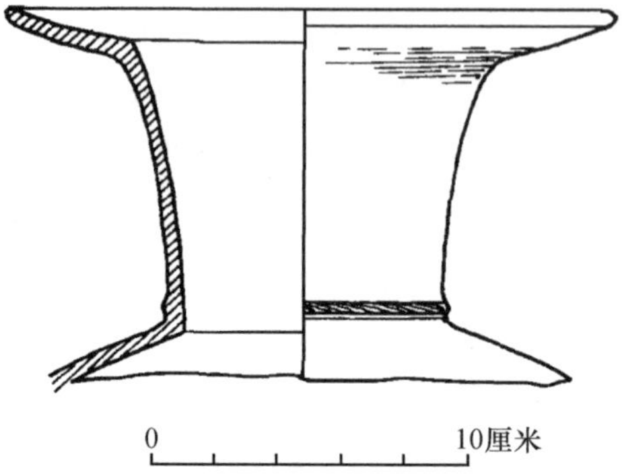

图2.7 成都电子科技大学清水河校区 2006CGDT2441⑤：2

（4）层和1980GSCcT2（2）层间并没有直接的叠压打破关系，1980GSCcT2（2）层的地层预期年代和主体遗物年代不吻合，地层学无法帮助我们有效地确定二者的早晚。但从类型学来看，1980GSCcT2（2）层的器类更为丰富，并且出现了之前不见的沿面略微下凹的宽沿尊和盘口尊。沿面略微下凹的宽沿尊明显是由沿面内倾的宽沿尊受到了盘口尊的影响演变而来，新出现的盘口尊也应该是在此基础上的进一步深化发展，沿面更凹更像盘口。而且，从其他遗址（如宝墩遗址）的发掘情况来看，盘口尊底部一般是镂孔的圈足（图2.6-22、图2.6-23），宽平折沿尊底部通常是平底，很显然，盘口尊是一种更为复杂的器形。

因此，从类型学的演变来看，1980GSCcT2（2）层晚于1980年发掘的（5）、（4）层，但其中部分器物的年代（至少目前所见的标本卡片）与（5）、（4）层出土的器物也比较接近，说明二者在发展序列中还是衔接的。如果以（5）、（4）层为三星堆遗址第一大期中的一段的话，1980GSCcT2②层所出器物当是继（5）、（4）层之后的一段。

2.1.4 1980GSDaT2（3）层

1980GSDaT2（3）层出土的陶片总量较之（5）、（4）层已有明显的增长。夹砂陶的比例明显上升，泥质陶锐减。纹饰陶比例从（5）、（4）层的50%左右减到20%，组成结构上从（5）、（4）层以弦纹（刻划纹）为主体，到（3）层弦纹（刻划纹）基本消失，纹饰以粗、细绳纹为主，其中尤以粗绳纹为重。陶质和纹饰同步的巨大变化意味着陶器群可能发生了重大转变。1980GSDaT2（3）层在器形器类上与（5）、（4）层差异明显，几乎是以一组全新的陶器取代了（5）、（4）层典型的花边口沿罐、宽沿尊、喇叭口壶等。新出现了缸、敛口瓮、高柄豆、高柄豆形器座、尊形器、平底器等一系列新的器形器类（图2.8）。

也就是说，我们判断分期的第一、二、三层面，都可以在1980GSDaT2

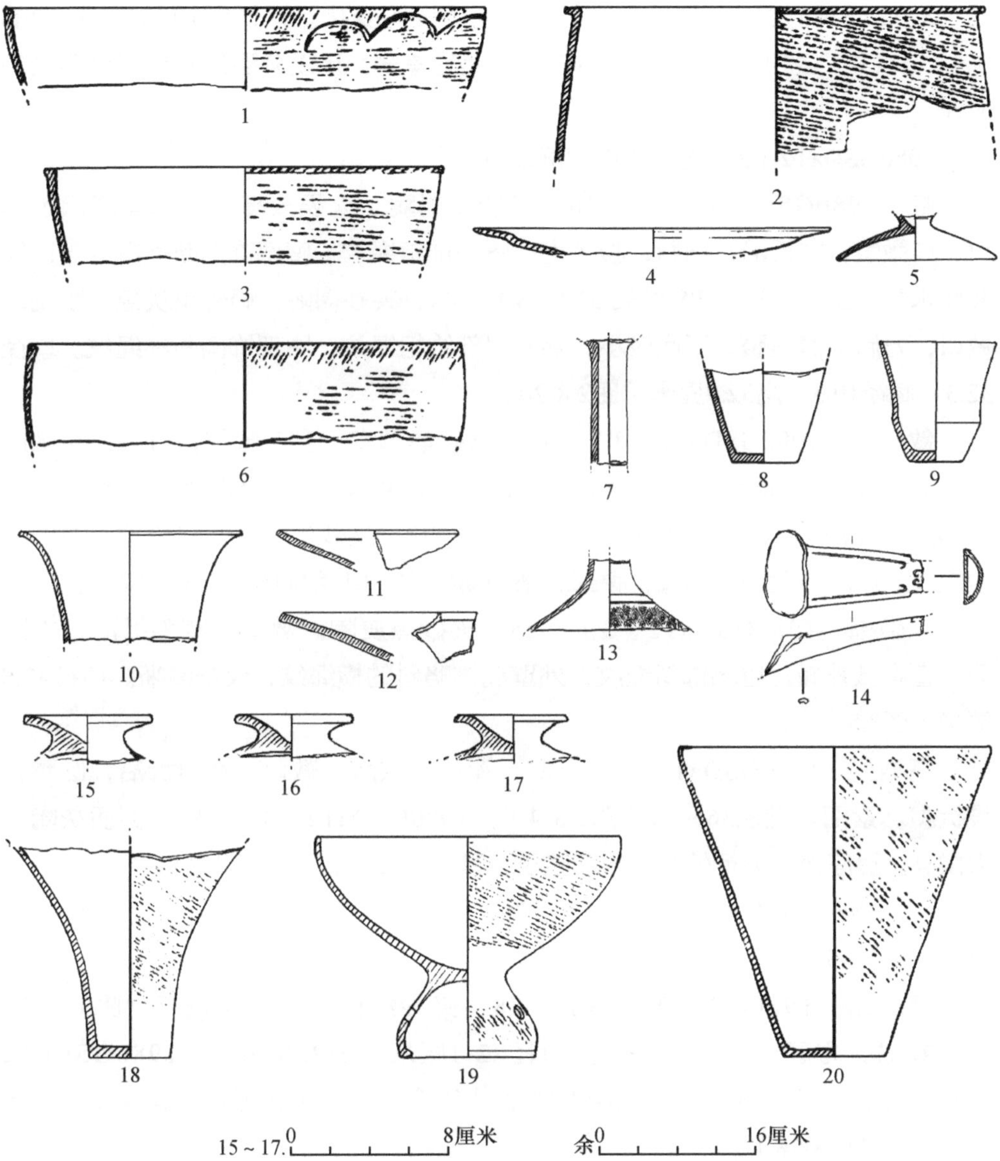

图2.8　1980GSDaT2（3）层出土陶器

1、6. 敛口瓮［T2（3）：10、T2（3）：29］　2. 深腹罐［T2（3）：25］　3、20. 缸［T2（3）：36、T2（3）：44］　4、13. 高柄豆［T2（3）：22、T2（3）：87］　5. 器盖［T2（3）：32］　7. 豆形器座［T2（3）：20］　8. 平底［T2（3）：27］　9. 敞口杯（觚）［T2（3）：28］　10、18. 尊形器［T2（3）：78、T2（3）：12］　11、12. 平底盘［T2（3）：11、T2（3）：46］　14. 勺［T2（3）：75］　15～17. 圆圈状捉手［T2（3）：88、T2（3）：89、T2（3）：93］　19. 簋形器［T2（3）：34］

的（5）、（4）层和（3）层之间观察到明显的变化。这说明1980GSDaT2的（5）、（4）层和（3）层之间存在着巨大的差异，足以分裂为两个完全不同的时代。

1980GSDaT2（3）出土器物举例如下。

缸　1980GSDaT2（3）：36，夹砂黑褐陶。火候较高，下部有红褐色烟炱。口微敞，窄折沿，圆唇，腹较直。唇部饰粗绳纹，腹部饰间断横绳纹。口径40厘米[①]（图2.8-3）。1980GSDaT2（3）：44，夹砂褐陶，局部呈灰色，手制。敞口，方唇，深斜腹，平底较小。唇面局部饰粗绳纹，腹部饰间断斜绳纹。口径32.3、底径10.3、高32.9厘米（图2.8-20）。

敛口瓮　1980GSDaT2（3）：10，夹砂黑褐陶。直口微敛，方唇，腹微内收。口沿外壁饰间断竖绳纹及一道较深的连弧状划纹，腹部饰较细的横绳纹。口径44厘米（图2.8-1）。1980GSDaT2（3）：29，夹砂黑褐陶。口微敛，方唇，腹较直。口沿外壁饰竖绳纹，腹部局部饰横绳纹。口径44厘米（图2.8-6）。

深腹罐　1980GSDaT2（3）：25，夹砂黑皮陶。敛口，窄平折沿，方圆唇，直腹微外撇。唇部饰斜绳纹，外壁满饰略斜的横绳纹，纹饰清晰。口径42.8厘米（图2.8-2）。

高柄豆　1980GSDaT2（3）：22，泥质黑灰陶。敞口，宽斜折沿，圆唇，浅折腹。素面。盘径36厘米（图2.8-4）。1980GSDaT2（3）：87，泥质灰陶。火候高。豆座上部近柄处饰两周凹弦纹，其下饰菱形云雷纹（图2.8-13）。

豆形器座　1980GSDaT2（3）：20，泥质黑灰陶。柱状柄。素面。柄径3.6厘米（图2.8-7）。

尊形器　1980GSDaT2（3）：78，夹砂红褐陶。火候较高。喇叭形敞口，卷沿，方唇，高领。素面。口径22.4厘米（图2.8-10）。1980GSDaT2（3）：12，夹砂红褐陶。下腹弧内收，小平底。下腹饰较稀疏之斜绳纹。底径7.7厘米（图2.8-18）。

平底盘　1980GSDaT2（3）：46，夹砂黑褐陶。火候较高。敞口，斜腹。素面（图2.8-12）。1980GSDaT2（3）：11，夹砂灰陶。火候高。敞口，斜腹。素面（图2.8-11）。

---

① 图中实测数据为49.2厘米，本书依卡片记录记作40厘米。

勺　1980GSDaT2（3）：75，泥质黑灰陶，器表打磨光滑。勺柄一面扁平，一面弧拱，横断面呈三角形，后端内收。扁平的一面有刻划纹，下方有一个镂孔。柄宽4.3～6厘米（图2.8-14）。

敞口杯（觚）　1980GSDaT2（3）：28，夹砂灰褐陶，手制。敞口，折腹，平底。素面。口径12、底径6.5、高12.5厘米（图2.8-9）。

平底　1980GSDaT2（3）：27，泥质灰陶。下腹略弧，平底。素面。底径7.9厘米（图2.8-8）。

簋形器　1980GSDaT2（3）：34，夹砂灰褐陶。手制。口微敛，方唇，弧腹较深，覆碗状圈足，足壁外拱较甚，内卷沿。豆盘腹部饰斜绳纹，局部抹光，足上部饰两个圆形镂孔，下部饰绳纹。口径30.8、足径13.6、高22.9厘米（图2.8-19）。

器盖　1980GSDaT2（3）：32，夹砂灰陶。盖纽残，圆圈状纽，浅盘状盖。素面。盖径16.7厘米（图2.8-5）。

圆圈状捉手　器盖的一部分。1980GSDaT2（3）：88，夹砂红褐陶。纽口外撇，方唇，纽身矮。纽径6.4厘米（图2.8-15）。1980GSDaT2（3）：89，夹砂黑褐陶。纽口外撇，卷沿，圆唇，纽身矮。纽径6厘米（图2.8-16）。1980GSDaT2（3）：93，夹砂黑褐陶。卷沿，尖圆唇，纽身矮。纽径5.6厘米（图2.8-17）。

1980年Ⅲ区（3）层绘图的标本较少，以1980GSDaT2（3）层最多最好，基本可以代表1980年Ⅲ区（3）层的陶器组合。从上文、图可以看出（3）层器类上与（5）、（4）层相比出现了很大的变化。宽沿尊、喇叭口形瓮消失。陶缸、敛口瓮、深腹罐、平底盘、尊形器、高柄豆、高柄豆形器座、勺把、簋形器、觚、圆圈状捉手器盖均是新出现的器形。新器形的大量出现导致（3）层在陶质、陶色、纹饰上的一系列变化，从陶器组合到制作工艺，（3）层显示出与（5）、（4）层完全不同的特征。陶缸、敛口瓮、深腹罐、平底盘、尊形器、高柄豆、高柄豆形器座、勺把、簋形器、觚、圆圈状捉手器盖为简报1980年三星堆Ⅲ区二期典型组合。

2.1.5　1980GSDaT2（2）

简报认为第（3）文化层和第（2）文化层文化面貌接近，同定为二期。不过正如黄家祥先生指出的“第二期（二、三文化层）公布的陶器组合差别也较大”①，虽然孙、江二位先生也基本认可简报的分期，但当时公布的陶器毕竟有限。所以此处先将1980GSDaT2（2）层的材料与（3）层分列，再讨论其异同，而非简单地遵循简报的分期（图2.9）。

缸 1980GSDaT2（2）：66，夹砂灰褐陶。火候较高，胎较薄。敞口，方唇内斜，弧腹内收。口外部饰斜绳纹（图2.9-4）。1980GSDaT2（2）：47，夹砂灰褐陶，火候较高，胎较薄。敞口，方唇内斜，弧腹内收。口沿处有一个压印痕迹，口外部饰斜绳纹，腹部饰间断横绳纹（图2.9-3）。

敛口瓮 1980GSDaT2（2）：65，夹砂灰陶。火候较高，胎较薄。敛口，方唇，弧腹微鼓。口沿外壁微内凹，口沿以下饰间断绳纹。口径36厘米（图2.9-1）。

高柄豆 1980GSDaT2（2）：40，泥质灰褐陶。与豆盘相接处为夹砂陶，柱状柄。柄上端饰一个条形镂孔。柄径3.3厘米（图2.9-9）。1980GSDaT2（2）：39，夹砂红褐陶，柱状柄，柄上端饰一个圆形镂孔。柄径3.2厘米（图

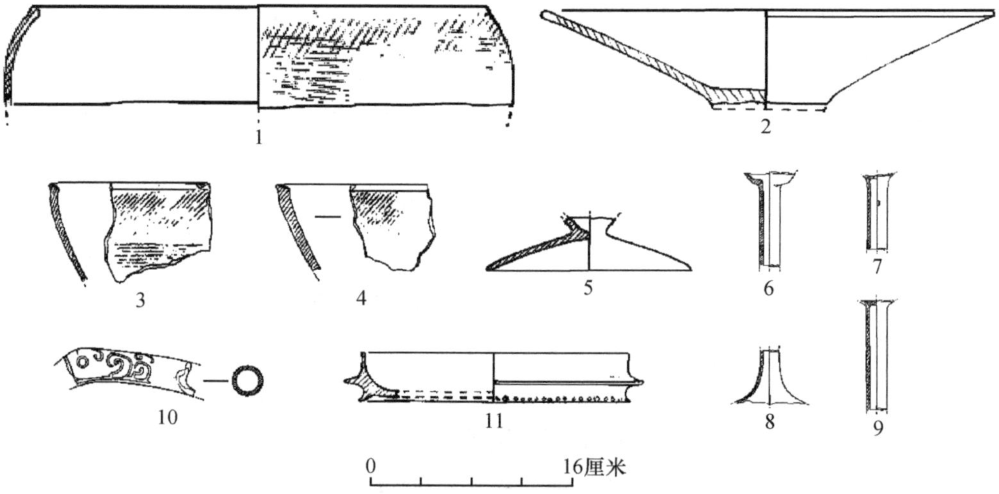

图2.9 1980GSDaT2（2）层陶器

1. 敛口瓮［T2（2）：65］ 2. 平底盘［T2（2）：62］ 3、4. 缸［T2（2）：47、T2（2）：66］ 5. 器盖［T2（2）：33］ 6. 豆形器［T2（2）：37］ 7～9. 高柄豆［T2（2）：39、T2（2）：41、T2（2）：40］ 10. 勺［T2（2）：92］ 11. 圈足盘［T2（2）：3］

① 黄家祥：《广汉三星堆遗址的初步分析》，《考古》1990年第11期。

2.9-7）。1980GSDaT2（2）：41，泥质灰褐陶（图2.9-8）。

豆形器　1980GSDaT2（2）：37，泥质黑灰陶。手制，柄部有刮削修整痕迹。盘底有一圆孔与柄相通，柱状柄。素面。柄径3.2厘米（图2.9-6）。

勺　1980GSDaT2（2）：92，泥质黑灰陶。器表经打磨。鸟头形勺柄，断面呈圆形，喙残，戳印圆圈形眼，头顶及颈部两侧饰云雷纹，颈下方有一圆形镂孔。柄径2.4厘米（图2.9-10）。

平底盘　1980GSDaT2（2）：62，夹砂灰褐陶。敞口，方唇，斜腹略内曲，小平底，底下部残，呈假圈足状。口径36、底径8.5、高7.8厘米（图2.9-2）。

器盖　1980GSDaT2（2）：33，夹砂黑褐陶。圆圈状纽，浅盖。复原纽径3.9、盖径16.2、复原高4.3厘米（图2.9-5）。

圈足盘　1980GSDaT2（2）：3，泥质红褐陶。手制。直口，圆唇，浅腹，圜平底，矮圈足外撇。腹部有一周宽平沿，足底缘饰一周圆点状戳印纹。口径20.7、足径20.9、复原高4厘米（图2.9-11）。

1980GSDaT2（2）层出土了更多数量的陶片，有接近6000片，是所有地层中出土陶片最多的。陶片以夹砂陶为主，高达82%，其中夹砂褐陶数量最多。纹饰陶的比例进一步下降，下降到大约12%，纹饰陶中以绳纹为主，尤其是粗绳纹，比例甚至高于（3）层，达到陶片总数的8.4%。

（2）层与（3）层出土的陶片同中有异。例如，（3）层所见深腹罐、高柄豆的圈足座上饰有纹饰，缸壁很直，敛口瓮的口部微敛，尊形器器腹饰有隐约的间断绳纹。而（2）层所出的缸虽然仅残存口沿，但壁微微外弧，敛口瓮内敛更甚；高柄豆和豆形器座的豆柄形状上似乎没有变化，但在尺寸上可以看到，（3）层柄径粗达3.6厘米，（2）层豆形器座和高柄豆柄径3.2～3.3厘米，豆形器座和高柄豆的柄都在变细。（3）层圆圈状捉手外撇较甚，较矮、较大，（2）层捉手虽不完整，但已能看出较立、较高。此外还新出现了带宽平腰沿的圈足盘。

可见，（2）层虽沿用了（3）层的大部分器类和器型，但形态上都与此前有所区别。而这仅仅是1980GSDaT2一个探方可以看出的差异。1980GSDaT2（2）层共出5714片陶片，占探方文化层所出陶片量的一半，表明这一时期该地点堆积丰富。在其他探方的（2）层，仍有不少未见于1980GSDaT2的器形。

尊形器　1980GSDcT1（2）：10，夹砂褐陶。喇叭形口，卷沿，圆唇，高领较直。口径20厘米（图2.10-5）。

深腹罐　1980GSDcT1（2）：55，夹砂灰陶。侈口，窄折沿，圆唇，溜肩，深腹，上腹微鼓，下腹斜收，平底。唇部及肩部饰交错绳纹，腹部饰间断斜绳纹。口径24、复原底径11、复原高47.6厘米（图2.10-4）。

侈口罐　1980GSDbT1（2）：20，夹砂红褐陶，局部呈灰色。侈口，斜折沿，束颈，广折肩，扁鼓腹，平底略内凹。口径10.4、最大径14.5、底径14.5、高7.5厘米（图2.10-9）。

敞口平底壶　1980GSDcT1（2）：229，夹砂灰陶。深弧腹，平底。底径6.2、高23.3厘米（图2.10-12）。1980GSDbT2（2）：25，夹砂褐陶。弧领，溜肩，深腹，下腹弧内收，平底。最大径9.2、底径5.8、18厘米（图2.10-6）。

盉　1980GSDcT1（2）：43，夹砂黑褐陶。体瘦高，管状流上立，半圆形口，腹部瘦长斜直，束腰，腰足转折明显，袋足外撇较甚，足尖呈圆锥状，宽带状鋬。腰足交接处饰一周点状戳印纹，鋬面上端饰戳印纹，下端饰划纹。口长5.4、宽3.4、肩宽8.1、鋬宽5.4～5.7、复原高44.4厘米（图2.10-2）。1980GSCbT6（2）：41，夹砂灰陶。管状短流，半圆形盉口，顶部圆隆，折肩，腹瘦且深，腰内束，桥形宽鋬，袋足较矮。肩饰一周戳印纹，鋬面饰划纹，腰下部饰三个贝纹。口长9.5、宽5.5、肩径13.2、鋬宽6.7～6.9、通高48厘米（图2.10-1）。

勺　1980GSBbT1（2）：153，泥质磨光黑皮陶。灰胎，鸟头形柄，断面呈椭圆形，勾喙，眼眶为双圆圈形，眼球中部镂一小孔，眼前后各饰一道弧形纹，其后有一卷云纹，颈部有一镂孔。柄径2.4厘米（图2.10-8）。

豆盘　1980GSDaT3（2）：15，泥质黑皮陶。敞口，圆唇，弧腹。腹部饰两周凸棱纹，之间饰一周蟠虺纹（图2.10-7）。

高柄豆　1980GSBaT1（2）：36，泥质黑皮陶。敞口，浅斜腹，平底，柱状高柄，下接喇叭形圈足，足较矮。盘外壁一周凸棱纹，柄上端有两个圆形镂孔，足上部饰两道凸棱纹，之间饰划纹，下有一眼形符号。盘径17.6、柄径3、底径16.6、高46厘米（图2.10-3）。

带耳杯　1980GSDaT3（2）：58，泥质黑皮陶，黑皮多脱落。喇叭形敞口，颈略内束，筒形腹略外撇，平底。器身一侧有一桥形宽带状耳，仅存耳根部。口径8.1、底径6.3、高13.3厘米（图2.10-10）。

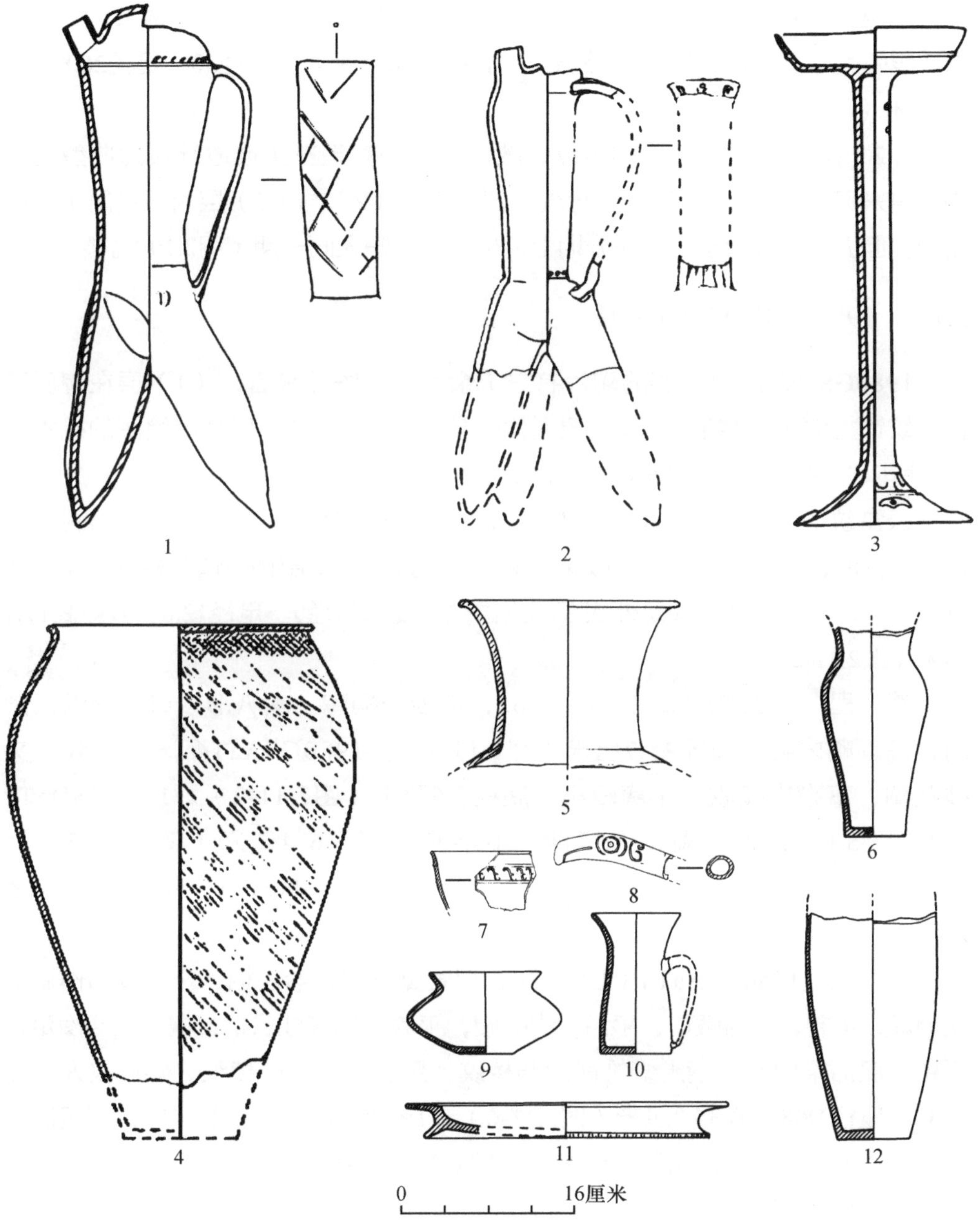

图2.10　1980GSⅢ区其他地点（2）层所出陶器

1、2. 盉［CbT6（2）：41、DcT1（2）：43］　3. 高柄豆［BaT1（2）：36］　4. 深腹罐［DcT1（2）：55］　5. 尊形器［DcT1（2）：10］　6、12. 敞口平底壶［DbT1（2）：25、DcT1（2）：229］　7. 豆盘［DaT3（2）：15］　8. 勺［BbT1（2）：153］　9. 侈口罐［DbT1（2）：20］　10. 带耳杯［DaT3（2）：58］　11. 圈足盘［DcT1（2）：2］

圈足盘　1980GSDcT1（2）：2，泥质黑皮陶，黑皮多脱落。敞口，宽平折沿，浅弧腹，圜平底，矮圈足外撇。足底缘压印齿状饰。口径30、足径26.8、高2.8厘米（图2.10-11）。

（2）层新出现的盉、圈足盘、敞口平底壶都是三星堆遗址较为典型的器物，也未见于（2）层。这些新出现的器形表明（2）与（3）层间虽沿用了一些器物，但仍然是异大于同。在分期上，恐怕不宜归入同一期（图2.10）。

2.1.6　1980GSDaT2（1）层

1980GSDaT2（1）层的陶片有三千余片，从统计来看，（1）层在陶质陶色、纹饰上的主体特征与（2）层大体一致。不过，（1）层挑出绘图的标本太少，所以在这里借用其他探方的资料（图2.11）。

云雷纹壶　1980GSBbT5（1）：22，泥质红褐陶。火候较高，轮制。直口，平折沿，方唇，长颈，圆鼓腹，矮圈足外撇。颈下部饰一道凸棱纹，颈肩转折处有一道凹槽，腹及圈足外底模印云雷纹。复原口径9、足径12.8、复原高17.7厘米（图2.11-25）。

尊形器　1980GSAaT4（1）：65，夹砂灰褐陶。喇叭形敞口，翻沿，圆唇，高领略内弧。口径25.7厘米（图2.11-1）。1980GSAaT4（1）：40，夹砂灰陶，下腹内弧收，平底较小。底径7.6厘米（图2.11-2）。1980GSDaT2（1）：53，夹砂灰陶，下腹直，小平底。底径6.4厘米（图2.11-3）。1980GSDaT2（1）：54，夹砂灰陶，下腹略内弧，平底较小。底径8厘米（图2.11-4）。

高柄豆　1980GSAaT4（1）：39，泥质黑皮陶，盘、柄、座分段制作后黏接而成，手制。豆盘敞口，平沿，浅弧腹，平底，细高柱状柄，覆盘状矮圈足，折壁，底沿略内卷。柄上端饰两道凸棱纹，足上饰一周凸棱纹。器形较大。盘径32、座径18.8、高35.2厘米（图2.11-6）。1980GSDaT2（1）：59，泥质黑灰陶。豆座上端近柄处饰两周凸棱纹（图2.11-7）。1980GSCcT1（1）：1，泥质黑皮陶。豆盘敞口，窄折沿，圆唇，折腹。盘径18厘米（图2.11-12）。

豆形器座　1980GSAaT4（1）：1，泥质灰褐陶。残存豆盘，敞口，深斜腹，盘底有一圆孔与柄互通。盘径16.2厘米（图2.11-8）。1980GSAaT4（1）：38，夹细砂灰陶。杯形豆盘，敞口，深弧腹，盘底有一圆孔与柄互通，

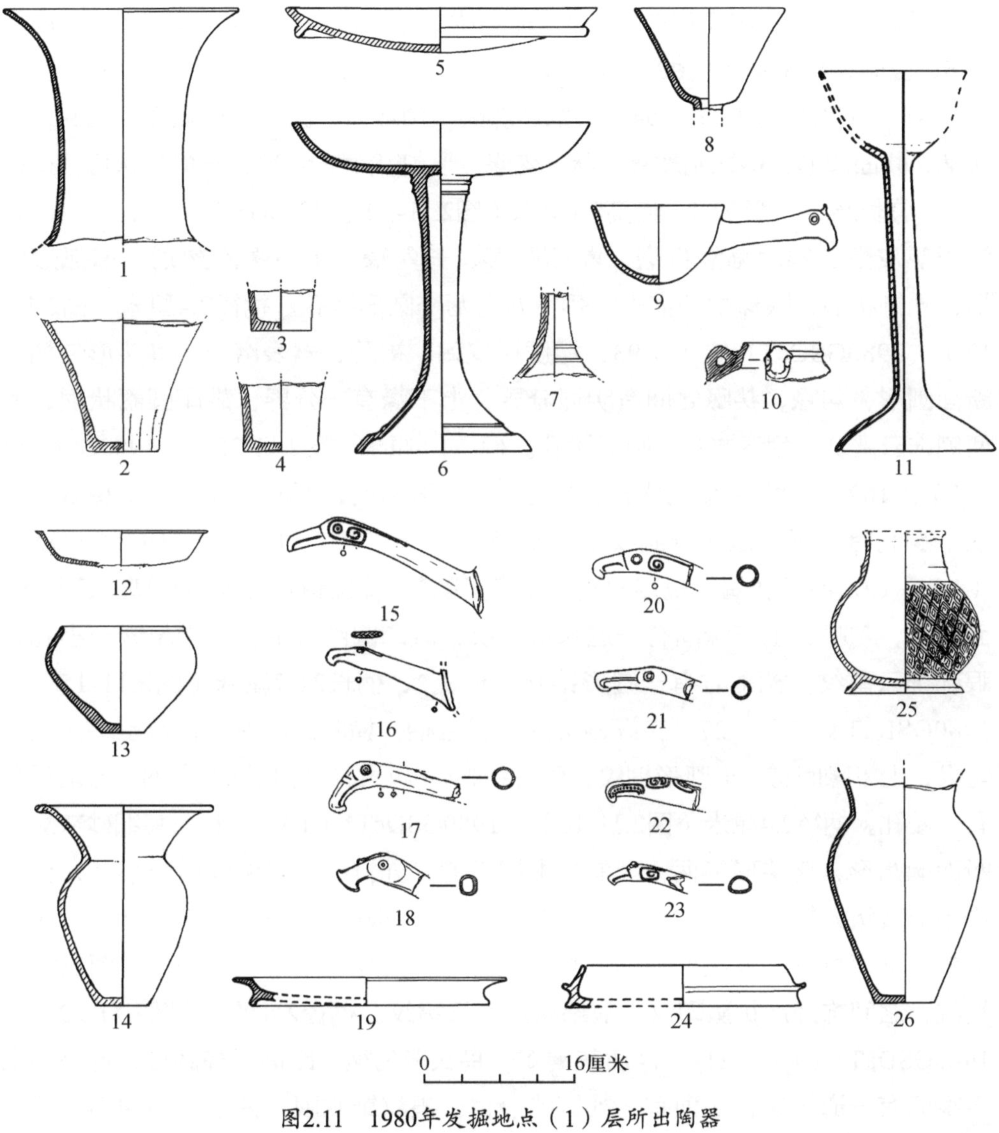

图2.11　1980年发掘地点（1）层所出陶器

1～4. 尊形器［AaT4（1）：65、AaT4（1）：40、DaT2（1）：53、DaT2（1）：54］ 5、19、24. 圈足盘［DbT2（1）：10、DaT1（1）：11、DcT1（1）：4］ 6、7、12. 高柄豆［AaT4（1）：39、DaT2（1）：59、CcT1（1）：1］ 8、11. 豆形器座［AaT4（1）：1、AaT4（1）：38］ 9、15～18、20～23. 勺［DbT2（1）：54、DcT2（1）：19、DaT4（1）：27、CcT1（1）：166、DcT1（1）：228、CcT1（1）：93、CcT1（1）：167、DaT1（1）：60、DaT1（1）：212］ 10. 带耳罐［DbT2（1）：5］ 13. 坩埚形器［DbT1（1）：17］ 14、26. 敞口平底壶［CdT4（1）：24、CbT2（1）：23］ 25. 云雷纹壶［BbT5（1）：22］

柱状柄细高，喇叭形圈足较小，足壁微弧拱。复原盘口径15.4、柄径2.96、座径17.6、复原高40.3厘米（图2.11-11）。

勺 1980GSDbT2①：54，夹细砂灰陶。勺敞口，圆唇，深弧腹，圜底，长弧柄，断面圆形，柄端制成鸟头状，勾喙，乳钉状眼，头顶有一尖角状冠。口径14.1、总长26.5、柄径2.4、通高8.1厘米（图2.11-9）。1980GSCcT1（1）：166，泥质黑皮陶，器表略经打磨。断面圆形，长勾喙，上下喙间刻划一道弧形凹槽，乳钉状眼，眼球中部突出，颈下方有两个圆形镂孔。柄径2.4厘米（图2.11-17）。1980GSCcT1（1）：93，泥质黑皮陶，褐胎，器表磨光。鸟头形勺柄，断面圆形，勾喙，头喙之间有明显分界，上下喙有一分界，戳印圆圈状眼，颈两侧饰云雷纹，颈下方有一圆形镂孔。柄径1.6厘米（图2.11-20）。1980GSCcT1（1）：167，泥质灰陶，局部呈褐色。鸟头形勺柄，断面为圆形，长喙微勾，上下喙间有分界，戳印圆圈纹眼。柄径2.4厘米（图2.11-21）。1980GSDcT2（1）：19，泥质灰陶。残存勺柄，器表多脱落，较粗糙。长弧柄呈鸟头形，断面圆形，勾喙，上下喙间有一道弧形划纹，戳印圆圈纹眼，眼中部镂一小孔，眼部饰云雷纹，柄下方有一圆形镂孔。柄径2、柄长21.7厘米（图2.11-15）。1980GSDaT4（1）：27，夹细砂褐陶。长直柄，横断面圆形，柄端呈鸟头状，勾喙，上下喙间有一道弧形划纹，乳钉状眼，头顶饰叶脉状划纹，柄下方前后各有一镂孔。柄径2.4厘米（图2.11-16）。1980GSDcT1（1）：228，夹细砂灰陶。断面椭圆形，鸟头形勺柄，喙前端上翘下勾，乳钉状眼，中间戳一小孔，头顶饰条形冠状突起。柄径2.2厘米（图2.11-18）。1980GSDaT1（1）：60，泥质灰褐陶，器表打磨。鸟头形勺柄，断面呈圆形，勾喙，扁平，两侧各有两道弧形划纹，之间饰圆点状戳印纹，眼部头顶饰云雷纹。柄径2.8厘米（图2.11-22）。1980GSDaT1（1）：212，泥质灰褐陶，鸟头形勺柄，断面呈椭圆形，勾喙，上下喙间有一道划纹，头顶有一乳钉状冠，云雷纹饰双眼，并于头顶勾连。柄径1.6厘米（图2.11-23）。

坩埚形器 1980GSDbT1（1）：17，夹细砂红褐陶，手制。敛口，圆唇，溜肩，鼓腹，小平底。素面。口径13、底径4.3、高11.6厘米（图2.11-13）。

圈足盘 1980GSDbT2（1）：10，夹砂黑褐陶。敞口，折沿，圆唇，浅弧腹，圜底，矮圈足。口径32.8、足径30.7、高5厘米（图2.11-5）。1980GSDcT1（1）：4，夹细砂红褐陶，器表施黑衣。敛口，圆唇，浅腹外撇，大平底，矮圈足略外撇，腹部饰一周宽沿状凸棱。口径21.9、足径25.3、高4.7厘米（图2.11-24）。1980GSDaT1（1）：11，夹细砂灰褐陶。敞口，宽平折沿，尖圆唇，浅弧腹，圜平底，矮圈足外撇。口径28.7、足径25.3、复原高3厘米（图2.11-19）。

敞口平底壶　1980GSCbT2（1）：23，夹砂褐陶。口沿残失，长颈下部内收，溜肩，深弧腹，平底。底径6.6厘米（图2.11-26）。1980GSCdT4（1）：24，夹砂灰褐陶，喇叭形口，卷沿，方圆唇，翻领，溜肩，深鼓腹，平底。口径15.5、底径5.3、高20厘米（图2.11-14）。

带耳罐　1980GSDbT2（1）：5，夹砂褐陶。敛口，方唇，矮领略外斜，广肩，领部有一周凸棱呈子口状，凸棱下残留一环耳（图2.11-10）。

（1）层尊形器领部加长，平折沿圈足盘折沿变窄，带腰沿的圈足盘腰沿变窄，并由直口变为敛口。鸟头形勺数量增多且形态多样，高领平底瓮鼓腹。云雷纹瓮仅出现一件，但是这种腹部满是排列整齐的菱形回纹的装饰风格，在三星堆遗址中非常少见，未必是三星堆遗址制造，很可能是件舶来品，从装饰风格看，非常像同时期长江下游宁镇地区湖熟文化的印纹硬陶。

从1980GSDaT2这一个探方窥探遗址的变化，可以看出，（4）层与（3）层之间变化最剧，而（5）、（4）之间，器类有所传承，有所新增，变化主要在第三、第四层面。（3）、（2）、（1）之间，与之相似，器类有所传承，有所新增，变化也主要在第三、第四层面。

2.1.7　1980GSDaT2小平底罐分析

小平底罐是三星堆遗址的典型器物之一，数量较多，演变明显，所以单列出来，进行型式分析（为行文简便，此部分不再对器物进行详细描述，相关形态和尺寸信息请参见图2.12）。此处讨论的小平底罐和传统认为的小平底罐有一点区别，即本书将斜直领、不翻不卷的小平底罐独立成“小平底钵”，除了形态的区别，二者在功能上可能也有所区别，故本书倾向于小平底钵是饮食器，而小平底罐或是盛放器。小平底罐根据1980年的发掘所获，可分为三型（图2.12）。

A型　体量较大，口径在20厘米以上。外表常饰横向、斜向绳纹或者网格纹。唇为方唇，下缘侈出。斜肩。可分为二式。

Ⅰ式：肩部较弧。如：1980GSDaT2（3）：17、1980GSDaT2（2）：64。

Ⅱ式：肩部较直。如：1980GSDaT2（1）：56、57、58。

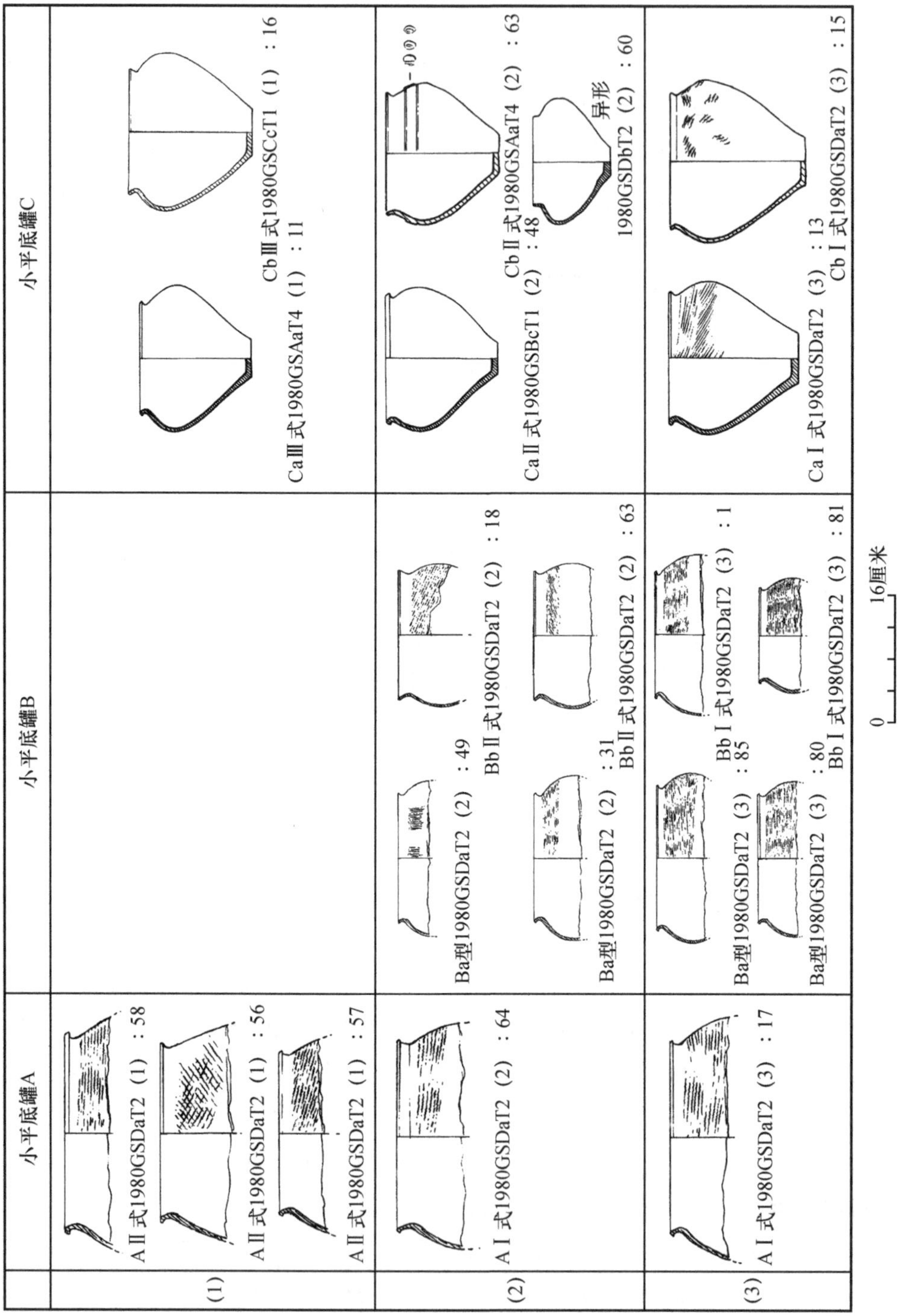

图2.12 小平底罐型式变化图

A型较多地保留了一期深腹罐的器形特征。

B型　体量较小，肩部圆弧，外表也常饰横向、竖向、斜向绳纹。可根据唇部形态，分为二亚型。

Ba型　圆唇或方唇，唇下缘侈出，腹径明显大于口径。如：1980GSDaT2（3）：85、1980GSDaT2（3）：80、1980GSDaT2（2）：49、1980GSDaT2（2）：31。

Bb型　多为卷沿、圆唇。Bb型可细分为二式。

Ⅰ式：腹径明显大于口径。如：1980GSDaT2（3）：1、1980GSDaT2（3）：81。

Ⅱ式：腹径大于口径，但相差不明显。如：1980GSDaT2（2）：63、1980GSDaT2（2）：18。

C型早期肩部以上饰纹饰，其后往往素面，或偶饰弦纹。领极矮，斜肩。可根据唇部形态，分为二亚型。

Ca型　圆唇或方唇，唇下缘侈出。Ca型可细分为三式。

Ⅰ式：圆唇，下缘侈出。肩径明显大于口径。如：1980GSDaT2（3）：13。

Ⅱ式：方唇，下缘侈出。肩径略大于口径，器身变矮。如：1980GSBcT1（2）：48。

Ⅲ式：方唇，下缘侈出。肩更平，肩径明显大于口径。如：1980GSAaT4（1）：11。

Cb型　圆唇。可细分为三式。

Ⅰ式：圆唇，矮领，斜肩。肩径明显大于口径。如：1980GSDaT2（3）：15。

Ⅱ式：圆唇，领稍高，肩径略大于口径。如：1980GSAaT4（2）：63。

Ⅲ式：圆唇，领较高，肩更平，肩径明显大于口径。如：1980GSCcT1（1）：16。

此外，还有少量的异形小平底罐，圆唇，直领。如1980GSDbT2（2）：60。

2.1.8　初步的分期

虽然1980GSDaT2的标本不算多，但仍然可以从上文的分析看出，第（5）、（4）文化层出土的器形与（3）、（2）、（1）层出土的有较大的差异，而陶质陶色的分析表明，（5）、（4）文化层的泥质陶和纹饰陶比例远远高于（3）层，虽然第（5）文化层公布的陶片非常少，但第（4）、（5）文化层单独作为一个大期，应无问题。以1980年Ⅲ区的（5）、（4）层所出的喇叭口壶、宽沿尊、花边口深腹罐等为典型代表。除（5）、（4）层陶片外，1980GSCcT2（2）层所出陶片和1980GSDaT2（2）层明显有区别，和1980GSDaT2（5）、（4）层较为相似，均有喇叭口壶和宽沿尊，且均为泥质陶。1980GSCcT2（2）层新出现了盘口尊，沿面微凹的盘口尊与宽沿尊形态上较为相似，不同之处在于盘口圈足尊为夹砂陶、而宽沿尊为泥质陶。二者形态虽相似，陶质上却区别明显，并可以看到盘口尊折沿沿面由微凹到下凹，逐渐演变为典型的盘口。盘口圈足尊未见于1980年Ⅲ区的（5）、（4）层，其出现年代当晚于泥质的宽沿尊。虽然（5）、（4）层陶片不多，但结合1980GSCcT2（2）层陶片，1980年Ⅲ区早期至少可以分为以（5）、（4）层陶片为代表和以1980GSCcT2（2）层为代表的两段。至于这两段是否为同一期，现在下定论还为时尚早，且待结合其他地点的发掘资料再做讨论。

第（3）、（2）、（1）文化层的器物虽然复原的标本不多，仅可窥知端倪，但不同中仍可见其延续。在简报中将第（3）、（2）文化层合为二期，孙、江二位先生也都赞同，唯陈显丹先生认为其不同，将（3）层归入了一期。从上文的分析可知，（3）层到（2）层，陶缸、敛口瓮、尊形器、平底盘、簋形器、器盖、高柄器沿用，新出现了宽折沿圈足盘和平折腰沿圈足盘、高领平底瓮、盉等器形。高柄豆和豆形器座的豆柄形状几乎没有变化，但尺寸上，第（3）文化层豆形器座柄径3.6厘米，第（2）文化层豆形器座和高柄豆柄径3.2～3.3厘米，第（1）文化层豆形器座柄径2.96厘米，从早到晚，隐约可见豆柄有变细的趋势。如果说（5）、（4）层和（3）层是大期的区别，那么（3）、（2）层至少是小期的区别。否则以陈显丹先生近水楼台之便，如果（3）、（2）层真的毫无差别，也不至独执一见，将（3）、（2）层划开。只是他选择将（3）层划入一期，而本书倾向于将（3）层与（5）、（4）层区别为不同的大期，但与（2）、（1）层区别，独立分作一期。（1）层器类上基本沿袭（2）层，但形态上仍有区别，应当分作两段。

通过对1980年三星堆Ⅲ区陶器的分析，我们基本可以将这批材料分成两个大期、三个小期、5段（表2.5）。从器形上看，第一大期的器物均见于宝墩文化，并且多见于宝墩文化一期，仅少量归属比较含糊。第二大期即孙华先生和江章华先生均认为代表三星堆遗址主体文化的“三星堆文化”。但这仅仅是这一地点的分期，这个分期还需要其他地点的材料来补充和丰富，并且由于出土器物太少，为避免后文对此处型式名称调整过大，所以这一部分除小平底罐外，并未对陶器进行型式分析，相关典型器的型式分析将在后文给出。

表2.5　1980年Ⅲ区的分期

大期	期	段	代表地层	典型器类
第一大期	一	Ⅰ	1980GSDaT2（5）、（4）	喇叭口壶、宽沿尊、花边口深腹罐
		Ⅱ	1980GSCcT2（2）	喇叭口壶、宽沿尊、花边口深腹罐、盘口尊
第二大期	二	Ⅲ	1980GSDaT2（3）	缸、敛口瓮、尊形器、平底盘、簋形器、器盖、高柄豆、高柄器座、小平底罐CaⅠ、CbⅠ
	三	Ⅳ	1980GSDaT2（2）	缸、敛口瓮、尊形器、平底盘、簋形器、器盖、高柄豆、高柄器座，鸟头把勺、宽折沿圈足盘和平折腰沿圈足盘、敞口平底壶、盉、小平底罐CaⅡ、CbⅡ
		Ⅴ	1980GSDaT2（1）	尊形器、平底盘、器盖、高柄豆、高柄器座、鸟头把勺、宽折沿圈足盘和平折腰沿圈足盘、敞口平底壶、盉、小平底罐CaⅢ、CbⅢ

2.2　三星堆遗址的序列

利用1980年三星堆地点发掘的资料，在简报分期基础上，我们重新认识了三星堆遗址序列的框架，但这仅仅是我们认识三星堆遗址序列的一个起点。接下来的任务，是需要我们结合其他发掘地点的材料，来验证和细化分期。和1980年发掘地点的分析方法一样，仍然是以地层为轴来分析材料，尽管我们已经有了三星堆遗址的基本序列框架，但我们仍需借助地层来判断相对早晚关系。

2.2.1　关于分期典型单位选择的讨论

分期分段的关键在于分辨出一组核心的代表性器物，并且通过叠压打破关系，借地层、遗迹的早晚关系，看到这组核心器物在时间轴上的早晚变化，然后用类型学的分析，把这些变化分辨出来，再用^{14}C、热释光等测年手段判断出与之相对应的绝对年代。

这其中，明确的共存关系和明确的早晚关系是决定序列分期是否可靠、准确、完善的关键。如何得到明确的共存关系和早晚关系呢？这其中最必要的一步，就在于典型单位的挑选。

怎么选呢？这是本书最需要解决的问题。三星堆遗址相较于其他遗址，有以下三方面典型特征。

第一，分布范围广，大约有12平方千米。

第二，延续时间长，沿用时间也长，保守估计距今4500～3000年，大约不间断使用了1500年。

第三，等级高，是成都平原早期都邑性质的中心聚落。

三星堆遗址不仅特色鲜明，延续时间长，其存续时间还刚好处于成都平原从一个简单的氏族部落迈向有城、有青铜、有礼仪的文明社会的关键转折过程中。三星堆遗址，就是成都平原社会复杂化过程的浓缩，也是成都平原文明发展由蒙昧到文明的火车头。这么复杂的一个遗址、这么复杂的过程，再加上跨越几十年的田野考古发掘，我们要怎样去挑选典型单位，给它的变化建立一个可靠的年代序列？

考古田野发掘中划分早晚关系的单位是地层和遗迹。

地层，是我们在田野考古发掘中对分布范围比较大、起伏比较小的水平层的统称。但是地层这一堆积的形成原因和形成过程，可能有千百种的不同。苏秉琦先生曾指出："在划分地层时，除了辨明各层的差别、变化外，还应对不同堆积形成的过程及遗迹现象废弃的原因等等一并加以考虑，作出正确的解释。每一个遗址都有比较典型的堆积层。及时掌握该遗址的典型地层，对指导发掘具有重要的意义。"①但是，我们很难在简报甚至报告中看到这一部分的系统分析，除了一些非常特别的、引起发掘者关注的遗迹现象，很少系统地对探方中地层、遗迹的形成过程做推测。这一步，最有发言权的是发掘者，作为整理者或者研究者，对这一步的缺失其实是无能为力的。尤其对于一个几百上千平方米的发掘而言，控制地层或者说统一地层，可以让我们对遗址有一个统一的认识。但是这一大范围的地层，所跨越的实际年代可能相当长。"一个遗址内各层的堆积既不是水平的，它们的厚度也不会一致。不同探方的相应层次未必属于同时；同一层的不同遗迹甚至一个房基上的不同层次，也可能有时间早晚。"②

---

① 苏秉琦：《地层学与器物形态学》，《文物》1982年第4期。

② 同①。

“共时性”是学者们一直讨论却没有固定模式去解决的一个问题。随着这些年田野考古发掘面积的爆炸性增长和主动性、研究性发掘的增多，分期越来越细，这个问题也慢慢凸显出来。

为了尽可能缩小这种大时间跨度可能造成的困扰，把共时性控制在一个可以接受的范围内，获得相对纯粹的地层单位，我们还是先选择一个探方或相邻的几个探方，用直接的叠压打破关系，来了解典型器物的演变。因为地层并不是一个可以完全关上、封闭的空间，出现我们不知道、未识别的扰动是完全可能的，不论是把早期的遗物扰动到晚期的遗迹还是把晚期的扰动到早期，都是可能的。例如，成都文物考古研究院姜铭对晚麦早出现象的梳理，就证明，把晚期遗物扰动到早期虽然在概率上小于早期遗物扰动到晚期，但确实存在。所以我们也利用已有的序列，将明显不对的少量陶片剔除，以获得纯洁的早晚关系。由于这个探方将担任非常重要的建立基础序列的任务，谨慎地挑选是必要的，这个标准探方应该满足以下五点要求。

第一是田野发掘必须细致。

第二是包含物必须丰富。

第三是时代跨度必须足够大。

第四是最好有共时性更容易把握的遗迹。

第五是紧邻的探方包含物最好也比较丰富，关键时候可以帮助扩展、丰富序列。

而且，一个探方是没有办法完全解决三星堆遗址长达1500年的序列的问题的，所以确立关键的核心轴后，还需要借助其他出土了更好、更完整遗物的单位来拓展和丰富序列。

因为大期的划分已经确定，这次，我们不再从陶质陶色的统计数据开始。我们挑选探方的标准是地层最全，出土物也相对丰富，最好还包括一些重要遗迹的典型探方。

1986年发现三星堆祭祀坑之后，大家不再把三星堆看作普通遗址，遗址的命名也从之前认为的三星堆遗址从属于中兴古遗址到三星堆遗址成为整个遗址的正式名称。而考古工作的重点从建立序列转移到对遗址性质的探究和确认，比较多的是对三星堆遗址上的几道土埂的解剖发掘，以确认其是否为人工修筑的城墙，所以发掘以解剖城墙为主。

这样看来，比较适合用作我们细化分期的，是1986年祭祀坑发现之前、1986年四川省文物管理委员会和四川大学考古教研室合作的考古专业学生在三星堆附近的实习。我们将从1986年发掘点选择最有代表性的探方，通过对该探方出土遗物的型式分析，来进行分期分段，并与1980年发掘地点的地层对应。因一个地点所出器物总是有限的，在建立起1980、1986两个年度的地层的基本对应关系后，尤其是在明确地层或地层组包含的典型器物后，我们将不再局限于单一探方，而是从所有标本中按器类挑选标本进行型式分析，明确典型器物的异同、变化，归纳出演变规律，结合器物组合，形成序列。通过典型器物组合的变化和典型器物的演变节奏来进行分期分段的探讨。

1986年三星堆地点的发掘是继1980年发掘之后的又一次大规模发掘，而且进行了更为细致的地层划分，一共分出了16个地层。

> 1986年3月至6月，为配合砖厂取土和教学任务，我们与川大考古专业师生联合进行了发掘，面积达1325平方米，是历年来发掘面积最大的一次。此次发掘也是文化层堆积最厚、地层迭压关系明确、出土物最丰富的一次。这里的文化层堆积达250厘米左右，通过发掘，可将这里的地层划分为16个大的地层、20余个地层单位。这次出土遗物种类主要有荷叶边形的深腹炊器、A型高柄豆、瓮、杯、觚、三足形炊器、陶盉、器盖、鸟头勺把、瓶、小平底陶罐、大口瓮、雕花漆器等器物近2千件，灰坑109个，房址数十座①。

面对这数以百计的遗迹单位和数以千计的陶器，我们需要从中选择一个探方入手，来获得系统的认识。为此，我们将1986年三星堆Ⅲ区的标本制成表格以方便比对（表2.6）。经比对，T1415、T1416、T1517这三个相邻探方堆积最全、出土器物相对丰富，尤其是⑬~⑯层，仅这三个探方出土标本稍微丰富一点。其中T1415、T1416为相邻的两个探方，可以彼此借鉴，当优先考虑。T1415⑨层下有H15、H36，⑫层下有H14，⑭层下有H19，遗迹相对丰富。因此，1986年Ⅲ区将以T1415为标准探方，参考T1416、T1517及周边探方的陶器进行分期。

---

① 陈显丹：《广汉三星堆遗址发掘概况、初步分期——兼论“早蜀文化”的特征及其发展》，《南方民族考古》第二辑，四川科学技术出版社，1989年，213~217页。

表2.6　1986年Ⅲ区各探方小件情况比较表

层位	T1	T2	T3	T5	T11	T12	T710	T1113	T1213	T1214	T1217	T1313	T1314	T1413	T1414	T1415	T1416	T1514	T1515	T1516	T1517	T1613	T1615	T1617
②			√																					
③																								
④				√													√							
⑤			√													★	☆	√	√		√			
⑥									★							☆	☆				☆			
⑦				√					★						√	☆	☆			☆				
⑧A	☆	√				√		☆	★		√				★	★	★		☆	☆	★		√	
⑧B	☆					☆	√	★	★	√		☆			★	★	★	√	☆	★	★	☆	√	☆
⑨C	√					√		√	★	√		★	☆	√	★	★	★		☆	☆	★			
⑩A		√							★			√	☆		★	★	★		☆	★	★			
⑨B		√																						
⑨C																								
⑪																			☆	√				
⑪															★	★	★	☆	☆		★		√	
⑫													√			★	★		√	☆	☆			√
⑬																☆	☆				☆			
⑭																☆	☆							
⑮																√								
⑯																☆	☆				☆			

注：√=有，☆=可，★=好

上文从1980年的发掘材料入手，已经勾勒出不同时期的大致文化面貌。所以对T1415的资料分析，我们采取两种不同的方式：对1980地点发现标本较少的第一大期，我们以地层为主线，继续丰富、夯实第一大期的期段分析；而对于标本相对丰富的第二大期，我们的侧重点则在于用更多的标本来丰富器物的型式，探讨同类器物的型式分析，主要以器物的纵向发展为线索，根据器物演变的节奏，进行更细致的分期分段讨论。

2.2.2 第一大期的分析

第一大期最大的问题在于标本数量少、破碎、完整器少，并且由于标本数量和破碎度的问题，我们难以对第一大期建立清晰而完整的认识。所以对三星堆第一大期的分析，是本章的难点和重点。在这样的情况下，对每种器物进行准确的分型分式：仿佛是可望而不可及的奢望。基于这样的实际，我们在对第一大期的分析中，更侧重于对大的器物组合的变化进行把握，尤其关注最具典型性的器物。

三星堆第一大期的器类比较简单，总括来说，主要是尊、壶、豆、罐四大类。其中尊、壶数量多、演变较为明确。为了便于大家理解，笔者先解释一下这四种器物的定义。因为特定形状的器物命名一般遵从约定俗成的名称，如盉，命名上少争议、相对一致，反而是普通形状的器物大家多遵从模糊的自觉，所以命名上反倒出现一些差异。为了便于大家理解本书的命名原则及其与器物的对应，特在此做一简要说明。

尊：泥质或者夹砂陶。大口，口部大于、等于或接近器物的最大直径，可以有圈足也可以没有圈足。《广汉三星堆遗址》中命名为“灰陶盆”。尊数量最多，器形也最复杂。尊在一开始便是夹砂和泥质两种材质都有，但两种材质的器形却截然不同。夹砂陶的尊常常沿面、唇部都装饰绳纹，所以命名为花边口沿尊，此种尊器身也多满布绳纹，一般为卷沿，并且按唇部的装饰，可细分出一种山字形花边口沿尊。泥质陶的尊多为素面，一般为折沿，并且折沿较宽，所以命名为宽沿尊，并且表面多饰刻划纹。再后来又出现了一种极具特色的陶器，最大的特征是口沿下凹，非常像一个盘子，最大径为盘口，有圈足，并且圈足较高，上面还多有镂孔，从器形看，和尊比较相似，但所以就命名为盘口尊。受盘口尊的影响，宽沿尊的宽沿也逐渐盘口化，与宽沿尊不同，盘口尊多为夹砂陶质，并且盘口尊少有素面，器身表面多贴塑附加堆纹或刻划水波纹。

壶：通常为泥质陶，有喇叭形口部，深鼓腹。之前《广汉三星堆遗址》中命名为“翻口高领广肩细泥陶罐”。此处定为壶，是基于以下几点考虑：首先，这种器物质地为泥质陶，与一般夹砂陶罐相区别，应在命名上有所区分；其次，此器的喇叭口也是罐类器中少见的；最后，此类器陶质细腻，不能炊煮，喇叭形长颈，颈小腹大，适合储水，而壶通常被认为是水器，所以将其命名为壶。

豆：高圈足盘，豆和一般圈足盘不同的地方在于豆的圈足高且醒目。而在圈足盘中，圈足仅仅居于附属的地位。

罐：通常为夹砂陶。一般有沿、束颈、深腹，最大径通常在腹部。

三星堆一期由于发现的器物多破碎，分型分式基本都是在仅仅参考口沿的基础上做出的。这样难免陷入以偏概全的弊端。但由于材料的局限，尤其是在判断早晚时，需要地层关系的支撑，不能抛开地层仅仅从逻辑关系来讨论器物的发展变化，以免陷入主观臆断的陷阱。所以我们仅仅能从三星堆历年发掘中严格挑选少量的探方，才能厘清其中的早晚关系，而少量探方中出土遗物有限，就不得不尽量利用了。

上一节我们根据1980年发掘地点出土的标本，初步了解了第一大期的典型器组合为喇叭口壶、宽沿尊、花边口深腹罐以及一定数量的豆，盘口尊的出现是第一大期Ⅰ段和Ⅱ段之间最显著的区别。带着这样的认识，我们来审视T1415、T1416和T1517这三个探方的早期地层。

从T1415探方所绘标本来看，⑫层虽然出土了第二大期的典型器高柄豆，但也有喇叭口壶、宽沿尊等部分器物与1980GSDaT2（4）、（5）层较为相似。从⑬层往下，包括⑬～⑯层，不见第二大期的典型器物，主要器形为喇叭口壶、宽沿尊和高圈足盘/豆。但因为T1415⑬～⑯层标本比较少，我们采用以下方式来对这批材料进行分析。首先，我们从（表2.6）“1986年Ⅲ区各探方小件情况比较表”中可以看出，T1415、T1416、T1517这三个探方的⑬～⑯出土物还是较为丰富的。统一后的地层虽是整理材料非常好的参考，但在三星堆这样连续使用的遗址中，堆积形成非常复杂，不能盲目倚重，虽然这三个探方相距不远甚至是相邻，但我们最好还是先将这三个探方最早的地层⑯层分开讨论，看看是否相同。我们把T1415、T1416、T1517的⑯层放在同一张图上，并且把相同的器物放在左边，不同的器物放在右边，相同或相近的器物尽量放在同一列，以便比较（图2.13）。文字描述与图对应，我们将先按单位、再按器形进行描述。

2.2.2.1 T1415⑯（图2.13、图2.14）

山字形花边口沿尊　T1415⑯：1020，夹砂红褐陶。敞口，宽卷沿，斜方唇。唇上缘做成山字形花边，沿内外壁及唇面饰绳纹。残高2.4厘米。

除此之外，还有器形上类似于山字形花边口沿尊但口沿又没有做成山字形的，此类器也多为绳纹花边口，即命名为花边口沿尊，以区别于花边口沿罐。

花边口沿尊　T1415⑯：1018，夹砂灰褐陶。敞口，斜方唇，唇部饰竖向绳纹，卷沿，沿下亦拍印绳纹。残高1.8厘米。T1415⑯：1019，夹砂黑褐陶。敞口，圆唇，唇部饰绳纹，窄折沿。器身饰绳纹。残高3厘米。

喇叭口壶　T1415⑯：1016，泥质黑灰陶。圆唇，卷沿，喇叭形敞口。口径24、残高3.2厘米。T1415⑯：1017，泥质灰陶。胎较薄。圆唇，卷沿，喇叭形口外撇。残高2厘米。

高圈足豆　T1415⑯：1052，夹砂灰褐陶，修复复原。敞口，圆唇，浅斜腹，喇叭形圈足，足壁较直。盘口饰一周压印成的大花边口，腹部饰五周凹弦纹，圈足上部饰四个圆形镂孔，足壁满饰三角形戳印纹，底缘饰一周楔形戳印纹。盘径13.6、足径10.9、高7.3厘米。

假圈足器底　T1415⑯：1022，夹砂黑褐陶。弧腹，平底，假圈足。底径6、残高3.2厘米。T1415⑯：1024，夹砂黑褐陶。下腹近底部内弧，平底，假圈足不明显。腹部及底缘饰绳纹。底径7.2、残高3.6厘米。

平底　T1415⑯：1021，泥质灰陶。平底。腹部饰浅细绳纹，断续分布。底径14、残高3厘米。T1415⑯：1023，夹砂黑褐陶。平底。腹部及底部饰较密集的交错绳纹。底径16、残高4厘米。

2.2.2.2 T1416⑯（图2.13、图2.16）

山字形花边口沿尊　T1416⑯：690，夹砂黑褐陶。斜方唇，宽卷沿，唇上缘做成山字形花边口，口沿内壁至器表饰斜绳纹。敞口。残高3.4厘米。T1416⑯：691，夹砂褐陶。厚方唇，宽卷沿，唇上缘做成山字形花边口，唇部至外壁饰竖绳纹。敞口。残高4厘米。

花边口沿尊　T1416⑯：689，夹砂黑褐陶，方圆唇，宽卷沿，沿内壁外侧饰横绳纹，唇部至外壁饰竖绳纹。敞口。残高3厘米。

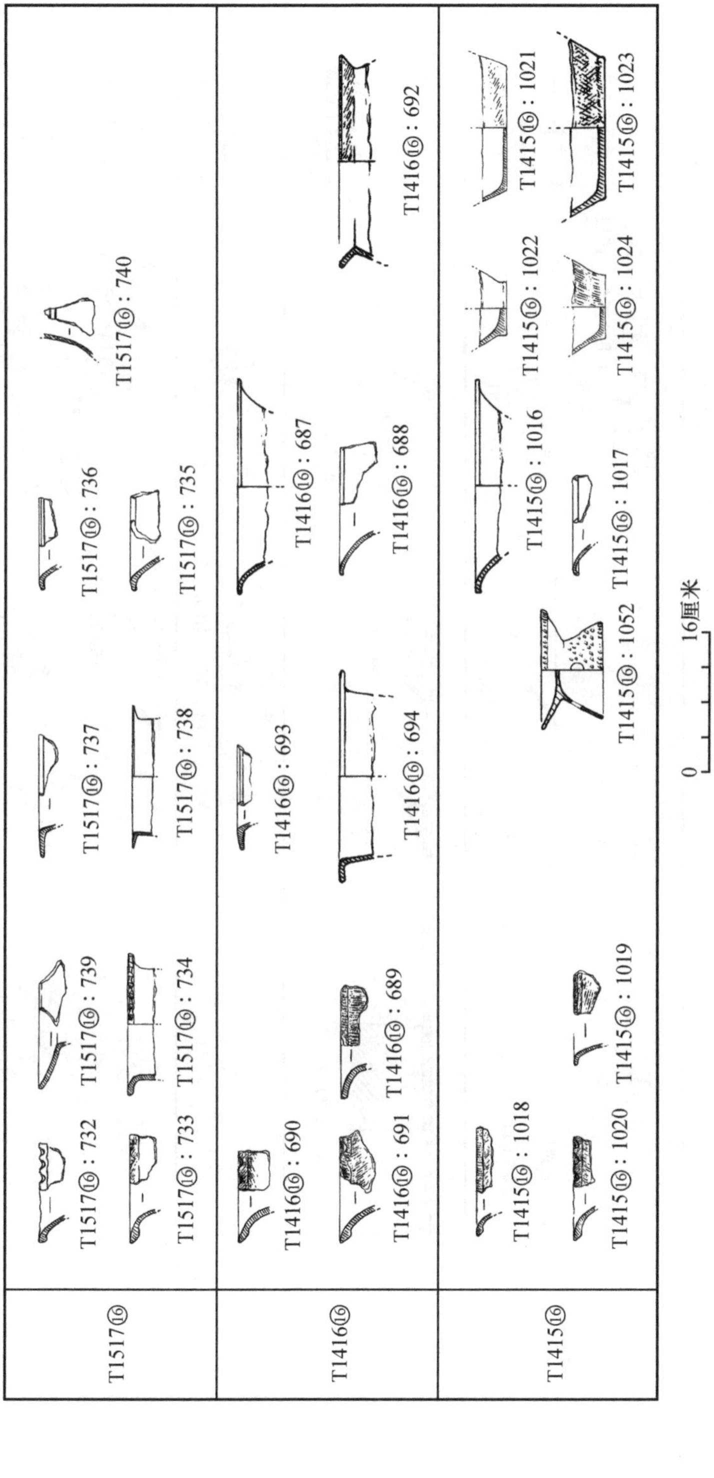

图2.13 T1415、T1416、T1517⑯层比较图

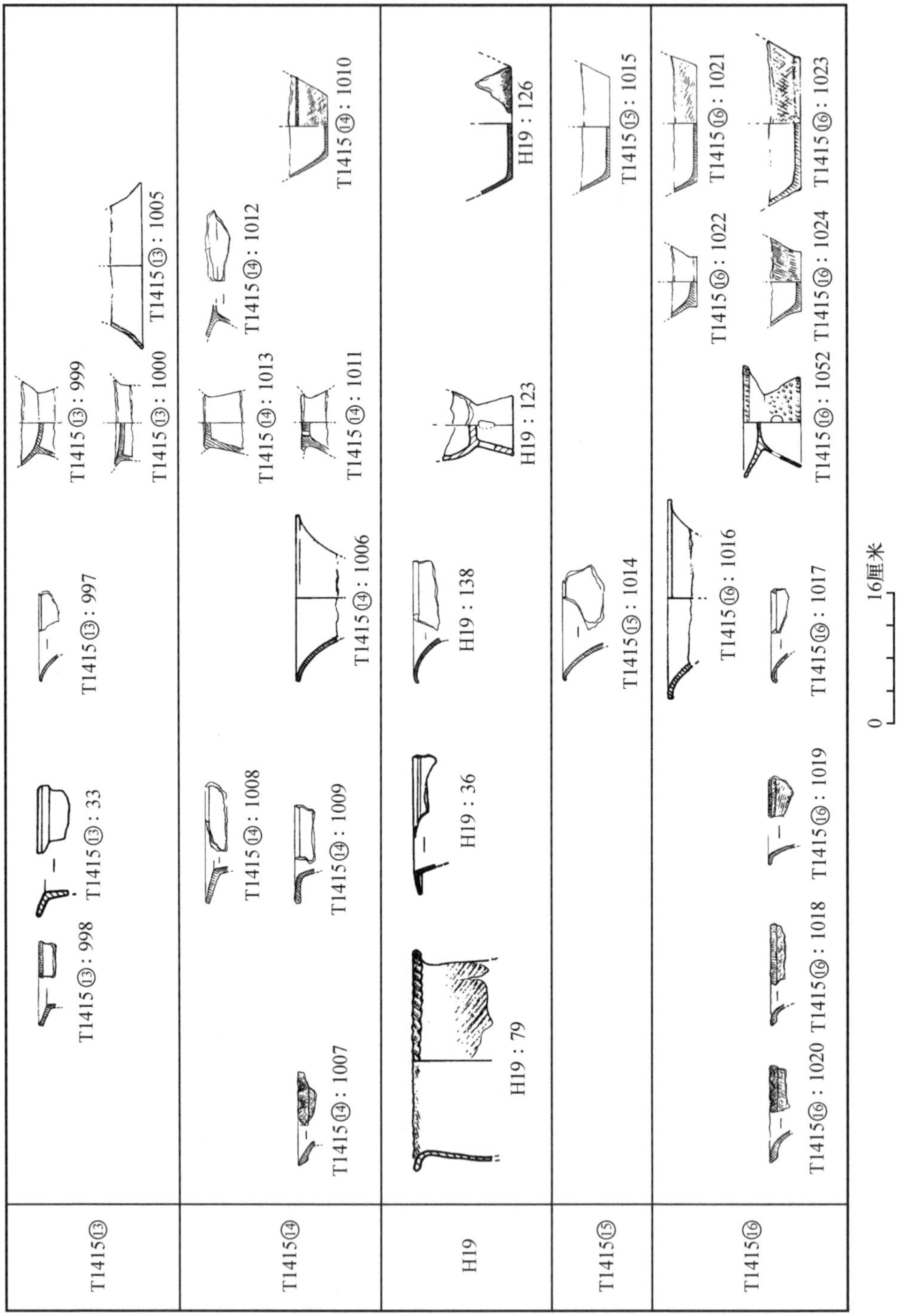

图2.14 T1415第一大期出土器物比较图

宽沿尊　T1416⑯：693，泥质黑灰陶。圆唇，平折沿略外倾，敞口。残高1.6厘米。T1416⑯：694，泥质灰陶。圆唇，平折沿，敞口。口径24、残高4厘米。

喇叭口壶　T1416⑯：687，泥质灰陶。尖圆唇，喇叭形敞口，末端略有一平面。口径24、残高3.2厘米。T1416⑯：688，泥质灰陶，火候较高。圆唇，喇叭形口外翻，末端略有一平面。残高4厘米。

花边口沿罐　T1416⑯：692，夹砂褐陶。圆唇，斜折沿向内倾斜，侈口，颈略束。器身饰较细的斜向绳纹。口径24、残高3.6厘米。

2.2.2.3　T1517⑯（图2.13）

山字形花边口沿尊　T1517⑯：732，夹砂灰陶。方唇，卷沿，唇上缘做成山字形花边口。敞口。残高3厘米。T1517⑯：733，夹砂褐陶。圆唇，宽折沿，唇上缘做成山字形花边口，沿内壁及唇部饰绳纹。敞口。残高2.8厘米。

宽沿尊　T1517⑯：737，泥质灰陶。圆唇，宽平折沿，敞口。残高2.1厘米。T1517⑯：738，泥质红褐陶，薄胎。圆唇，窄平折沿。口微敛，直腹微外弧。口径16、残高2.4厘米。

另有一件器壁较厚，唇上捏出花边口的，比较少见。T1517⑯：734，泥质黑灰陶。圆唇，卷沿近平，唇部捏出大花边口。敞口，直腹。口径16、残高3.2厘米。

另有一件沿面下凹，乍一看有点像盘口尊，但质地为泥质，而盘口尊多为夹砂。所以这件当仍为宽沿尊。T1517⑯：739，泥质黑灰陶。圆唇，宽斜折沿，沿面内凹呈盘口状，敞口。残高3厘米。

喇叭口壶　T1517⑯：735，泥质红褐陶。圆唇，窄折沿，喇叭形敞口。残高3.4厘米。T1517⑯：736，泥质灰陶。圆唇，卷沿，喇叭形敞口。残高2.2厘米。

豆柄　T1517⑯：740，泥质黑灰陶。残存柄座相接处，柄下端饰两周凹弦纹，当为细柄。残高5.5厘米。

T1415、T1416、T1517的⑯层都出土了一种不见于1980年地点的器物——山字形花边口沿尊。这是一种非常有特色的器物，最早在桂圆桥遗址[①]发现，简报

---

① 四川省文物考古研究院、德阳市博物馆、什邡市博物馆：《四川什邡桂圆桥新石器时代遗址发掘简报》，《文物》2013年第9期。

中命名为“山字形花边口沿罐”，最为独特的地方是它的口沿，卷沿，唇部上翘或加厚，从侧面看，口沿的上缘不平、高低间隔仿佛是连续的“山”字形，唇上和沿面都拍印有绳纹。口沿是此种陶器最大的特色，所以便以“山字形花边口沿罐”命名。桂圆桥遗址二期较为集中地出土了这类具有典型特征的陶器，识别出这种器物可能代表了一个更早的时代，因而使三星堆遗址的相同器物得到了更多的关注。鉴于三星堆遗址已经有“花边口沿罐”，并且在器形上和“山字形花边口沿罐”存在较大的差别，遂将“山字形花边口沿罐”正式更名为“山字形花边口沿尊”。“山字形花边口沿尊”和花边口沿罐存在以下区别：花边口沿罐一般是束颈，腹微微向外鼓凸，而山字形花边口沿尊一般是直腹或接近直腹，类似于盆或尊，只是因为目前尚未见到完整器，不知腹之深浅。但从此类器满身绳纹、制作工艺复杂可知，比之普通器皿，此类器多耗人力物力。依惯例，盆为浅腹器，而尊多深腹，盆为日用器，尊略带礼器性质，所以更倾向于将此类器物命名为“尊”。另有一类唇上拍印绳纹装饰又非山字形的花边口直腹器，也必须与束颈、微鼓腹的花边口沿罐相区别。综合考虑后，虽然未见此类器物的完整器，仍将其命名为“尊”。山字形花边口沿尊不见于1980年地点的（5）、（4）层。由于三星堆遗址出土的山字形花边口沿尊数量较少、比较残破且形式单一，难以进行类型学分析，我们将利用出土此类器物较多的桂圆桥遗址的材料，在后文4.1.4桂圆桥遗址的分期与年代一节进行讨论。

从T1415、T1416、T1517三个探方的⑯层可以看出，山字形花边口沿尊、花边口沿尊、宽沿尊、喇叭口壶、豆和花边口沿罐是这一时期的典型器类。

T1517⑯层除山字形花边口沿尊外，有几点比较值得注意的地方：一是平卷沿、唇上带大花边口的类山字形花边口沿尊，如T1517⑯：734，二是平折沿的宽沿尊如T1517⑯：737，三是还有更晚的折沿、沿面内倾的T1517⑯：738，沿面下凹成盘口的T1517⑯：739，这种形态，从1980年地点来看，沿面下凹成盘口的T1517⑯：739比1980年Ⅰ段的宽沿尊更晚。那么T1517⑯层沿面下凹成盘口的宽沿尊，该如何确定年代呢？T1415和T1416的⑯层都没有出土类似的器物，并且，我们注意到，T1517⑯层也出土了高柄豆或高柄豆形器座的圈足部分（T1517⑯：740），在柄开始外撇成圈足的部分，还有两道凹弦纹，这是1980年地点第二大期的典型特征器。由此可知，T1517⑯层应该是出于某些原因，地层中混入了部分晚期的遗物，因而给我们造成了困扰。所以我们先不把

T1517⑯层纳入分期体系中，而是重点分析T1415（图2.14）和T1416（图2.16）两个探方。

2.2.2.4　T1415⑮（图2.14）

喇叭口壶　T1415⑮：1014，泥质灰陶。圆唇，卷沿，喇叭形敞口。残高5厘米。

平底　T1415⑮：1015，夹细砂红陶。下腹略内收，平底。底径12、残高3.6厘米。

2.2.2.5　H19（图2.14）

花边口沿尊　H19：79，夹砂褐陶。方唇，唇面饰规则起伏的花边，宽卷沿，沿面拍印绳纹。腹近直，微外弧，器身腹部饰斜向绳纹。口径28、残高9.5厘米。

宽沿尊　H19：36，泥质灰褐陶。圆唇，宽平折沿，敞口。残高2.7厘米。

喇叭口壶　H19：138，泥质灰陶。红胎，圆唇，卷沿，敞口外翻。残高2.1厘米。

圈足　H19：123，夹砂褐陶。下腹弧收，圈足外撇，足壁直。足上饰四个倒三角形镂孔。足径8、残高8.6厘米。

平底　H19：126，泥质灰陶。直腹斜收，底面较大。下腹近底处饰斜细绳纹。底径14、残高4.2厘米。

2.2.2.6　T1415⑭（图2.14）

山字形花边口沿尊　T1415⑭：1007，夹砂红褐陶，斜方唇，宽折沿，唇上缘做成山字形花边口，口沿内外壁及唇部饰绳纹。残高2.2厘米。

宽沿尊　T1415⑭：1008，泥质灰陶。圆唇，宽平折沿略向内倾，敞口。残高2.6厘米。T1415⑭：1009，泥质黑灰陶。圆唇，宽平折沿，敞口。残高2.5厘米。

喇叭口壶　T1415⑭：1006，泥质灰陶。口部经慢轮修整，有轮旋痕。圆唇，喇叭口。口径20、残高5厘米。

平底　T1415⑭：1010，泥质灰褐陶，火候较高，器表有较多细小的气孔。腹斜收，平底。下腹上部饰一周带状压印纹，下部至底饰竖向带状分布的斜细绳纹，外底饰细绳纹。底径14、残高9.3厘米。

高圈足　T1415⑭：1011，泥质灰陶。平底，圈足外撇。底部残留四个圆形镂孔。残高3.2厘米。T1415⑭：1013，泥质灰陶。圈足略外撇。残高4.8厘米。T1415⑭：1012，泥质黑灰陶。底部残，圈足外撇。残高3.4厘米。

2.2.2.7　T1415⑬（图2.14）

花边口沿尊　T1415⑬：998，夹砂黑褐陶。圆唇，宽斜折沿内倾，唇部饰绳纹。残高2厘米。

宽沿尊　T1415⑬：33，泥质黑灰陶。圆唇，宽折沿内倾，敞口。口径32、残高3厘米。

喇叭口壶　T1415⑬：997，泥质灰陶。尖圆唇，喇叭形敞口。残高2.4厘米。

圈足　T1415⑬：999，泥质灰陶。器身与圈足分开制作，黏接处未经修饰，痕迹明显。弧腹，圜底，圈足外撇。残高4厘米。T1415⑬：1000，泥质红陶。底近平。残高2.2厘米。T1415⑬：1005，泥质灰陶。圈足外撇。足径20、残高3.8厘米。

T1415⑯～⑬层，器物口沿中未见盘口尊。T1415的H9、⑭、⑬层都出土了宽沿尊，虽然完整的宽沿尊在这几个探方我们并没有见到，但四川大学1963年的发掘出土了一件，T104③：3[①]，宽沿，直腹，平底，可以作为参考（图2.15）。因为T1415出土的陶片都比较窄小，腹部是什么样的无法知道。有没有型与亚型的区别也很难仅从这么小的口沿中看出。但我们仍然可以从中大概看到宽沿尊的发展经历了三个阶段：一是年代最早的H19，是只有折沿、沿面外倾这一类，二是⑭层包括

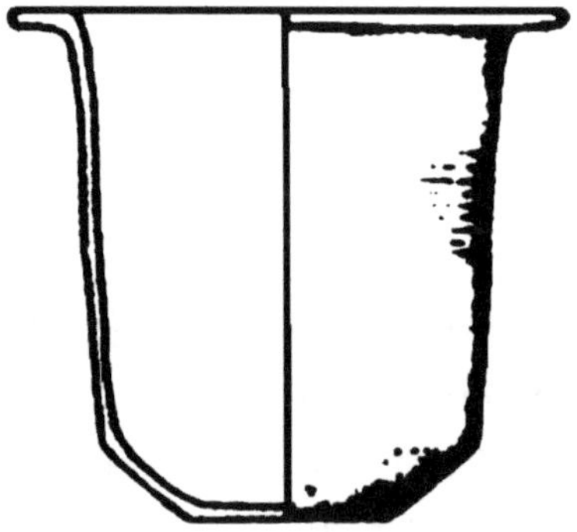

图2.15　1963年月亮湾地点T104③：3

① 马继贤：《广汉月亮湾遗址发掘追记》，《南方民族考古》第五辑，四川科学技术出版社，1993年，317页。

平折沿和折沿、沿面内倾两类，三是⑬层有折沿、沿面内倾一类。虽然宽沿尊在器形上是否有很丰富的变化我们现在并不清楚，但这三个阶段的差异和演变，我们还是可以笼统地分为三型，即以折沿、沿面外倾为A型，平折沿为B型，折沿、沿面内倾为C型。

另一种典型器喇叭口壶在T1415中也有了更多的标本。喇叭口壶因为使用时间长，而且多破碎，从极少的完整器来看，其器身形制也有比较丰富的变化，所以喇叭口壶的分型分式和分期探讨相对来说更复杂，也更容易出现偏差。我们按地层线索来看，⑯层出土喇叭口壶，喇叭口有两种：第一种是喇叭口边缘下翻，即喇叭口的边缘低于喇叭口最高平面，如T1415⑯：1017；第二种是喇叭口边缘近平，即喇叭口的边缘沿着最高平面延伸出去，在边缘形成一个小平面，如T1415⑯：1016。⑮层还可见第二种，只是喇叭口边缘的平面变窄、不明显，如T1415⑮：1014。H19喇叭口边缘微微下翻，略略低于最高平面，并且有一个很明显的边缘平面，如H19：138。而⑭、⑬层喇叭口边缘即最高点，不再有最高点平面，如T1415⑭：1006、T1415⑬：997。从喇叭口壶的演变及与地层的对应看，似乎边缘下翻、边缘近平和边缘即最高点是一个相互关联、连续演化的过程，并且早晚清晰、演变逻辑明确，按理应该分式来处理这种有明确演变关系的变化。但是，喇叭口壶因为完整的器物或者相对大一点的陶片太少，如果按式来处理的确能加强这几种器物的演变关系，但如果出现了其他变化因素如纹饰，就难以扩展。所以，这里我们还是以分型来处理。按其口沿的变化，我们大约可以将其分为三型，即边缘下翻、低于最高平面为A型，边缘接近最高点、形成一个小平面为B型，边缘即最高点为C型。和1980年地点比较可知，（5）、（4）层多见C型。

T1415⑯～⑬层并不包含盘口尊，T1415⑭、⑬层所出器物与1980年发掘地点（5）、（4）层特征相似，年代当相近。我们之前根据1980年发掘地点得出的包含盘口尊的地层晚于只有喇叭口壶和宽沿尊的地层的相对年代判断，从1986年发掘地点看，缺失的盘口尊正好说明两者之间确有时间早晚的间隔，正与之前的结论相呼应。

1980年地点未见的山字形花边口沿尊的出现，说明T1415⑯层与1980年地点的（5）、（4）层在年代上仍有差距，并且包含山字形花边口沿尊的地层年代上会更早。当然这只是根据T1415得出的结论。至于正确与否，我们需要讨论

T1415旁边的探方T1416。

我们将T1416⑯～⑬层的小件按T1415同样的方法排在图上（图2.16）。

2.2.2.8 T1416⑭（图2.16）

山字形花边口沿尊 T1416⑭：676，夹砂黑褐陶。方唇，宽卷沿，敞口。口沿内外壁及唇部饰绳纹。残高3.4厘米。

花边口沿尊 T1416⑭：677，夹砂黑褐陶。方唇，窄折沿，口沿内外壁及唇部饰斜绳纹，敞口。残高2.2厘米。

喇叭口壶 器形虽相近，但变化已产生，和之前的喇叭口壶相比，器壁明显偏厚，唇部加厚，形成一小平面。T1416⑭：675，泥质灰陶，火候较高，口沿烧制变形。圆唇，卷沿，末端略向外折，唇加厚，喇叭形敞口，器壁较厚。残高4厘米。

宽沿尊 T1416⑭：678，泥质灰褐陶。圆唇，折沿，沿面外倾，敞口。残高2.2厘米。

高柄豆 T1416⑭：680，泥质红陶，手制，薄胎。喇叭口外撇，尖唇。口径16厘米[①]。T1416⑭：679，泥质灰陶。豆盘平底，细柄，柄内外壁可见螺旋状泥条盘筑痕迹。柄径可测量处最细2、残高6.4厘米。

2.2.2.9 T1416⑬（图2.16）

花边口沿尊 T1416⑬：663，夹砂黑褐陶，方唇，唇部饰绳纹，窄折沿。敞口，腹较直，在可见的范围内，器身为素面。残高3.5厘米。也有部分不仅器身可见部分均为素面，而且连唇部的绳纹也已经消失，但与一般的宽沿尊和喇叭口壶相区别的，是这种器物仍然延续了花边口沿罐质地，即为夹砂质。T1416⑬：666，夹砂黑褐陶。敞口，窄折沿，圆唇，斜腹。残高3厘米。

喇叭口壶 T1416⑬：661，泥质灰陶。圆唇加厚，卷沿，喇叭形敞口，边缘形成一小平面，器壁较厚。口径20.8、残高8厘米。

宽沿尊 T1416⑬：665，泥质黑灰陶。敞口，宽平折沿，沿面微凹，圆唇。残高3厘米。

---

① 此件有争议，整理者认为可能是豆盘的口沿。

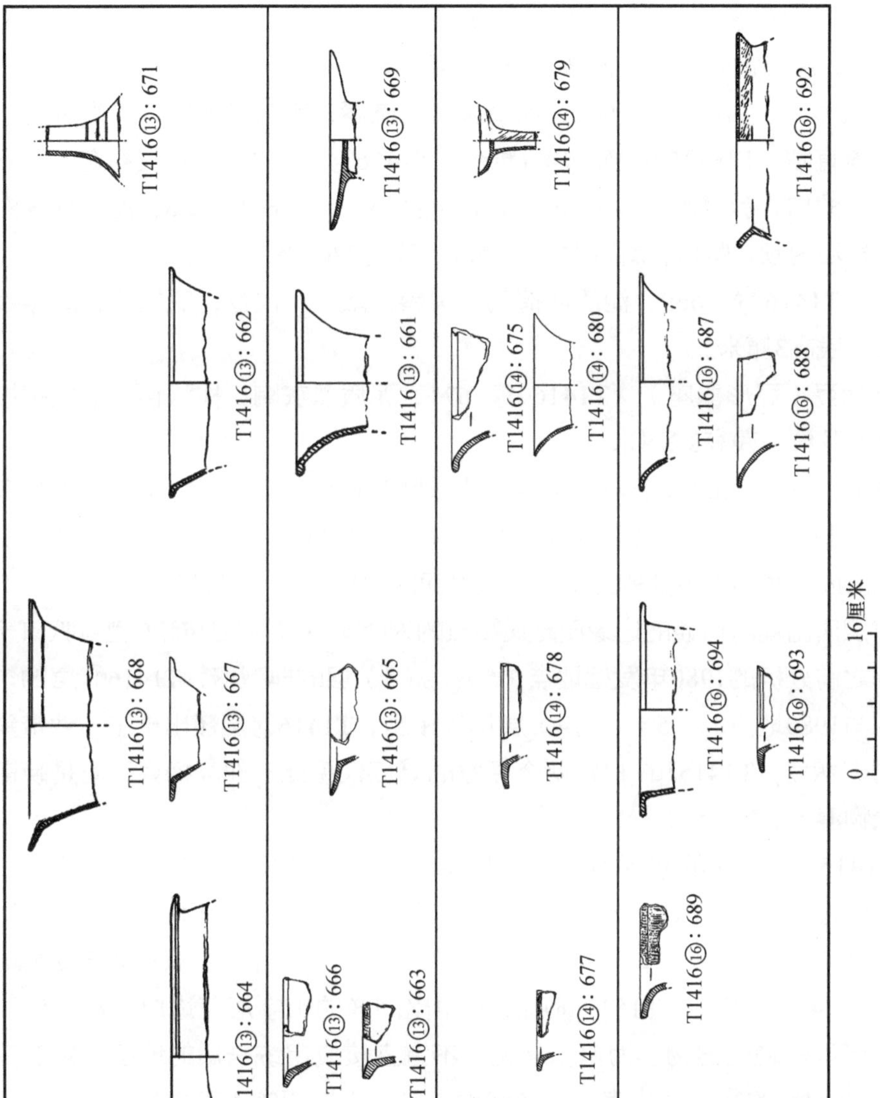

图2.16　T1416一期陶片

新出现的器形　T1416⑬：664，泥质灰陶。类宽沿尊。圆唇，敛口，宽折沿略外倾，腹微向外鼓。口径36、残高4.8厘米。

喇叭形器　T1416⑬：662，泥质灰陶。圆唇，喇叭形敞口，末端折出一小平面。斜直腹。口径25.6、残高4.4厘米。T1416⑬：667，泥质灰褐陶。圆唇，平折沿，敞口，斜直腹。口径16、残高5.4厘米。T1416⑬：668，泥质红褐陶。圆唇，折沿内倾，敞口，斜直腹。口径28、残高7.6厘米。

豆　T1416⑬：669，泥质灰褐陶。尖唇，敞口，浅盘，底较平，圈足残。口径20、残高3厘米。

高柄豆（豆形器座）　T1416⑬：671，泥质黑灰陶，柱状柄，柄座相接处饰三周凹弦纹。残高8.2厘米。

从T1416出土的陶器可以看到，从⑭层开始，出现C型沿面内倾的宽沿尊，⑬层进一步发展，沿面内倾的宽沿尊沿面下凹，C型宽沿尊应该进一步分式：以沿面内倾但不下凹的为Ⅰ式，以沿面内倾且沿面下凹的为Ⅱ式。

⑭层所出喇叭口壶的边缘便是最高点的为C型。C型宽沿尊和C型喇叭口壶正是我们之前分析的1980年发掘地点（5）、（4）层的典型器，T1416⑭层的年代当大约与1980地点的（5）、（4）层年代相当。T1416⑭层还出土了一件带斜刮棱纹的高柄豆，T1415和T1416两个探方的⑭层仅见此一件高柄豆，应是晚期的文化遗物混入。

T1415、T1416的⑯层所出典型陶器组合为山字形花边口沿尊、花边口沿尊、A型宽沿尊、喇叭口壶和豆。⑮层出土器物较少，面貌不太清楚。⑭层出土典型陶器组合为喇叭口壶和沿面内倾的宽沿尊，年代上与1980年发掘地点（5）、（4）层相近。T1517⑯层虽然也出同样的山字形花边口沿尊，但同时出土了可能较晚的器物。为慎重起见，不宜直接应用统一后的地层，暂时只以T1415、T1416的⑯层为代表，在1980地点第一大期原第Ⅰ段之前再增加以山字形花边口沿尊，A、B型宽沿尊，喇叭口壶为代表的一段，成为新的第一大期第Ⅰ段，原第1段顺延为第Ⅱ段。

T1416⑬层出土物也较为丰富，甚至出现了一种新的器形，就是在器物口的边缘会窄窄地往外再折一下，如T1416⑬：662、T1416⑬：663、T1416⑬：666。这似乎是一种新的风格，并且，在更早的地层，也有类似修饰风格的器物出现，如T1416⑭：667，但是陶片比较碎小。从T1416⑬：668喇叭口壶看，似乎喇叭口发展到后来，口沿会再外折一下，随着外折部分越来越短，就成了窄折沿。T1416⑬的窄折沿数量不多，且陶片较碎小。

我们把具有演变关系的宽沿尊、喇叭口壶、花边口沿尊和一些带有时代特征的器物放到一张表上进行分析（图2.17）。因为早期单位陶片少、陶片碎小、器物整体形态及其演变关系不明晰。加上需要借助不同探方统一地层后的地层关系进行讨论，所以分期除考虑型式变化之外，宜结合典型单位进行讨论，并且，划分不宜过细。以T1415、T1416两个典型探方为代表，我们将这两个探方的第一大期分为两段。Ⅰ段以山字形花边口沿尊，花边口沿尊Ⅰ式，宽沿尊A、B型，喇叭口壶A、B型为代表，以T1415⑯、⑮层，H19，T1416⑯层为典型单位。Ⅱ段以宽沿尊C型Ⅰ、Ⅱ式，喇叭口壶C型，花边口沿尊Ⅱ、Ⅲ、Ⅳ式等为代表，以T1415、T1416的⑭、⑬层为典型单位。

在与1980年发掘地点第一大期的关系上，我们可以看到，宽沿尊1980GSDaT2（4）：16为CⅠ式：喇叭口壶80GSDaT2（5）：38为C型，器形以CⅠ式宽沿尊和C型喇叭口壶为主，与1986年发掘地点第一大期Ⅱ段典型器一致，所以应该属于第一大期Ⅱ段。

而我们之前在“2.1初识三星堆”一节中，根据1980GSCcT2（2）层以夹砂盘口尊为代表的器物划分出来的晚于1980地点以（5）、（4）层为代表的一段，虽然从类型学分析来看，盘口尊肯定晚于C型宽沿尊，但缺乏明确的叠压打破关系来支撑。而关键的典型器夹砂盘口尊在1986地点的这三个探方中并没有出现。诚然，T1517⑯：739和T1416⑬：665都是盘口，但这两件器物均为泥质陶，而盘口尊一般为夹砂陶，这种质地上的区别显而易见，所以这两件器物虽是盘口，但确与夹砂盘口尊有别。而T1415、T1416和T1517这三个探方的⑫层均没有出现夹砂盘口尊，并且都出现了具有第二大期特色的高柄豆（豆形器座），整齐地迈入了第二大期。夹砂盘口尊在1986年Ⅲ区的缺失，意味着在其⑬与⑫层之间存在缺环。我们不得不进一步寻找线索来填补。

三星堆遗址是一个沿用时间非常长的遗址，而其最大的特点，在于这种沿用是连续不间断的。地层不同于墓葬，墓葬是一个封闭的系统，地层是一个相对开放的系统。并且，也不是每一个地层的使用年代都是相等的，有的长一点，有的短一点，形成过程千变万化，所以在讨论时，仍然需要仔细甄别。

例如，1984年西泉坎地点的1984GZXDbT1③层（图2.18），其中既有我们

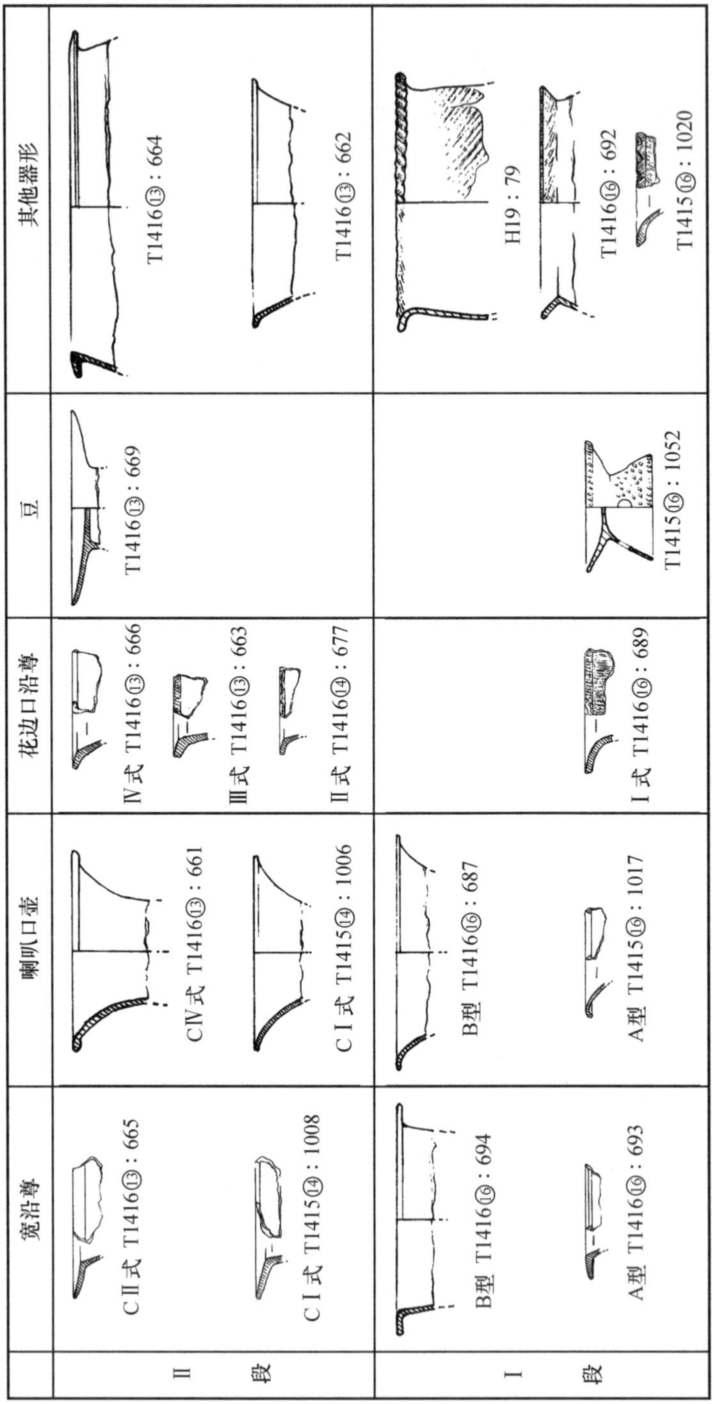

图2.17 1986地点早期地层所出陶器型式分析

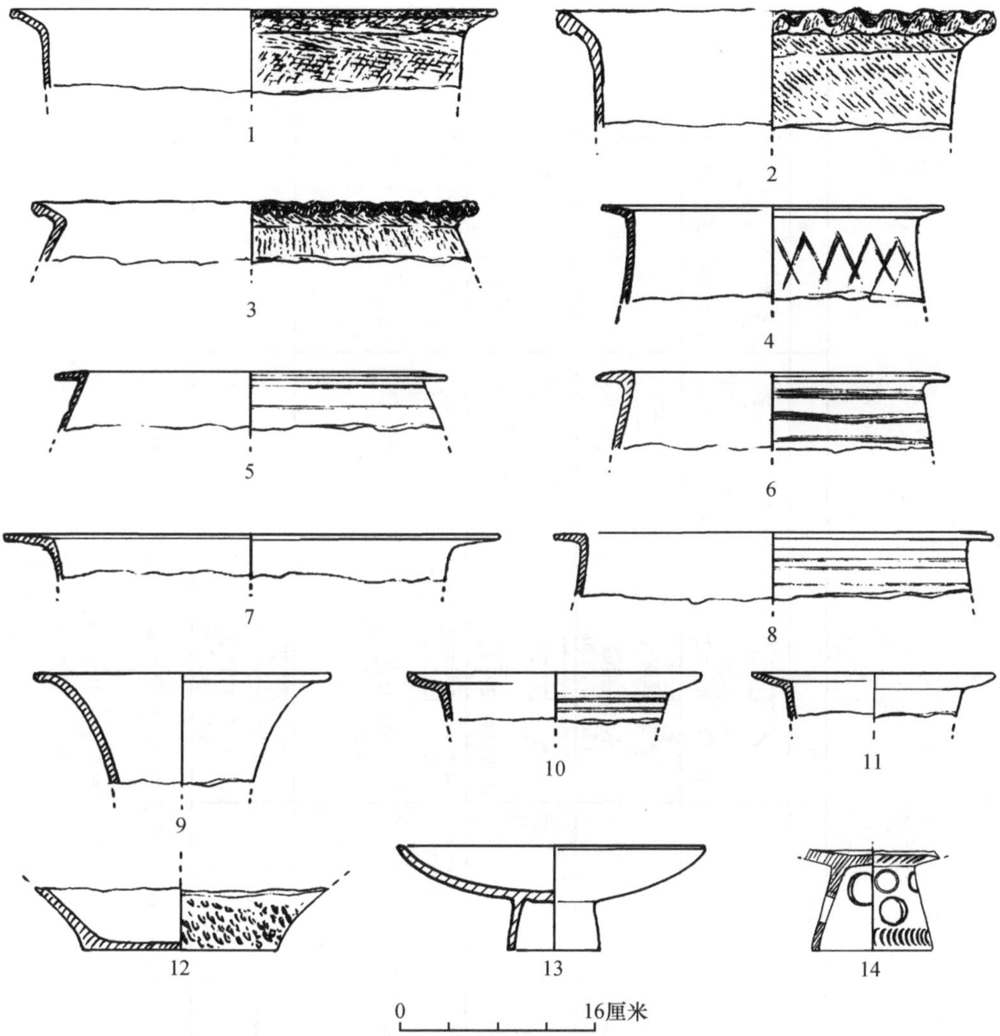

图2.18　1984GZXDbT1（3）层陶片

1. Ⅰ式花边口沿尊［T1（3）：113］　2. 山字形花边口沿尊［T1（3）：230］　3. 花边口沿罐［T1（3）：110］　4、6～8. 宽沿尊［T1（3）：133、T1（3）：221、T1（3）：222、T1（3）：144］　5. 平折沿罐［T1（3）：125］　9. 喇叭口壶［T1（3）：120］　10. 盘口尊［T1（3）：128］　11. CⅠ式宽沿尊［T1（3）：147］　12. 假圈足［T1（3）：154］　13. 圈足盘［T1（3）：54］　14. 镂孔圈足［T1（3）：159］

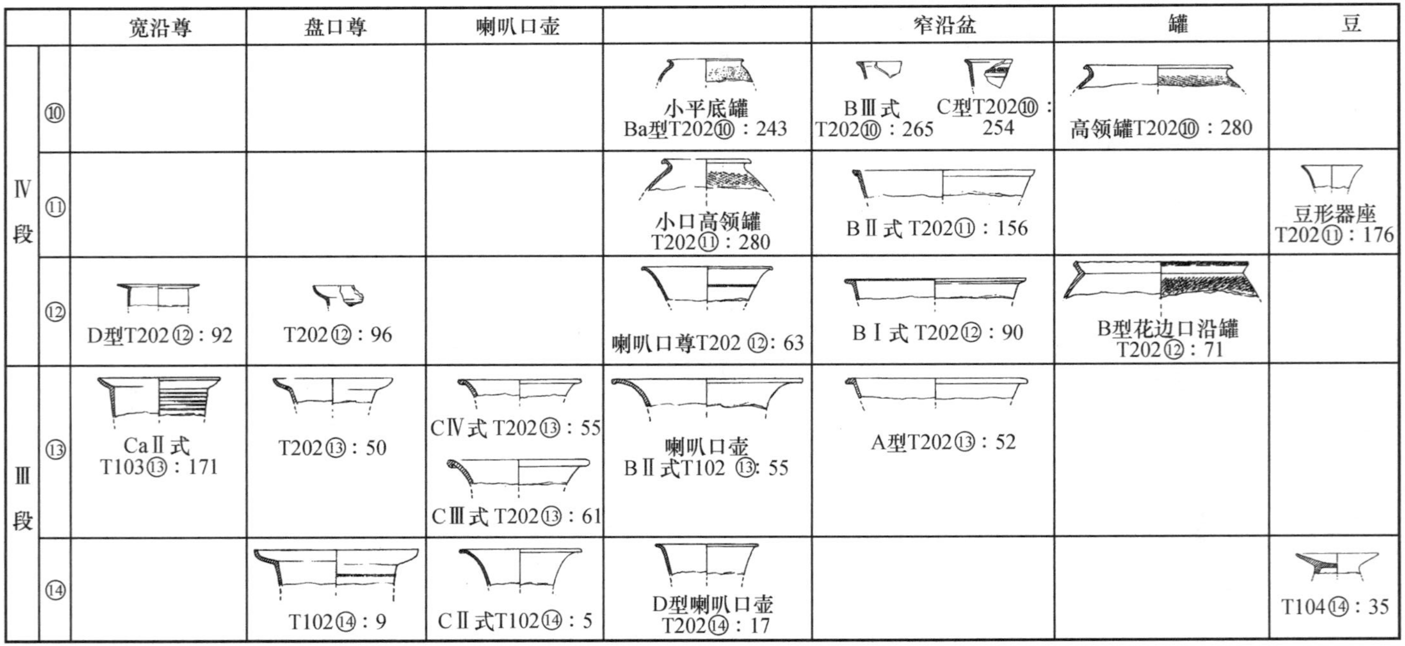

图2.19 1999年月亮湾地点早期地层出土器物型式分析表

根据1986地点区别出来的第Ⅰ段的山字形花边口沿尊、Ⅰ式花边口沿尊、花边口沿罐、CⅠ式宽沿尊、器壁加厚的B型喇叭口壶以及夹砂盘口尊。但1984年西泉坎地点由于地理位置的关系，两边都是河道，并且地层所出的包含物混杂，所出器物可以作为了解器形的参考，但并不适合做分期研究。

那么，以1980GSCcT2（2）层为代表的夹砂盘口罐，如何晚于1980年地点的（5）、（4）层呢？是紧接其后的下一段，还是有着更长的间隔呢？与它共时的其他典型器物是什么样的？要回答这些问题，关键在于找到出有较多夹砂盘口尊的单位。而出土夹砂盘口尊比较多的，是1999年发掘的月亮湾地点，并且普遍出土于⑭和⑬层。

地层之外，1999年月亮湾地点的重要遗迹还有H43和H88。H43开口于1999GSZYT102、1999GSZYT202、1999GSZYT203⑪层下，1999GSZYH88开口于1999GSZYT105⑩层下。

我们以1999GSZYT202为主，结合1999GSZYT102等探方来进行分析（图2.19）。这两个探方包含有较丰富的B、C型喇叭口壶，可进行型式分析。

B型喇叭口壶　喇叭口边缘有一平面，但与此前不同的是，喇叭口边缘略下折，所以当以之前的边缘不下折的为BⅠ式，此为BⅡ式，如1999GSZyT102⑬：55，泥质灰陶。口径28、残高4.4厘米。

C型喇叭口壶　喇叭口边缘即最高点，但与此前不同的是，喇叭口边缘发生明显的变化，可进一步分式。当以之前边缘不折、不勾、不加厚的为CⅠ式。边缘略下折为CⅡ式，如1999GSZyT102⑭：5，泥质黑皮陶。口径18、残高5.2厘米。边缘进一步下勾为CⅢ式，如1999GSZyT202⑬：61，泥质黑灰陶。口径28、残高4.8厘米。边缘下勾处紧贴器壁，形成加厚唇为CⅣ式，如1999GSZyT202⑬：55，泥质灰陶。口径24、残高3.6厘米。

另外还有一种喇叭口，夹砂陶，边缘不外翻，目前还没有足够多的陶片来进一步分式，也不清楚其整体器形，暂定为D型，如1999GSZyT202⑭：17，夹砂褐陶。口径20、残高6厘米。

宽沿尊　一般为泥质陶，之前根据口沿划分的A、B、C三型，都有一共同特征，就是侈口，这里和1984年西泉坝的1984GZXDbT1③都出现了口腹近直或口部略内敛的新器形，将口腹近直的暂定为D型，如T202⑫：92（图2.19），口部略内敛的定为E型，如Db T1③：133、Db T1③：221、Db T1③：144（图2.18-

4、6、8）。

盘口尊　一般为夹砂陶质，大口，口沿下凹如盘，腹壁斜直。器形难以看出变化，器身多有纹饰。在⑭、⑬层出土较多。1999GSZyT102⑭：9，夹砂灰褐陶，内壁黑褐。口径22.5、残高4.8厘米。1999GSZyT202⑬：50，夹砂灰褐陶，内壁呈黑色。口径23.4、残高4.8厘米。1999GSZyT202⑫：96，夹砂红褐陶。残高4厘米（图2.19）。

喇叭口尊　1999GSZyT202⑫：63，夹砂灰陶。口径23、残高5.8厘米。

窄沿盆　一种新出现的器形，泥质仅见于早期阶段，稍晚多为夹砂陶质。口径多在35厘米以上，腹壁斜直。可依口沿部分的变化，分为三型，A型沿面外倾，B型沿面平，C型沿面内倾（图2.19）。

A型　如1999GSZyT202⑬：52，泥质黑灰陶。口径36、残高4厘米。

B型　可以按口沿的变化，分为三式。

Ⅰ式：沿平折，略长，如1999GSZyT202⑫：90，夹细砂黑褐陶。口径35.2、残高3.9厘米。

Ⅱ式：沿退化为唇，变厚、变窄，如1999GSZyT202⑪：156，夹砂红陶。口径36、残高5.2厘米。

Ⅲ式：沿退化为唇并进一步变小，唇下部和器壁贴合在一起，如1999GSZyT202⑩：265，夹砂灰褐陶。残高3.4厘米

C型　沿面内倾，数量少，如1999GSZyT202⑩：254，夹砂褐陶。残高5.6厘米。

花边口沿罐　唇上拍出绳纹花边口，与I段的花边口沿罐有比较大的差异，唇略内勾，故以Ⅰ段领部平直的花边口沿罐为A型，此为B型，如1999GSZyT202⑫：71，夹砂黑褐陶，内壁黑色。口径34、残高6.8厘米（图2.19）。

高领罐　口唇上装饰不见，仍高领，侈口唇外侈，如1999GSZyT202⑩：245，夹砂黑褐陶。口径29.2、残高4.4厘米（图2.19）。

小口高领罐　口唇上装饰不见，高领，唇外侈，口径明显缩小，如1999GSZyT202⑪：280，夹砂红褐陶。口径17.2、残高6厘米（图2.19）。

小平底罐　侈口，矮领，口较小、溜肩，如1999GSZyT202⑩：243，夹细砂黑褐陶。口径14.8、残高4.4厘米（图2.19）。

豆　早期圈足高且粗，如1999GSZyT105⑭：35，夹砂灰褐陶。内壁黑褐，口径16、残高4厘米（图2.19）。

高柄豆形器座　1999GSZyT202⑪：176，泥质灰白陶。盘径12、残高4.4厘米（图2.19）。

从喇叭口壶的变化来看，盘口尊应该是紧接着宽沿尊之后的一段，为第Ⅲ段，典型器物包括喇叭口壶BⅡ式、CⅡ式、CⅢ式、CⅣ式以及新出现的A型窄沿盆，代表单位为1999GSZyT202的⑭、⑬层。

此后，宽沿尊、盘口尊、喇叭口壶都趋于衰落，窄折沿盆、各式罐开始兴盛繁荣，高柄的豆/豆形器座开始出现，应该划分为紧接着盘口尊的第Ⅳ段，代表单位为1999GSZyT202的⑫、⑪层。而位于1999GSZyT202⑪下的H43（图2.20），可以说比较全面的代表了第Ⅳ段的文化面貌。

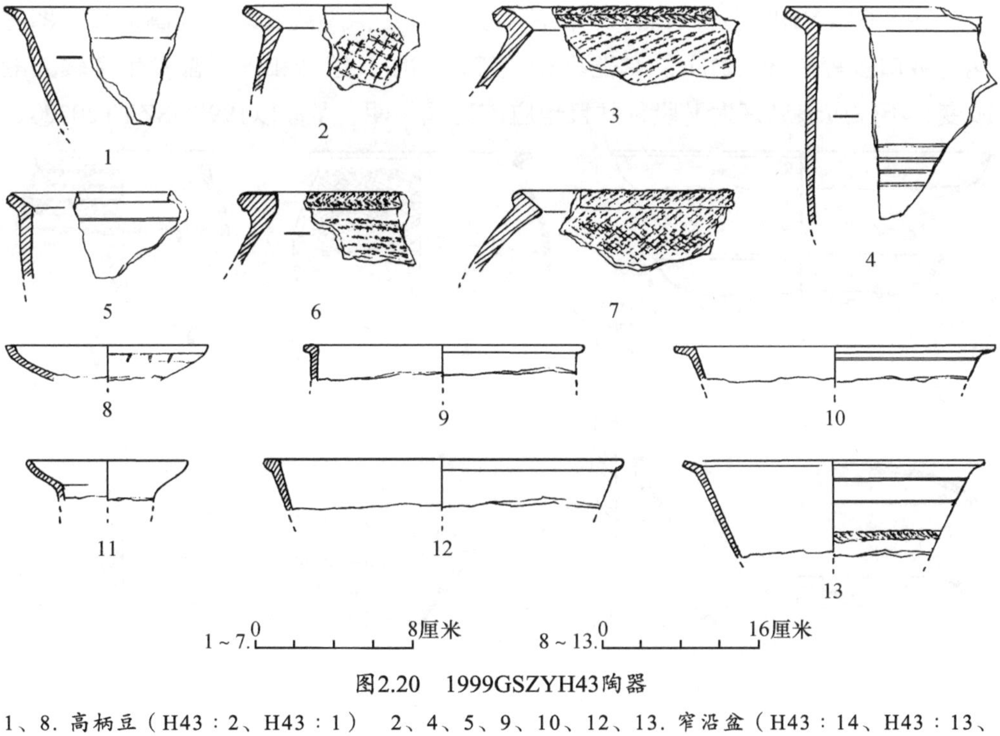

图2.20　1999GSZYH43陶器

1、8. 高柄豆（H43：2、H43：1）　2、4、5、9、10、12、13. 窄沿盆（H43：14、H43：13、H43：20、H43：17、H43：16、H43：11、H43：12）　3、6、7. 花边口沿罐（H43：26、H43：25、H43：27）　11. 盘口尊（H43：24）

2.2.2.10 1999GSZYH43

Ⅳ段的代表年位1999GSZYH43喇叭口壶、宽沿尊基本不见。器物折沿均窄，尊、罐均为窄折沿。罐上大花边口已经不见，多是拍印绳纹形成的花边口或者口部素面无装饰。不仅年代上晚于出宽沿尊、喇叭口壶、盘口尊的Ⅰ～Ⅲ段，文化面貌上也已经出现了大的转变（图2.20）。

同时，1999GSZYT202的⑩层也显示出新的文化因素的萌芽。而开口于1999GSZYT105⑩下（相当于99GSZYT202⑩下）的1999GSZYH88，也更多地展现出与Ⅳ段的不同。

2.2.2.11 1999GSZYH88

1999GSZYH88出有器盖、平圜底豆盘、卷沿深腹罐、螺旋纹高柄豆形器座柄、敛口瓮等（图2.21）。其器类相较于前四段，组合和器形都发生了较大的改变，不仅应该划开为Ⅴ段，并且也应该另成一期。Ⅴ段以1999GSZYT202⑩、

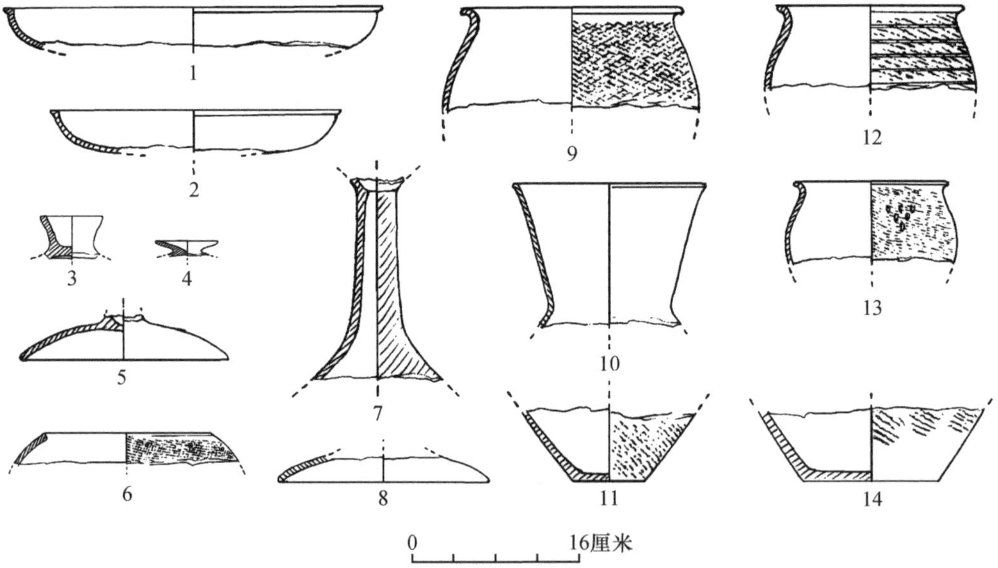

图2.21 1999GSZYH88陶器

1、2、7、8. 豆（H88：21、H88：19、H88：18、H88：22） 3～5. 器盖（H88：12、H88：13、H88：14） 6. 敛口瓮（H88：24） 9、12、13. 卷沿深腹罐（H88：3、H88：2、H88：6） 10. 长颈壶（H88：15） 11、14. 平底（H88：7、H88：17）

1999GSZYH88为代表单位。可以看到，1999GSZYH88的深腹罐由折沿变卷沿，形态与早期小平底罐口沿形态较为接近，似有演变关系，并且从罐的大小来看，一个比较显著的特征是罐的口径减小，器物更加小型化。这说明与器物发生大的改变相伴的很可能是社会结构也发生了调整，构成社会的核心单元或者基础单元有可能变得更小。此期部分器类见于宝墩文化四期，从器类上看与三星堆文化更为接近，是一个介于三星堆第一大期和第二大期之间的过渡期。

第一大期可从1980年Ⅲ区的两段拓展为四段，即以T1415、T1416的⑯层为代表的第Ⅰ段；以T1415、T1416的⑭、⑬层，1980年Ⅲ区（5）、（4）层为代表的第Ⅱ段；以T202的⑭、⑬层，1980GSCcT2（2）层为代表的第Ⅲ段，以及以1999GSZYT202的⑫、⑪层、1999GSZYH43为代表的第Ⅳ段。前三段以尊、壶、豆、罐为代表，可归并为一期。Ⅳ段尊、壶衰落，窄折沿盆、罐兴起，似可单独划为二期。

而以1999GSZYT202⑩层和1999GSZYH88为代表的Ⅴ段，从文化面貌看比1980年Ⅲ区（3）层更早一点。其中圆圈形外撇的捉手与1980GSDaT2（3）层所出相似，直立的捉手与仁胜墓地M10所出器盖1997GSDGM0：9[①]的捉手外形相似。而文化面貌与前四段相比有了较大差别。应该独立为第一大期和第二大期之间的过渡期，承上启下，即第三期。

2.2.3　第二大期的分析

综合了1986年三星堆地点第Ⅲ发掘区和1999年月亮湾地点发掘点，共同构筑起第一大期和过渡期的框架结构后，我们深入到主体的第二大期的分析和期段构建。幸运的是，1986地点的第二大期堆积非常丰富。1986GSⅢT1415⑫层以上遗迹所出陶器与1980GSDaT2（3）、（2）、（1）层文化面貌相近，1986GSⅢT1415⑫～⑧A层出土器物丰富，不需要跨越多个地点来进行。有了丰富的器物标本和坚实的地层关系支撑，我们对标准探方1986GSⅢT1415的分析将按器类进行，以器类的纵向变化为线索，讨论1986年Ⅲ区的分期分段。同时，将1986GSⅢT1415的地层关系与1980年Ⅲ区地层对应，讨论基于1980年Ⅲ区的期段分析是否成立。

---

① 四川省文物考古研究所三星堆工作站：《四川广汉三星堆遗址仁胜村土坑墓》，《考古》2004年第10期，第18、19页。

2.2.3.1 豆类器

首先，我们从三星堆遗址出土很多的一种典型器形——豆的分析开始。三星堆遗址出土了豆盘、豆柄不相通的、用于盛放食物的豆和仅具豆形、豆盘和豆柄有孔相通、不能直接盛放食物的豆形器座。此两类器器柄及以下结构形态相近，在形态的变化中，可见相互影响，最好放在一起分型分式，便统以“豆类器”作为总称。三星堆遗址出土的豆类器虽多，但多不完整，其中以豆柄的量最大。

三星堆的豆类器可分为高柄和矮柄两种。高柄和矮柄的区分很简单，以盘柄连接处的豆柄来看，高柄豆是直直地下去，长数十厘米。矮柄豆豆柄外撇或稍直一段后外撇。

高柄豆与豆形器座在盘柄连接处残破的情况下，只能依据豆柄的形态来判断时，是比较难分辨的。通过我们后文数量较多的高柄豆类器介绍，我们可以归纳出高柄豆与豆形器座的各自一些简要特征如下。

第一，通常但并不总是，豆的豆柄靠近盘的地方有一个穿孔，有时甚至是竖排的两个。

第二，通常但并不总是，有纺锤形鼓突的豆柄是豆形器座。柄中上部如果带凸棱的话，伴随着凸棱，柄总会有相应的鼓突，并且这往往是豆形器座的特征。

高柄豆豆柄十分朴素，而豆形器座有的朴素，有的花哨。例如，一种双层腹的豆形器座，即下层为杯状，上层为盘状。这种豆形器座的柄最为花哨，一般是纺锤形鼓突上饰三道凸棱，凸棱间往往有等距、上下交错分布的镂孔。

1986GSⅢT1415从⑫层开始出高柄豆、高柄豆形器座、矮柄豆，此后数量越来越多，型式也渐趋复杂。三星堆遗址各地点都出土了大量的高柄豆（或豆形器座），可以说是第二大期最具特色的典型器之一，此部分由于器物较多，器形演变也不复杂，豆柄部分高柄豆和豆形器座难以分辨，如果只挑选确定的进行分析，很多制作上与分期相关的信息就会缺失。而侧重器物形态的类型学分析，只能针对其中一小部分具备变化特征的器形或部位。但是大量的或者说数量最多的高柄器柄部，就会被排除在分期之外。所以，本文对1986GSⅢT1415所出的豆类器都进行了分析，包括部分无法判断是高柄豆还是豆形器座传统分型分式中会舍弃的部分。因为量大，且器形不复杂，所以在描述部分仅给出陶质陶色和尺寸。在分析完总体特征后，再对部分形态上有演变的器形或部位进行类型学分析。尺寸中需说明的是，高柄豆类器若非柱状直柄，则取除凸棱装饰外最粗的部分柄径；矮柄豆则取最细的部分柄径。

下面就按从早到晚的层位，对T1415的豆类器相关信息进行排列。

（1）⑫层

高柄豆　T1415⑫：988，泥质黑灰陶。柄径3.4厘米（图2.22-1）。

豆形器座　T1415⑫：991，器盏部分。夹砂灰陶（图2.22-3）。T1415⑫：987，泥质红褐陶。柄径3.2厘米（图2.22-2）。

圈足　T1415⑫：989，柄座连接部位。泥质黑灰陶。柄径3厘米（图2.22-5）。T1415⑫：990，泥质黑灰陶。座径16厘米（图2.22-6）。

矮柄豆　T1415⑫：982，夹砂红褐陶。内曲。最小柄径4.5厘米（图2.22-4）。

（2）⑪层

高柄豆　T1415⑪：956，豆盘部分。夹砂灰褐陶。口径12厘米（图2.23-3）。T1415⑪：289，豆盘部分。泥质黑皮陶。口径17厘米（图2.23-2）。T1415⑪：960，泥质红褐陶。柄径3.4厘米（图2.23-1）。

豆形器座　T1415⑪：966，器盏部分。夹砂红褐陶（图2.23-9）。

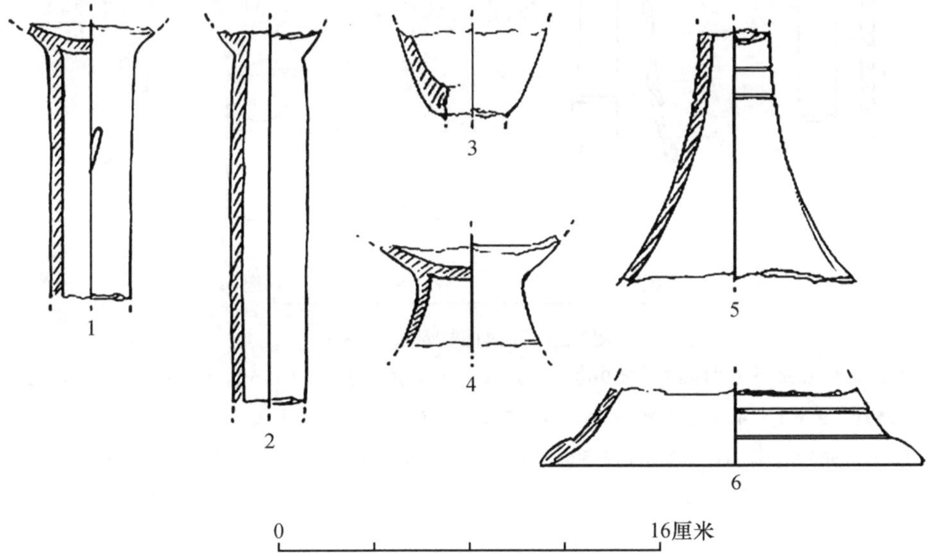

图2.22　T1415⑫层豆类陶器

1. AⅠ式高柄豆（T1415⑫：988）　2、3. 豆形器座（T1415⑫：987、T1415⑫：991）　4. AⅠ式矮柄豆（T1415⑫：982）　5、6. 圈足（T1415⑫：989、T1415⑫：990）

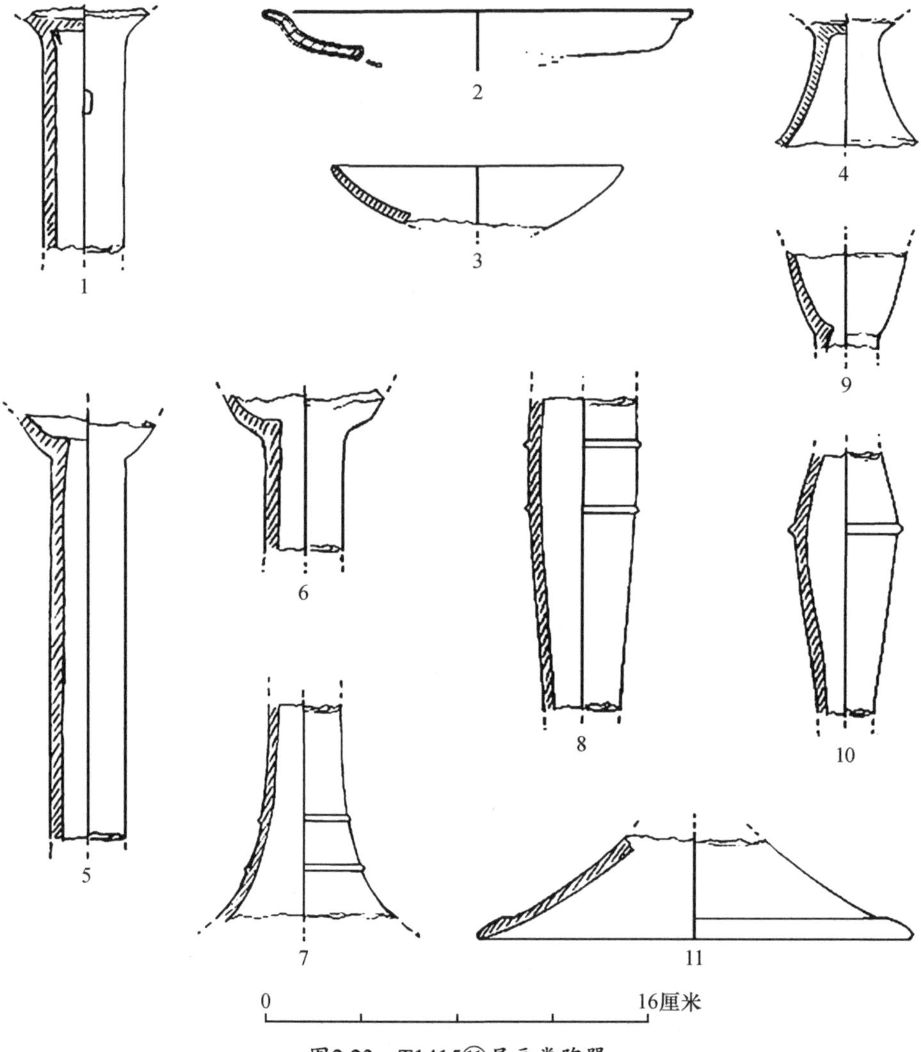

图2.23 T1415⑪层豆类陶器

1. AⅠ式高柄豆豆柄（T1415⑪：960） 2. AⅠ式高柄豆盘（T1415⑪：289） 3. 高柄豆豆盘（T1415⑪：956） 4. AⅠ式矮柄豆（T1415⑪：968） 5、6. AⅠ式豆形器座（T1415⑪：965、T1415⑪：964） 7、11. 圈足（T1415⑪：961、T1415⑪：963） 8. D型豆形器座（T1415⑪：959） 9. 豆形器座豆盏（T1415⑪：966） 10. C型豆形器座（T1415⑪：958）

T1415⑪：965，泥质黑灰陶。柄径3.2厘米（图2.23-5）。T1415⑪：964，泥质红褐陶。柄径3.2厘米（图2.23-6）。T1415⑪：958，泥质红褐陶。口径11、柄径4厘米（图2.23-10）。T1415⑪：959，泥质红褐陶。柄径4.5厘米。推测为豆形器座（图2.23-8）。

圈足　T1415⑪：961，柄座连接部分。泥质黑灰陶。柄径3.1厘米（图2.23-7）。T1415⑪：963，泥质灰陶。叠唇。座径18厘米（图2.23-11）。

矮柄豆　T1415⑪：968，泥质黑灰陶。柄径2.7厘米（图2.23-4）。

（3）⑨层

高柄豆　T1415⑨：896，豆盘部分。泥质灰陶。口径16厘米（图2.24-3）。T1415⑨：894，豆盏部分。泥质灰陶（图2.24-5）。T1415⑨：898，灰褐陶，盘夹砂柄泥质。柄径3.6厘米（图2.24-12）。T1415⑨：900，夹砂红褐陶。柄略外弧。最大柄径3.4厘米（图2.24-9）。T1415⑨：445，夹砂灰陶。柄径7厘米（图2.24-1）。T1415⑨：236，泥质黑灰陶。柄径3.2厘米（图2.24-7）。T1415⑨：901，泥质灰褐陶。柄径3.2厘米（图2.24-4）。

豆形器座　T1415⑨：912，夹砂黑褐陶。竖排双孔。柄径5.1厘米（图2.24-15）。T1415⑨：248，器盏部分。夹砂黑褐陶。口径13.1厘米（图2.24-10）。T1415⑨：602，器盏部分。夹砂灰褐陶。双层腹（图2.24-20）。T1415⑨：895，器盏部分。泥质黑灰陶。口径16厘米（图2.24-17）。T1415⑨：426，夹砂灰陶。柄近直，下收。最大柄径3.6厘米（图2.24-14）。T1415⑨：913，泥质黑灰陶。柄径5.1厘米（图2.24-18）。T1415⑨：904，泥质黑灰陶。柄部有纺锤状鼓起，鼓起部分饰三道凸棱，凸棱间有穿孔。最大柄径3.4厘米（图2.24-21）。T1415⑨：911，泥质红褐陶。柄外弧。最大柄径3.1厘米（图2.24-6）。T1415⑨：910，泥质红褐陶。柄部有纺锤状鼓起，鼓起部分饰三道弦纹。最大柄径4.4厘米（图2.24-22）。T1415⑨：902，泥质灰陶。柄部有纺锤状鼓起，鼓起部分饰一道凸棱，凸棱上有1穿孔。最大柄径3.5厘米（图2.24-2）。T1415⑨：603，泥质灰陶。柄部有纺锤状鼓起，鼓起部分饰三道凸棱，凸棱上有1穿孔。最大柄径4.8厘米（图2.24-16）。

圈足　T1415⑨：252，夹砂灰褐陶。柄径2.7，座径15.9厘米（图2.24-30）。T1415⑨：906，泥质黑灰陶。座径18厘米（图2.24-19）。T1415⑨：428，泥质黑灰陶。座径15.2厘米（图2.24-11）。T1415⑨：905，泥质

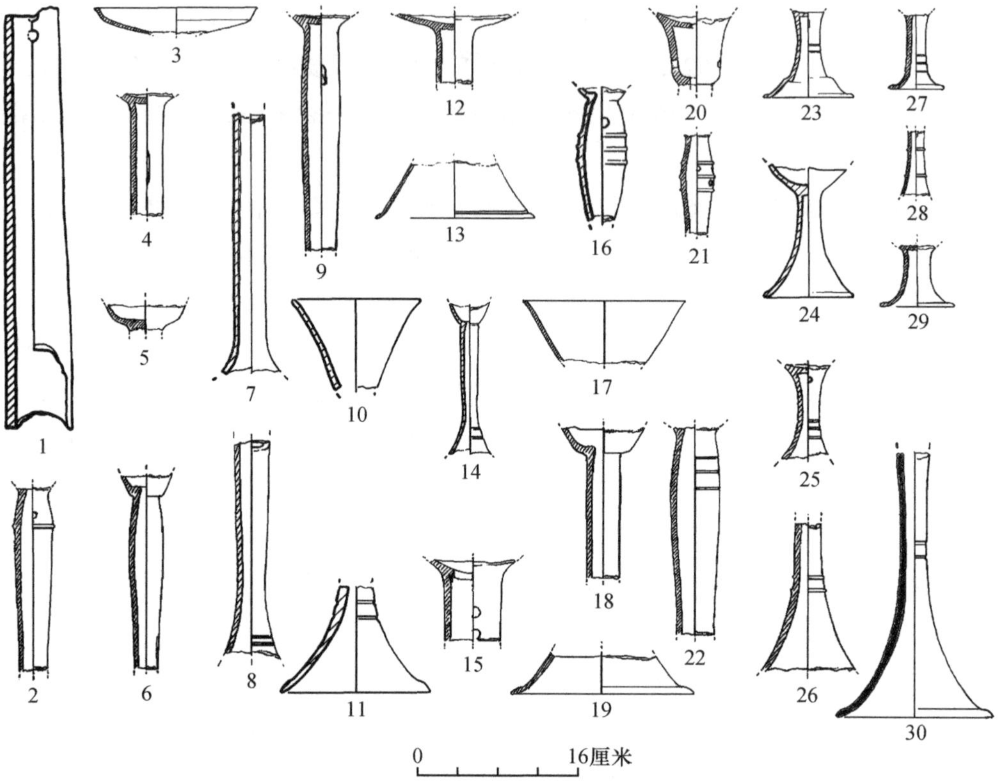

图2.24 T1415⑨层豆类器

1、4、7. AⅠ式高柄豆豆柄（T1415⑨：445、T1415⑨：901、T1415⑨：236） 2. Ba型豆形器座（T1415⑨：902） 3. Ⅱ式高柄豆豆盘（T1415⑨：896） 5、12. 高柄豆豆盘（T1415⑨：894、T1415⑨：898） 6. Bb型豆形器座（T1415⑨：911） 8、26. 器形不明（T1415⑨：427、T1415⑨：903） 9. 高柄豆（T1415⑨：900） 10、17、20. 豆形器座豆盏（T1415⑨：248、T1415⑨：895、T1415⑨：602） 11、13、19、30. 圈足（T1415⑨：428、T1415⑨：905、T1415⑨：906、T1415⑨：252） 14. AⅡ式豆形器座（T1415⑨：426） 15、18. 豆形器座（T1415⑨：912、T1415⑨：913） 16、22. DⅠ式豆形器座（T1415⑨：603、T1415⑨：910） 21. DⅡ式豆形器座（T1415⑨：904） 23. C型矮柄豆（T1415⑨：429） 24. AⅡ式矮柄豆（T1415⑨：153） 25. BbⅡ式矮柄豆（T1415⑨：237） 27. BbⅠ式矮柄豆（T1415⑨：918） 28. 矮柄豆（T1415⑨：917） 29. Ba型矮柄豆（T1415⑨：868）

灰陶。座径16厘米（图2.24-13）。

矮柄豆　T1415⑨：153，夹砂灰陶。柄径2.4、座径9.4厘米（图2.24-24）。T1415⑨：868，泥质黑灰陶。柄径2.7、座径7.4厘米（图2.24-29）。T1415⑨：237，泥质黑灰陶。柄径2.1厘米（图2.24-25）。T1415⑨：429，泥质黑灰陶。覆盘状圈足。柄径2.3、座径9厘米（图2.24-23）。T1415⑨：917，泥质红褐陶。柄径1.7厘米（图2.24-28）。T1415⑨：918，泥质灰陶。柄径2厘米（图2.24-27）。

器形不明　T1415⑨：427，泥质灰陶。近直下收。最大柄径3.5厘米。推测为高柄豆（图2.24-8）。T1415⑨：903，泥质灰陶。柄座。柄径2.1厘米。推测为陶小豆（图2.24-26）。

（4）⑧C层

高柄豆　T1415⑧C：833，豆盘部分。夹砂灰褐陶（图2.25-6）。T1415⑧C：836，夹砂灰褐陶。柄近直。柄径3.4厘米（图2.25-3）。T1415⑧C：605，泥质红褐陶。柄近直。柄径3.4厘米（图2.25-1）。T1415⑧C：838，泥质红褐陶。柄近直。柄径3.4厘米（图2.25-4）。

豆形器座　T1415⑧C：852，器盏部分。夹砂灰褐陶。口径14.2厘米（图2.25-9）。T1415⑧C：845，灰褐陶，豆盘夹砂。柄泥质，柄外弧。最大柄径3.1厘米（图2.25-5）。T1415⑧C：848，夹砂红褐陶。柄径3厘米（图2.25-12）。T1415⑧C：849，盏柄连接部分。夹砂红褐陶。柄径2.7厘米（图2.25-13）。T1415⑧C：850，盏柄连接部分。夹砂灰褐陶。柄径3厘米（图2.25-17）。T1415⑧C：846，泥质黑灰陶。柄外弧。最大柄径3.5厘米（图2.25-10）。T1415⑧C：851，泥质黑灰陶。柄部有纺锤状鼓起，鼓起部分饰一道凸棱。最大柄径3.9厘米（图2.25-14）。T1415⑧C：234，泥质灰褐陶。柄外弧，下收。柄径3.2厘米（图2.25-2）。T1415⑧C：837，泥质灰褐陶。柄部有纺锤状鼓起，鼓起部分饰三道凸棱。最大柄径3.6厘米（图2.25-18）。T1415⑧C：843，泥质黑灰陶。座径8.6厘米（图2.25-11）。

圈足　T1415⑧C：842，泥质灰褐陶。座径14厘米（图2.25-7）。T1415⑧C：840，泥质灰陶。座径16厘米（图2.25-8）。

矮柄豆　T1415⑧C：844，泥质黑灰陶。柄径2.3厘米（图2.25-15）。

器形不明　T1415⑧C：835，泥质红褐陶。柄座。柄径2.7厘米（图2.25-16）。

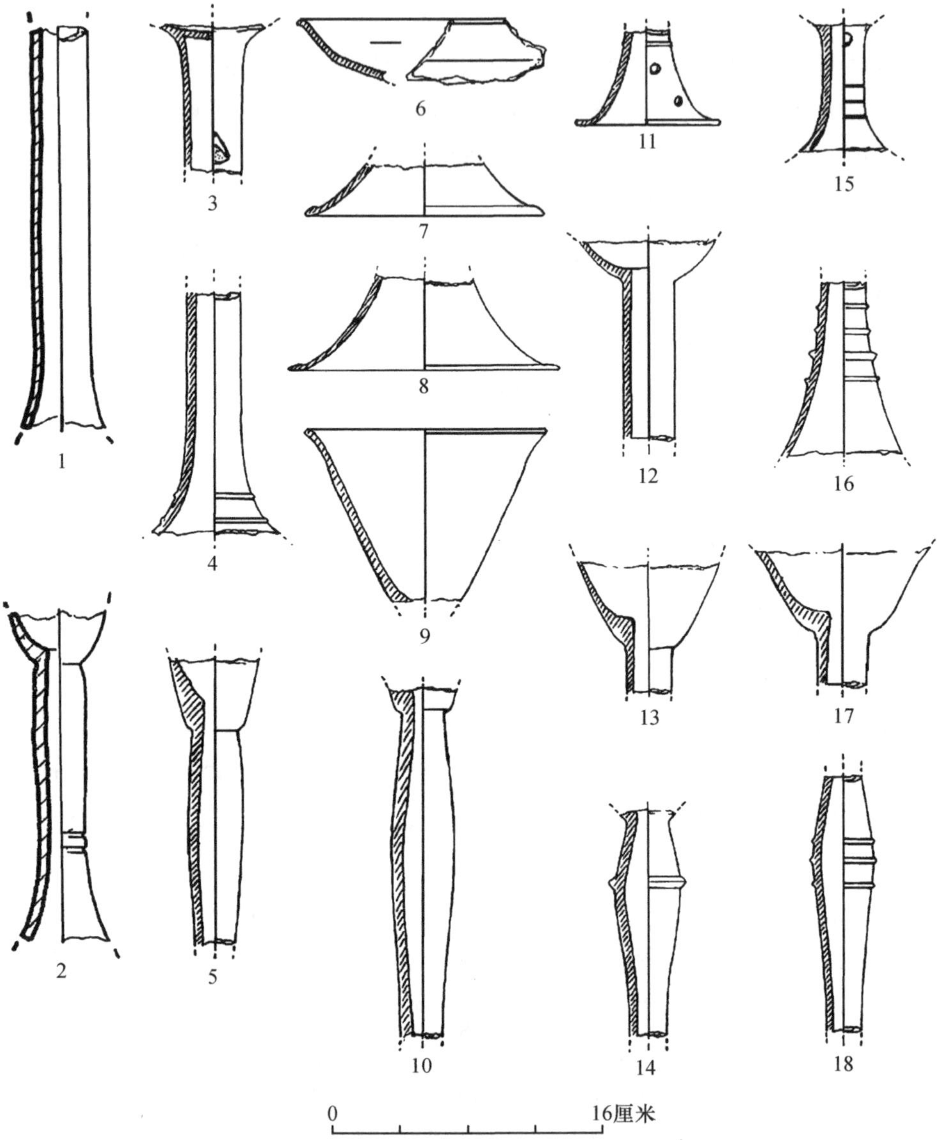

图2.25　T1415⑧C层豆类陶器

1、3、4. AⅠ式高柄豆（T1415⑧C：605、T1415⑧C：836、T1415⑧C：838）　2. AⅡ式豆形器座（T1415⑧C：234）　5、10. Bb型豆形器座（T1415⑧C：845、T1415⑧C：846）　6. 高柄豆盘（T1415⑧C：833）　7、8. 圈足（T1415⑧C：842、T1415⑧C：840）　9. 豆形器座豆盏（T1415⑧C：852）　11、15. 未定型矮柄豆（T1415⑧C：843、T1415⑧C：835）　12、13、17. AⅠ式豆形器（T1415⑧C：848、T1415⑧C：856、T1415⑧C：849）　14. C型豆形器座（T1415⑧C：851）　16. 器形不明（T1415⑧C：835）　18. DⅠ式豆形器（T1415⑧C：837）

（5）⑧B层

高柄豆　T1415⑧B：483，豆盘部分。夹砂褐陶。口径15.8厘米（图2.26-11）。T1415⑧B：649，豆盘部分。夹砂黑褐陶。口径16厘米（图2.26-3）。T1415⑧B：745，豆盘部分。夹砂黑褐陶（图2.26-10）。T1415⑧B：744，豆盘部分。夹砂灰褐陶。口径18厘米（图2.26-5）。T1415⑧B：650，豆盘部分。夹砂灰陶。口径15.2厘米（图2.26-2）。T1415⑧B：242，豆盘部分。泥质红褐，内灰。口径18厘米（图2.26-1）。T1415⑧B：749，豆盘部分。泥质灰陶。口径14.2厘米（图2.26-4）。T1415⑧B：751，夹砂褐陶。柄径3.6厘米（图2.26-7）。T1415⑧B：476，夹砂红褐陶。柄径3.3厘米（图2.26-9）。T1415⑧B：480，夹砂灰陶。上红褐。柄近直，下收。最大柄径4.1厘米（图2.26-6）。T1415⑧B：757，泥质黑灰陶。柄径4厘米（图2.26-12）。

豆形器座　T1415⑧B：754，豆盘夹砂。柄泥质，红褐陶。柄部有纺锤状鼓起，鼓起部分饰一道凸棱，凸棱上有穿孔（图2.26-17）。T1415⑧B：409，豆盘部分。夹砂黑褐陶。口径18.3、柄径6.6厘米（图2.26-28）。T1415⑧B：731，器盏部分。夹砂灰陶（图2.26-36）。T1415⑧B：233，豆盘盘底部分。泥质灰陶。双层腹（图2.26-16）。T1415⑧B：747，器盏部分。泥质灰陶。口径14厘米（图2.26-26）。T1415⑧B：748，器盏部分。泥质灰陶。口径14厘米（图2.26-27）。T1415⑧B：732，豆盘夹砂。柄泥质。柄径2.8厘米（图2.26-35）。T1415⑧B：734，夹砂灰褐陶。柄外弧。最大柄径3.2厘米（图2.26-33）。T1415⑧B：188，夹砂灰陶。柄部有纺锤状鼓起，鼓起部分饰三道凸棱，凸棱间有穿孔。最大柄径5.5厘米（图2.26-15）。T1415⑧B：475，泥质黑灰陶。柄近直。最大柄径3.2厘米（图2.26-31）。T1415⑧B：758，泥质黑灰陶。柄部有纺锤状鼓起，鼓起部分饰一道凸棱。最大柄径4.3厘米（图2.26-37）。T1415⑧B：736，泥质黑灰陶。柄部有纺锤状鼓起，鼓起部分饰三道凸棱，凸棱间有穿孔。最大柄径3.8厘米（图2.26-14）。T1415⑧B：232，泥质灰褐陶。柄近直。最大柄径3.6厘米（图2.26-34）。T1415⑧B：477，盘夹砂灰褐陶，柄泥质灰陶。柄近直。最大柄径3.6厘米（图2.26-32）。T1415⑧B：495，泥质红褐陶。柄外弧饰一道凸棱，最大柄径3.6厘米（图2.26-30）。

圈足　T1415⑧B：765，夹砂黑褐陶。座径18厘米（图2.26-22）。T1415⑧B：255，夹砂红褐陶。座径13.8厘米（图2.26-19）。T1415⑧B：759，

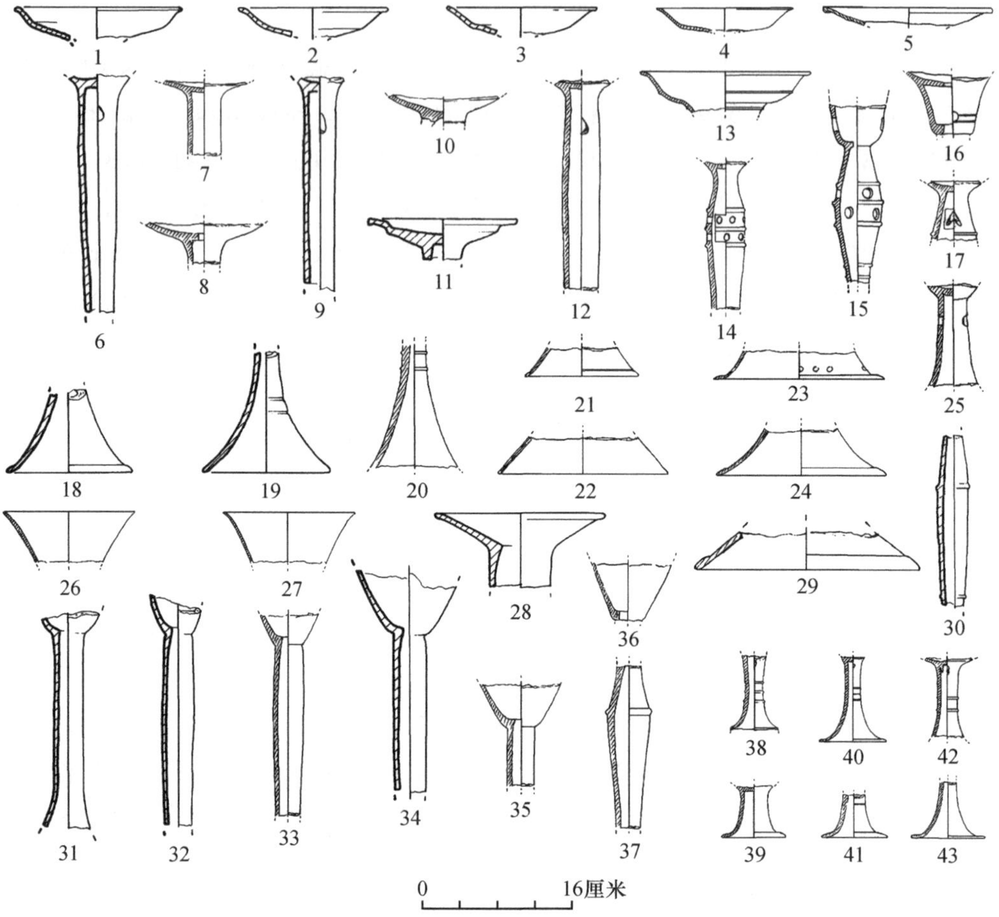

图2.26 T1415⑧B层豆类器

1. Ⅱ式高柄豆盘（T1415⑧B：242） 2～4. Ⅲ式高柄豆盘（T1415⑧B：650、T1415⑧B：649、T1415⑧B：749） 5、8、10、11、13. 高柄豆（T1415⑧B：744、T1415⑧B：733、T1415⑧B：745、T1415⑧B：483、T1415⑧B :742） 6. AⅡ式高柄豆（T1415⑧B：480） 7、9、12. A型高柄豆柄（T1415⑧B：751、T1415⑧B：476、T1415⑧B：757） 14、15. DⅡ式高柄豆（T1415⑧B：736、T1415⑧B：188） 16、17、26、27、30、36. 豆形器座（T1415⑧B：233、T1415⑧B：754、T1415⑧B：747、T1415⑧B：748、T1415⑧B：495、T1415⑧B：731） 18～24、29. 圈足（T1415⑧B：471、T1415⑧B：255、T1415⑧B：756、T1415⑧B：764、T1415⑧B：765、T1415⑧B：759、T1415⑧B：763、T1415⑧B：761） 25. AⅢ式矮柄豆（T1415⑧B：755） 28. E型豆形器座（T1415⑧B：409） 31、32、34. A型豆形器座（T1415⑧B：475、T1415⑧B：477、T1415⑧B：232） 33. Bb型豆形器座（T1415⑧B：734） 35. AⅠ式豆形器座（T1415⑧B：732） 37. C型豆形器座（T1415⑧B：758） 38、40、42. BbⅡ式矮柄豆（T1415⑧B：260、T1415⑧B：259、T1415⑧B：738） 39. Ba型矮柄豆（T1415⑧B：737） 41. Bb型矮柄豆（T1415⑧B：739） 43. B型矮柄豆（T1415⑧B：735）

泥质黑灰陶。座径18厘米（图2.26-23）。T1415⑧B：761，泥质黑灰陶。座径24厘米（图2.26-29）。T1415⑧B：756，泥质黑灰陶（图2.26-20）。T1415⑧B：471，泥质黑灰陶。座径13.8厘米（图2.26-18）。T1415⑧B：764，泥质灰陶。座径12厘米（图2.26-21）。T1415⑧B：763，泥质灰陶。座径18厘米（图2.26-24）。

矮柄豆　T1415⑧B：737，泥质黑灰陶。柄径2.8、座径6.6厘米（图2.26-39）。T1415⑧B：739，泥质黑灰陶。座径7厘米（图2.26-41）。T1415⑧B：259，泥质黑灰陶。柄径1.6、座径7.4厘米（图2.26-40）。T1415⑧B：735，泥质灰褐陶。柄径1.8、座径8厘米（图2.26-43）。T1415⑧B：755，泥质灰陶。内曲。柄径3厘米（图2.26-25）。T1415⑧B：738，泥质灰陶。柄径2.1厘米（图2.26-42）。T1415⑧B：260，泥质灰陶。内曲。柄径1.9、座径5.2厘米（图2.26-38）。

高柄豆　T1415⑧B：742，豆盘部分。泥质黑灰陶。双腹。口径18厘米（图2.26-13）。T1415⑧B：733，盘柄连接部分。夹砂黑褐陶。盘底镂空。柄径3.5厘米（图2.26-8）。

（6）⑧A层

高柄豆　T1415⑧A：593，豆盘部分。夹砂黑褐陶。口径17厘米（图2.27-10）。T1415⑧A：393，豆盘部分。泥质黑灰陶。口径12厘米（图2.27-31）。T1415⑧A：229，夹砂灰陶。柄径5.8厘米（图2.27-15）。T1415⑧A：394，夹砂灰陶。柄径5.6厘米（图2.27-16）。T1415⑧A：27，夹砂灰陶。近直，下收。柄径3.2厘米（图2.27-1）。T1415⑧A：400，泥质黑灰陶。柄径3厘米（图2.27-13）。T1415⑧A：221，泥质黑灰陶。柄外弧。柄径3.9厘米（图2.27-8）。T1415⑧A：214，泥质黑灰陶。柄近直。柄径3.8厘米（图2.27-2）。T1415⑧A：218，泥质灰褐陶。柄近直，下收。柄径3.5厘米（图2.27-6）。T1415⑧A：217，泥质灰褐陶。柄外弧。柄径3.9厘米（图2.27-12）。T1415⑧A：215，泥质灰褐陶。柄外弧。柄径3.6厘米（图2.27-4）。T1415⑧A：395，泥质灰陶。柄外弧。柄径3厘米（图2.27-14）。T1415⑧A：213，泥质灰陶。柄近直。柄径3.4厘米（图2.27-11）。

豆形器座　T1415⑧A：230，豆盘部分。夹砂黑褐陶（图2.27-17）。T1415⑧A：231，豆盘部分。夹砂灰褐陶（图2.27-18）。T1415⑧A：526，

盏柄连接处。夹砂褐陶。器盏部分杯形。柄径2.3厘米（图2.27-25）。T1415⑧A：398，夹砂黑褐陶。柄中部凸起，凸起部分饰一道凸棱。柄径2.8厘米（图2.27-30）。T1415⑧A：519，夹砂红褐陶。柄外弧。柄径3.3厘米（图2.27-24）。T1415⑧A：212，泥质黑灰陶。柄径3.4厘米（图2.27-22）。T1415⑧A：399，泥质黑灰陶。外弧。柄径3.6厘米（图2.27-29）。T1415⑧A：397，泥质黑灰陶。柄部有纺锤状鼓起，鼓起部分饰一道凸棱。柄径4厘米（图2.27-26）。T1415⑧A：219，泥质黑灰陶。柄部有纺锤状鼓起，鼓起部分饰三道凸棱，凸棱间有穿孔。柄径5厘米（图2.27-19）。T1415⑧A：216，泥质灰褐陶。柄近直，下收。柄径3.7厘米（图2.27-21）。T1415⑧A：220，泥质灰褐陶。柄外弧，饰一道凸棱，棱上有穿孔。柄径4.2厘米（图2.27-28）。T1415⑧A：520，泥质灰陶。柄径2.4厘米（图2.27-23）。T1415⑧A：524，泥质灰陶。柄部有纺锤状鼓起，鼓起部分饰一道凸棱。柄径4.2厘米（图2.27-27）。T1415⑧A：396，泥质灰陶。柄部有纺锤状鼓起，鼓起部分饰三道凸棱，凸棱间有穿孔。柄径4.9厘米（图2.27-20）。

圈足　T1415⑧A：256，夹砂红褐陶。座径15厘米（图2.27-5）。T1415⑧A：25，夹砂灰陶。座径14.5厘米（图2.27-9）。T1415⑧A：253，泥质黑灰陶。座径15.5厘米（图2.27-7）。T1415⑧A：486，柄座连接部分。泥质灰褐陶（图2.27-3）。

矮柄豆　T1415⑧A：227，泥质黑灰陶。柄径2厘米（图2.27-39）。T1415⑧A：105，泥质灰褐陶。口径11.4、柄径2.4、座径5.7厘米（图2.27-40）。T1415⑧A：222，泥质灰褐陶。柄径1.9厘米（图2.27-36）。T1415⑧A：528，泥质灰陶。柄径2.1、座径7.6厘米（图2.27-38）。T1415⑧A：224，泥质灰陶。柄径2.2厘米（图2.27-37）。T1415⑧A：484，泥质黑灰陶。柄近直。柄径2.3厘米（图2.27-33）。T1415⑧A：481，泥质黑灰陶。柄径1.8厘米（图2.27-32）。T1415⑧A：479，泥质灰陶。柄近直。柄径2厘米（图2.27-34）。T1415⑧A：607，泥质灰陶。柄径1.9厘米（图2.27-35）。

高柄豆类器是豆盘与豆柄分别成型后再接在一起，从文中的描述可以看出，T1415⑨：898、T1415⑧B：754、T1415⑧B：477、T1415⑧B：732、T1415⑧C：845是盘柄衔接部位，陶质方面均为豆盘夹砂、柄泥质。豆盘的制作往往是用夹砂陶，也有少量用泥质陶；豆柄的制作往往是用泥质陶，但这中间的

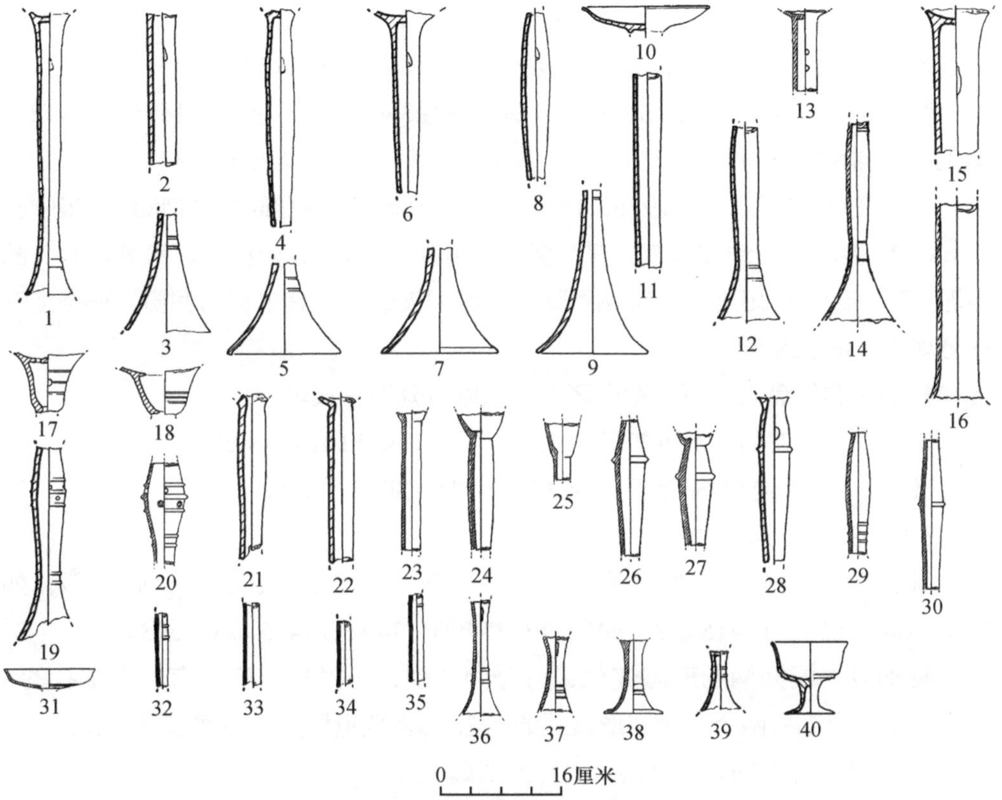

图2.27　T1415⑧A层豆类器

1、4、6. AⅡ式高柄豆（T1415⑧A：27、T1415⑧A：215、T1415⑧A：218）　2、11. 高柄豆（T1415⑧A：214、T1415⑧A：213）　3、5、7、9. 圈足（T1415⑧A：486、T1415⑧A：256、T1415⑧A：253、T1415⑧A：25）　8、12、14. AⅢ式高柄豆（T1415⑧A：221、T1415⑧A：217、T1415⑧A：395）　10. Ⅲ式高柄豆盘（T1415⑧A：593）　13. B型高柄豆（T1415⑧A：400）　15、16. AⅠ式高柄豆（T1415⑧A：229、T1415⑧A：394）　17、18、25、30. 豆形器座（T1415⑧A：230、T1415⑧A：231、T1415⑧A：526、T1415⑧A：398）　19、20. DⅡ式豆形器座（T1415⑧A：219、T1415⑧A：396）　21. AⅡ式豆形器座（T1415⑧A：216）　22、23. AⅠ式豆形器座（T1415⑧A：212、T1415⑧A：520）　24、29. Bb型豆形器座（T1415⑧A：519、T1415⑧A：399）　26、27. C型豆形器座（T1415⑧A：397、T1415⑧A：524）　28. Ba型豆形器座（T1415⑧A：220）　31. 高柄豆盘（T1415⑧A：393）　32～35、39. 矮柄豆（T1415⑧A：481、T1415⑧A：484、T1415⑧A：479、T1415⑧A：607、T1415⑧A：227）　36. BbⅢ式矮柄豆（T1415⑧A：222）　37. BbⅡ式矮柄豆（T1415⑧A：224）　38. BbⅠ式矮柄豆（T1415⑧A：528）　40. Ba型矮柄豆（T1415⑧A：105）

比值由于样本量太少而无法确定。夹砂的豆柄最早在⑨层出现，并且出现的豆柄也很特殊，两个为高柄豆、一个为豆类器座。高柄豆T1415⑨：445，柄径达7厘米；T1415⑨：900，形态上略外弧，最大柄径3.4厘米。豆类器T1415⑨：912，柄上部竖排双孔，柄径达5.1厘米。夹砂高柄豆柄其余均出自⑧C、⑧B、⑧A层，柄径最细3.2厘米，一般在3.4厘米以上。夹砂高柄豆类器座柱状直柄集中出于⑧C层，柄径在2.5~3厘米，其余多出自⑧B、⑧A层，但泥质、夹砂都有。圈足泥质和夹砂看不出规律。矮柄豆除了⑫层为夹砂外，其余均为泥质。形态上的区分如下（图2.28）。

高柄豆的豆盘明显可以看出区别，总体可分为三式。

Ⅰ式：豆盘宽沿，盘壁较低，浅腹，平底，如T1415⑪：289。

Ⅱ式：豆盘边缘缘面平、略宽，盘壁较低，浅腹，底向中心倾斜，如T1415⑨：896、T1415⑧B：242。

Ⅲ式：豆盘边缘形态多样，有唇或无唇，盘壁变高、变斜，底渐平，如T1415⑧B：650、T1415⑧B：649、T1415⑧B：749、T1415⑧A：593。

高柄豆　根据柄的形态变化，可分为二型，一是柄上部只有一个镂孔的A型，一是柄上部有两个竖排圆形镂孔的B型。B型数量极少，不清楚其变化。

A型　根据柄部形态变化，可分为三式。

Ⅰ式：为柱状直柄，如T1415⑫：988、T1415⑪：960、T1415⑨：898、T1415⑨：236、T1415⑨：901、T1415⑧C：605、T1415⑧C：836、T1415⑧C：838、T1415⑧B：476、T1415⑧A：229、T1415⑧A：394、T1415⑧A：400。

Ⅰ式从⑫层沿用到⑧A层，这其中并非毫无变化，形态虽然一直简单近似，但尺寸上有逐渐变小的趋势，最小柄径从⑫、⑪层的3.4厘米，⑨层3.2厘米，⑧A层3厘米。但⑧C、⑧B、⑧A层都出现了异常值，当然，同层位的异常值有可能是同一器物的不同部件分算成了两件。但好在只是大尺寸出现在晚期的地层中，小尺寸并没有出现在早期的地层中。所以逐渐变小的趋势应该是成立的。

Ⅱ式：柱状直柄的下端微收敛再放大成喇叭形圈足，如T1415⑧B：480、T1415⑧A：218、T1415⑧A：27。

Ⅰ、Ⅱ式由于柄上部都是柱状直柄，所以存在部分难以区分，因为Ⅱ式的出

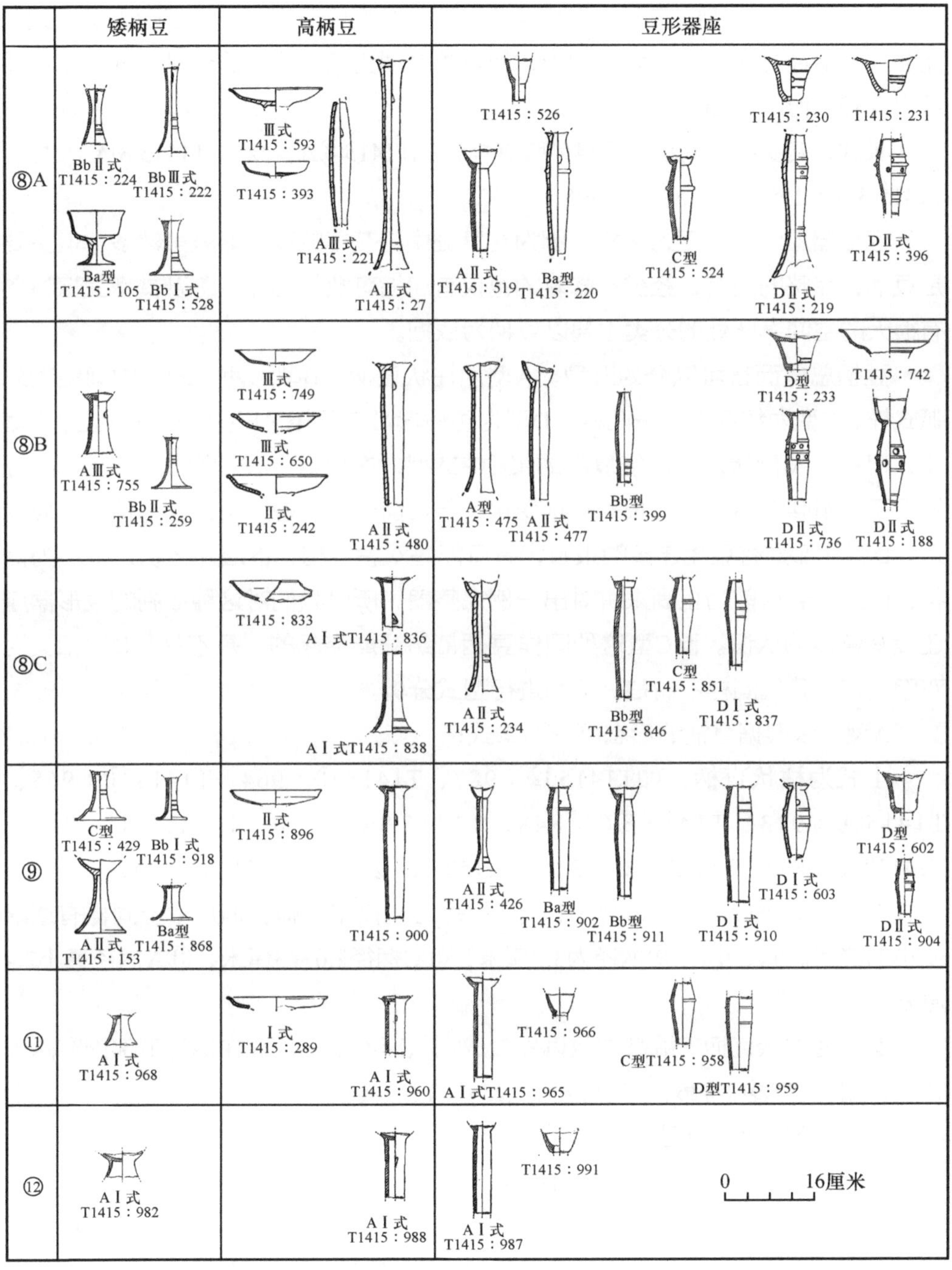

图2.28 1986GSⅢT1415高柄豆型式图

现代表新的形态，所以在无法判断高柄末端是否收束的情况下，都归入了Ⅰ式。而Ⅱ式的柄径并未与Ⅰ式变化同步，而是相对要更粗一些，这也是Ⅰ式数据在⑧层出现异常值的原因之一。

Ⅲ式：两头细中间粗的柄身外弧式样，如T1415⑧A：221、T1415⑧A：217、T1415⑧A：215、T1415⑧A：395。

豆形器座　形态更为多样。因为在发掘中，获得的豆形器座虽然多，但主要是豆柄，完整的没有，经拼对修复的也仅有屈指可数的几件。所以其型式探讨还有很大的空间。此处的分类主要以豆柄为依据。

豆柄总体而言可以分为五型。A型为柱状直柄，B型为两头细、中间粗的外弧式样，C型为纺锤形带一凸棱，D型为纺锤形带三凸棱，E型是一种异型豆形器座，粗柄、浅盘状。目前能复原的集中在A型，在豆盘上，A型的上部承托部分经历了从粗胖的盏状到细长的觚状变化，但目前还不清楚这两种盘与柄的对应关系。D型从部分有豆盘连接的来看，有可能是双腹结构，下层为杯状，上层为盘状，但因为到目前为止尚未拼对出一例完整器，所以我们对这种形制的豆形器座还没有整体的认识。而C型这种同样豆柄带纺锤形突起的，是不是与D型相类为双腹结构，我们同样不清楚。下面进行型式分析。

A型可以根据豆柄的形态可分为二式：

Ⅰ式为柱状直柄，如T1415⑫：987、T1415⑪：964、T1415⑪：965、T1415⑨：913、T1415⑧C：848、T1415⑧C：850、T1415⑧C：849、T1415⑧C：847、T1415⑧B：732、T1415⑧A：212、T1415⑧A：520。

与高柄豆类似，豆形器座AⅠ式虽然形态也简单近似，但尺寸上同样有逐渐变小的趋势。⑫、⑪、⑨柄径为3.2厘米，⑧C柄径2.6～3厘米，⑧A柄径最小2.4厘米。

Ⅱ式为柱状直柄下端微内敛再外放成喇叭形圈足，往往在柄的下部饰有两周弦纹，如T1415⑨：426、T1415⑧C：234、T1415⑧A：216。

B型可分为两个亚型：

Ba为柄身外弧带凸棱，如T1415⑨：902、T1415⑧A：220。

Bb为柄身外弧不带凸棱，如T1415⑨：911、T1415⑧C：846、T1415⑧C：845、T1415⑧B：734、T1415⑧A：399、T1415⑧A：519、T1415⑧A：399。

C型变化简单，柄身有纺锤状突起，通常突起最粗处加饰一圈凸棱纹，如T1415⑪：958、T1415⑧C：851、T1415⑧B：758、T1415⑧A：524、T1415⑧A：397。

D型柄身也有纺锤状突起，但通常在突起上加饰三道凸棱纹。可分为二式：

Ⅰ式凸棱间无镂孔，如T1415⑨：603、T1415⑨：910、T1415⑧C：837。

Ⅱ式凸棱间有等距、上下相错的镂孔，如T1415⑨：904、T1415⑧B：188、T1415⑧B：736、T1415⑧A：219、T1415⑧A：396。

E型也是柱状直柄，但不是A型的简单变异。柄非常粗，承托部分为浅盘状，如T1415⑧B：409。

矮柄豆　也经历了一个发展的过程。可分为三型，A型圈足外撇，B型柄成柱状，末端贴地外撇成喇叭口，C型为覆盘状圈足。

A型　可分为三式。

Ⅰ式：最小径为盘柄交接处，如T1415⑫：982、T1415⑪：968。

Ⅱ式：盘柄交接处以下有一段近直的柄，即柄部开始加长，如T1415⑨：153。

Ⅲ式：柄部饰有镂孔，如T1415⑧B：755。

B型　可以根据圈足装饰，分为二亚型。素面为Ba型，有纹饰的为Bb型。

Ba型　如T1415⑨：868、T1415⑧B：737、T1415⑧A：105。

Bb型　又可分为三式。

Ⅰ式：饰二三圈凸棱纹或凹弦纹，如T1415⑨：918、T1415⑧A：528。

Ⅱ式：在凸棱或凹弦纹之上还有一个镂孔，如T1415⑨：237、T1415⑨：917、T1415⑧C：844、T1415⑧B：738、T1415⑧B：259、T1415⑧A：224。

Ⅲ式：柄身加长，如T1415⑧A：222。

C型　数量极少，如T1415⑨：429（图2.24-23）。

从Bb型Ⅲ式开始，矮柄豆豆柄也逐渐加长、变细，逐渐演变成细柄豆。

通过以上对T1415豆类器的型式分析，我们可以看出，A型高柄豆和A型豆形器座豆柄演变特征相互影响，总体而言，柄身越来越细。结合1980年Ⅲ区的发掘看，似乎存在着3.4、3.2、3甚至2.8厘米这样几个有规律的变化趋势。为了得到可靠的分期，本书是以一个探方为基础，分析中会结合周邻探方的相关典型器，但并未完全依统一后的地层来做数据分析，这种策略的一个直接后果，就是统计数据的量不够，容易造成数据偏差。这也是本文没有再对这批数据做进一步分析的原因。

但除了粗细的差别，豆柄的形态也出现了一定的变化，也就是柱形直柄的末端从直接放开成喇叭口，到先收束再放开成喇叭口。豆形器座最先出现两头细、中间粗的外弧式样，慢慢影响到高柄豆。豆形器座的柄部最富有变化，因为顶端盛放部分残失，少有完整，柄部丰富的式样也许会和顶部的盛放部分有呼应，但很遗憾的是，目前没有十分确定的证据来一一指明这种对应关系。但是D型从已有的材料来看，很大可能是对应双层腹的豆盘。而D型柄上部的纺锤状突起，也有越来越突出的趋势。但是这一点，由于D型柄发现的数量有限，无法进行量化说明。但简言之，就是越到晚期，高柄豆和豆形器座的外形线条更富有变化（表2.7）。

表2.7　T1415豆类器演变表

层位	高柄豆	豆形器座	矮柄豆
⑫	柱状直柄AⅠ。柄径3.4厘米	柱状直柄AⅠ。柄径3.2厘米	圈足外撇，最小径为盘柄交接处AⅠ，柄径4.5厘米
⑪	柱状直柄AⅠ。柄径3.4厘米	柱状直柄AⅠ，柄径3.2厘米，出现外弧带凸棱Ba，最大柄径4.5厘米；纺锤形带一凸棱C，最大柄径4厘米。出现双层盘的豆形器座D	圈足外撇，最小径为盘柄交接处AⅠ，柄径2.7厘米
⑨	柱状直柄AⅠ，最小柄径3.2厘米	柱状直柄AⅠ，柄径3.2厘米，部分的下端会微内收再外放成喇叭形圈足AⅡ，柄径3.6厘米。出现外弧不带凸棱的曲柄Bb，最大柄径3.1厘米。纺锤形带一凸棱的C，最大柄径3.5厘米。纺锤形带三凸棱，但凸棱间无孔的为DⅠ，最大柄径4.4、4.8厘米，凸棱间有孔的为DⅡ，最大径3.4厘米	圈足外撇的，盘柄交接处以下有一段近直的柄，即柄部开始加长AⅡ，柄径2.4厘米。直柄部分逐渐加长，使得圈足末端几乎平贴地面B。部分素面Ba，柄径2.7厘米；部分出现凹弦纹或凸棱纹的装饰BbⅠ，柄径2厘米。出现了盘柄交接处下有一圆形镂孔，柄内曲较细，中下部饰有两三圈凹弦纹或凸棱BbⅡ，柄径1.7、2.1厘米。除喇叭状圈足外，还出现了覆盘状圈足C，柄径2.3厘米

续表

层位	高柄豆	豆形器座	矮柄豆
⑧C	AⅠ柄径3.4厘米；AⅡ柄径3.2厘米	AⅠ柄径2.56～3厘米，AⅡ柄径3.2厘米，Bb柄径3.1、3.5厘米，C柄径3.9厘米，DⅠ柄径3.6厘米	BbⅡ柄径2.3厘米
⑧B	AⅠ柄径3.4厘米，柱状豆柄下端如豆形器座开始微收再外放，AⅡ柄径3.2厘米	AⅠ柄径2.8厘米，Bb柄径3.2厘米，C柄径4.3厘米，DⅡ柄径3.8、5.5厘米。新出现浅盘状粗柄豆形器座E，柄径6.6厘米	
⑧A	AⅠ最细3厘米。AⅡ最细3.2厘米。豆柄出现两头细、中间粗的外弧式样AⅢ。出现盘柄交接处饰有竖排两镂孔的豆柄B	DⅡ最大柄径5厘米	B型矮柄豆出现豆柄再加长，形成细长柄的BbⅢ

从制作来看，⑫～⑨层高柄柄部除了很粗的偏出正常值的特殊器形，基本为泥质，少有夹砂。豆盘有泥质也有夹砂，但以夹砂为主。矮柄豆（细柄豆）基本为泥质陶。

2.2.3.2　长颈圆肩壶

长颈圆肩壶一般有圈足，子母口下有系，多为双系，也有少量四系。在图上未表现系的有两种情况，一种是真没有，一种是残存部分没有。但仔细看⑪层最早出现的两个长颈子母口颈部，应该说器形上还是有所区别——无系的口下凸棱更凸出。以此壶的大小，如果真要用绳子来提壶的话，仅仅拴两只陶质小耳恐怕是无法承受壶盛满水的重量的。应该是在凸棱下缠绕绳子，这样均衡分摊重量后，提壶才会更稳当。所以，系不承重，只是在绕绳子时提供一些便利。

因此，可能不是十分准确，我们把长颈圆肩壶的口颈部分为两型，A型有系，B型无系。从图中也可以看出，腹部和圈足部分应该也有演化，但遗憾的是，由于能确认为长颈圆肩壶的腹部、圈足部分太少，目前我们还不清楚其演化的过程。

A型　变化趋势十分明显，即口部逐渐变大。这在所有变化中，几乎是没有逆转的趋势。长颈圆肩壶当是在⑪层开始出现，一直沿用到⑤层。从统计来看，早期的长颈圆肩壶口径在10厘米左右，最小的口径只有8.5厘米。然后慢慢变大，到⑤层的时候，口径大到16厘米，几乎是最小口径的两倍。以口径大小为根据，结合其他特征，目前可以将A型长颈圆肩壶分为三式（图2.29）。

Ⅰ式：口径小于或等于10厘米，口微敛或近直。颈部近直，系较大，孔径亦较大，如T1415⑪：98、H36③：4、T1415⑨：108、T1415⑨：644、T1416⑨：791、T1415⑧B：18。

Ⅱ式：口径大于或等于11厘米，通常为12厘米。口近直，曲颈，如T1415⑧C：20、T1415⑧A：101、T1415⑧A：380、T1415⑧A：104。

Ⅲ式：口径大于或等于11厘米，子母口上沿内折。圆肩，肩腹交接处饰规整附加堆纹，高圈足，如86GSⅢT1⑧A：17。

B型　变化趋势基本与A型一致。

Ⅰ式：口径小于或等于10厘米，口近直。子母口的凸棱高出器表，如1986GSⅢT1416⑪：717、T1415⑧C：99、T1415⑧C：810。

Ⅱ式：口径大于或等于11厘米，子母口凸棱退化，仅略凸出器表，如T1415⑧A：100、T1415⑧A：374。

Ⅲ式：口径约16厘米，子母口凸棱不见，仅从唇上翻折泥条下来，略有子母口之意，如T1415⑤：85。

从这种变化趋势来看，长颈圆肩壶应该最初是可用于提水或便于携带的器皿，随着器形加大，自身重量和盛水容积增加，而子母口及系并没有相应的变得更发达，反而呈现出退化的态势，并且AⅢ式下的圈足极可能是几何形镂孔的高圈足。说明晚期此器物的功能有所变化，从早期可移动性较大的便携式器物到晚期可能主要以摆放为主。

2.2.3.3　小平底钵

我们前文对1980年三星堆Ⅲ区出土的小平底罐的型式进行了探讨，现在我们来探讨另一类与之相类又相别的器形——小平底钵。小平底钵和小平底罐在形态上非常近似，只是我们定义的小平底钵，一定是斜直领，不翻不卷。区别于深腹的小平底罐，小平底钵的主要用途推测当是饮食器。高：口径的比值据不完全统

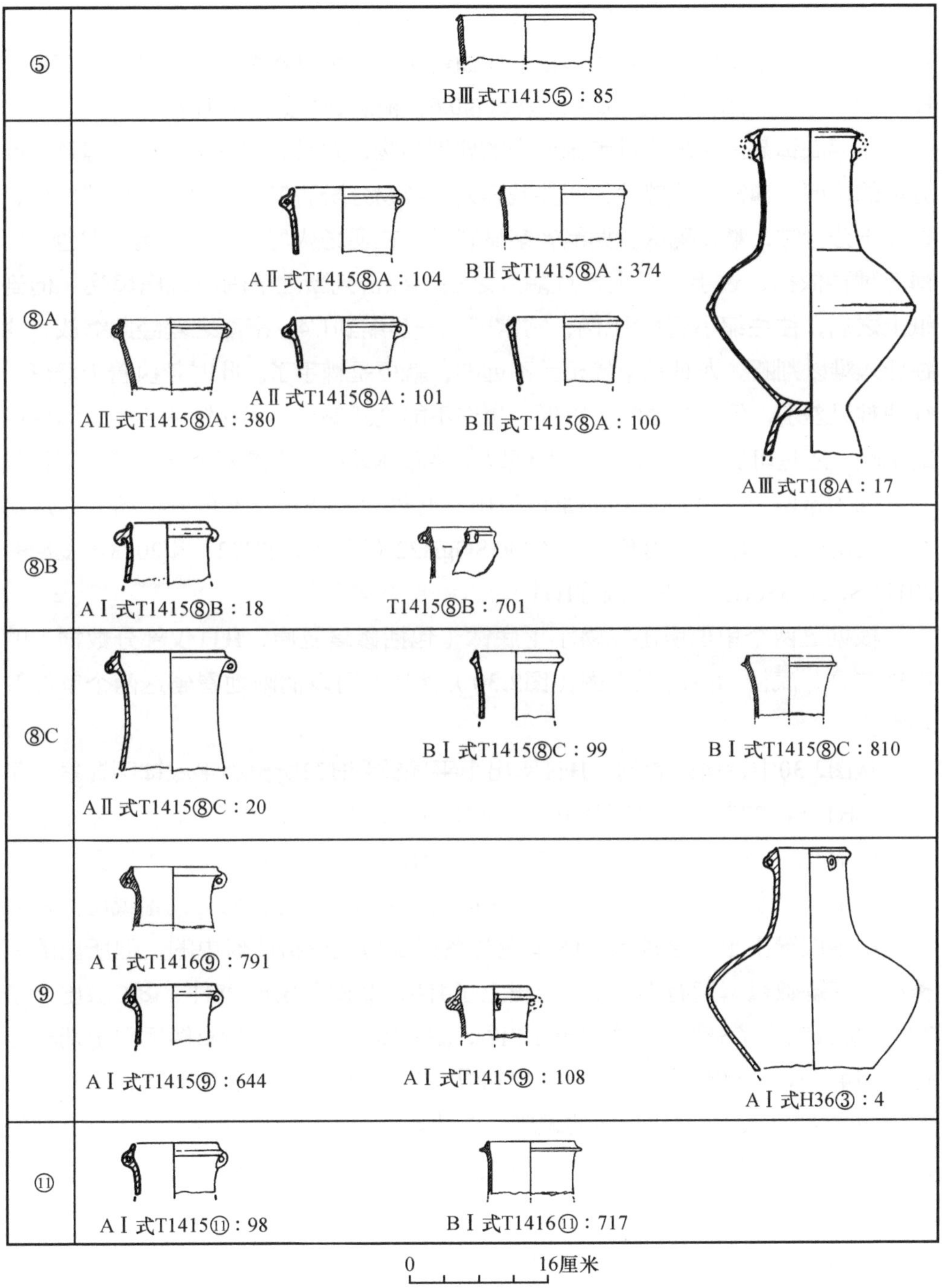

图2.29　1986年Ⅲ区出土长颈圆肩壶

计，绝大多数在0.75以下，仅极少数大于0.75，并且多出于较早的地层中。越晚地层中所出的小平底钵，高：口径的比值越小，最终基本稳定在0.6左右（H11、H22统计数据显示，平均值和中位数均为0.6，精确到小数点后1位）。

小平底钵是三星堆遗址大量出土的典型器物，尤其具有分期依据。但是这种分期的认识，通常十分感性，两头差异大，容易分辨清楚。而之间的型式区分，往往十分含糊，难以确认。据笔者亲身感受，在现场认陶片中，有陶质陶色、厚薄等种种依据，过手数千上万片陶片之后，综合判断之下尚能说出早晚，但到纸上之后，往往缩小到1/2比例，常常还进一步缩到1/4，毫厘之差经此缩放，往往让人难以判断。尤其是年代相差不远的，就更是棘手了。此时若执着于器形，往往难见差别。但是依据统计数据，也许不能判断每个小平底钵的早晚，但单位的早晚，还是可资此以定的。下面便以小平底钵大量出土的两个典型单位进行说明。因为这两个单位都非1986Ⅲ区所出，此处仅举数据，不再分析器物。这两个单位便是2000年月亮湾发掘的2000GSGgH22（下面简称H22）和2013年发掘的2012GSFgT5388H11（下面简称H11）。

根据这两个单位所出完整小平底钵（包括修复复原，H11仅部分数据）的口径与高、底径与高的散点图（图2.30），我们可以清晰地看到这两个单位的差别。

从图2.30中，可以看到，H11所出小平底钵和H22所出小平底钵明显聚成了两组。H11与H22的口径虽部分重合，但H11明显有更小的器形。底径倒基本落在了大致相近的范围，但二者高度差别明显，H11所出的小平底罐明显更矮。

T1414从⑪层开始出完整的小平底钵直到⑧A层，每层均有完整或可修复完整的小平底罐出土。这种系统的早晚关系正是型式分析所倚重的。但所出的完整小平底罐数量毕竟有限，⑧A层出土了4件，⑧B层出土了8件，⑧C层出土了2件，⑨层出土了3件，⑪层出土了2件。图2.30显示，⑪层的2件呈现出两极分化，T1414⑪：450口小而腹深，T1414⑪：2口大而腹浅。总体而言，小平底钵的演变主体趋势，按从唇到底的顺序，总结如下：①唇逐渐变薄、变尖；②口径逐渐变小；③口径与肩径之比逐渐变大，到最后接近1；④肩变窄，肩腹的过渡由缓渐急；⑤器壁逐渐变薄；⑥腹由深变浅；⑦腹由弧变直；由于是手工制品，以上七点并不是同步变化。我们将T1414的小平底钵的高作为Y轴，口径作为X轴，以地层为单位做成散点图（图2.31）。

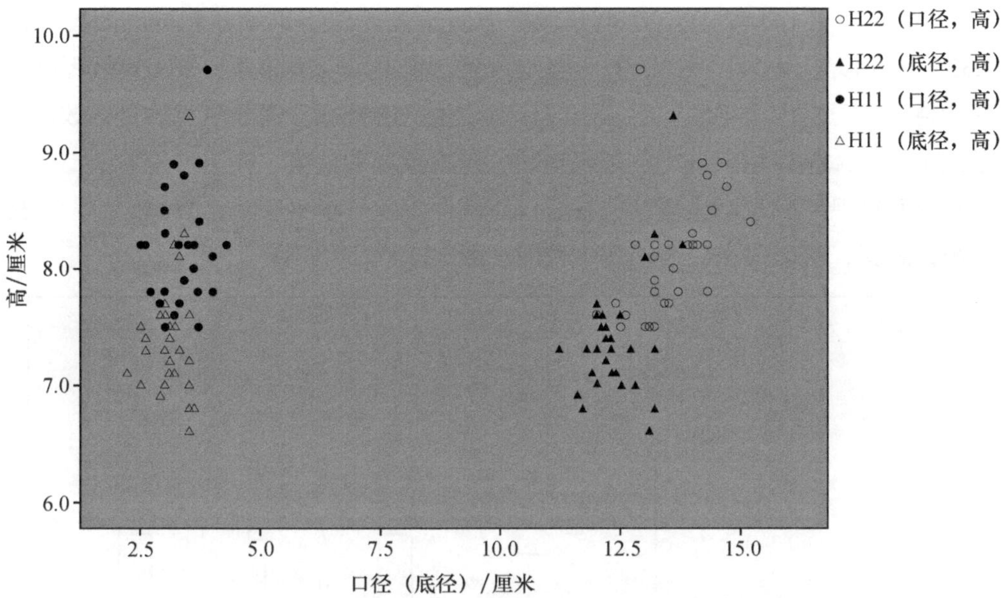

图2.30　H11与H22小平底钵高与口径（底径）散点图

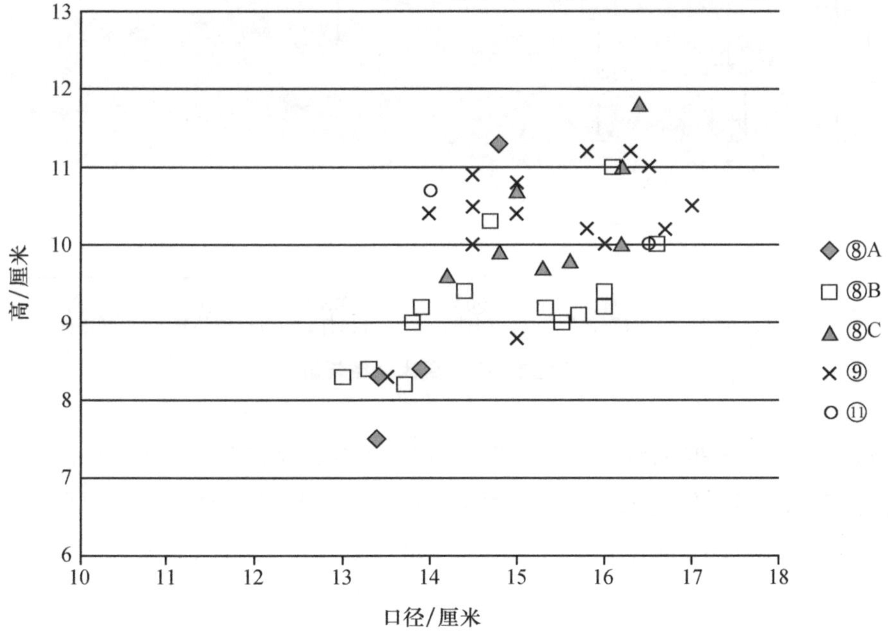

图2.31　T1414小平底罐高与口径散点图

从这张以T1414为主、综合其他探方所出的完整小平底钵制成的箱图（图2.32）中可以看出，小平底钵的形态（口径、高）呈现出数据越多、离散程度越高的特征，显示出小平底钵手工、非标准化生产的特征。需要注意的是，数据显示出小平底钵整体越来越小、越来越矮、越来越扁的趋势，在这种趋势下，早期的小平底钵沿用到晚期也可造成⑪层仅有两件完整的小平底钵，数量太少，不具备统计意义，所以未在口径箱图中表现（图2.32）。

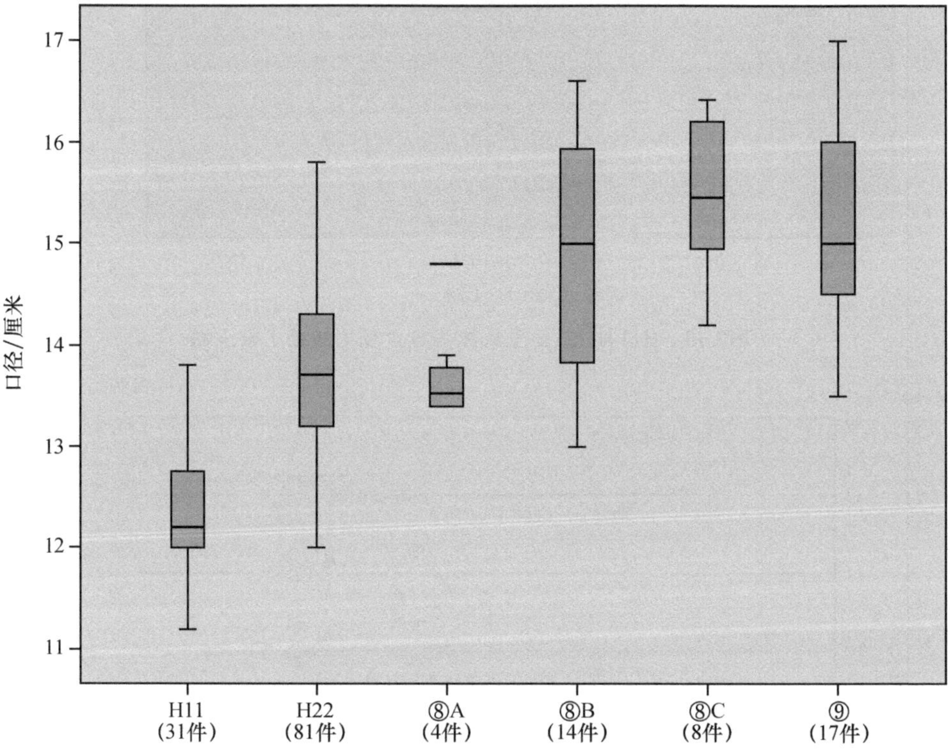

图2.32　小平底钵口径箱图

从小平底钵的形态变化来看（图2.33），⑪层2件底径都在4.2厘米以上（⑨层17件底径的平均值为4.22厘米，中位数为4），唇都较厚，T1414⑪：2为方唇，窄肩，口径16.5厘米。T1414⑪：450虽然口径只有14厘米，但底径4.7厘米，高10.7厘米，高：口径达到0.76，几乎是同类器中腹最深的。⑪层的2件小平底钵从形态到数据的差异都很大，基本可以这两件为代表，划分为A、B二型。

A型，弧腹，肩腹过渡较缓；B型，斜腹，肩腹过渡较急。

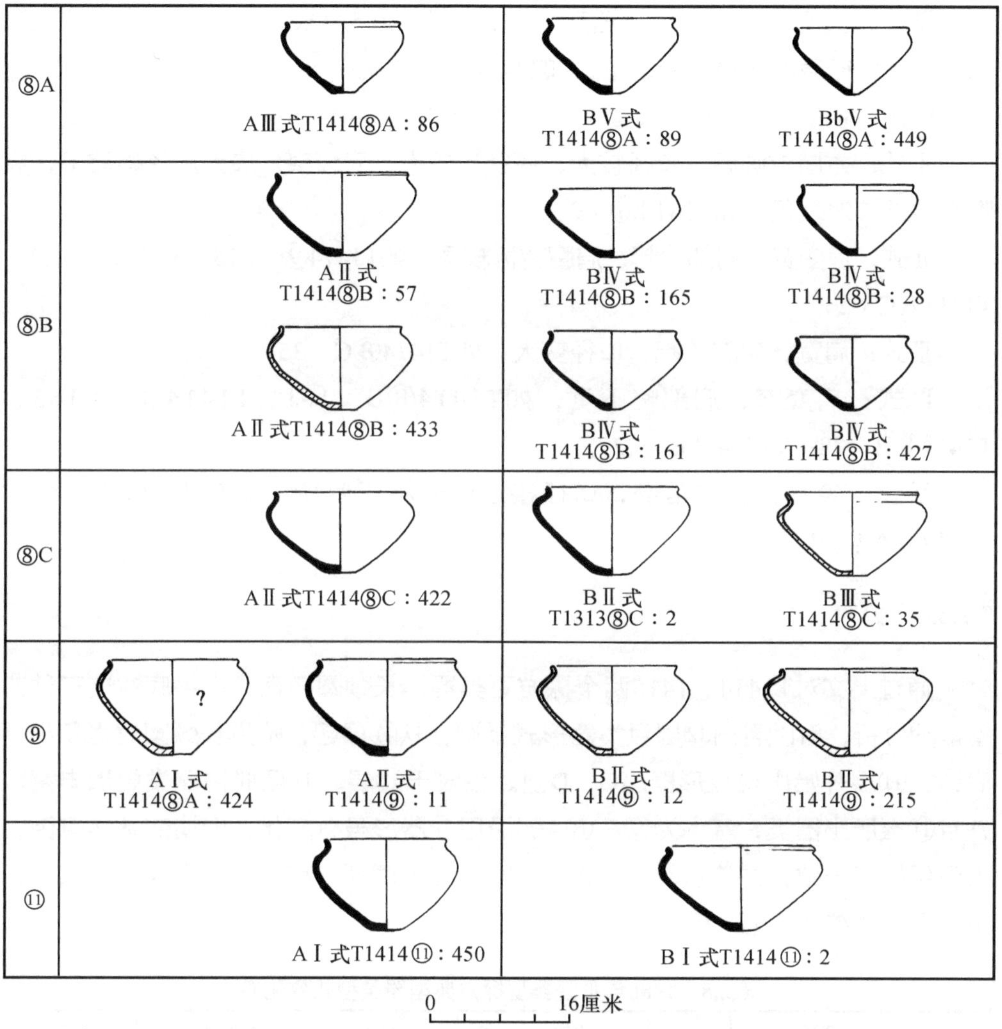

图2.33 小平底钵型式演变图（1986Ⅲ区出土）

A型 可进一步分为三式。

Ⅰ式：圆唇，肩宽大于1厘米，腹较深，高：口大于0.75，如T1414⑪：450、T1414⑧A：424。

Ⅱ式：多为圆唇，少量尖唇，肩宽大于1厘米，腹变浅。高：口0.6～0.7。口径通常在14厘米以上，如T1414⑨：11、T1414⑧C：422、T1414⑧B：433、T1414⑧B：57。

Ⅲ式：尖唇，口径变小、器形变矮，肩宽约0.5厘米。最大径上移到接近颈部位置。口径通常在14厘米以下，如T1414⑧A：86。

B型 可进一步分为五式。

Ⅰ式：方唇或圆唇，口径较大，底径也较大，肩较窄，最大肩径略靠下，肩腹间转折较为缓和，如T1414⑪：2。

Ⅱ式：肩变宽，肩部耸起，肩腹转折较急，如T1414⑨：215、T1414⑨：12、T1313⑧C：2。

Ⅲ式：肩宽，肩部耸起，口径变大，如T1414⑧C：35。

Ⅳ式：肩变窄，肩部略下垂，如T1414⑧B：161、T1414⑧B：165、T1414⑧B：28、T1414⑧B：427。

Ⅴ式：尖唇，肩非常窄，口径接近或略小于肩径，如T1414⑧A：89、T1414⑧A：449。

2.2.3.4 分段

通过上文对T1414、1415两个探方豆类器、长颈圆肩壶、小平底钵这三种典型器的分析，可以看出⑫层豆类器形式单调，从⑪层起，始见长颈圆肩壶和小平底钵，⑪层开始出现豆形器座C、D型。相较于⑫层，⑪层显得器类更加丰富。并且⑪层所出器类，基本为⑨～⑧A层沿用。器形虽有变化，但演变脉络可循，大致保持了一致，并且从⑫～⑧A层，器形由单调渐丰富，型式多样。数量上，虽未见陶片统计，但从标本看，也是由少而多。

表2.8 1986年Ⅲ区典型探方典型器类型式变化表

T1414、	高柄豆		豆形器座				矮柄豆		长颈圆肩壶		小平底钵	
T1415	盘	柄A	A	B	C	D	A	B	A		A	B
⑤										Ⅲ		
⑧A	Ⅲ	ⅠⅡⅢ	ⅠⅡ	a b	√	Ⅱ		a bⅢ	ⅡⅢ	Ⅱ		Ⅴ
⑧B	Ⅲ	ⅠⅡ	Ⅰ	b	√	Ⅱ	Ⅲ	a bⅡ	Ⅰ		ⅡⅢ	Ⅳ
⑧C		Ⅰ	ⅠⅡ	b	√	Ⅰ		bⅡ	Ⅱ	Ⅰ	Ⅱ	ⅡⅢ
⑨	Ⅱ	Ⅰ	ⅠⅡ	b	√	ⅠⅡ	Ⅱ	a bⅠⅡ	Ⅰ		Ⅱ	Ⅱ
⑩												
⑪	Ⅰ	Ⅰ	Ⅰ		√	√	Ⅰ		Ⅰ	Ⅰ	Ⅰ	Ⅰ
⑫		Ⅰ	Ⅰ				Ⅰ					

从表2.8看，⑫、⑪层最为相近又相区别，主要是⑪层出现了新的器形。⑩层基本无标本，⑨层出现比较大的变化，器物形制渐趋丰富，富有变化。⑧B、⑧A层较为接近，与⑨层延续中可见发展。⑧C层介于⑨层和⑧B、⑧A层之间可见其过渡性。但毫无疑问，⑫～⑧A层文化主体未见明显的转变，典型器物基本沿用，演变脉络循序渐进，均有迹可循，所以当视为同一种文化——三星堆文化。

⑫层出有口部近直的敛口瓮、圆圈状捉手、尊形器底部，年代上接近1980年Ⅲ区的（3）层。⑪层出有口部微敛的敛口瓮、口部较曲的缸，Ba型、CaⅡ式小平底罐，年代上接近1980年Ⅲ区的（2）层。通过对典型器物的排比，1986年Ⅲ区和1980年Ⅲ区形成以下地层对应关系（表2.9）。当然，我们也观察到，统一后的地层标本并不会严格遵照这个对应关系，这个对应关系是在我们用来讨论分期的典型探方1980GSDaT2和1986GSⅢT1414、1986GSⅢT1415、1986GSⅢT1416基础上综合考虑后得出的。

表2.9　1980与1986年Ⅲ区地层对应表

三星堆文化分段	1980Ⅲ		1986Ⅲ
Ⅸ			⑧A
			⑧B
Ⅷ～Ⅸ			⑧C
Ⅷ	（1）	≈	⑨
Ⅶ	（2）	≈	⑪
Ⅵ	（3）	≈	⑫

2.2.4　第二大期的文化面貌

基于以上1980年和1986年的资料，可以大致分为4段。但是对于各段的文化面貌，虽然在上文对1980年的分析中有一个大致的了解，但仍是有所欠缺的。1980GSDaT2、T1415出土的陶器在种类和数量上都是有局限的，三星堆遗址具有分期意义的典型器并非均匀地分布在每个发掘点、每个探方。所以，在建立起序列之后，丰富序列是必然的。根据T1415的其他器类，我们对所有年度的发掘挑选标本，在基本序列的基础上进一步丰富序列。

2.2.4.1 簋形器

簋形器曾出有2件完整器，敛口，微鼓腹，内收较急，圈足，足唇部内敛。根据器物的形态，并且出敛口瓮的地层或遗迹，往往同出簋形器圈足部分，又未见簋形器口沿。除少数敛口瓮口径偏大外，大部分口部近直的敛口瓮口径与完整的簋形器2000GSGgT3108Tg16④：66（图2.34-8）最大腹径接近，故此推测敛口瓮可能与簋形器为同一器类。簋形器可根据大小分为二型，A型是大簋形器，口径在50厘米左右（图2.34），B型是小簋形器，口径在30厘米左右（图2.35）。

A型　可根据口部形态分为四式。

Ⅰ式：直口，如2000GSGgH138：33（图2.34-6）。

Ⅱ式：口部近直，微微内敛，如2000GSGgH138：37（图2.34-4）。

Ⅲ式：口部微内敛，如2000GSGgH103：13、2000GSGgT3107⑭：393（图2.34-2、9）。

Ⅳ式：敛口，如2000GSGgT3108⑬：487、2000GSGgT3108Tg16④：66（图2.34-1、8）。

其中Ⅰ、Ⅱ式属于Ⅵ段，Ⅲ式是Ⅶ段的典型器，Ⅳ式是Ⅷ段的典型器。

B型　中间有缺环，暂时分为二式。

Ⅰ式：口部近直，如1980GSDaT2（3）：34（图2.35-3）。

Ⅱ式：敛口，肩部上耸。口肩部饰绳纹，如2000GSGgH4：54、2000GSGgH4：21（图2.35-1、4）。

其中Ⅰ式属于Ⅰ段，Ⅱ式属于Ⅳ段。而中间缺失的演变过程应与A型演变相近。

2.2.4.2 盘

盘可以分为平底盘、圈足平底盘、圈足圜底盘三类。

平底盘　可根据腹的深浅分为二型。A型深腹，B型浅腹（图2.36）。

A型　器形较大，沿用时间较短，基本无变化。敞口，深腹，腹略内曲，平底，如T1416⑪：87、1980GSDbT2（3）：9（图2.36-1、2）。

B型　器形稍小，沿用时间较长。可分为四式。

Ⅰ式：斜直腹，接地处内曲，如1980GSDaT1（2）：8（图2.36-6）。

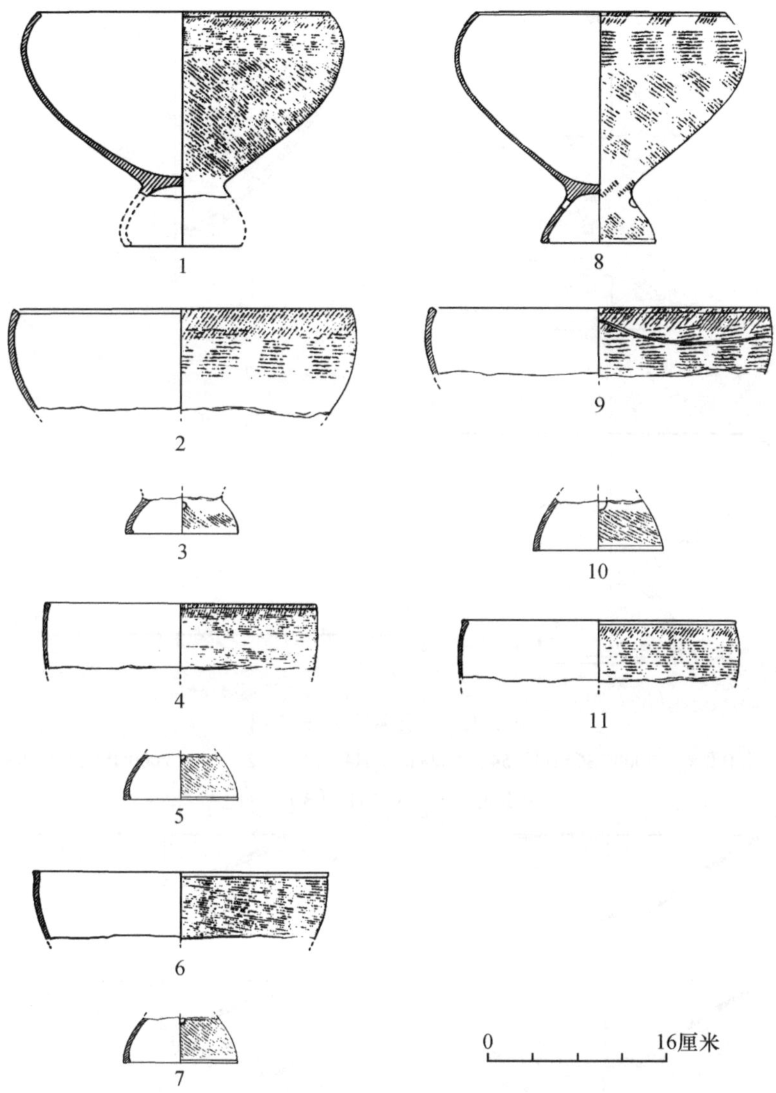

图2.34　A型簋形器型式分析图

1、8. AⅣ式（2000GSGgT3108⑬：487、2000GSGgT3108Tg16④：66）　2、9. AⅢ式（2000GSGgH103：13、2000GSGgT3107⑭：393）　3、5、7、10、11. 未定（2000GSGg103：16、2000GSGgH138：30、2000GSGgH138：39、2000GSGgT3107⑭：396、2000GSGgT3107⑮：430）　4. AⅡ式（2000GSGgH138：37）　6. AⅠ式（2000GSGgH138：33）

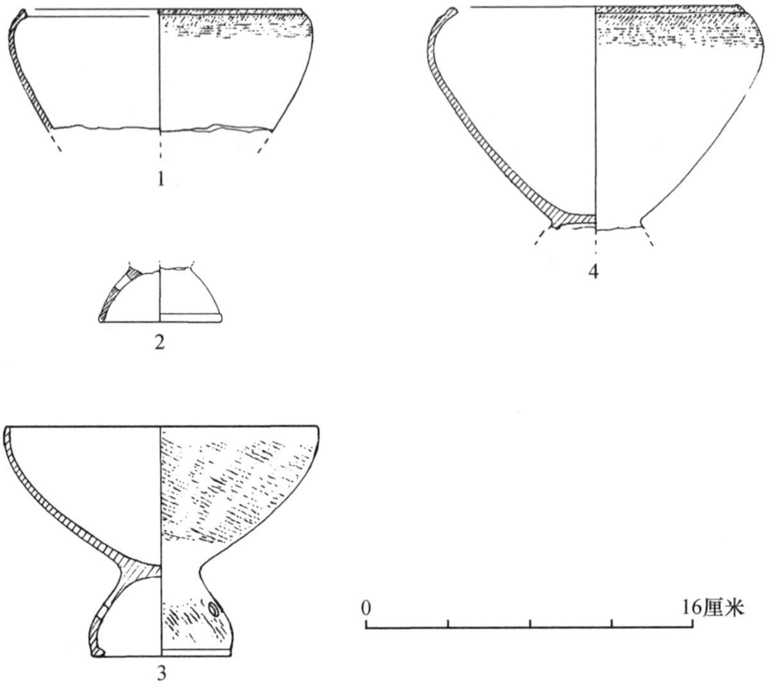

图2.35　B型簋型式分析图

1、4. BⅡ式（2000GSGgH4：54、2000GSGgH4：21）　2. 未定（2000GSGgH4：93）

3. BⅠ式［1980GSDaT2（3）：34］

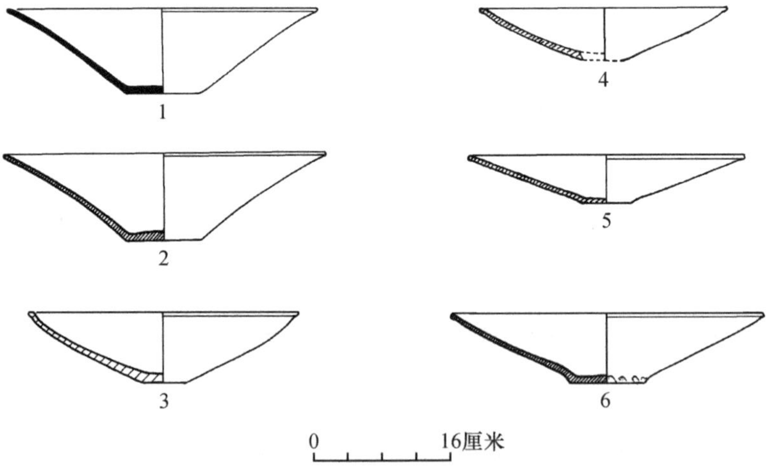

图2.36　平底盘型式分析图

1、2. A型［1986GSⅢT1416⑪：87、1980GSDbT2（3）：9］　3. BⅣ式（1986GSⅢT1416⑧B：91）

4. BⅢ式（1986GSⅢT1416⑨：566）　5. BⅡ式（1986GSⅢT1416⑪：723）　6. BⅠ式［1980GSDaT1（2）：8］

Ⅱ式：浅腹，斜直，如T1416⑪：723（图2.36-5）。

Ⅲ式：浅腹，腹略外弧，如T1416⑨：566（图2.36-4）。

Ⅳ式：腹变深，弧腹，如T1416⑧B：91（图2.36-3）。

圈足平底盘　根据口沿和腹部形态，可分为二型。A型平折沿；B型无沿，腰上有一周腰沿（图2.37）。

A型　分根据足部特征，可分为二亚型，Aa型圈足外撇，Ab型圈足直。

Aa型　根据口沿和足的形态，可分为二式。

Ⅰ式：宽平折沿，圈足外撇较甚，圈足足缘捏出花边，如1980GSDcT1（2）：2（图2.37-2）。

Ⅱ式：平折沿变窄，圈足略外撇，如1980GSDaT1（1）：11（图2.37-1）。

Ab型　根据口沿形态，可分为二式。

Ⅰ式：宽平折沿，如T1416⑫：643（图2.37-4）。

Ⅱ式：窄折沿，如T1416⑨：571（图2.37-3）。

B型　根据口和腰沿情况，可分为二式。

Ⅰ式：直口，腰沿平，圈足外撇，足缘捏出花边，如1980GSDaT2（2）：3（图2.37-6）。

Ⅱ式：敛口，腰沿上翘，圈足外撇，如1980GSDcT1（1）：4（图2.37-5）。

圈足圜底盘　根据圈足形态，可分为二型。A型圈足足缘为花边口，B型圈足足缘无装饰（图2.38）。

A型　根据圜底底部是否越过圈足足缘，可分为二式。

Ⅰ式：敞口，圜底底部与圈足足缘向平。如2000GSGgH124：3（图2.38-2）。

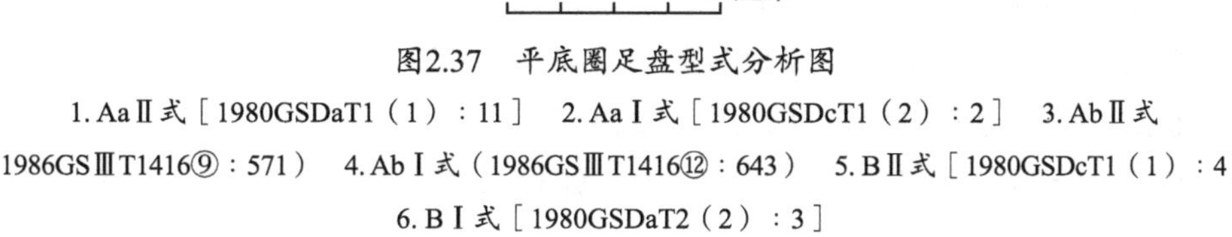

图2.37　平底圈足盘型式分析图

1. AaⅡ式［1980GSDaT1（1）：11］　2. AaⅠ式［1980GSDcT1（2）：2］　3. AbⅡ式（1986GSⅢT1416⑨：571）　4. AbⅠ式（1986GSⅢT1416⑫：643）　5. BⅡ式［1980GSDcT1（1）：4］　6. BⅠ式［1980GSDaT2（2）：3］

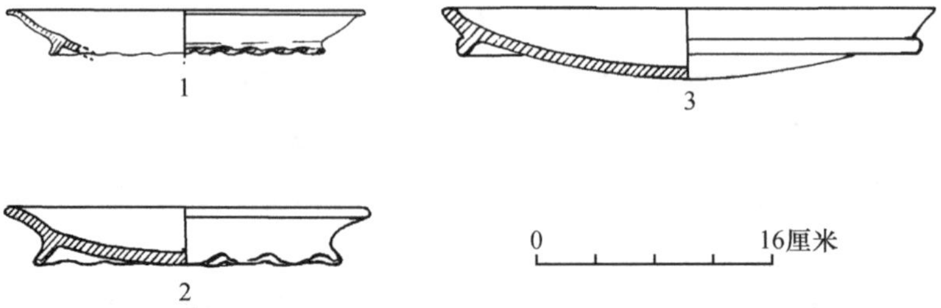

图2.38 圜底圈足盘型式分析图

1. AⅡ式（1986GSⅢT1213⑧C：124） 2. AⅠ式（2000GSGgH124：3） 3. B型［1980GSDbT2（1）：10］

Ⅱ式：平沿，圜底底部越过圈足足缘。如T1213⑧C：124（图2.38-1）。

B型 目前所见，圜底底部均越过圈足。如1980GSDbT2（1）：10（图2.38-3）。

2.2.4.3 觚

觚 根据固体胖瘦和器底是否有台，可分为三型（图2.39）。

A型 形体较胖，接近底部的地方有一台。可分为三式。

Ⅰ式：素面，胖体，底部台高，接近折腹，如1980GSDaT2（3）：28（图2.39-9）。

Ⅱ式：微胖，台接近底部，大敞口，腰部通常饰两道凹弦纹，如T1415⑧C：119（图2.39-5）。

Ⅲ实，更细瘦，底部略宽，至腰略束，台折线不明显，大敞口，腰部通常饰两道凹弦纹，如T1415⑧A：268（图2.39-1）。

B型 素面，形体较瘦，接近底部的地方有一台。可分为二式。

Ⅰ式：略束腰，如T1415⑨：266（图2.39-10）。

Ⅱ式：觚壁近直，微敞口，如1986GSⅢH30：3、T1415⑧A：610（图2.39-6、2）。

C型 形体较瘦，底部无台。可分为三式。

Ⅰ式：素面，口微敞，如T1415⑨：106（图2.39-11）。

Ⅱ式：腰部通常饰两道凹弦纹，如T1517⑨：55（图2.39-7）。

Ⅲ式：大敞口，腰部通常饰凹弦纹，如T1515⑧A：129（图2.39-3）。

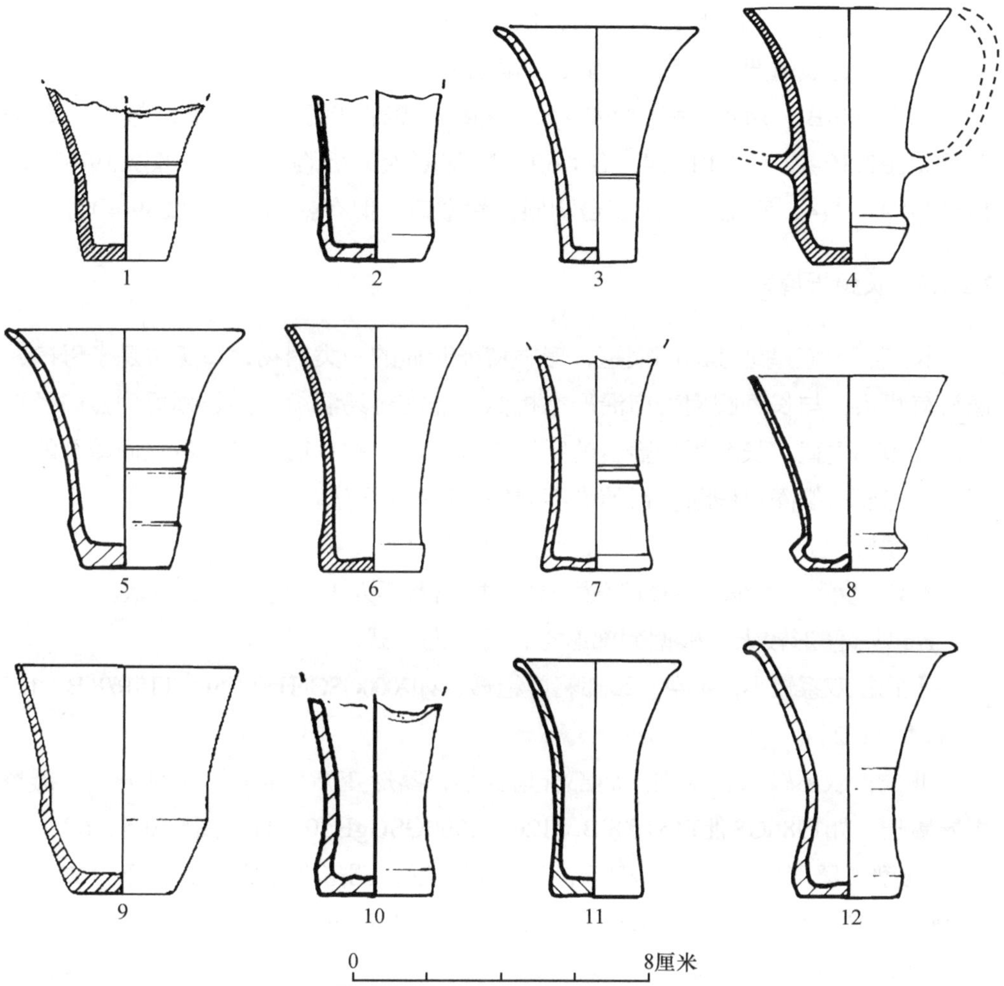

图2.39　陶觚型式分析图

1. AⅢ式（1986GSⅢT1415⑧A：268）　2、6. BⅡ式（1986GSⅢT1415⑧A：610、1986GSⅢH30：3）　3. CⅢ式（1986GSⅢT1515⑧A：129）　4、8、12. 未定（1986GSⅢT1415⑧A：114、1986GSⅢT1414⑧B：69、1986GSⅢT1516⑧B：141）　5. AⅡ式（1986GSⅢT1415⑧C：119）　7. CⅡ式（1986GSⅢT1517⑨：55）　9. AⅠ式［1980GSDaT2（3）：28］　10. BⅠ式（1986GSⅢT1415⑨：266）　11. CⅠ式（1986GSⅢT1415⑨：106）

另有异形无法归入型式分析者，估计是器物将相互影响形成，数量较少，演变不明，但仍很重要，仅列举于此，不再做型式分析。

T1516⑧B：141，底部略有台，束腰，腰部饰两道凹弦纹，敞口，唇略下卷（图2.39-12）。T1414⑧B：69，底部膨大，折腹，敞口（图2.39-8）。T1415⑧A：114，底部略膨大，台明显，微敞口，似有鋬伸出（图2.39-4）。

2.2.4.4 长颈折肩壶

长颈折肩壶是延续时间很短、形态特征明显的一类器物，口部也是子母口，通常有两系，与长颈圆肩壶口沿形态相似，非常容易混淆，但长颈折肩壶口径较大，且颈部更直。长颈折肩壶目前所见均为圈足，并且很可能为带几何镂孔的高圈足，但通常都圈足残断，目前尚不清楚圈足是否有演变。

长颈折肩壶　根据肩部形态，可分为二型（图2.40）。

A型　曲颈、折肩，肩颈浑然一体。根据器形大小，可分为二亚型。

Aa型　器形较大。根据颈部形态，可分为二式。

Ⅰ式：双系较小，中空。颈部略显粗矮，如2000GSGgH50：61、T1516⑧B：125（图2.40-1、2）。

Ⅱ式：双系较大，中空。肩部折角变小，器形变高（圈足以上部分），器身更显瘦长，如1986GSⅢT1516⑧B：126、2000GSGgH50：11（图2.40-5、6）。

Ab型　器形较小，肩颈相近，无明显肩部，器形多不完整，暂不分式，如2000GSGgH22：68、2000GSGgH28：35（图2.40-8、9）。

B型　肩颈区分明显。可分为二式。

Ⅰ式：双系中空，直口，直颈，口部微微宽于颈肩交接处，窄肩略平，如1986GSⅢT1⑧B：44（图2.40-3）。

Ⅱ式：双系实心，徒剩形似，敛口，直颈，口部明显宽于颈肩交接处。窄肩较立，如1986GSⅢT1516⑦：151（图2.40-4）。

2.2.4.5 盉

三星堆遗址的盉为典型器之一。盉最早出现在1980年Ⅲ区（2）层，早期形制单调，进入相当于T1415⑧C层后，数量大增，形制丰富。从器形上，可分为器形较高的大盉和器形矮胖的小盉。有一些共同的演变规律，如流的位置从靠近

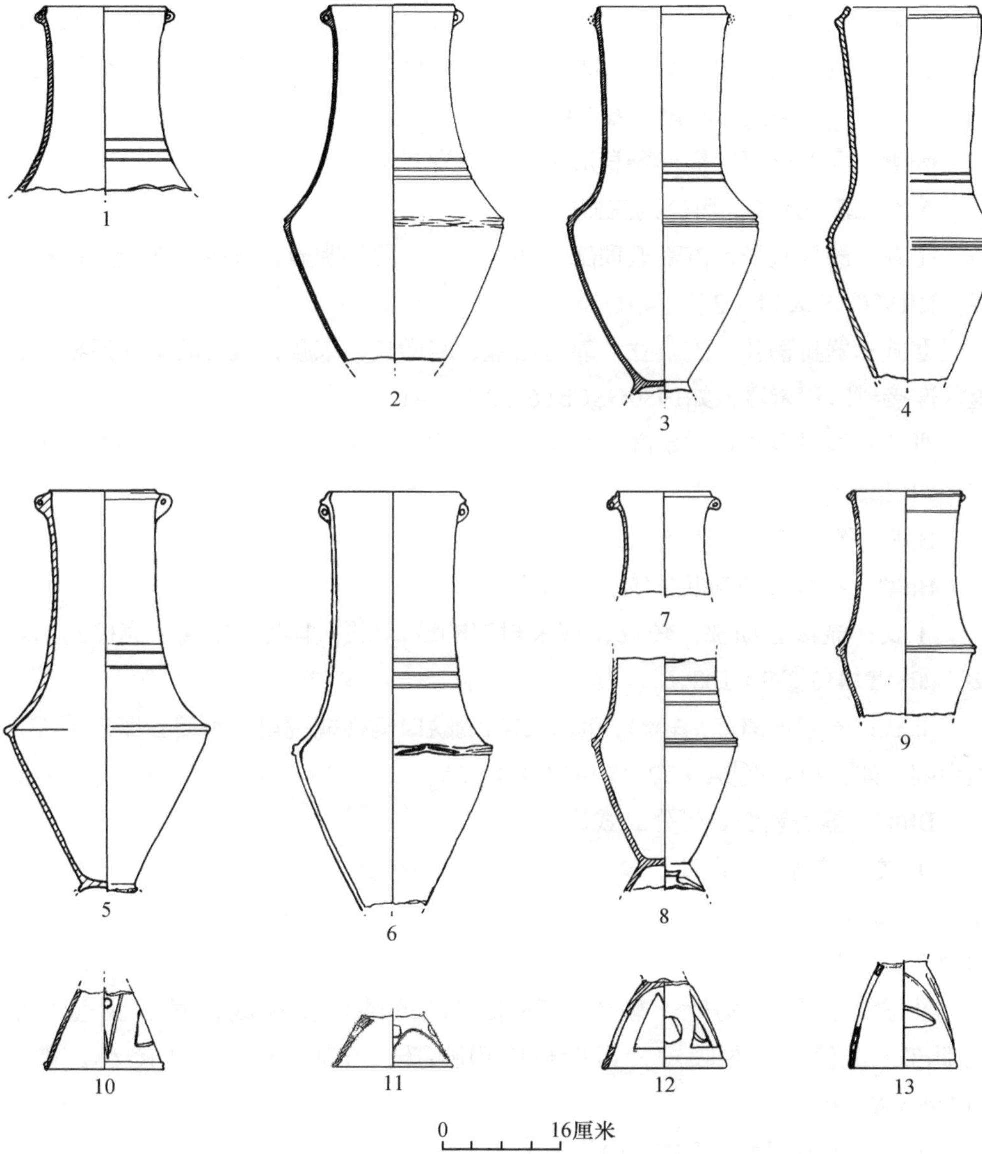

图2.40　长颈折肩壶型式分析图

1、2. Aa Ⅰ式（2000GSGgH50：61、86GSⅢT1516⑧B：125）　3. BⅠ式（86GSⅢT1⑧B：44）　4. BⅡ式（86GSⅢT1516⑦：151）　5、6. AaⅡ式（86GSⅢT1516⑧B：126、2000GSGgH50：11）　7. 长颈壶（86GSⅢT1415⑧C：20）　8、9. Ab型（2000GSGgH22：68、2000GSGgH28：35）　10～13. 镂孔圈足（2000GSGgH22：230、86GSⅢT1416⑧B：447、2007GSGgH22：72、2000GSGgH22：60）

顶部逐渐演变到靠近器壁，流从冲天直立到较斜。从实用性上讲，晚期的盉更好倒“酒”一点。从器物分类上，先将盉按大小分为大盉和小盉。大盉演变清楚，形制较简单，小盉器形丰富（图2.41）。

大盉　顶部近平。根据器身形态，可分为二型。

A型　器身瘦长。可分为三式。

Ⅰ式：器身瘦长，流略近顶部，冲天直立。腰部明显，长鋬，连接封口和袋足，如1980GSDcT1（2）：43。

Ⅱ式：器身稍胖，流斜立，靠近器壁，略增长，束腰，袋足略有实足根。长鋬，连接封口和袋足，如1980GSCbT6（2）：41。

Ⅲ式：器身身长长过足高，腰略束。长鋬，连接封口和袋足，鋬中部加固，如：T1113⑧C：30。

B型　器身较短。可分为二型。

Ba型　器身饰两道凹弦纹。可分为二式。

Ⅰ式：流接近顶部，较直，顶未封口的缺口侧视垂直，短鋬，连接封口和腰，如：T1415⑧C：168。

Ⅱ式：流靠近器壁，较斜，顶未封口的缺口侧视成锐角，盉盖会嵌入顶部，更稳固，如：T1414⑧A：77、T1414⑧B：55。

Bb型　器身素面。可分二式。

Ⅰ式：流接近顶部，较直，顶未封口的缺口侧视成钝角，长鋬，连接封口和袋足，鋬中部有泥条与器身相连加固。器身明显上大下小，如：T1515⑧B：113。

Ⅱ式：流靠近器壁，较斜，顶未封口的缺口侧视成锐角，盉盖会嵌入顶部，更稳固。鋬收短，连接封口和腰部。器身上略大，下略小，如：T1414⑧A：76。

小盉　可根据盉身形态，分为五型。

A型　与大盉Ba型形制相近，唯器身上下一般粗，如1986GSⅢH36：29。

B型　封口为尖顶，器身变粗。可分为二式。

Ⅰ式：流较短、较立，裆部夹角较大，有实足根，如1999GSZYT112⑦：21。

Ⅱ式：流较长，紧靠器壁，裆部夹角较小，如2000GSGgH22：114。

C型　流冲天直立，封口顶平。可分为二式。

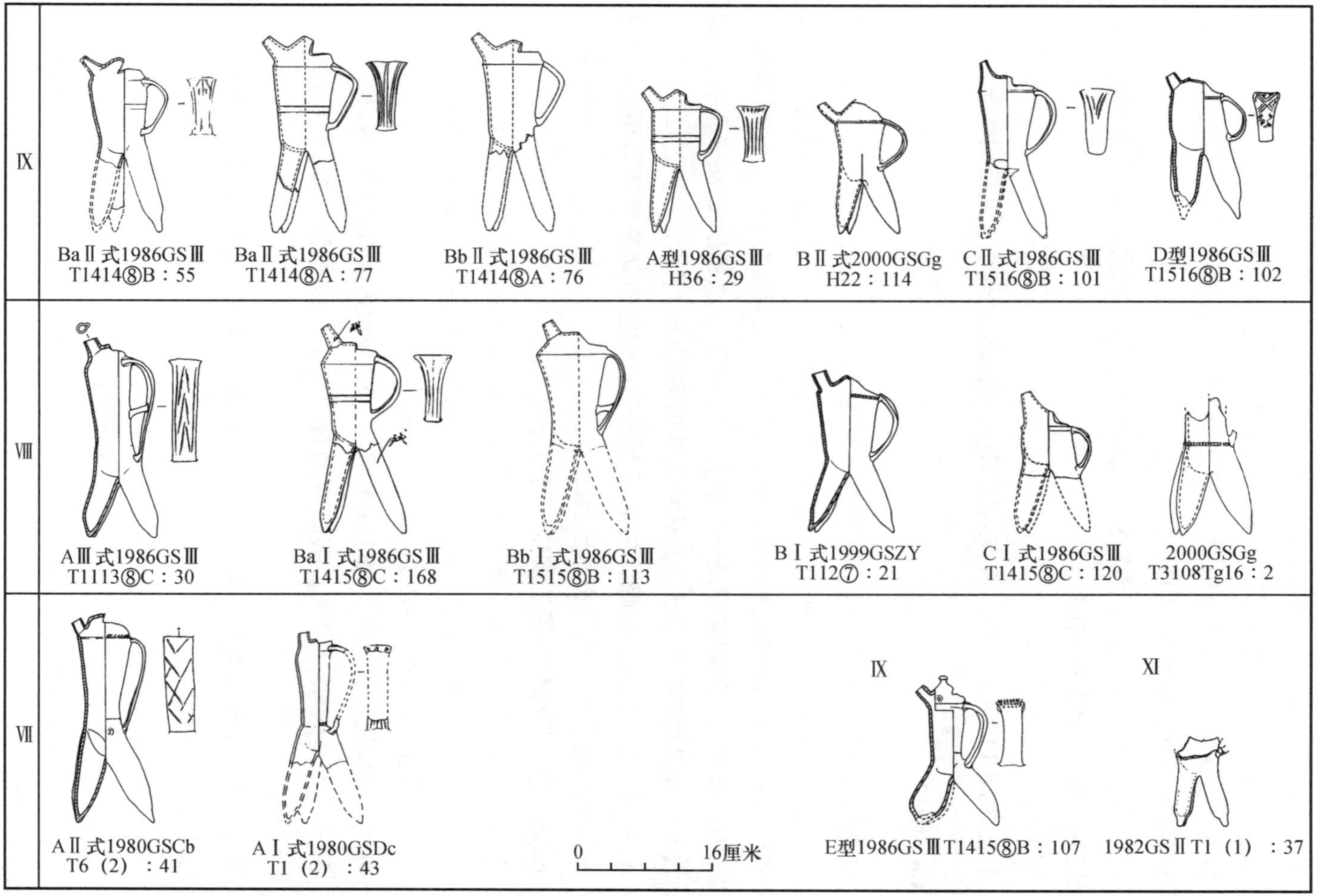
Ⅸ
BaⅡ式1986GSⅢ
T1414⑧B：55
BaⅡ式1986GSⅢ
T1414⑧A：77
BbⅡ式1986GSⅢ
T1414⑧A：76
A型1986GSⅢ
H36：29
BⅡ式2000GSGg
H22：114
CⅡ式1986GSⅢ
T1516⑧B：101
D型1986GSⅢ
T1516⑧B：102
Ⅷ
AⅢ式1986GSⅢ
T1113⑧C：30
BaⅠ式1986GSⅢ
T1415⑧C：168
BbⅠ式1986GSⅢ
T1515⑧B：113
BⅠ式1999GSZY
T112⑦：21
CⅠ式1986GSⅢ
T1415⑧C：120
2000GSGg
T3108Tg16：2
Ⅶ
AⅡ式1980GSCb
T6（2）：41
AⅠ式1980GSDc
T1（2）：43
0
16厘米
Ⅸ
E型1986GSⅢT1415⑧B：107
Ⅺ
1982GSⅡT1（1）：37

图2.41 盉型式分析图

Ⅰ式：矮胖，器身短，如T1415⑧C：120。

Ⅱ式：瘦长，器身上大下小，如1986GSⅢ1516⑧B：101。

D型　器身前倾，流靠近器壁，封口顶部靠近流，器体矮胖，器身微外鼓。实足根明显，如T1516⑧B：102。

E型　封口俯视为鸟面，流较斜，流在器壁位置。长鋬，连接封口和袋足。袋足较扁，如T1415⑧B：107。

异形盉

1982GSⅡT1（1）：37，仅存袋足部分，裆部夹角较小，实足根明显。

2.2.4.6　陶勺

勺是三星堆第二大期非常有特色的一种陶器，尤其是其中的鸟头形把勺最具特色。下面我们就按勺把的形状，鸟眼、鸟喙的特征，来进行分型分式。首先，勺把的尾部主要有折尾和弧尾两种，就是勺把的尾部明显折了一下和稍微弯曲一下的区别。折尾的一般眼睛都是一个小点，弧尾的一般眼睛用圆圈来表示，看起来比较大。再根据鸟喙的形状，具体将鸟头形陶勺分为了六型（图2.42）。

A型　折尾，小眼，勾喙，勺把断面圆形。根据折尾形状可以再分为二亚型，Aa型折尾处平直，Ab型折尾出弧凸。

Aa型　根据眼部和勺把的演变，可以分为五式。

Ⅰ式：折尾明显，勾喙，器身线条简略，如1986GSⅢT1516⑫：122。

Ⅱ式：折尾明显，勾喙，器身有线条勾勒出更明确的喙部，眼睛两侧有"（ ）"纹加强，如1980GSCcT1（1）：166。

Ⅲ式：折尾缓和，勾喙，喙部线条明显，如1986GSⅢT1113⑨：9。

Ⅳ式：折尾缓和，勾喙，眼睛两侧有"（ ）"纹加强，如1980GSCcT1（1）：169。

Ⅴ式：喙与把身融为一体，小眼，喙部有线条，把身刻有浅纹饰，如1986GSⅢT1113⑧C：75。

Ab型　根据眼部特征，可分为二式。

Ⅰ式：折尾，小眼，勾喙，如1986GSⅢT1617⑫：90。

Ⅱ式：折尾，小眼，勾喙，眼睛两侧有"（ ）"纹加强，如1986GSⅢT1415⑨：273。

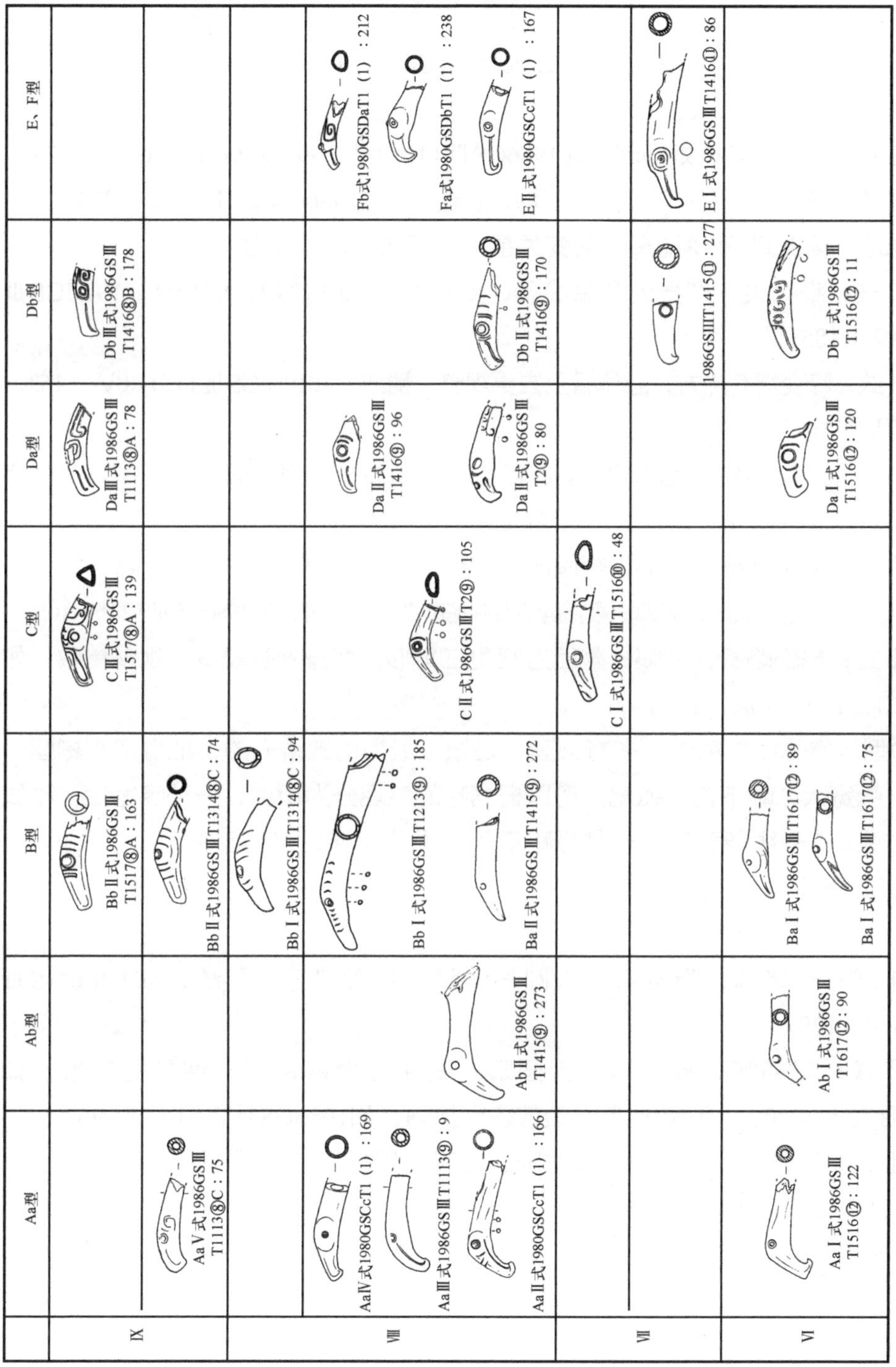

图2.42　陶勺型式分析图

B型　折尾，小眼，尖长喙，勺把断面圆形。根据喙和眼睛，可分为二亚型。Ba型比较具象，Bb型比较抽象，眼睛两边有“（（（）））”纹。

Ba型　可分为二式。

Ⅰ式：折尾，转折处凸起，如1986GSⅢT1617⑫：89、86GSⅢT1617⑫：75。

Ⅱ式：折尾，折处不明显，通体几无刻画，如1986GSⅢT1415⑨：272。

Bb型　和Ba型间可能没有演变关系，根据变化，可分为二式。

Ⅰ式：喙略尖，把身无多余线条，如1986GSⅢT1314⑧C：94、1986GSⅢT1213⑨：185。

Ⅱ式：喙变得有点方，总体看上去更规整、精致，如1986GSⅢT1517⑧A：163、1986GSⅢT1314⑧C：74。

C型　折尾，不能确定尾部是否表现的是鸟头，勺把截面为扁圆形，一面略平，最后发展为圆角三角形。可分为三式。

Ⅰ式：尾部略折，大眼，刻画比较含糊，如1986GSⅢT1516⑩：48。

Ⅱ式：折尾、大眼，眼眶外侧有明显刻画的“（）”纹，如1986GSⅢT2⑨：105。

Ⅲ式：尾部略折，大眼，截面为圆角三角形，把身刻画较多，规整精致，如1986GSⅢT1517⑧A：139。

D型　整体制作精致，多有刻画，是做工最为精致讲究的，把身多有刻画。大眼，喙宽大，略下钩，弧尾。可以根据喙的表现分为两种，一种喙宽短，喙线用横过来的C形线条表现，一种喙略窄长，喙线用横过来的反S形表现。即以此将D型勺把分为二亚型。

Da型　可分为三式。

Ⅰ式：尾略弧，喙宽短，大圆眼，眼眶刻画“（）”纹，如1986GSⅢT1516⑫：120。

Ⅱ式：尾略弧，喙宽短，大圆眼，变化分为两种，一种是更具象，如86GSⅢT2⑨：80，一种较抽象，眼部表现加强，如1986GSⅢT1416⑨：96。

Ⅲ式：尾略弧，喙宽短，大方眼，上喙线用横过来的反S形表现，下喙线C形，大方眼，如1986GSⅢT1113⑧A：78。

Db型　根据喙和眼的变化，可分为三式。

Ⅰ式：反S喙线，大圆眼。如1986GSⅢT1516⑫：11。

Ⅱ式：反S喙线，大圆眼，眼周有“（（））”纹，如1986GSⅢT1416⑨：170。

Ⅲ式：喙略微窄长，方眼包在云雷纹中，两者融为一体，成为变形云雷纹，如1986GSⅢT1416⑧B：178。

E型和F型是另外两种鸟的形象。

E型　勾喙，窄长，小眼。根据喙和眼的变化，可分为二式。

Ⅰ式：喙部与把身区分明显，眼周有两圈圆角方形，如1986GSⅢT1416⑪：86。

Ⅱ式：喙部与把身融合，眼眶刻画“（ ）”纹，如1980GSCcT1（1）：167。

F型　头部有一个圆形凸出的小点，可分二亚型。

Fa型　具象，勾喙宽短，小眼，如1980GSDbT1（1）：238。

Fb型　抽象，勾喙，眼睛用云雷纹表示，如1980GSDaT1（1）：212。

鸟头把勺是三星堆遗址第二大期出现的一种很有特色的器物，不同的形象也许和现实中不同的鸟类相对应。那么究竟有什么特色来帮助我们断代呢？我们可以从以下几点，做一个初步的判断。

早期如Ⅵ段的鸟头多是具象的、写实的，简单而形象，圆形的小眼珠，把身很少刻画线条。

Ⅵ段鸟头的眼睛比较贴近现实中的鸟眼，很小，位置接近头顶，眼周围无加工或者略微加工一下。

Ⅶ段的数量比较少，但多用圆圈来表示眼睛，并且位置在中部。

Ⅷ段虽然造型较多，但对于眼睛的表现大概有两种表现方式：一是眼睛还是小圆点，但小圆点的位置已经稍微往下了一点，在中部偏上的位置；二是用圆圈表示，用圆圈表示的位置稍微往上一点，也在中部偏上的位置，并且这两种眼睛边上通常用刻画的“（ ）”形来做强调。

Ⅷ段是鸟头把勺最繁荣的时期，鸟头造型出现了简化、形象化和抽象化三种不同的变化方向，简化是极简，部分可以根据眼睛位置判断年代。Ⅷ段形象和Ⅵ段的区别在于，Ⅵ段的造型接近写意，而Ⅷ段的形象化接近工笔，最终发展向Ⅸ段的时候，还是以抽象化占了上风。

Ⅸ段是鸟头把勺造型上逐渐趋同，折尾变缓，喙都变成宽短，眼睛普遍变大，位置在中部略偏上的位置，出现了大方眼和变形云雷纹眼睛。对鸟类特征的表现趋于模糊，估计某些最具特征的区别已经符号化，所以刻画线条增多而造型趋同。

此处对一些不能归入以上7型的其他勺把造型做一简单介绍。这批器物绝大多数属于Ⅷ段，只有一件属于Ⅵ段，1986GSⅢT1517⑫：138，而这件器物非常神奇的是，它的眼睛是圆形眼珠、菱形眼眶的组合图案，这个图案曾在1986年的祭祀坑中大量发现，并被命名为铜眼形器。剩余均为Ⅷ段，包括3个仿生鸟头，2个是简单仿生，1986GSⅢT1515⑨：150，1986GSⅢT1113⑧C：38，1个是1980GSCDcT2（1）：19，在栩栩如生的基础上，圆形眼珠周围加上了云雷纹，形成了变形云雷纹。3个动物的头为2000GSGgT3110H104：1，1980GSCcT1（1）：68，1986GSⅢT1314⑧C：81。其中2000GSGgT3110H104：1非常有特色，是三星堆比较少见的臣字眼，并且有很多卷云纹的装饰线条。1980GSCcT1（1）：68的贴塑很有特色。1986GSⅢT1314⑧C：81有大眼及眼周的“（ ）”装饰。

2.2.4.7 第二大期Ⅸ段

前面的Ⅰ～Ⅷ段，凡能挑出相对单纯遗迹单位的，都以遗迹单位概括过该段的文化面貌，此处不再一一赘述。

T1415虽是标准探方，分类叙述的器物也非常丰富，但相关器物散见于器类分析中，难以形成整体印象，以下便以2000GSGgH22为典型单位，介绍Ⅸ段文化面貌。

2000GSGgH22属三星堆遗址Ⅸ段，大致相当于1986年Ⅲ区的⑧A层。此段面貌上从量变集聚到质变，器物面貌发生了较大的改变。其中长颈折肩壶是本段新出现的器类，并且依目前所见，仅此段使用（图2.43）。

2.2.4.8 第二大期Ⅹ段

此段以2012GSFgT5388H11为代表。长颈折肩壶已不见，小平底钵口径进一步变小并且口径大小更为集中，显示出较高的规范化生产。盉、长颈圆肩壶仍然沿用。长颈圆肩壶的双耳已变作实心，形似而已，已无实用功能。新出现了平卷沿、颈部装饰线纹的瓮。与2000GSGgH22相比，虽然主要的器类仍在沿用，但也已经出现了较大的变化，可与第二大期Ⅸ段相区别，建议另立为Ⅹ段。

从上文小平底钵的统计计算，已经可以看出2012GSFgT5388H11与2000GSGgH22并不相同。虽然主体器类继续沿用，如盉、小平底钵、高柄豆、平底盘（小型），但新的器形也大量出现，变化的原因很可能不仅仅是社会自身的发展，还受到了外力的影响（图2.44）。

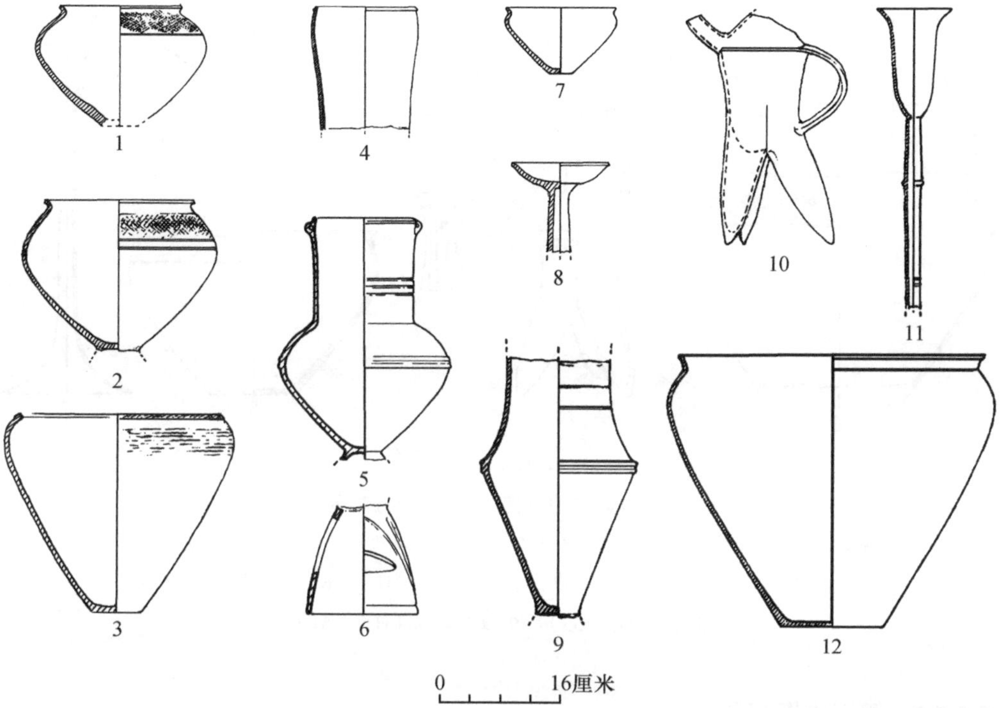

图2.43　2000GSGgH22陶器

1. 小平底罐（H22：12）　2. 圈足罐（H22：30）　3. 敛口罐（H22：37）　4、5. 长颈圆肩壶（H22：171、H22：5）　6. 镂孔圈足（H22：60）　7. 小平底钵（H22：2）　8. 高柄豆（H22：71）　9. 长颈折肩壶（H22：89）　10. 盉（H22：114）　11. 豆形器座（H22：84）　12. 侈口缸（H22：122）

2.2.5　第三大期概述

《广汉三星堆》中曾描述："1982年4月和12月我们配合砖厂取土，又在三星堆西南约三百米处，发掘了一百平方米的面积（简报正在整理中）。这里文化层堆积较薄（约1米），仅有两层，下层之堆积同三星堆晚期的堆积完全一致。上层所出的陶器与新繁水观音遗址所出相同，尤其是水观音的细泥尖底杯、尖底罐等典型器，在上层大量出现。"[①]根据这条线索，在讨论三星堆遗址后三星堆文化的第三大期时，便优先考虑了1982年三星堆第Ⅱ地点的材料。

① 四川省文物管理委员会、四川省博物馆、广汉县文化馆：《广汉三星堆遗址》，《考古学报》1987年第2期。

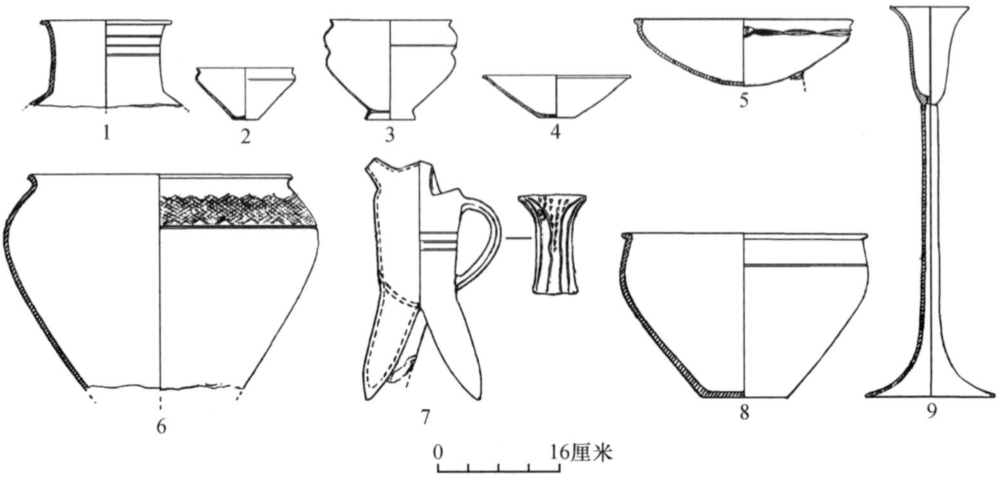

图2.44 2012GSFgT5388H11陶器

1. 长颈壶（H11：125） 2. 小平底钵（H11：41） 3. 双腹圈足钵（H11：52） 4. 平底盘（H11：54） 5. 三足盆（H11：53） 6. 深腹罐（H11：56） 7. 盉（H11：50） 8. 盆（H11：55） 9. 豆形器座（H11：51）

2.2.5.1 第三大期Ⅺ段

1982年发掘的材料据说“简报正在整理中”，但迟迟未见发表。陈显丹先生曾提及1986年发掘面积为150平方米，“发掘地层共分为6层；1至2层为农耕土和宋代层，3至6层为文化层”[①]。1982年的标本仍然使用了文化层而非自然层的概念，但因为简报没有发表，并不清楚这其间的对应关系。1982年发掘时在Ⅱ区布方4个，发掘面积100平方米，后又在Ⅰ区布方2个，追加发掘面积50平方米，故此简报的发掘数据和陈显丹先生所言有出入。目前Ⅱ区仅见两个文化层标本，Ⅰ区可见三个文化层标本，上面两个文化层大致可以对应，但Ⅰ区的（3）文化层，标本年代复杂，大约包括Ⅲ、Ⅳ、Ⅴ、Ⅵ段的器物，年代较早，此处略去不讨论。我们以1982GSⅡT1为例进行讨论。

1982GSⅡT1（2）层圈足小平底罐基本消失，代之以一种制作粗糙、腹部较深的陶罐，另有窄折沿的陶盆，唇略下折的长颈壶。新出现了一种高领小平底

① 陈显丹：《广汉三星堆遗址发掘概况、初步分期——兼论“早蜀文化”的特征及其发展》，《南方民族考古》第二辑，四川科学技术出版社，1989年，215页。

钵，领部加高，口径大于腹径，器形变得高瘦，部分较小的器形为泥质，胎极薄。在遗址中目前发现的极少，仅1982年三星堆城墙外发掘到这种口径大于肩径的高领小平底钵，但1982年此类器多为泥质陶，而其他地方发现的典型小平底钵均是夹砂陶。仍可见长颈圆肩壶，另有一种带系的长颈壶，系已上挪至与唇部相接的位置，显示出较大的改变。1982GSⅡT1（2）层出现了与三星堆一号坑B型器座形制相近的器座1982GSⅡT1（2）：296，比一号坑的要稍微大一点。1982GSⅡT1（2）层的圈足也非常有特色，足内侧较厚。虽有少量三星堆文化典型器见于1982GSⅡT1（2）层，但其已有自身独特的一组器物，与三星堆第二大期相比，已有较大的区别，当作另一大期（图2.45、图2.46）。

1982GSⅡT1（1）层与1982GSⅡT1（2）层相比器类变化不大，未见明显的演变，不宜盲目分段（图2.47）。

1982GSⅡT2（1）层出有尖底杯、侈口尖底盏（图2.48）。

2.2.5.2 第三大期Ⅻ段

T5388H5、T5388⑤

目前所见的三星堆文化器物有一个特色，便是多小型器、多水器（尊、壶之类），少大型储藏器。T5388晚于H11的堆积虽厚达1米，但堆积形成的时间并不长。小型器以尖底盏、尖底杯、方唇圈足罐（多薄胎）为主。在圈足上，新出现了外撇的、足缘上翘或足内侧加泥条的小圈足。至此，三星堆文化主要器类组合发生更改。由原来的豆类器、小平底罐、小平底钵、篦形器组成的器类组合转变为尖底盏、尖底杯、方唇圈足罐、厚唇高领罐、厚唇缸等。文化主体或已发生改变（图2.49）。

大型器物上，加厚唇是这一时代非常典型的特征。无论瓮、罐、缸，都有一个附加泥条后夸张的厚唇（图2.50）。

2.3 三星堆遗址的分期与年代

三星堆遗址是一个发掘多年、学术界很关注的著名遗址，其分期研究并不是一个新鲜的话题。为了讨论方便，本文在对器物的分析中便不断提出分期分段的判断，尤其是分段，基本根据器物和典型单位进行双重讨论，只是并未完全合并成期。

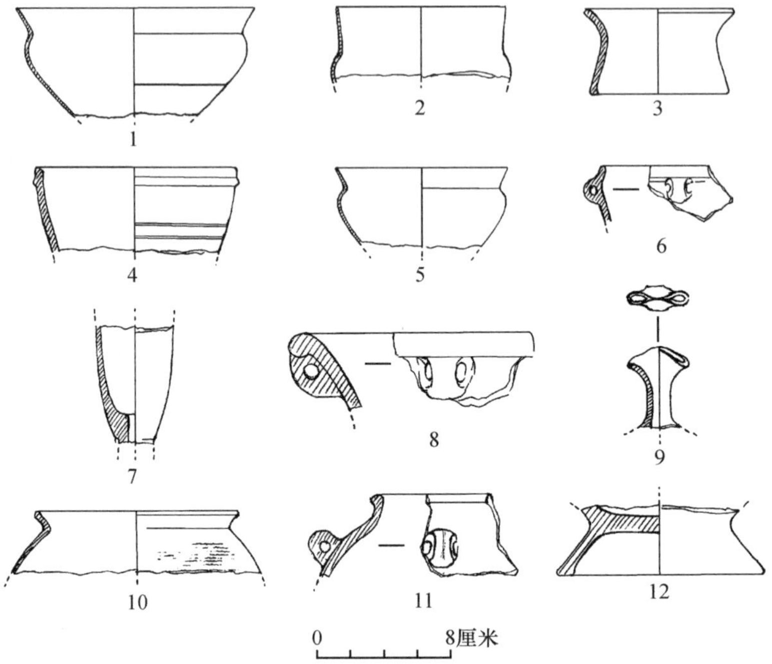

图2.45 1982GSⅡT1（2）层小型陶器

1、5. 高领小平底钵［T1（2）：212、T1（2）：188］ 2. 尖底杯［T1（2）：215］ 3. 器座［T1（2）：296］ 4. 壶［T1（2）：229］ 6. 长颈圈足壶［T1（2）：227］ 7. 豆形器座［T1（2）：285］ 8. 高领瓮［T1（2）：222］ 9. 器盖［T1（2）：274］ 10. 小平底罐［T1（2）：312］ 11. 带耳罐［T1（2）：191］ 12. 圈足［T1（2）：307］

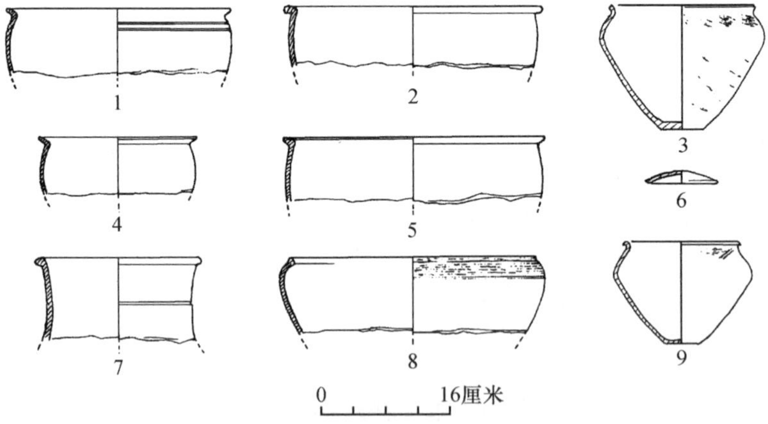

图2.46 1982GSⅡT1（2）层大型陶器

1、2、4、5. 盆［T1（2）：256、T1（2）：254、T1（2）：261、T1（2）：260］ 3、9. 小平底罐［T1（2）：1、T1（2）：33］ 6. 器盖［T1（2）：10］ 7. 长颈壶［T1（2）：199］ 8. 敛口瓮［T1（2）：219］

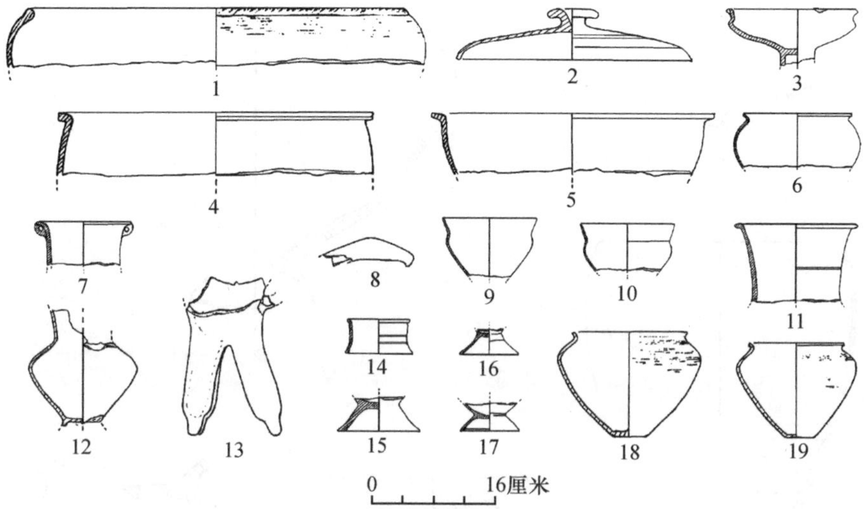

图2.47　1982GSⅡT1（1）层

1. 敛口瓮［T1（1）：86］　2. 器盖［T1（1）：9］　3. 高柄豆［T1（1）：38］　4、5. 盆［T1（1）：121、T1（1）：120］　6、18、19. 小平底罐［T1（1）：11、T1（1）：3、T1（1）：7］　7、11、12. 长颈壶［T1（1）：97、T1（1）：53、T1（1）：32］　8. 勺［T1（1）：34］　9、10. 高领小平底钵［T1（1）：76、T1（1）：75］　13. 盉［T1（1）：37］　14. 器座［T1（1）：166］　15～17. 圈足［T1（1）：173、T1（1）：182、T1（1）：140］

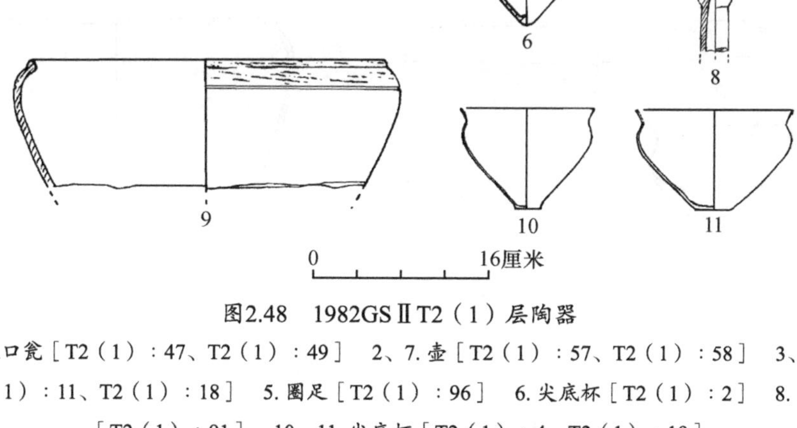

图2.48　1982GSⅡT2（1）层陶器

1、9. 敛口瓮［T2（1）：47、T2（1）：49］　2、7. 壶［T2（1）：57、T2（1）：58］　3、4. 尖盏［T2（1）：11、T2（1）：18］　5. 圈足［T2（1）：96］　6. 尖底杯［T2（1）：2］　8. 豆形器［T2（1）：91］　10、11. 尖底杯［T2（1）：4、T2（1）：19］

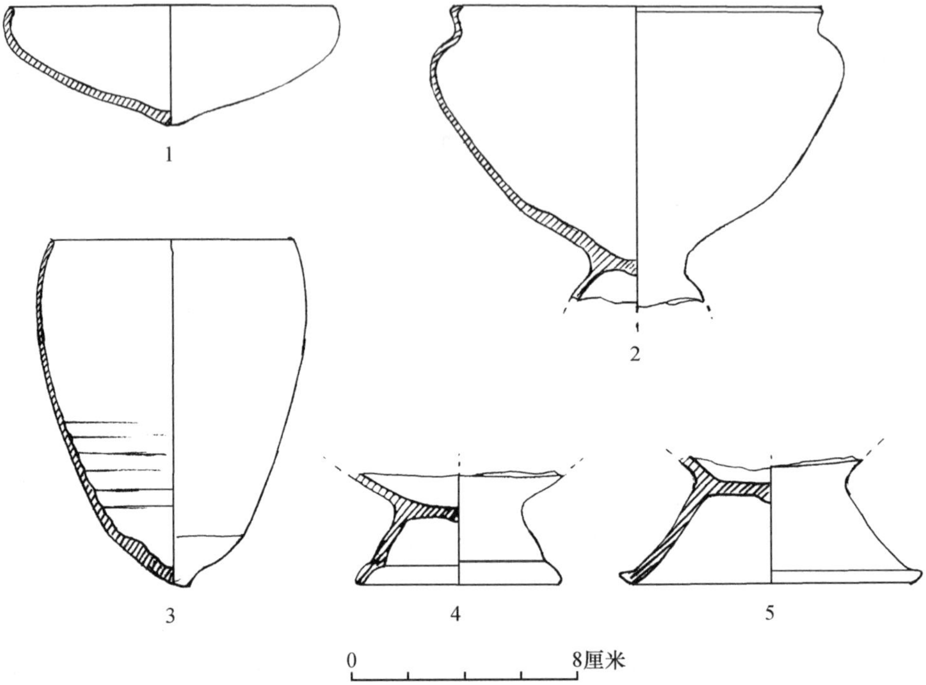

图2.49　T5388H5、T5388⑤层小型陶器

1. 尖底盏（T5388H5：30）　2. 方唇圈足罐（T5388⑤：38）　3. 尖底杯（T5388H5：24）　4、5. 圈足（T5388H5②：94、T5388H5：98）

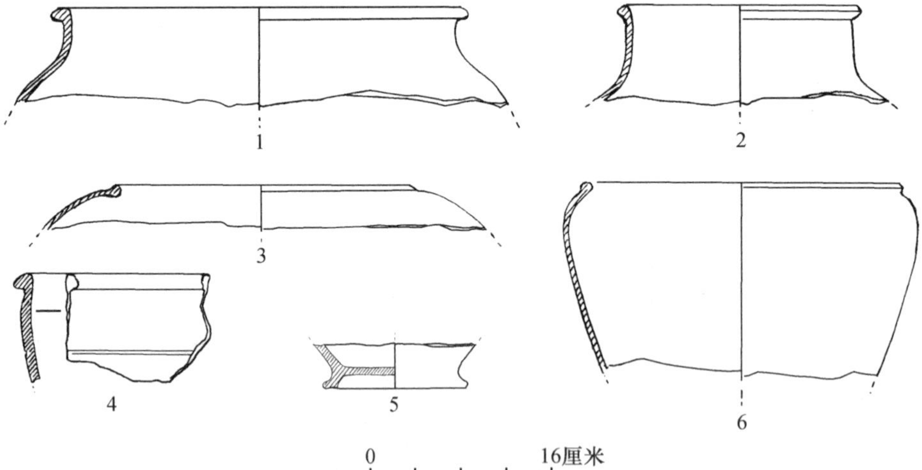

图2.50　T5388H5、T5388⑤层大型陶器

1、2. 高领罐（T5388⑤：185、T5388⑤：179）　3、6. 敛口瓮（T5388⑤：17、T5388⑤：150）　4. 缸（T5388H6：10）　5. 圈足（T5388H5③：92）

分期分段之外的另一个重要问题是绝对年代的判断。三星堆遗址不是一个孤立的遗址，其器物可与周边遗址比对。尤其是一号坑、二号坑的发现，出土的尊、罍可与城固、盘龙城直接对比。这种比对获得的相对年代与^{14}C测定的绝对年代之间，同则皆大欢喜，异则各自为难。但作为考古学家，还是倾向于通过相对序列和^{14}C测年之间的反复验证来获得年代。

对于^{14}C测年与相对年代之间存在的问题，四川地区是常常听到测年数据偏早的议论。这也造成四川地区在讨论遗址年代的时候，总是倾向于比较相对年代，再根据相对年代以商周这样的朝代来讨论遗址在绝对年代的位置。对于^{14}C测年数据，不得不用，又往往敬而远之。

当然，本书的讨论并不能彻底解决这些问题，但一些讨论也总能有所裨益，希望能对相关研究的推进有所促进。

2.3.1　三星堆遗址的分期探讨

三星堆遗址大致可分为三个大的时期，共细分为12段。

第一大期可分为4段，其中Ⅰ、Ⅱ段出土物较少，主要是泥质宽沿尊、夹砂花边口沿尊（山字形花边口沿尊）、喇叭口壶、豆。罐一般大口，口径和最大腹径接近。Ⅲ段夹砂花边口沿尊衰落，盘口尊崛起，宽沿尊盘口化。Ⅳ段宽沿尊、盘口尊一起衰落，窄折沿盆兴起，罐的型式更加丰富，但口径普遍缩小，明显小于最大腹径。与Ⅰ、Ⅱ、Ⅲ段宽沿器相比，Ⅳ段的审美出现明显的改变，应单独为第二期。

一期Ⅰ段分布很少，面貌不是特别清楚，已知典型器为山字形花边口沿尊，A、B型宽沿尊和A型、BⅠ式喇叭口壶。

一期Ⅱ段以CⅠ式、Ⅱ式宽沿尊，CⅠ式喇叭口壶为典型器。

一期Ⅲ段以BⅡ式、CⅡ式、CⅢ式、CⅣ式喇叭口壶、盘口尊为典型器。

二期Ⅳ段以窄折沿尊、罐为典型器。

三期Ⅴ段为过渡阶段，虽不足以立大期，但文化面貌与前后均有关联，又与前与后相区别，总体来说，器类上接近第二大期，是第一大期与第二大期之间的过渡期，当另作三期。

三期Ⅴ段典型器为平圜底豆盘、卷沿深腹罐、螺旋纹高柄豆形器座。

第二大期可分为5段，即以T1415为标准方的1986年度三星堆Ⅲ区分析确定的4段，加上以2012GSFgT5388H11为代表的Ⅹ段。这5段可分为三期（图2.51）。

四期Ⅵ段器类不丰，新出现小平底罐、勺、觚、缸等。

五期Ⅶ段在延续Ⅵ段的基础上出现了新的器形，如盉和小平底钵，尤其是小平底钵的出现，标志着第二大期进入了一个新的发展阶段。

五期Ⅷ段主要是延续Ⅶ段，同时出现了袋足腰沿釜、长颈圆肩壶。

六期Ⅸ段出现了大量新的元素，比如高柄豆形座从碗形向瘦长的杯形转变，长颈圆肩壶和长颈折肩壶型式丰富。Ⅹ段则进一步向器类型式非常丰富发展，物质的丰富和多型式共存，显示出一个创新、开放、活跃的社会。Ⅸ段、Ⅹ段出现的新器形不多，所占比例也不大。唯有丰富是这一阶段最显著的特征。与前3段差异明显，应同归于六期。

第三大期最大的特征在于尖底器的出现。Ⅹ段与Ⅺ段、Ⅺ段与Ⅻ段间的演变关系并不明确，中间似有缺环。Ⅺ段、Ⅻ段当各自单独成期，即以1982GSⅡT1②、①层，1982GSⅡT2①层代表的七期Ⅺ段，和以T5388H5、T5388⑤层为代表的八期Ⅻ段。

因三星堆遗址多有学者进行过分期，现将各位学者的分期与本文的分期做一比对，以方便比较，后文有引用各位学者大作时，此便不再一一注解相当于本文的何期何段（表2.10）。

表2.10 三星堆遗址不同分期对比表

<table>
<tr><th colspan="3">本文分期</th><th>工作站</th><th>江章华</th><th>孙华</th></tr>
<tr><td rowspan="4">第一大期</td><td rowspan="3">一期</td><td>Ⅰ</td><td>未识别</td><td>未识别</td><td>未识别</td></tr>
<tr><td>Ⅱ</td><td rowspan="3">三星堆一期</td><td rowspan="2">宝墩文化一、二期</td><td rowspan="3">三星堆一期1段</td></tr>
<tr><td>Ⅲ</td></tr>
<tr><td>二</td><td>Ⅳ</td><td>宝墩文化三期</td></tr>
<tr><td>过渡期</td><td>三期</td><td>Ⅴ</td><td rowspan="3">三星堆二期</td><td>宝墩文化四期</td><td>未识别</td></tr>
<tr><td rowspan="5">第二大期</td><td>四</td><td>Ⅵ</td><td rowspan="2">三星堆文化一期</td><td rowspan="2">三星堆二期2段</td></tr>
<tr><td rowspan="2">五期</td><td>Ⅶ</td></tr>
<tr><td>Ⅷ</td><td>三星堆三期</td><td>三星堆文化二期</td><td>三星堆二期3段</td></tr>
<tr><td rowspan="2">六期</td><td>Ⅸ</td><td rowspan="4">三星堆四期</td><td>三星堆文化三期</td><td>三星堆二期4段</td></tr>
<tr><td>Ⅹ</td><td>未识别</td><td>未识别</td></tr>
<tr><td rowspan="2">第三大期</td><td>七</td><td>Ⅺ</td><td rowspan="2">十二桥文化</td><td>三星堆三期6段①</td></tr>
<tr><td>八</td><td>Ⅻ</td><td></td></tr>
</table>

① 三期5段的代表单位为三星堆一号坑。孙华：《试论广汉三星堆遗址的分期》，《四川盆地的青铜时代》，科学出版社，2000年，57页。

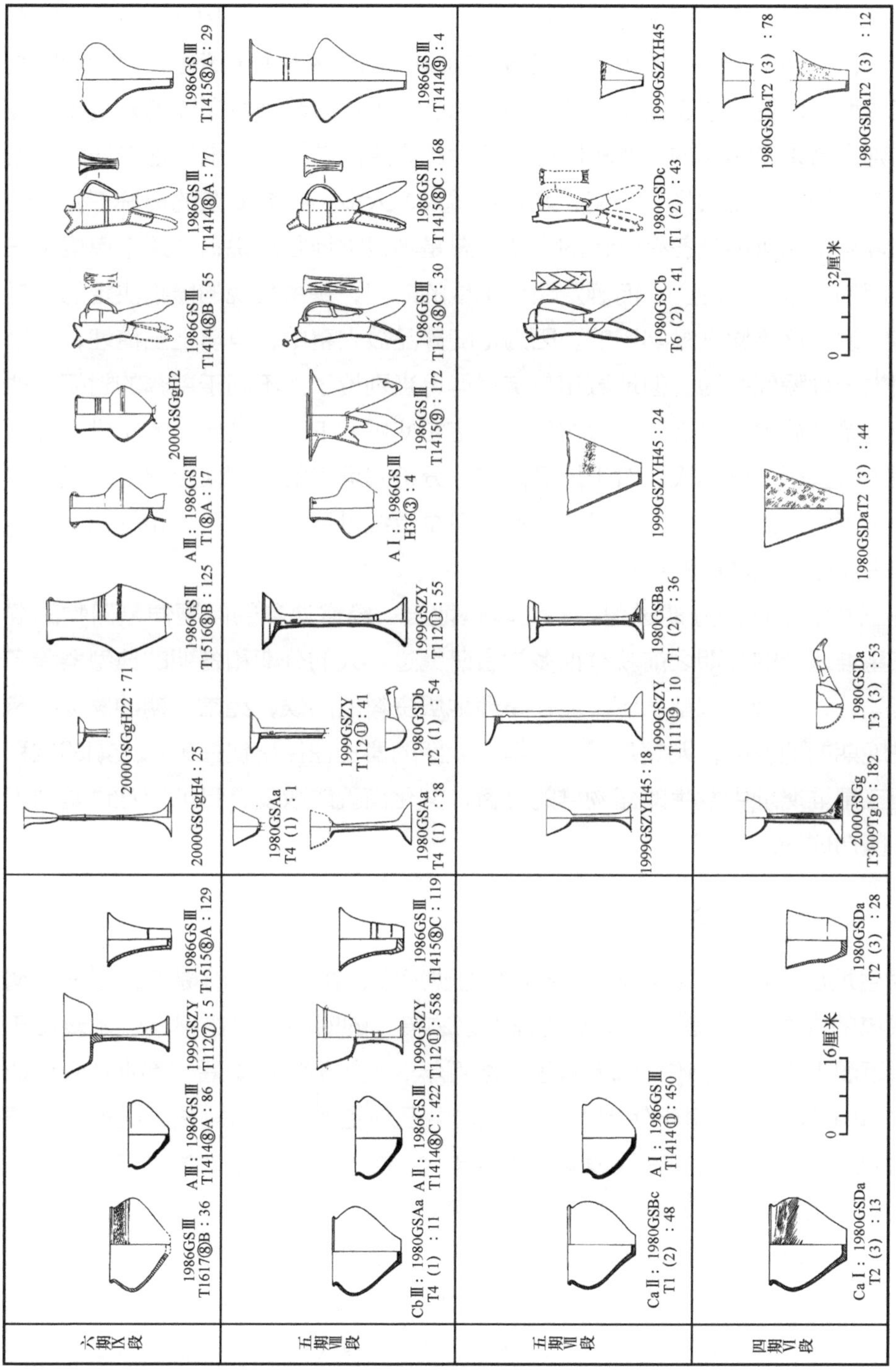

图2.51 三星堆遗址第二大期分段陶器图

三星堆遗址的分期分段是以器物为主体的分析，行文分析中几乎是集所有发掘所获，找到相对纯净的单位。但器物期段的判断并不等于遗迹单位的期段判断。三星堆遗址是一个连续使用的中心城邑。这种连续给器物期段的判定和单位期段的判定带来了很大的干扰和困惑。因为社会生活总是循序渐进地发展。不太可能一夜之间二期就取代了一期。尤其是城大、人多、社会复杂的情况下，不同地点的堆积成因可能是各有特色的。我们总是不自觉地归纳说：“这个单位是三期的，而那个是二期的。”而确定遗迹单位的时间，是由最晚的器物决定的。对于墓葬来说，这条原则是实用的。因为把随葬品放入墓中，再填上土掩埋，几乎可以视为一种瞬间行为。但地层和灰坑就得另当别论了。不同于墓葬的封闭，地层和灰坑是开放的，最晚的包含物只能决定它使用的下限或者废弃的年代，并不能代表上限甚至主体年代。对于地层而言，分析其堆积的成因便显得尤为重要，但这一步工作，如果不全面地了解资料，只是看经过层层选择再公布的标本，恐怕很难去还原堆积形成的过程。

在三星堆遗址的分期过程中，尤其是地层，经常遇到的问题便是器物的混杂。三星堆遗址的分期之前就有很多学者研究过。大的分期和各期的典型器除了少数有争论，其余大家都认可。但在整理地层资料的时候，经常早期的器物大量出现在晚期的地层中，尤其是三星堆第一大期的器物往往出现在第二大期的堆积中。而三星堆遗址中发生的器物群的交替、文化面貌的改变，目前很难说是内因还是外因造成的。

2.3.2 绝对年代的分析与推定

原生地层、地层判断准确、样品不出现污染，在这三个前提下，于一个遗迹中采集的^{14}C标本数据一般是不会晚于遗迹废弃的时间。但是早期的木炭由于种种原因混入晚期的遗迹，或者是生长数百年的大树焚烧成炭后，都难免会让遗迹的^{14}C早于甚至远远早于使用的年代。如果遗迹使用的时间较长，测得的是遗迹开始使用的数据，若要去代表遗迹废弃年代，或是以废弃的数据去代表遗迹主要的使用年代，存在偏差则是必然的。而绝对年代在目前的讨论中，往往对应的不是遗迹，而是器物，即测的是遗迹的年代，但想说明的是遗迹中残存器物对应的绝对年代。尤其是在小尺度讨论序列的绝对年代时，^{14}C测年数据更难如意。当然，若在打破关系复杂的情况下，有可能部分晚期遗迹中的遗物混入了早期单位，并且，考古遗迹现象仍然是宏观的遗迹现象，叠压打破的相对早晚，是相对于人类的活动而言，对于微观世界，这个边界并不存在。对于较大的陶片，扰动的可能性较小，而对于体量相对较小的炭化植物种子，扰动随时可能发生，并且难以从宏观上观察到，这一点不能不时时警惕。

总之，对^{14}C样品采样情况的记载越精确，就越能反思和讨论相对年代与^{14}C测年间的匹配问题。

既然^{14}C测年与我们相信它代表的年代之间存在这样那样的偏差，考古学家在使用^{14}C数据时最好是分析、讨论之后再采纳，比直接列出数据，再择己所需，或者一概否定要好得多。但对于没有详细记载的^{14}C，我们应该用什么标准来判断哪些我们应该相信，哪些可能偏早，哪些可能出现扰动呢？这个问题，仍然可以用地层学和类型学来解决。

本文使用的^{14}C测年数据很遗憾也没有采样环境信息。本文拟在第一层面采用地层学进行分析，即对于有直接叠压打破关系的一组数据，在地层上晚的单位的数据不能早于地层上早的单位。年代相近的地层出现相近的数据，会优先考虑，即便出现早于地层上更早的单位，也谨慎讨论后决定取舍。对于没有直接叠压打破关系的单位，拟用类型学方法，根据出土器物对应到成系列的数据关系中，再经过相对早晚关系检验。通过这样的筛选，即便所获的数据未必100%代表遗迹中残存器物的年代，但至少能更贴近残存器物的年代，只要数据够多，相互校正，总能越来越接近真实的绝对年代。

三星堆遗址公开发表的^{14}C数据一共有28个，其中13个数据所出单位未见标本，无法判断相对年代，排除，另有两个数据单位不能明确，排除，剩下13个数据参与讨论（表2.11）。1986年Ⅲ区是本文重点分析的发掘点，T1415及其邻方T1416是重点讨论对象，T1516与T1416相邻。正好1986年送测样本集中在这几个探方。因为同一单位有分送北京大学和中国社会科学院两个^{14}C实验室分别测年的情况，所以我们在讨论中使用唯一的实验室编号来指代样本，为避免行文冗余，“±”号后面的年代波动范围或不叙述。

表2.11　已公布^{14}C数据表

实验室编号	样品单位	样品类型	^{14}C周期5568	送测单位	出处	标本年代
BK-82058	1982GST1①	木炭	3660±80	四川省博物馆	BK 六	Ⅺ段
ZK-1138	1982GST1①	木炭	2790±70	四川省博物馆	ZK 一一	Ⅺ段
BK-92084	1991GSDF7011⑯	木块	4260±110	三星堆工作站	BK一〇	Ⅸ段
ZK-2496	1988GST114⑨	木炭	3120±115	三星堆工作站	ZK 一八	Ⅷ段
ZK-2102	T1516⑧B	木炭	3510±80	四川省文管会	ZK 一四	Ⅸ段
BK-86045	T1516⑨	木炭	3880±80	四川省文管会	BK 八	Ⅷ段
BK-86047	T1415⑧B	竹木炭	3600±100	四川省文管会	BK 八	Ⅸ段
ZK-2101	T1415⑨	竹/木炭	3500±75	四川省文管会	ZK 一五	Ⅷ段
ZK-2105	H36③	木炭	3500±75	四川省文管会	ZK 一四	Ⅷ段
ZK-2103	T1415⑪	木/竹炭	3450±80	四川省文管会	ZK 一五	Ⅶ段
BK-86046	T1416⑭	木炭	4090±80	四川省文管会	BK 八	Ⅱ段
ZK-2104	T1416⑭	木/竹炭	4050±85	四川省文管会	ZK 一四	Ⅱ段
ZK-2326	1989GST705⑪	木炭	3430±170	四川省文物所	ZK 一八	Ⅲ段

第一大期的测年单位有T1416⑭和1989GST705⑪。其中T1416⑭有两个测年数据，BK-86046（4090年±80年）和ZK-2104（4050年±85年），这两个测年数据相差40年，可视为相近，作为第一大期Ⅱ段绝代年代判断参考。1989GST705⑪出土盘口尊，年代上与1980GScT2（2）相当，属第一大期Ⅲ段，但测年数据ZK-2326（3430年±170年），和Ⅱ段的BK-86046和ZK-2104数据相差600年，Ⅱ段到Ⅲ段的变化幅度不支持这么长的年代跨度，所以显然不对，应该排除。

第二大期的测年数据可以分为三组。

第一组是以T1415⑪层为代表第二大期Ⅶ段，测年数据1个，ZK-2103（3450±80）。

第二组是以1988GST114⑨、T1516⑨、T1415⑨和H36③为代表的Ⅷ段，测年数据分别为ZK-2496（3120±115）、BK-86045（3880±80）、ZK-2101（3500±75）、ZK-2105（3500±75）。其中H36开口于T1415⑨下，二者的测年数据，ZK-2105和ZK-2101，均为3500。年代偏早的T1516⑨的测年数据BK-

86045（3880±80），与Ⅱ段数据仅相差200年，间隔5段，平均每段只有40年，对三星堆的分期节奏来说，也明显不合。所以BK-86045测年数据应直接舍弃。

但第二期的数据存在矛盾的地方，因为Ⅶ段的T1415⑪（ZK-2103）晚于Ⅷ段H36③（ZK-2105）和T1415⑨（ZK-2101），所以如果采信了Ⅶ段的ZK-2103，就必须舍弃Ⅷ段ZK-2105和ZK-2101。为了谨慎起见，我们将分别讨论如果采信ZK-2103和采信ZK-2105和ZK-2101的绝对年代分析。而同为Ⅷ段的测年数据1988GST114⑨（ZK-2496）与ZK-2105和ZK-2101相差300多年，也只能采信一个。但如果采信Ⅶ段的ZK-2103，则可以同时采信Ⅷ段的ZK-2496。

第三组是以T1415⑧B和T1415⑧A为代表的Ⅸ段。包括1991GSDF7011⑯的测年数据BK-92084（4260±110）、T1516⑧B层的ZK-2102（3510±80）、T1415⑧B层的BK-86047（3600±100）。其中BK-92084年代太早肯定被排除，BK-86047、ZK-2102年代比Ⅶ段的ZK-2103和Ⅷ段ZK-2105和ZK-2101数据都早，意味着两组^{14}C序列都无法插入。

第三大期仅有一个单位1982GST1①，作为三星堆遗址80简报分期中第四期和本文第三大期Ⅺ段的代表，已属于十二桥文化范畴，在年代上是晚于T1415⑧A的。它的两个测年数据，BK-82058和ZK1138，BK-82058的测年数据3660±80比1986年⑨、⑧B层的测年数据都早，所以应该排除BK-82058测年数据，采用ZK1138。

根据上文分析，我们将^{14}C数据分别排列成两个序列。第一个序列数据为BK-86046、ZK-2104、ZK-2103、ZK-2496、ZK1138（图2.52），第二个序列数据为BK-86046、ZK-2104、ZK-2105、ZK-2101、ZK1138（图2.53）。将这两组数据分别用oxcal3.10软件计算校正图。

同时，笔者借用一组2013年仓包包城墙发掘的测年成果来检验这样的排除方法和验证序列。但因为资料并未发表，发掘也并未整理，只能借助地层关系，具体的排除方法与上文一致①。从12个数据中，排除7个数据，留下5个数据。其中，2013GSHfY3年代最早，出土了形制最早的小平底罐，出土器物与1980GSDaT2（3）和T1415⑫相似，属第二大期Ⅵ段，绝对年代

---

① 地层关系由四川省文物考古研究院三星堆工作站雷雨、焦中义提供。年代由北京大学考古文博学院^{14}C实验室测定。

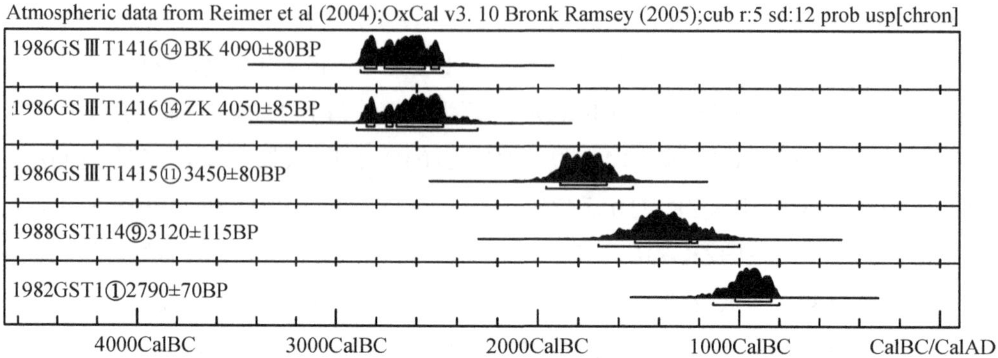

图2.52　第一组^{14}C测年校正图

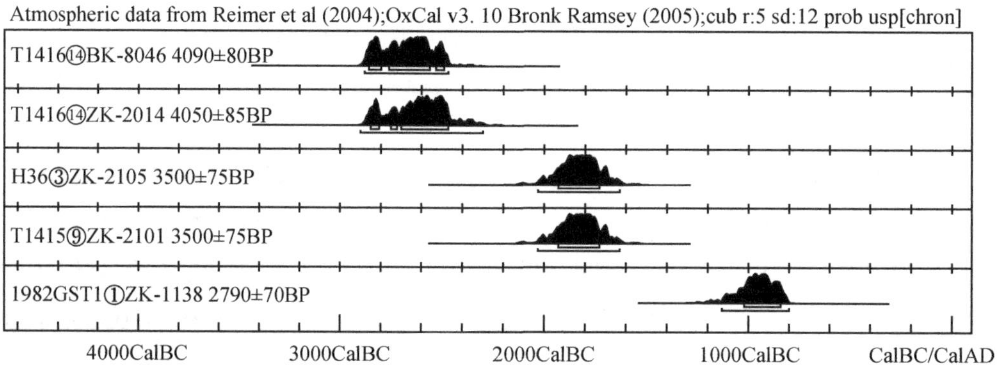

图2.53　第二组^{14}C测年校正图

在公元前1900～前1800年范围。2013GSHFG6与仓包包城墙修建年代相当，2013GSHFG3、2013GSHFH19、2013GSHFH17则是城墙使用过程中，在城墙上形成的堆积。

经过仓包包数据的检验，上文两组^{14}C数据中，第一组数据与仓包包数据可相互印证，数据之间没有冲突。故此，我们采信第一组^{14}C数据作为绝对年代分析的基础数据。并把仓包包的测年数据和第一组数据按所属的段和测年数据进行混排（图2.54）。可以看到从Ⅵ期的2013GSHfY3到Ⅷ期的88GST114⑨，测年从公元前1900年到前1400年，前后衔接和排列的非常漂亮，也为第二大期Ⅵ-Ⅷ段绝对年代推测，提供了一个非常好的分析基础。

由此可见，虽然三星堆遗址历年的^{14}C测年数据不少，但经过分析之后，能用的数据并不多。因为地层的扰动存在着各种复杂的可能，不加区别的盲目采

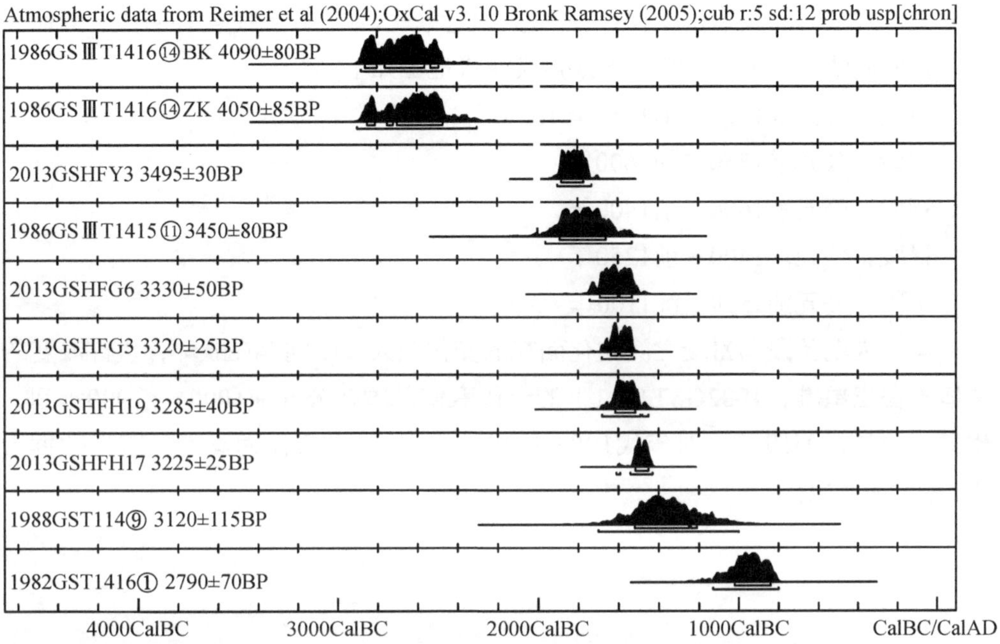

图2.54　^{14}C测年综合校正图

信，就会造成绝对年代的误判。我们从28个数据中选择13个数据进行分析，经过排除，只选择其中的5个数据来构建三星堆遗址的绝对年代框架，严格地说，这是远远不够的。三星堆遗址“十二五”规划期间，进行了更多的^{14}C采样和测年，未来可以在仔细分析的基础上，对绝对年代框架进行进一步的细化。

第一大期因为只有出于同一单位的两个数据，虽然数据近似，但没有经过和其他数据的校正， 出现偏差的概率比较大。T1416⑭约为Ⅱ段，测年在公元前2700～2500之间，这一段因为可以比较的数据太少，所以放到第三章结合桂圆桥遗址的数据再进行分析。

根据仓包包测年数据的补充，Ⅵ段的开始时间大约是公元前1900年，T1415⑪代表的Ⅶ段^{14}C校正年代在公元前1850～前1700年之间，仓包包城墙的修建大约在Ⅷ段，测年范围在公元前1700～前1500年，另一个Ⅷ段1988GST114⑨的测年范围峰值是公元前1400年左右。Ⅷ段的绝对年代不宜太长，综合来看，定在公元前1600～前1400年，持续时间约200年，比较合适。Ⅵ段、Ⅶ段平均每段150年，即从公元前1900延续到公元前1600年，就与仓包包测年数据及T1415⑪

不冲突，并且时间长短也比较合理。假设Ⅸ段、Ⅹ段的年代跨度与Ⅵ段、Ⅶ段类似。我们大致可以推定，第二大期各段年代范围如下：

Ⅵ段，公元前1900～前1750年

Ⅶ段，公元前1750～前1600年

Ⅷ段，公元前1600～前1400年

Ⅸ段，公元前1400～前1250年

Ⅹ段，公元前1250～前1100年

第三大期Ⅹ段与Ⅺ段之间文化面貌的变化较大，中间存在缺环，也许演变的主体不在三星堆，1982GST1（1）的年代取值范围在公元前1000～前900年间，也基本可信。Ⅺ段的绝对年代1982GST1（1）的数据仅作为参考，因为数据太少，暂时不讨论。

第三章　成都平原考古学文化序列

通过第二章的分析，三星堆遗址的年代序列基本确立。三星堆遗址不是孤立的存在，其兴起、发展和衰亡是成都平原社会经济发展和政治势力消长的结果。三星堆遗址从一个普通的聚落发展为成都平原的区域中心，再到最后被废弃，其兴衰过程是整个成都平原格局演变的一部分，折射了成都平原文化演进这一宏伟的社会进程。这些来自几千年前的遗物，让我们可以从考古的视角，用考古学文化和文化序列来分析、推测、窥探这一段隐秘的历史。对三星堆遗址的变化原因的深入探讨，必须建立在理解成都平原的考古文化面貌和遗址空间分布的基础上。要更深入地了解三星堆，就必须先走出三星堆遗址，去了解三星堆遗址的时空背景——公元前3000～前1000年左右的成都平原。

要讨论一个区域在时间尺度上的变化，首先要建立的是这个区域的时间刻度，也就是成都平原的考古学文化序列。

成都平原考古学文化序列不是一个新问题，从20世纪80年代以来，学者们多有探讨，基本框架已经搭建。这些卓有成效的工作，包括三星堆遗址四期的划分，宝墩文化—三星堆文化—十二桥文化—新一村文化/汪家拐文化这样的考古学文化序列的建立。这些慢慢建立起来的成都平原文化发展刻度，把叠压在一起的文化现象按时间轴分离出来，延展出一个个鲜活的社会生活场景，丰富了我们对成都平原没有文字记载的早期社会阶段的认识。

三星堆遗址可分为三大期，第一大期最早的Ⅰ段与成都平原目前发现的最早的遗址——桂圆桥遗址器物上可衔接，第一大期的文化面貌与成都平原新石器晚期宝墩文化相似。第二大期最早在三星堆遗址被识别，孙华先生和江章华先生都将其作为三星堆遗址最有代表性的遗存，建议命名为“三星堆文化”①。第三大期遗址逐渐走向衰落，目前遗址内的已有标本不能建立第三大期器物清晰的型式演变链条。从构建三星堆遗址分期到探讨成都平原考古学文化序列的转变，其中最重要的是三星堆遗址第一大期之前的序列延伸和第三大期陶器序列的完善。

3.1 成都平原新石器文化晚期文化序列

成都平原目前发现最早的遗址是新石器时代晚期的桂圆桥遗址，位于成都平原北部的什邡市东郊回澜镇玉皇村二、三组，西距龙门山约20千米。2009年4月，在什邡市第三次全国文物普查中发现。同年由四川省文物考古研究院联合德阳市博物馆和什邡市博物馆进行大规模发掘。遗址从叠压于三星堆一期下的地层中发现了之前未见于成都平原的陶器，从而确认桂圆桥遗址为成都平原迄今为止最早的新石器晚期遗址。

3.1.1 桂圆桥遗址的分期

在已经发表的简报②中，桂圆桥遗址被分为三期。简报限于体例和篇幅，主要以H20、F1、T11⑤、T12⑤、H29为代表介绍了这三期的典型器类，但并未说明分期的依据和这三期器物间的变化、关联。只是选取了最典型、最明晰的遗迹单位中的典型器物组合勾勒出各期器物群的大致轮廓。很多重要的信息，如陶质、陶色、纹饰等都限于篇幅，未曾发表。

在《桂圆桥遗址与成都平原新石器文化发展脉络》③一文中，补充了一些相关重要信息，但也比较零星，难以形成完整的印象。所以在这里侧重于介绍桂圆桥遗址新石器晚期的分期依据和各期总体特征。通过类型学揭示文化演变的脉

---

① 孙华：《试论广汉三星堆遗址的分期》，《南方民族考古》第五辑，四川科学技术出版社，1993年；孙华：《四川盆地青铜文化初论》，《四川盆地的青铜时代》，科学出版社，2000年；江章华、王毅、张擎：《成都平原先秦文化初论》，《考古学报》2002年第1期。

② 四川省文物考古研究院、德阳市博物馆、什邡市博物馆：《四川什邡桂圆桥新石器时代遗址发掘简报》，《文物》2013年第9期。

③ 万娇、雷雨：《桂圆桥遗址与成都平原新石器文化发展脉络》，《文物》2013年第9期。

络，形成相对完整的文化印象。

如简报所言，桂圆桥遗址南区中部的地层可以统一划分为6层①。由于是第一次且仅有的一次发掘，加之桂圆桥遗址的地层尤其是早期地层的分布情况也比较复杂，所以并未在工地上统一地层，而是在后来的整理中，综合各探方地层分布及出土物后确定的。

桂圆桥遗址最早的地层是第⑥层，简报选取了开口于TN01E03⑤层下的H20（图版九）作为一期的典型遗迹进行介绍。H20的陶质陶色统计显示（图3.1），H20以夹粗石英颗粒绳纹厚胎红陶（以下简称“夹粗砂红陶”）（图版六，1）为主，比例高达78.6%，这是通过统计陶片数量得出的比例。如果从重量上加以比较的话，H20夹粗砂陶的比重高达83.7%，泥质陶仅占9%，碎片占7.3%。

由于H20中夹粗砂大型陶罐的比重过高，很难说H20与⑤层下其他遗迹的差异，到底是时代早晚的差异，还是因功用不同造成的器类的差异。而且，如前文所言，桂圆桥遗址早期地层的分布情况非常复杂，6个地层在大多数地点都不是全部分布。而对最早期地层认证的最重要的标准，来自于该地层是否出有标志性的夹粗砂红陶。而对同是⑤层下遗迹年代早晚的判断，夹粗砂红陶也是其中非常重要的标准。目前，出这种夹粗砂红陶的地层都直接叠压在生土上，这是目前认定此类器物为最早器类的一个重要依据。但⑥层与⑤层的年代差距和器物群的差异到底有多大，确实是一个需要扎扎实实讨论的问题。

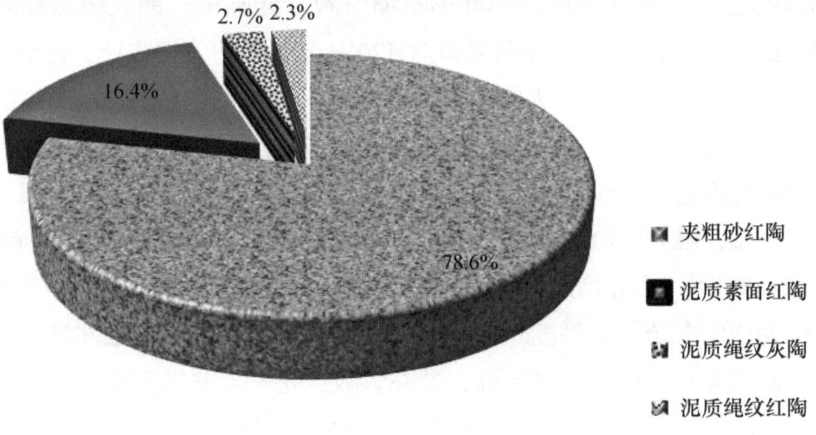

图3.1 H20陶质陶色比例图
（依陶片数量）

① 地层描述见《四川什邡桂圆桥新石器时代遗址发掘简报》。

3.1.1.1 桂圆桥一期

作为桂圆桥遗址最早地层的⑥层，在整个遗址中的分布非常零星，出土物均以夹粗砂红陶为主。部分出土的器物显示出比H20更早的特质。例如，TN07E08⑥：3、TN07E08⑥：10（原编号TN07E08④：3、TN07E08④：10）便是红陶重唇口口沿。此外，还出有一件敞口尖底绳纹钵（图版一〇），钵内泥条盘筑痕迹非常明显，从器形、器内制作痕迹及外表的细绳纹装饰看，此件钵很像是由小口尖底瓶底部改制而成。因钵为盛放器，敞口的器形使得内壁一览无余，所以内壁一般制作精致、打磨光滑。此件钵内壁泥条盘筑痕迹未经修整，推测当是在尖底瓶损坏后，才被改制成尖底钵。

TN07E08⑥层下有一烧土面S1，所出器物也多是夹粗砂红陶，唯器壁略薄。邻方TN07E09⑥层土质土色与TN07E08⑥层相同，均为黄褐色含沙黏土层，下面也有一红烧土活动面。TN07E08⑥层下红烧土活动面分布于探方东南部，TN07E09⑥层下红烧土分布于探方西南部，推测为同一遗迹（编号S1）。TN07E09的红烧土中也出有一件夹砂红陶绳纹深腹罐，夹石英粗砂，通体绳纹，有很细的按捺形成褶皱的条带。

H20夹粗砂红陶火候不高，器形较大，内壁可见片状裂痕（图版六，1），当是陶片贴塑成形后烧制过程中受热收缩所致。桂圆桥一期夹粗砂红陶占据绝对优势，此外便是泥质陶。根据笔者对H20出土陶片的分类统计，H20陶片总量为1235片，约39千克。其中夹粗砂红陶占78.6%，其中绝大部分为绳纹陶，其次为泥质素面红陶，占16.4%，泥质绳纹灰陶占2.7%，泥质绳纹红陶占2.3%。早于H20⑥层中也多见夹粗砂红陶片，并且往往是根据此类陶片判定为⑥层。此层下少有遗迹分布，唯有TN07E08、TN07E09下有遗迹S1，出土物与H20略有不同。

是以桂圆桥一期或可以分为两段。只是早段遗迹太少、出土物亦不丰，器形单调。作为重要参照的典型器——重唇口瓶口部虽有两件，但都非常碎小。而目前成都平原尚无其他遗址可供验证、补充。故这是一条非常重要的线索。

S1所出器物及小口尖底瓶或可定为桂圆桥一期早段。典型器为夹粗砂绳纹敞口罐、细绳纹小口尖底瓶。

因一期典型单位不多，陶片亦少，文化面貌十分不清楚。加上很多器形仅有几件，甚至仅有一件，而且可辨者多仅存口沿，缺乏完整器。在这种情况下贸然分型分式可能适得其反。所以对一期仅仅按单位介绍，并有分型分式的尝试，以便于提供一个视角更好的分析来认识一期遗存（图3.2、图3.3）。

（1）S1

敞口罐 夹粗砂红陶，敞口，外饰绳纹。根据唇的形态，可分为二型，此为A型。

A型敞口罐 圆唇。S1：9，夹粗砂红陶。敞口，外饰绳纹，圆唇。壁厚0.8～1厘米（图3.2-5）。S1：7，夹粗砂红陶。敞口，外饰绳纹，圆唇。壁厚0.8～1厘米（图3.2-6）。

平底 S1：5，夹粗砂红陶，平底，外饰浅绳纹。壁厚1.2、底厚1厘米（图3.3-13）。

颈部 S1：6，夹砂红陶。颈部素面，肩饰绳纹。壁厚0.85～1厘米（图3.3-10）。

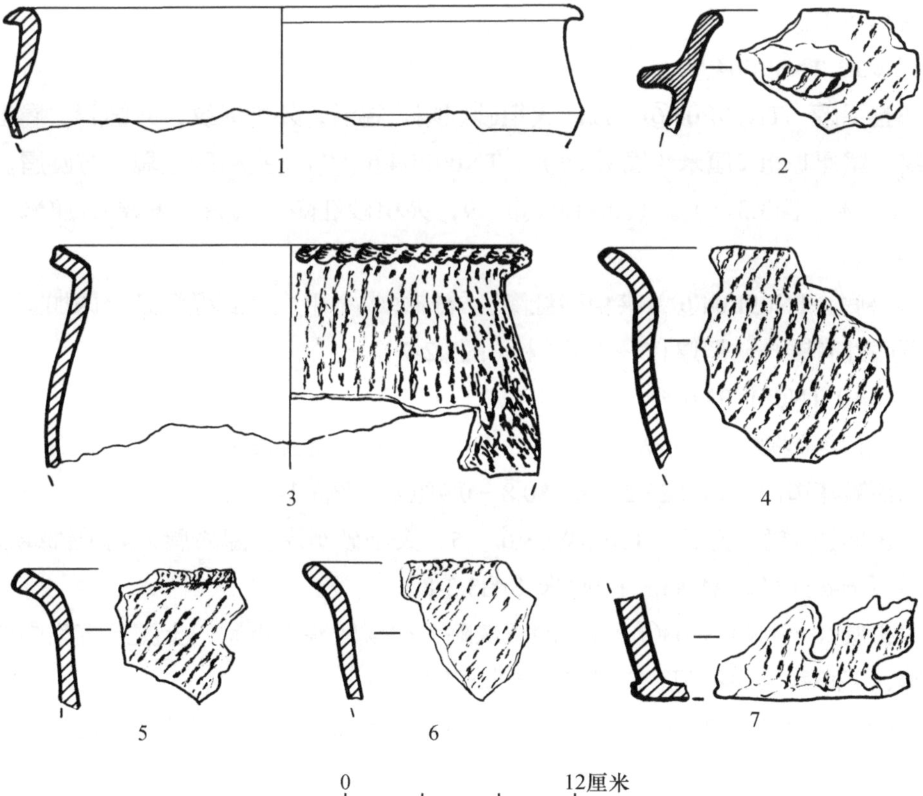

图3.2 桂圆桥一期陶器

1. 折腹盆（TN05W03⑥：9） 2. 敛口罐（TN07E08⑥：7） 3. 大口深腹罐（TN05W03⑥：1）
4～6. A型敞口罐（TN07E08⑥：6、S1：9、S1：7） 7. 平底（TN09E04⑥）

（2）TN07E08⑥

小口尖底瓶　TN07E08⑥：3，泥质黄陶。侈口，内唇尖、外唇圆。口径7.5、壁厚1厘米（图3.3-1）。TN07E08⑥：10，夹细砂黄陶。直口，内唇略内敛，内外俱圆唇。壁厚0.8厘米（图3.3-2）。

A型敞口罐　TN07E08⑥：6，夹粗砂红褐陶。敞口，外饰绳纹，圆唇。壁厚1厘米（图3.2-4）。

侈口罐　TN07E08⑥：4，夹粗砂红陶。圆唇，口近直、微外侈，器表饰绳纹，圆唇。壁厚1.1厘米（图3.3-5）。

广肩罐　TN07E08⑥：2，夹砂红陶。平沿、束颈，圆唇。口径18.8、壁厚1.1～1.3厘米（图3.3-3）。

敛口罐　TN07E08⑥：7，夹粗砂红陶。圆唇，近口处有鋬。壁厚0.75厘米（图3.2-2）。

（3）TN09E04⑥

卷沿罐　TN09E04⑥：12，夹粗砂红陶。卷沿，外饰绳纹，方圆唇，唇上饰绳纹。壁厚1～1.2厘米（图3.3-6）。TN09E04⑥：11，夹粗砂红陶。方圆唇。壁厚1.1厘米（图3.3-7）。TN09E04⑥：9，夹粗砂红陶。圆唇。壁厚1.1厘米（图3.3-4）。

平底　TN09E04⑥，夹粗砂红陶，外饰绳纹。平底，底缘泥条上抹加固，器壁近底处有镂孔，壁厚1.3～1.4厘米（图3.2-7）。

（4）TN05W03⑥

大口深腹罐　TN05W03⑥：1，夹粗砂红陶，局部发灰。卷沿，口沿上绳纹压出褶皱花边口。口径25.2、壁厚0.8～0.9厘米（图3.2-3）。

B型敞口罐　方唇。TN05W03⑥：5，夹粗砂黄陶。厚方唇，唇上饰绳纹，口沿下一圈抹光。壁厚1～1.2厘米（图3.3-8）。

折腹盆　TN05W03⑥：9，泥质灰陶，火候较高。折唇，上腹近直略内凹，折腹，下腹残，底不明。口径30.4厘米（图3.2-1）。

圈足　TN05W03⑥：4，夹粗砂灰褐陶，素面。接地处略外撇，足底面平、略内凹（图3.3-14）。

（5）TN03W01⑥

直口罐　TN03W01⑥：3，夹粗砂红陶。圆唇，唇上饰绳纹。口近直，器表

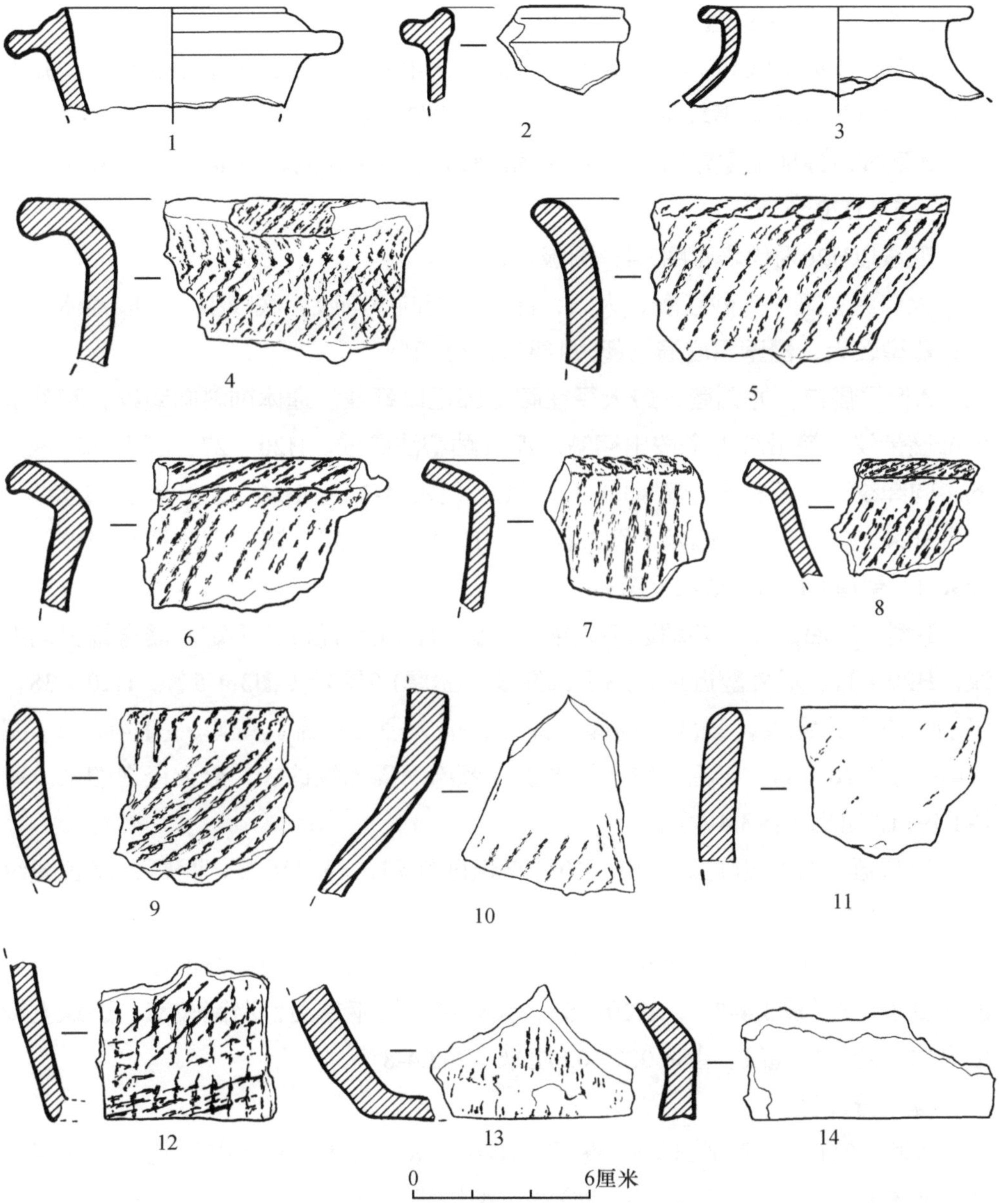

图3.3　桂圆桥一期陶器

1、2. 小口尖底瓶（TN07E08⑥：3、TN07E08⑥：10）　3. 广肩罐（TN07E08⑥：2）　4、6、7. 卷沿罐（TN09E04⑥：9、TN09E04⑥：12、TN09E04⑥：11）　5. 侈口罐（TN07E08⑥：4）　8. B型敞口罐（TN05W03⑥：5）　9、11. 直口罐（TN03W01⑥：3、H20：60）　10. 颈部（S1：6）　12、13. 平底（TN03W01⑥：2、S1：5）　14. 圈足（TN05W03⑥：4）

绳纹。器壁厚1.1～1.3厘米（图3.3-9）。

器底　TN03W01⑥：2，夹粗砂灰褐陶。平底，底残，因壁到底封口，知为平底，壁近直立可知腹较深。壁厚0.9厘米（图3.3-12）。

A型敞口罐加上重唇口小口尖底器的辅证，可以作为第一期早段的代表。

（6）H20

晚段以H20为代表（图3.4；图版六，1）。

大口深腹罐　夹砂红陶。大口，深腹，腹向下渐收，底较小。一般通体饰绳纹。器型较大，器壁厚度通常超过1厘米。分两型。

A型　侈口，方圆唇，最大径在腹上部近口颈处。通体饰斜向绳纹，腹部多加饰箍带纹，箍带纹上多按出褶皱。泥片贴塑法制成。H20：27，唇上饰较规则的斜向绳纹。口径38.8、壁厚1.1～1.4厘米（图3.4-2）。H20：31，唇上饰绳纹。口径36.4、壁厚1～1.6厘米（图3.4-3）。H20：32，唇上饰规则的斜向绳纹。口径36.4、壁厚1.1～1.4厘米（图3.4-1）。

B型　口沿圆短，外翻近平或平沿，圆唇，最大径位置不定。器身饰斜向绳纹。H20：11，沿外翻近平，唇上饰绳纹。壁厚1.3厘米（图3.4-5）。H20：38，平沿，唇上饰绳纹，颈部一周绳纹抹去，最大径在口部。壁厚1～1.4厘米（图3.4-6）。H20：44，平沿，唇上饰绳纹，颈部一周绳纹抹去，最大径在腹部。壁厚1.1～1.3厘米（图3.4-4）。

直口罐　口部近直。H20：60，夹粗砂红陶，局部泛灰。圆唇，器表绳纹浅。壁厚1.2厘米（图3.3-11）。

盘口罐　H20：34，夹粗砂红陶。花边口，平卷沿，沿面微凹成盘口。壁厚0.7～0.8厘米（图3.4-7）。H20：55，夹砂黄陶。平卷沿，沿面较窄，边缘上翘成盘口。唇上饰绳纹。壁厚0.7～0.8厘米（图3.4-8）。

盆　分二型。

A型　2件。夹粗砂红陶。卷沿。H20：18，圆唇，唇上绳纹几乎被抹平，唇下始有绳纹。卷沿近平，沿面较宽。腹较浅。壁厚1～1.3厘米（图3.4-9）。H20：19，方圆唇，唇上饰绳纹。卷沿，沿面较窄。口径23、壁厚1～1.3厘米（图3.4-10）。

B型　2件。泥质黄陶，平沿。H20：59，平沿略窄，圆唇，上腹直，下腹不明。沿厚0.5厘米（图3.4-11）。H20：61，平沿较宽，圆唇，上腹直，下腹不明。沿厚0.9厘米（图3.4-12）。

钵　H20：52，泥质黄陶。圆唇，腹斜收，微外弧。口径19、壁厚0.6厘米（图3.4-14）。

器底仅残存底部，腹部部分形状多无法确定。部分有完整器作参照的，可大

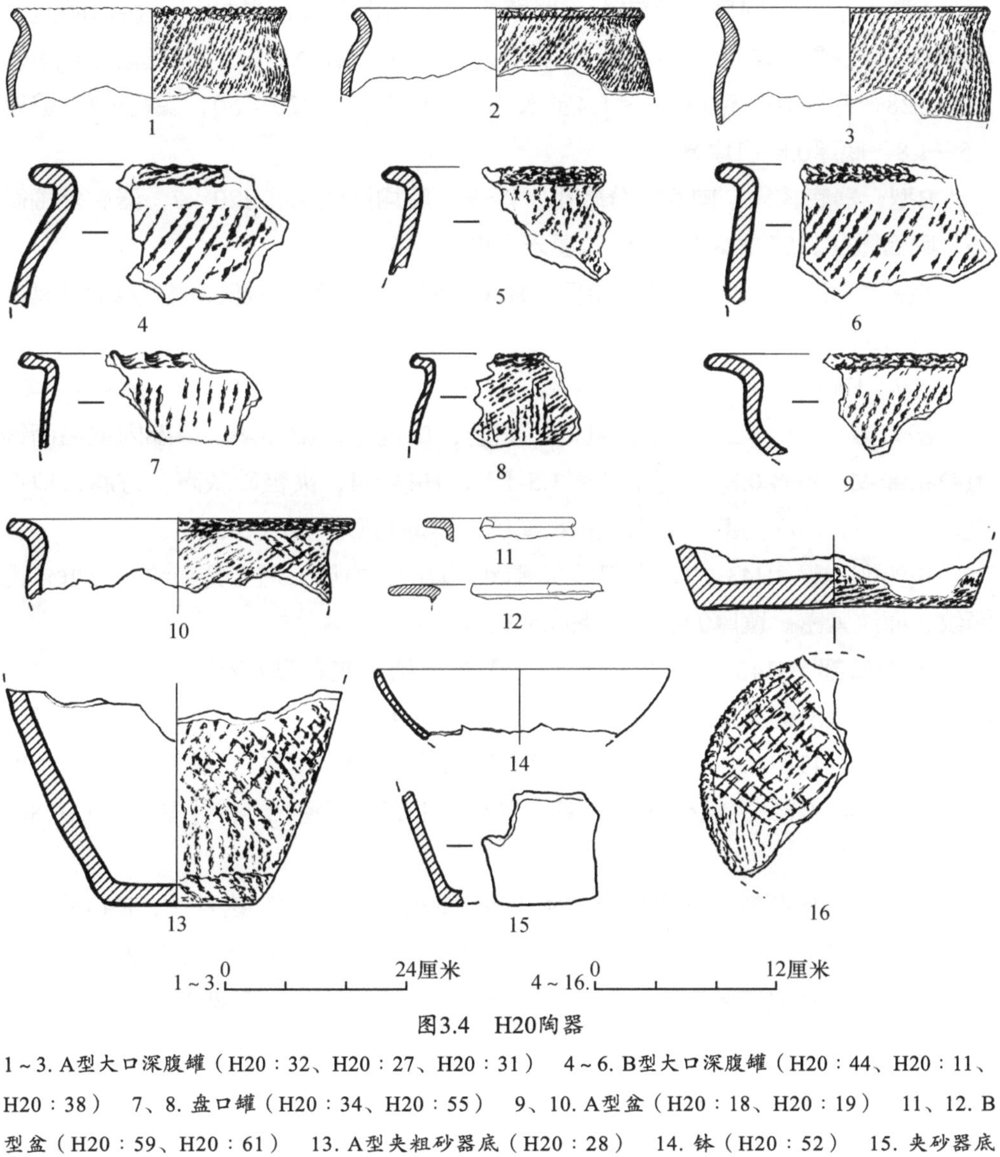

图3.4　H20陶器

1～3. A型大口深腹罐（H20：32、H20：27、H20：31）　4～6. B型大口深腹罐（H20：44、H20：11、H20：38）　7、8. 盘口罐（H20：34、H20：55）　9、10. A型盆（H20：18、H20：19）　11、12. B型盆（H20：59、H20：61）　13. A型夹粗砂器底（H20：28）　14. 钵（H20：52）　15. 夹砂器底（H20：57）　16. B型夹粗砂器底（H20：7）

致推测出为那类陶器的底部，但大部分器底都无法判断器形。器底的陶质、陶色区分明显，不同的陶质、陶色对应着相应的纹饰、厚薄。现根据陶质、陶色，并结合纹饰及制法，为其分型定式。

夹粗砂红陶器底　分二型。

A型　小底，向底收分较大，器壁接底处用泥条加固并拍平，接口明显。器表饰绳纹或绳纹交错的网格纹。当为大口绳纹罐A、B、C三型的器底。H20：28，底径10、壁厚1.1～1.4厘米（图3.4-13）。H20：50，底径9.2、壁厚1.5～1.8、底厚0.8～1厘米。

B型　器底较大，向底收分较小。器表、底均饰绳纹。H20：7，器底外围微凸，底面微凹。底径18、厚1.8～2厘米（图3.4-16）。

夹砂器底　夹细砂，接近泥质。H20：57，夹砂腹壁较陡。壁厚约1.1厘米（图3.4-15）。

（7）H43

侈口罐　H43：2，夹粗砂红陶。圆唇，口近直，微外侈。口部内壁沿面饰粗粒状绳纹。壁厚0.8～1厘米（图3.5-1）。H43：4，夹粗砂灰陶。方唇，口近直，微外侈。口部内壁沿面饰粗粒状绳纹。壁厚1厘米（图3.5-2）。

B型敞口罐　H43：3，夹粗砂灰褐陶。敞口，方唇，唇上饰绳纹。器壁外饰绳纹，绳纹紧密。壁厚0.9厘米（图3.5-3）。

器物口部　H43：1，器形不明，仅存口部。夹粗砂红褐陶。方唇，沿外翻，口部内壁沿面饰绳纹。壁厚0.9厘米（图3.5-4）。

平底　H43：6，夹粗砂黄陶。平底。底径18.8、壁厚1、底厚1.6厘米（图3.5-6）。H43：7，夹粗砂红陶。绳纹宽深。平底。底径18.4、壁厚1.1、底0.8厘米（图3.5-5）。

以上便是桂圆桥一期典型单位所出的可识别器形陶片。这其中，H43是一个比较特殊的单位，所出器物口沿多在沿面饰一周绳纹，这并非一期的主流作法，倒是二期比较常见的装饰手法，所以H43是一个介于一期、二期的单位。这也说明一期到二期的演变事实上也是一个渐进的过程，而并非“忽如一夜春风来，千树万树梨花开”的突变。

诚如前所言，桂圆桥一期的地层分布并不连续，遗迹也多零散，⑥层下多为纯净的黄褐色砂土生土层，生土层下见古河床卵石层。从桂圆桥遗址，我们仅

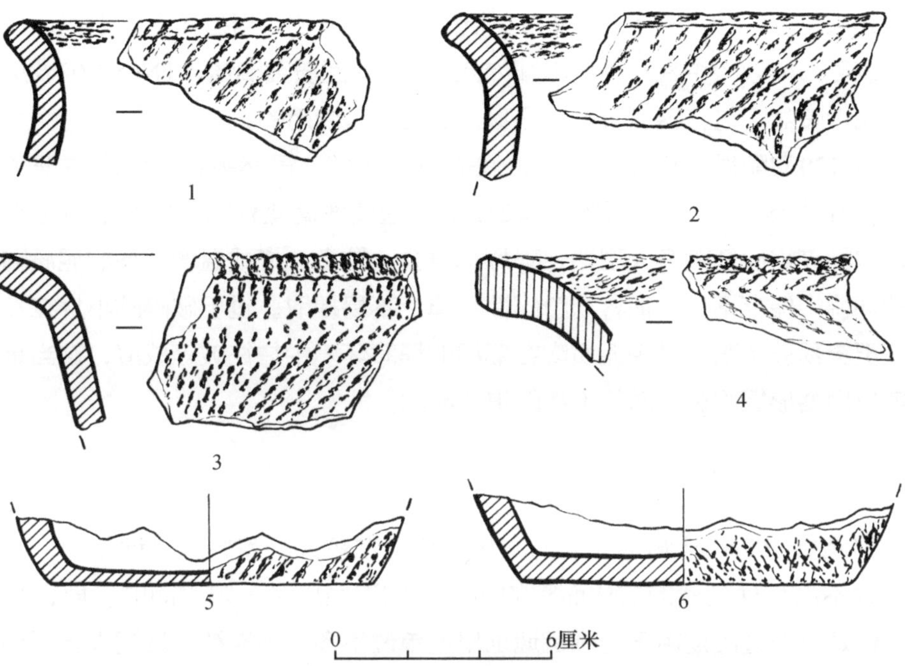

图3.5　H43陶器

1、2. 侈口罐（H43：2、H43：4）　3. B型敞口罐（H43：3）　4. 器物口部（H43：1）　5、6. 器底（H43：7、H43：6）

仅能够窥见一期早段文化面貌的一个小斑点。晚段因为有H20，稍微丰富点，但H20本身也有很大的局限性。H20陶片虽然较多，器类也略为丰富，但以夹石英粗砂绳纹红陶为主。

H20最有特征的夹石英粗砂绳纹红陶罐，因器形过大，常在器表附加泥条，泥条表面按捺形成褶皱。这种大口、深腹的罐，内壁多呈块状开裂，当是泥片贴塑法直接制成，内壁并未经过细致的处理，烧造的火候也不高。综合火候、质地和容量来看，这种一期非常典型的罐子，既不像水器、也不像炊煮器，而更可能是一种储物器。即便"秋收冬藏"另有粮仓，日常用度，也不可能日日开仓取粮，势必要有器皿来存储。大陶罐（或陶缸）无疑能满足防潮、避鼠这些储藏的基本要求。严文明先生在比较老官台文化和仰韶文化时，认为："老官台文化没有大盆大瓮，仰韶文化则有很多这样的器物。原因是农业发展了，需要存放的东西多起来了。”[①]桂圆桥一期夹石英粗砂质地的罐子，当是作存物之用。日用器皿应该更为精致和讲究，不会粗鄙如此。H20有泥质黄陶钵，TN05W03⑥层有泥质灰陶折腹盆，这些器皿可能才是真正日常饮食使用的。

从H20的陶质陶色比例图中，我们可以看到，虽然夹粗砂红陶占据了绝对优势，高达78.6%，但泥质陶仍有21.4%。造成数据差异的，还有很多主客观原因，包括夹粗砂红陶多大型器，碎片本身会比较多。烧成温度不高的泥质陶在潮湿的环境中保存不易，很容易粉碎性坏掉，不易提取。过于破碎的小片在发掘中往往更容易被忽略。其中泥质陶在潮湿的埋藏环境中往往破碎成渣，这当是导致本期日用器形复原少、面貌不清的重要原因。

3.1.1.2 桂圆桥二期

桂圆桥一期和桂圆桥二期的文化面貌存在较大的差异。这种差异，如前所言，并不是一种突然的文化面貌的转变，应该经历了一定时间的发展，慢慢成形。但是这个过渡期由于桂圆桥遗址早期单位不多、不连续、后期人类活动破坏等原因，面貌非常模糊。但桂圆桥二期有四种陶片特别引人注目。一种是泥质黄陶，外涂灰衣，灰衣易剥落，陶胎薄，器表饰细而规整的间断线纹（图3.7-3）。一种夹砂陶，外壁黄褐或红褐色，内壁磨光类黑皮陶（图3.6-3）。另外两种器形特殊，为花边口，一种是俯视成齿轮状的花边口（图3.8-5、6），一种是正视如山字形的花边口（图3.9-2），此两种陶片沿面均饰一周绳纹。从整理的情况看，⑤层为典型的二期，⑤层下的单位形成的年代有早有晚。有早如H20与一期相近者，也有与⑤层年代相近者，但多是介于二者之间，正可以借此追索一期与二期间的变化。

⑤层下的遗迹中，晚于H20、出土器物比较丰富的有H77、F1、H32、H33、H9、H1。

在桂圆桥遗址的整理过程中，发现有两个单位出土的器物介于典型的一期和二期之间，即H77和F1。其中H77从器形上更接近一期，但也出现了较多二期的文化因素（图3.6）。F1则表现出更接近二期的文化因素（图3.7）。

---

① 严文明：《略论仰韶文化的起源和发展阶段》，《仰韶文化研究》，文物出版社，2009年，133页。

（1）H77

AⅡ式大口深腹罐 与H20 A型大口深腹罐器形相似，但陶质不同，不再夹石英颗粒，火候更高，陶质更紧密，为体现二者的联系与区别，将H20定为Ⅰ式，此处为Ⅱ式。H77：1，夹粗砂黄陶，方唇，唇上饰绳纹。口径34.4、残高8、壁厚0.9厘米（图3.6-1）。

筒形尊 H77：4，夹砂陶，外红内黑。外表绳纹抹平，沿面及内壁上部饰绳纹。厚方唇，唇上压出规整的波浪形花边口，并饰绳纹。沿面外翻，直腹。口径36、残高10、壁厚0.8～1、唇厚1.2厘米（图3.6-2）。

喇叭口罐 H77：2，夹砂陶，外红褐，内磨光黑陶。平沿外翻，圆唇，颈部向下斜收。器壁较薄。厚约0.5厘米（图3.6-3）。

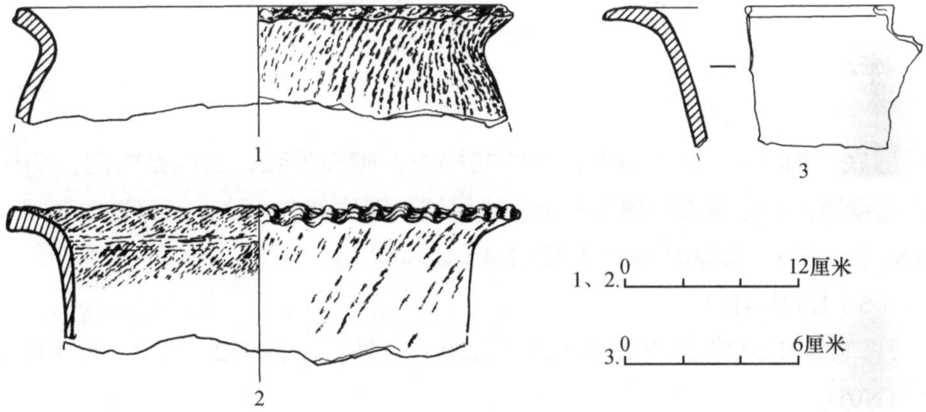

图3.6 H77陶器

1. AⅡ式大口深腹罐（H77：1） 2. 筒形尊（H77：4） 3. 喇叭口罐（H77：2）

（2）F1（图版九，2）

筒形尊 夹砂红褐陶。方唇，侈口，唇上有拍印绳纹。直腹。F1：2，侈口略外撇，沿面及内壁俯视可见部位有拍印斜向绳纹一圈（图3.7-1）。F1：1，微侈口，直腹略内收（图3.7-3）。

喇叭口罐 夹砂红陶。内壁色黑，内壁多经磨光。沿外翻近平。未见完整器，有可能复原为壶或尊，目前暂名罐。

F1：5，大敞口，长颈向下收分较甚。尖圆唇，平沿。口径18.2、残高4、壁厚0.5～0.6厘米（图3.7-2）。

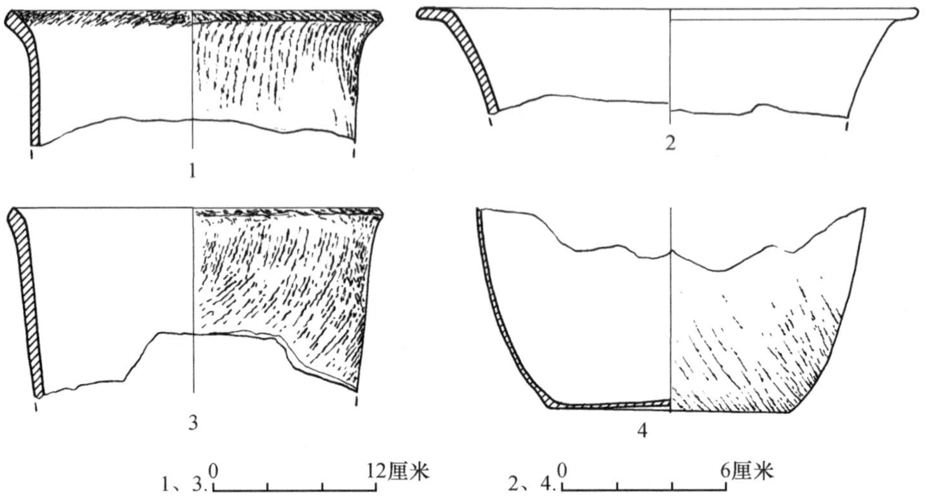

图3.7　F1陶器

1、3. 筒形尊（F1：2、F1：1）　2. 喇叭口罐（F1：5）　4. 器底（F1：3）

器底　F1：3，泥质黄陶，外饰灰褐衣。腹部外弧，底面微内凹。器形规整，器壁薄。靠近底部一周饰有规整线绳纹，绳纹朝向一致，间隔基本形同。底径8.8、残高7.5、壁厚0.3厘米（图3.7-4）。

（3）H32和H33

开口TN01E03⑤层下的遗址除了H20、F1外，还有H32、H33，其中H32延伸到TN01E02东隔梁的部分被同样开口于⑤层下的H9打破。H32、H33的陶器与H20有较大的差别，与F1较为接近，但又有区别（图3.8）。

喇叭口罐　仅存口颈部，器形不明，根据颈部形态，可分为三型。A型近口部外侈；B型近口部近直；C型近口部微内敛。其中A型比较普遍，B、C型较少。

A型　H32：5，夹砂红褐陶，内色黑。尖圆唇，沿面外翻近平。复原口径26、壁厚0.6厘米（图3.8-1）。H33：4，夹砂红陶，内壁磨光黑陶。圆唇，沿面外翻、近平。复原口径21.8、壁厚0.6厘米（图3.8-2）。

B型　H33：13，夹砂红陶，内壁黑色，可见慢轮修整痕迹。圆唇，沿面外翻、近平。复原口径25.2、壁厚0.5～0.6厘米（图3.8-3）。

C型　H33：3，夹砂红陶，内壁磨光黑陶。圆唇，沿面外翻、近平。复原口径20.4、壁厚0.6厘米（图3.8-4）。

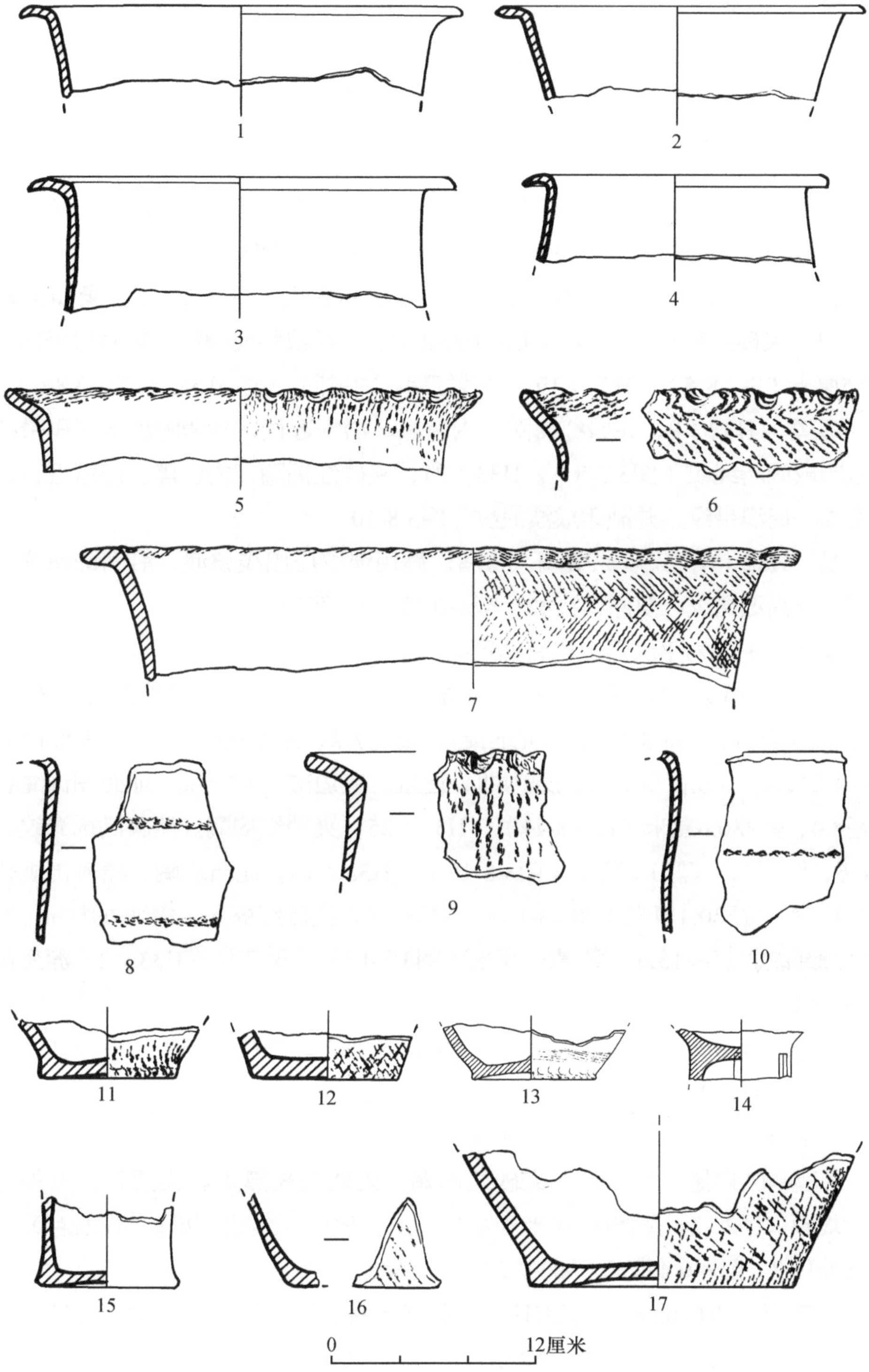

图3.8　H32、H33陶器

1、2. A型喇叭口罐（H32：5、H33：4）　3. B型喇叭口罐（H33：13）　4. C型喇叭口罐（H33：3）　5、6. 齿轮状花边口沿尊（H32：1、H33：19）　7. 盆（H32：6）　8、10. 罐/尊（H32：9、H33：21）　9. 卷沿罐（H32：3）　11～13、15～17. 平底（H33：24、H33：25、H32：7、H33：2、H33：18、H33：9）　14. 圈足（H33：5）

卷沿罐 H32：3，夹砂红褐陶，宽齿状花边口，绳纹压出缺口，颈饰间隔较宽的粗绳纹，沿外翻，沿面饰绳纹。壁厚0.5厘米（图3.8-9）。

齿轮状花边口沿尊 沿面翻出，唇边齿状凹凸，俯视口沿边缘如齿轮。H32：1，夹砂红褐陶，圆唇，器壁外饰细绳纹，绳纹浅而模糊。复原口径28、壁厚0.5厘米（图3.8-5）。H33：19，夹砂红陶，内黑褐。壁厚0.5厘米（图3.8-6）。

罐/尊 H32：9，夹砂红褐陶，内色黑。器壁近直，器壁附加两周浅带纹，并戳印成间断绳纹（图3.8-8）。H33：21，夹砂红褐陶，内色黑。器壁近直，器壁附加一周浅带纹，并戳印成波浪纹（图3.8-10）。

盆 H32：6，夹砂深褐陶。方唇。唇用绳纹压出浅波浪，沿面饰绳纹，外壁通体交错细绳纹。复原口径42、壁厚0.7厘米（图3.8-7）。

器底 主要为平底器，也有圈足器。

平底 H32：7，夹砂红褐陶。器身饰横向绳纹。器足接地处外撇，并捏出一圈褶皱，器底内凹、中心凸起。底径7.2、壁厚0.6厘米（图3.8-13）。H33：24，夹砂红褐陶。接地处内曲、近直。底边饰一周绳纹，地面满饰绳纹。底径8.4、壁厚0.6厘米（图3.8-11）。H33：25，夹砂红褐陶。器表满饰绳纹。底径8.6、壁厚1、底厚1.2厘米（图3.8-12）。H33：18，泥质灰陶。器表饰规整斜向细线纹。壁厚0.4厘米（图3.8-16）。H33：9，夹砂红褐陶。接地处内曲，器表满饰细绳纹。底径15.6、壁厚0.7厘米（图3.8-17）。平底杯，H33：2，泥质黄陶（图3.8-15）。

圈足 H33：5，夹砂红褐陶，圈足近盘处均匀分布三个长方形镂孔，圈足径6厘米（图3.8-14）。

（4）H9

A型喇叭口罐 H9：5，夹砂红褐陶，内壁磨光黑陶。尖圆唇，沿外翻近平。复原口径22.2、壁厚0.6厘米（图3.9-1）。H9：3，泥质灰陶。仅残存颈部。最细处10.8、壁厚0.4厘米（图3.9-3）。

山字形花边口沿尊 出自H9，夹砂红褐陶。沿外折，边缘垂直上翘，压出“山”字形花边，沿面内凹、饰绳纹。壁厚0.4厘米（图3.9-2）。

圈足 H9：4，泥质灰陶。高柄，柄部较细。最细处6.2、残高8.8、壁厚0.55厘米（图3.9-4）。H9：9，夹砂红褐陶，外壁近底处一周戳印点纹。底径14、壁厚0.5厘米（图3.9-6）。

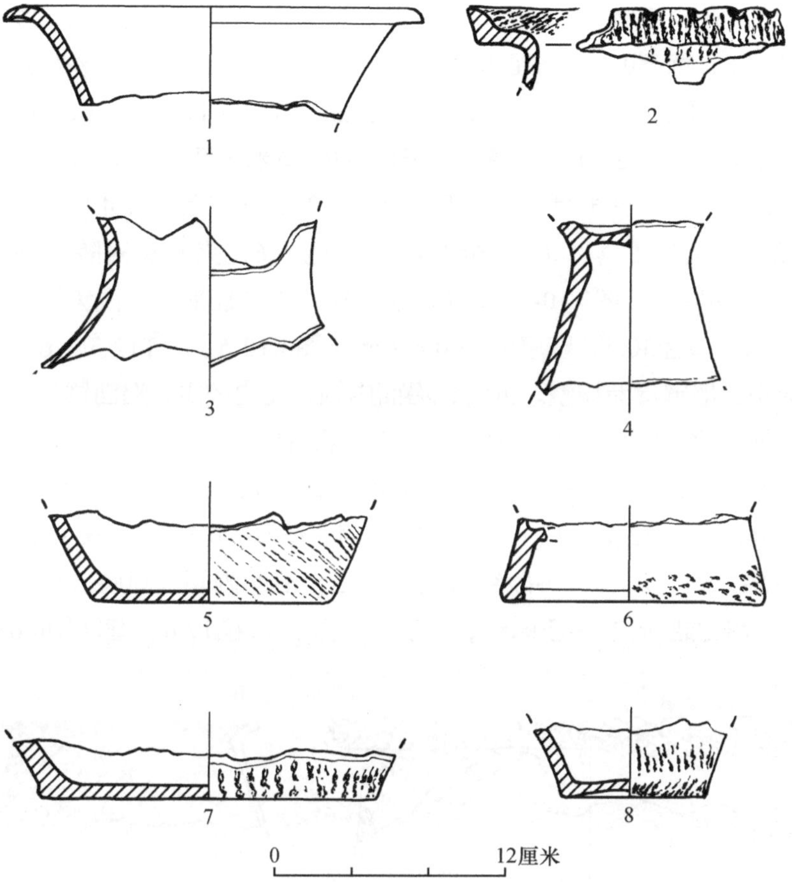

图3.9　H9陶器

1、3. A型喇叭口罐（H9：5、H9：3）　2. 山字形花边口沿尊（H9）　4、6. 圈足（H9：4、H9：9）　5、7、8. 平底（H9：12、H9：14、H9：8）

平底　H9：12，平底。泥质黄陶，外有褐衣，饰规则细线纹。复原口径12.8、壁厚0.5厘米（图3.9-5）。H9：14，平底。夹砂红褐陶，外饰绳纹。复原口径17.8、壁厚0.8厘米（图3.9-7）。H9：8，平底微内凹。夹砂红褐陶，外饰两周绳纹。底径7.5、壁厚0.6厘米（图3.9-8）。

（5）T11⑤、T12⑤

山字形花边口沿尊　方唇，向上处较尖锐，在此压出波浪状缺口，从正面看像很多“山”字。假盘口或盘口，外折沿，沿面窄，腹壁近直。沿面饰绳纹。

T12⑤：13，夹砂红褐陶。假盘口，卷沿，沿面饰一圈麦粒状绳纹，绳纹压出缺口。口径34.6、壁厚0.4～0.6厘米（图3.10-1）。T11⑤：10，夹砂灰褐陶。沿面略凹并在俯视可见部位拍出绳纹。壁厚约1厘米（图3.11-2）。T11⑤：4，夹砂黄褐陶。沿外卷，沿面饰一圈绳纹，壁厚约0.6厘米（图3.11-3）。T11⑤：21，夹砂灰褐陶。沿面内凹成盘口，折沿。壁厚约0.7厘米（图3.11-4）。

齿轮状花边口沿尊　沿面饰绳纹。T11⑤：6，夹砂黄褐陶。侈口。口径32、壁厚约0.6厘米（图3.10-3）。T12⑤：10，夹砂红褐陶。浅齿状花边口，绳纹压出缺口。口径30.4、壁厚0.4～0.6厘米（图3.10-5）。T12⑤：6，夹砂红褐陶。器形小，器壁薄而规整。折沿，沿面内倾。花边较浅，沿面饰刻划纹，器表饰规整的细绳纹。口径19.2、壁厚0.5厘米（图3.11-1）。

A型喇叭口罐　T11⑤：3，沿面近平，尖圆唇。口径26.4、壁厚0.4～0.6厘米（图3.10-6）。T12⑤：9，圆唇。口径18.4、壁厚约0.6厘米（图3.10-4）。

折沿罐　T11⑤：5，夹砂红褐陶。折沿，沿面内倾，圆唇，腹外弧。沿面饰绳纹，唇上饰竖向短线压印纹，器表饰绳纹。口径17.6、壁厚约0.6厘米（图3.10-2）。

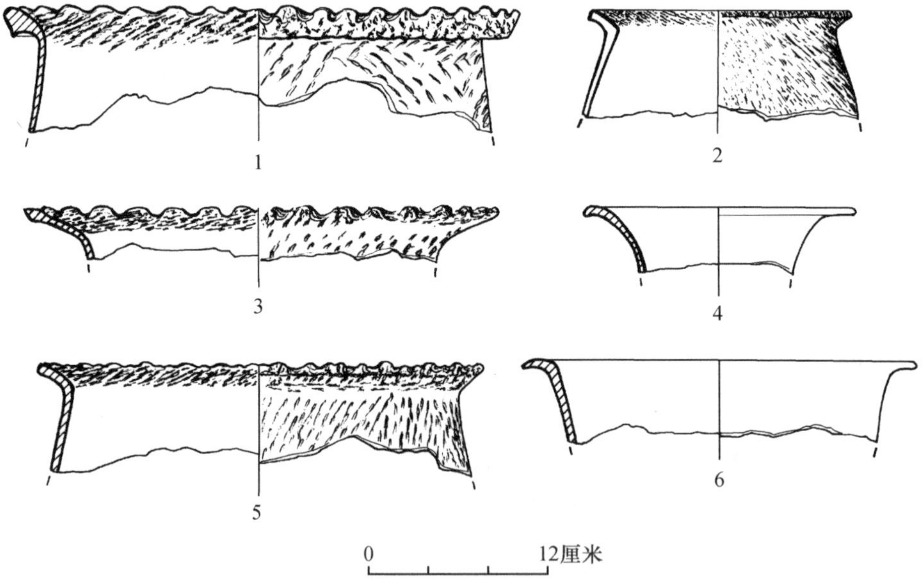

图3.10　T11⑤、T12⑤层陶器齿轮状

1. 山字形花边口沿尊（T12⑤：13）　2. 折沿罐（T11⑤：5）　3、5. 齿轮状花边口沿尊（T11⑤：6、T12⑤：10）　4、6. A型喇叭口罐（T12⑤：9、T11⑤：3）

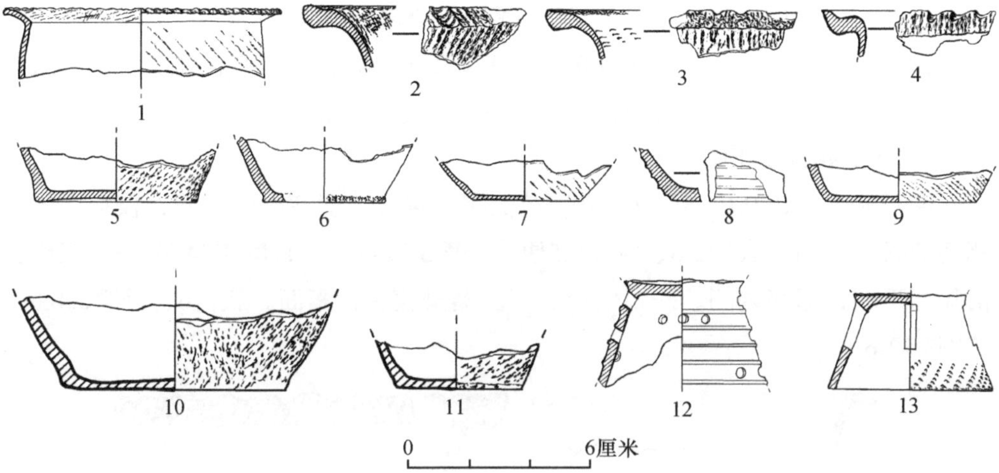

图3.11　T11⑤、T12⑤层陶器

1. C型花边口沿罐（T12⑤：6）　2～4. 山字形花边口沿尊（T11⑤：10、T11⑤：4、T11⑤：21）　5～11. 器底（T11⑤：16、T11⑤：14、T12⑤：7、T11⑤：12、T11⑤：19、T12⑤：1、T12⑤：2）　12、13. 豆（T12⑤：3、T12⑤：5）

器底　T11⑤：14，夹砂红褐陶。器底略外撇。底径8.2厘米（图3.11-6）。T11⑤：16，夹砂灰褐陶。外饰麦粒状绳纹。底径12.8、壁厚0.6厘米（图3.11-5）。T12⑤：1，夹砂红褐陶。接地处略内曲，外饰绳纹。底径14.8、壁厚0.5厘米（图3.11-10）。T12⑤：2，夹砂深褐陶。接地处内曲。底径8.4、壁厚0.5厘米（图3.11-11）。T12⑤：7，泥质灰陶。细线纹。底径14.2厘米（图3.11-7）。T11⑤：19，泥质黄陶，外灰衣。壁饰细线纹。底径10.2、壁厚0.6、底厚0.3厘米（图3.11-9）。T11⑤：12，泥质黄陶，外饰灰褐衣，质纯而酥脆。外饰瓦棱纹。壁厚0.75、底厚0.85厘米（图3.11-8）。

豆　残存圈足。T12⑤：3，夹砂黑皮陶，底部残。饰五道凸棱纹，凸棱间有圆形镂孔。柄部连接处直径7.3、壁厚0.5厘米（图3.11-12）。T12⑤：5，夹砂红褐陶。底部戳印斜向点阵纹，上有四个长方形镂孔均匀分布。足径11、柄部连接处直径7.4、壁厚0.6厘米（图3.11-13）。

（6）TN01E05⑤

A型喇叭口罐　TN01E05⑤：6，泥质灰陶。口径26.4，壁厚0.5厘米（图3.12-3）。TN01E05⑤：3，夹砂红陶，内壁磨光黑陶。口径26，壁厚0.6厘米

（图3.12-1）。TN01E05⑤：7，泥质黄陶，外褐衣。壁厚0.4厘米（图3.12-4）。

山字形花边口沿尊　TN01E05⑤：4，夹砂褐陶。沿缘方，绳纹压出唇边缺口，沿面饰一周绳纹，微内凹。壁厚0.7厘米（图3.12-2）。

（7）TN02E04⑤

凹平底　TN02E04⑤：2，夹砂黄褐陶。平底，器底内凹。残，仅存底部。器身瘦长，素面。底径5.6、壁厚0.5厘米（图3.12-5）。TN02E04⑤：3，夹砂黄褐陶。平底，器底内凹。残，仅存底部。器身瘦长，素面。底径6、壁厚0.4厘米（图3.12-6）。

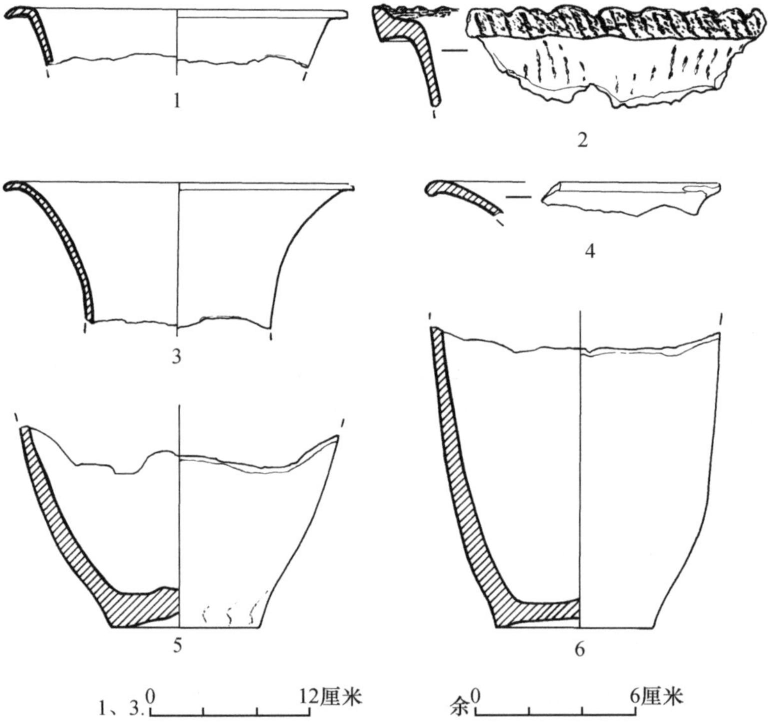

图3.12　桂圆桥遗址其他单位二期陶器

1、3、4. A型喇叭口罐（TN01E05⑤：3、TN01E05⑤：6、TN01E05⑤：7）　2. 山字形花边口沿尊（TN01E05⑤：4）　5、6. 凹平底（TN02E04⑤：2、TN02E04⑤：3）

3.1.1.3　桂圆桥三期

桂圆桥三期的文化面貌与三星堆一期相似。这一期主要集中分布在南区偏西的区域，已经发掘的有TN13W08、TN13W07、TN14W08、TN14W07、TN14W06、TN15W08、TN15W07、TN15W06这8个探方。8个探方中，TN14W07和TN14W08因有H17、H29、H43等遗迹显得尤为重要。

南区偏西的地层堆积与南区中部略有不同。可分为5层，以TN14W08为例介绍如下。

①层：耕土层。厚5～12厘米。

②层：黄褐色黏土，土质疏松。深10～23、厚7～20厘米。包含少量宋代青瓷片。全探方分布。

③层：黄色黏土，土质紧密。深15～30、厚10～25厘米。全探方分布。该层包含汉代夹砂灰陶片，年代应为汉代。该层下遗迹有G6、H29。

④层：灰褐色砂土，土质较疏松。深17～50、厚0～28厘米。包含少量夹砂陶。该层东南部被H29打破。该层下开口遗迹有H39。

⑤层：黄灰色细砂土，土质疏松。深38～80、厚14～41厘米。全探方分布。包含少量夹砂陶和卵石。该层下遗迹有H43。该层时代应为新石器晚期。

邻方TN14W07地层堆积与TN14W08相近，H17开口于TN14W07④层下。从地层关系上判断，H17早于H29。

（1）H17

窄折沿尊　出自H17：17，泥质黄陶，外灰衣。方唇略上钩，沿外折、近平，由H17、H29两个单位陶片拼合，大口，腹向内斜收。口径28.8、壁厚0.5厘米（图3.13-1）。H17：4，夹砂红褐陶。方唇，沿外折近平、沿面略内凹。大口，腹向内斜收。口径26.4、壁厚0.6厘米（图3.13-4）。H17：5，夹砂红褐陶。圆唇，窄沿外折、近平，大口，腹向内斜收。壁厚0.8厘米（图3.13-6）。

罐　H17：23，夹砂灰褐陶。方唇，唇上饰绳纹。折沿，沿面略内凹。口径12.4、壁厚0.5厘米（图3.13-7）。H17：10，夹砂红陶。方唇，沿外折近平，沿面内凹。腹浅而坦。壁厚0.8厘米（图3.13-2）。H17：7，夹砂黄褐陶，内黑。圆唇，唇上饰绳纹。沿面素，向外平折。外壁饰斜向麦粒状绳纹。壁厚0.5～0.7厘米（图3.13-3）。H17：15，泥质陶，内外黑衣。尖圆唇，内壁光滑。浅盘状。

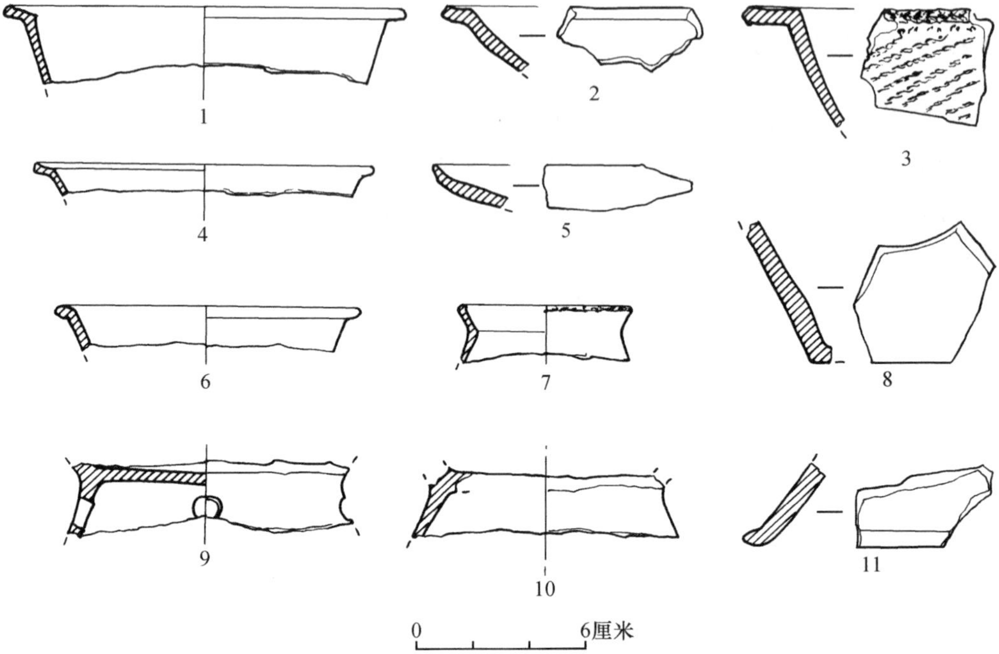

图3.13　H17陶器

1、4、6. 窄折沿尊（H17：17、H17：4、H17：5）　2、3、5、7. 罐（H17：10、H17：7、H17：15、H17：23）　8. 平底（H17：6）　9～11. 圈足（H17：9、H17：12、H17：20）

壁厚0.6厘米（图3.13-5）。

圈足　H17：9，泥质黄陶，均匀分布4个圆形镂孔。最细处为盘柄交接处，直径9.4、足壁厚0.5厘米（图3.13-9）。H17：12，泥质黄陶。最细处为盘柄交接处，直径8.3、足壁厚0.4厘米（图3.13-10）。H17：20，泥质灰陶，有灰衣，外壁光滑。仅存足底残片。足壁厚0.6厘米（图3.13-11）。

平底　H17：6，平底。夹砂陶，带黑衣。壁厚0.7厘米（图3.13-8）。

（2）H29

喇叭口罐　H29：10，夹砂红陶。圆唇。壁厚0.6厘米（图3.14-6）。

折沿罐　H29：5，泥质陶，外有黑衣。平折沿，圆唇，直腹略内收。口径28、壁厚0.6厘米（图3.14-3）。H29：8，泥质红陶，外施灰白色陶衣。折沿，沿面内倾，外有一周凸棱纹，直腹略外倾。口径28、壁厚0.6厘米（图3.14-1）。H29：31，夹砂褐陶。折沿，沿面内倾，外有数周间断凸棱纹，直腹略内收。口

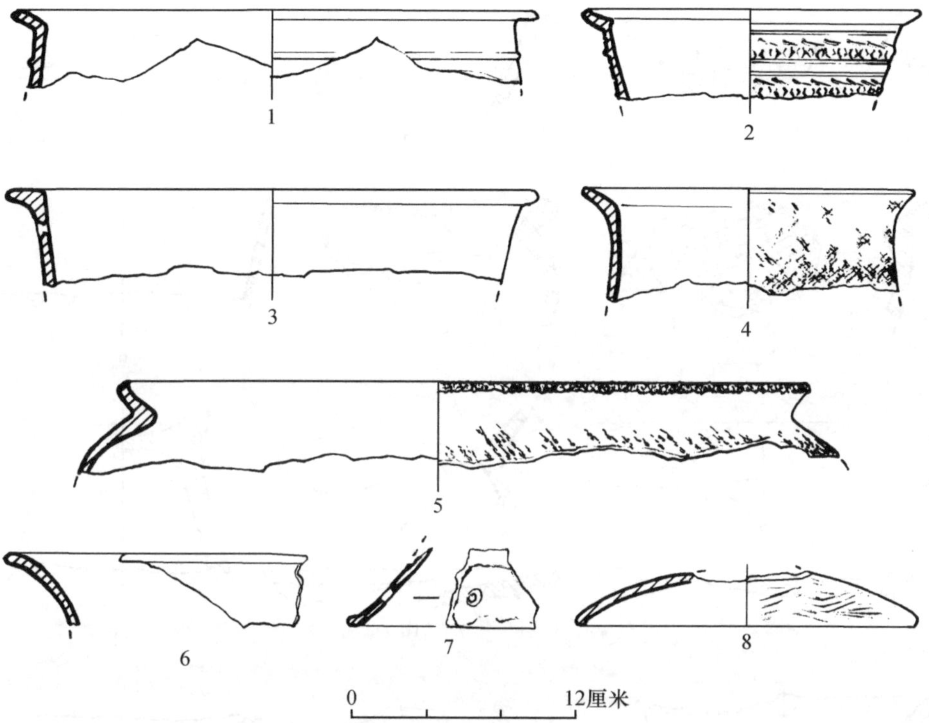

图3.14　H29陶器

1～3. 折沿罐（H29：8、H29：31、H29：5）　4. 长颈罐（H29：33）　5. B型花边口沿罐（H29：4）
6. 喇叭口罐（H29：10）　7. 圈足（H29：29）　8. 器盖（H29：19）

径18.4、壁厚0.6厘米（图3.14-2）。H29：37，泥质陶，外黑衣。圆唇，宽平沿（图3.15-9）。

长颈罐　H29：33，夹砂红褐陶。侈口，长颈。口径18、壁厚0.6厘米（图3.14-4）。

B型花边口沿罐　H29：4，夹砂黄褐陶。折沿，边缘内勾，圆唇，圆肩。唇上饰绳纹，肩部饰细绳纹。口径37.2、壁厚0.6厘米（图3.14-5）。H29：49，夹砂黄褐陶，折沿，圆唇，圆肩。唇上饰绳纹，外表饰绳纹组成的图案。壁厚0.7～0.9厘米（图3.15-1）。H29：39，夹砂褐陶。折沿，圆唇。器表饰线纹，弦纹间夹一道间断附加堆纹。壁厚0.4厘米（图3.15-5）。

折沿钵　H29：18，夹砂黄陶。折沿，圆唇，唇上饰绳纹。腹壁较直，略向外鼓凸，外表饰绳纹组成的菱形方格。壁厚0.5～0.8厘米（图3.15-4）。

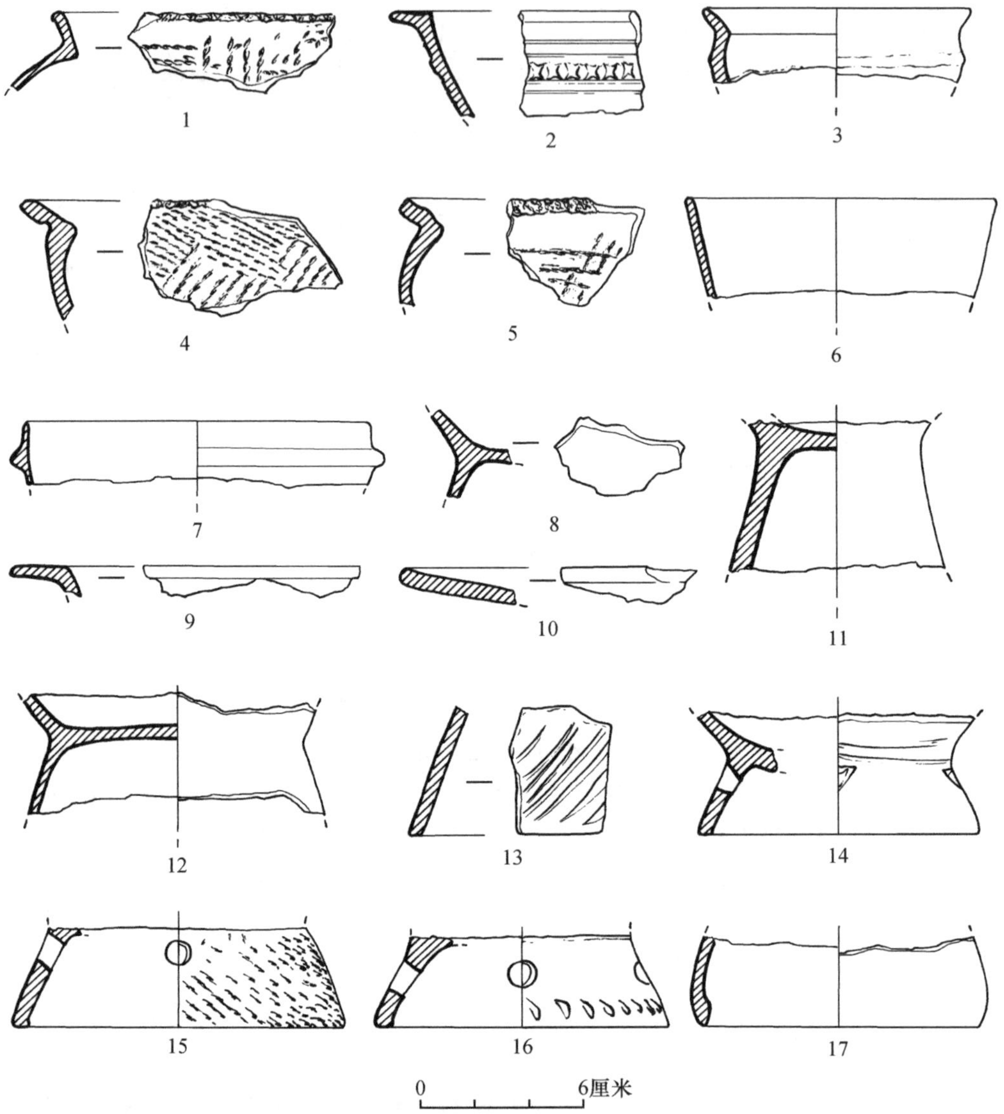

图3.15 H29陶器

1、5. B型花边口沿罐（H29：49、H29：39） 2. 平沿钵（H29：30） 3、4. 折沿钵（H29：38、H29：18） 6、7. 壶（H29：23、H29：34） 8、11～17. 圈足（H29：44、H29：3、H29：13、H29：46、H29：40、H29：47、H29：16、H29：48） 9. 平沿罐（H29：37） 10. 平底盘（H29：45）

H29：38，折沿，圆唇，素面，腹部略外鼓。复原口径10、壁厚0.6厘米（图3.15-3）。

平沿钵 H29：30，夹砂褐陶，平折沿，折沿下饰弦纹，间断附加堆纹。

壶 H29：23，夹砂黄陶。圆唇，仅存口部。复原口径22.8、壁厚0.5厘米（图3.15-6）。

H29：34，圆唇，口沿下饰一周凸棱。复原口径25.2、壁厚0.3厘米。

平底盘 H29：45，泥质灰陶，外有磨光灰衣。圆唇，器形坦，器壁斜直。壁厚0.6厘米（图3.15-10）。

器盖 H29：19，泥质陶，外磨光灰衣，表面有刮痕。器盖较平，根据其器表比内壁光滑判断为器盖。复原口径18.3、壁厚0.4厘米（图3.14-8）。

圈足 H29：29，泥质陶，外灰褐衣，外壁较光、外撇，推测为圈足。器表有镂孔。壁厚0.4厘米（图3.14-7）。H29：16，夹砂红陶。圈足低矮、外张。足底面平。上部有4个均匀分布的圆形镂孔，其下为一周戳印粗点纹。足径10.8厘米（图3.15-16）。H29：40，夹砂红褐陶，圈足低矮、外张。足底面平。圈足最上部分有4个均匀分布的倒三角形镂孔。足径10.4厘米（图3.15-14）。H29：47，夹砂黄褐陶。圈足低矮、外张。足底面平。外表饰斜向绳纹。圈足靠上部位有4个均匀分布的圆形镂孔（图3.15-15）。H29：48，夹砂灰陶。圈足内敛。足径10.8厘米（图3.15-17）。H29：3，夹砂红陶。残，仅存中段，较高瘦，素面。盘柄连接处最细，直径6、足壁厚0.8厘米（图3.15-11）。H29：44，夹砂红陶，内盘色黑。残甚，仅存盘柄连接处局部（图3.15-8）。H29：46，夹砂黄褐陶。圈足，仅存近底部一段，可见圈足外张，器表有斜向刻纹（图3.15-13）。H29：13，夹砂红陶，素面。残，仅存盘柄连接处。最细径9.4、壁厚0.4厘米（图3.15-12）。

3.1.1.4 桂圆桥遗址的分期

简报中，桂圆桥三期划分似乎泾渭分明，造成这样印象的原因，一部分是因为选取发表的单位是典型单位，作为过渡单位发表的仅F1，而且也并未交代F1出土器物与前后期的联系。另外，即便是典型单位，所出器物也并未完全公布。公布的是经过选择、最具代表性的器物。桂圆桥遗址⑥层与⑤层的文化面貌差异有多大？年代差了多远？简报限于体例和篇幅，并没有进行让人信服的阐述，而是选择了直接给出整理者的意见。尤其是当时选择一期的典型单位，出于器物最丰富的原因，选择出土了约40千克陶片的H20，但H20本身开口于TN01E03、TN02E03、TN01E04、TN02E04四个探方的⑤层下。在简报中作为一二期过渡期但被归入二期的F1，跨越6个探方，开口于TN01E01、TN02E01、TN01E02、TN02E02、TN01E03、TN02E03⑤层下，也即H20与F1是同开口于TN01E03、TN02E03⑤层下。即便除开零散的烧土堆积，H20与F1主体之间的最近距离不足3米，与H33的最近距离不足1米。但这三个单位的年代，在对出土器物的类型学分析中，却显示出不小的距离。可见要清楚⑥与⑤层文化的发展，亦即一、二期的演变，关键在于对⑤层下遗迹的分析。鉴于简报发表的资料经过层层筛选，更多地代表了整理者主观意见。如果不更多地披露桂圆桥遗址的早期材料，直接细化分期，将使人无法检验分期是否客观、正确。而且，正如本文一再强调的那样，桂圆桥早期地层的分布十分零星，甚至很多探方并不是同时分布有关键的⑤、⑥层。在整理工作中，统一地层、确定⑥层的依据很大程度上来自地层出土的包含物。这样，分期是否成立，⑤、⑥层是否会分属不同的文化，需要更细致的论证和更多的证据。为了让分期可以被独立地检验，本书选择先按单位尽可能详细地公布器物，再进行期段的分析。

为对桂圆桥遗址有一个整体的把握，可以把目前确定为最早的TN07E08⑥层和其下的S1作为参照，与H20、H43的陶质陶色比例进行比较。从图中可以看出（图3.16），这4个单位的最大特征是都包含很高比例的夹石英粗砂红陶，各自的特色是TN07E08⑥层含较多的泥质绳纹红陶，H20含较多的泥质素面红陶，H43含较多的夹砂灰褐陶。整体来看，陶质陶色比例值较为接近，特征也非常突出。

对一期陶片有大致的印象后，再来看二期陶片的总体特征。二期陶质陶色显得更为复杂多样（图3.17），这几个单位，F1、H32、H33、H9、H1[①]、TN01E05⑤、T11⑤、T12⑤，都显得各有特色。其中F1是以夹粗砂红陶为主，H32、H33是以夹砂灰陶为主，H9、H1、TN01E05⑤、T11⑤是以夹砂黄褐陶为主，T12⑤是以夹砂红褐陶为主。除了F1，泥质灰陶都占据了一定的比例。如果要根据陶质陶色对这几个单位进行分组，那么F1自成一组，H32、H33可分为一

① H1是试掘时发现的遗迹，所以虽然编号小但年代早。

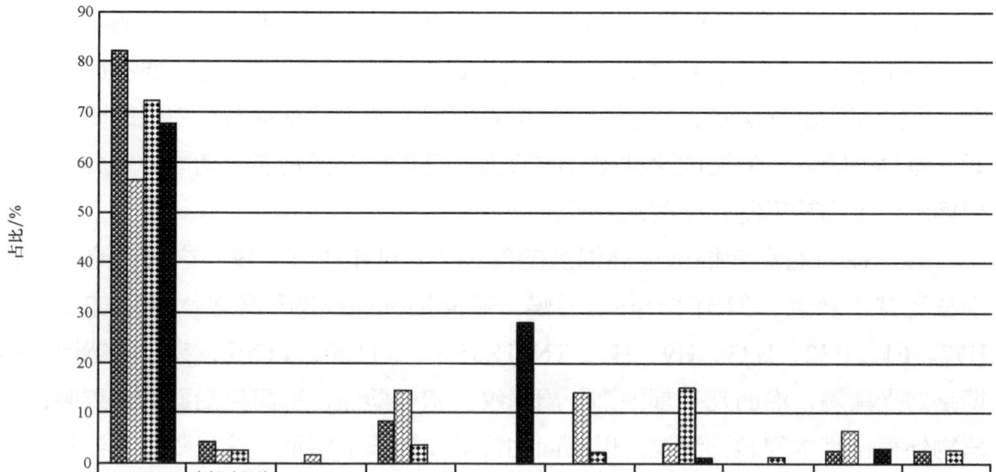

	夹粗砂绳纹红陶	夹粗砂绳纹红陶（饰附加堆纹）	夹砂细绳纹红陶	夹砂素面红陶	夹砂灰褐陶	泥质绳纹红陶	泥质素面红陶	泥质素面红陶（带褐衣）	泥质素面灰陶	泥质绳纹灰陶
TN07E08S1	82.20%	4.24%	0.00%	8.47%	0.00%	0.00%	0.00%	0.00%	2.54%	2.54%
TN07E08⑥	56.39%	2.64%	1.76%	14.54%	0.00%	14.10%	3.96%	0.00%	6.61%	0.00%
H20	72.27%	2.56%	0.00%	3.77%	0.00%	2.34%	15.07%	1.28%	0.00%	2.71%
H43	67.66%	0.00%	0.00%	0.00%	28.14%	0.00%	1.20%	0.00%	2.99%	0.00%

图3.16 桂圆桥一期典型遗迹陶质陶色比例图

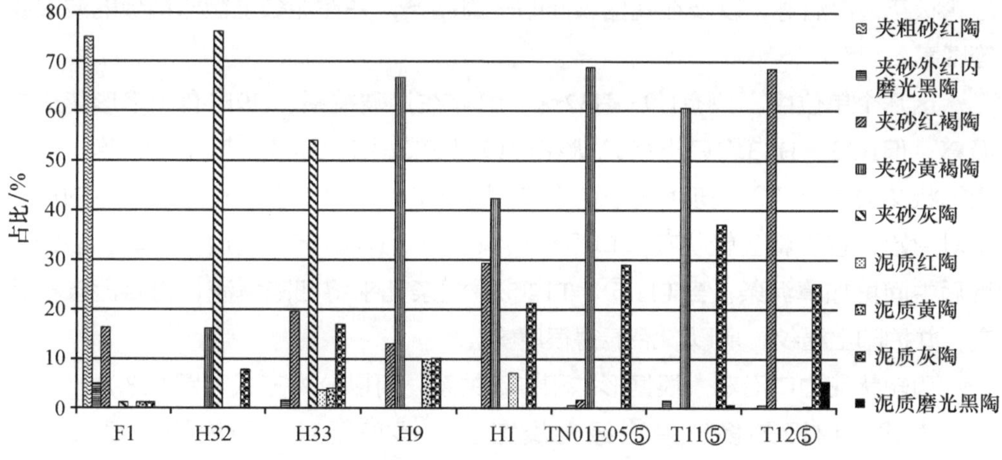

图3.17 桂圆桥二期典型遗迹陶质陶色比例图

组，H9、H1、TN01E05⑤、T11⑤为一组，其中H1夹砂黄褐陶的比例相对其他几个单位偏低，而夹砂红褐陶比例偏高。T12⑤以夹砂红褐陶为主要特征，并且有一定的泥质磨光黑陶，与前面的单位有较大的差异。从这几个单位的陶质陶色看，差异很明显，但造成这种差异的原因，是年代的区别还是功能的差异，需要根据出土器物的形制、比例来分析。

最早在口沿沿面拍饰一周绳纹的是H20：11和H20：39，这时，这种装饰手法还并不普遍，但到了H43的时候，沿面拍饰绳纹的现象就大大增加了，到H77、F1、H32、H33、H9、H1、TN01E05⑤、T11⑤、T12⑤，夹砂陶罐除非内壁是磨光黑陶，沿面几乎都拍饰一周绳纹。俯视器皿，都可见沿面的绳纹装饰，器物外表也基本都装饰绳纹。以沿面拍饰绳纹为典型特征，这类陶器在器物可见的地方就饰绳纹，可以说是这一时期比较典型的装饰风格。从H77和F1看，出现了几个值得注意的因素，从陶质陶色上讲，是出现了外红内黑这样的覆烧渗碳技术，而喇叭形口的陶器，如果外表是夹砂红陶的话，内壁往往是磨光的黑皮陶。此外还有一种泥质黄陶，器表多有灰褐衣、饰规整细线纹的陶罐。

H32、H33基本延续了F1的传统，并且表现出一些器类上的变化，如新出了齿轮状花边口沿尊，以及在陶器表面贴一周泥条，并在泥条上戳印精致的波浪纹等图案。

这几个单位中，只有H9→H32这一组存在打破关系。H9出有山字形花边口沿尊，但H32、H33均只出齿轮状花边口沿尊、未出山字形花边口沿尊，可知齿轮状花边口沿尊的出现早于山字形花边口沿尊。H9山字形花边口沿尊的形制相对原始，直接将齿轮状花边口沿尊沿缘上折。H1山字形花边口沿尊，沿缘上折后中间再加填泥条。到T11⑤、T12⑤，泥条几乎将凹陷填满，再将泥条拍紧实，并拍印上绳纹，所以口沿显得很厚实。

齿轮状花边口沿尊　根据形态和打破关系，可以分为三式（图3.18）。

Ⅰ式：口沿外侈，沿边缘为浅宽齿，器身近直，器表饰浅绳纹。如H32：1。

Ⅱ式：口沿近平，齿变尖，器表饰麦粒状绳纹。如T11⑤：6。

Ⅲ式：折沿，口沿近平，齿尖锐明显，器身向下渐侈，器表饰麦粒状绳纹。如T12⑤：10。

山字形花边口沿尊　也可分为三式。

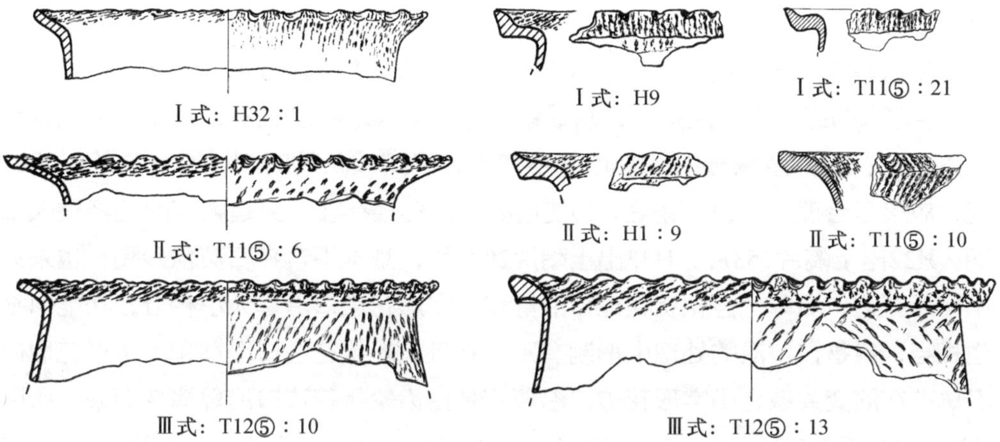

图3.18　齿轮状花边口尊与山字形花边口沿尊型式分析图

Ⅰ式：折沿，浅宽齿上折。如H9、T11⑤：21。

Ⅱ式：卷沿，浅宽齿，沿面加填泥条。如H1：9、T11⑤：10。

Ⅲ式：折沿，唇沿厚实，齿尖锐明显，器身向下渐侈，器表饰麦粒状绳纹。如T12⑤：13。

从对齿轮状花边口沿尊和山字形花边口沿尊的型式分析看，结果与陶质陶色的分析结果近似，便是T12⑤似乎应该单分成一组，并且年代上稍晚于二期的其他典型单位。但是T11与T12为相邻的两个探方，相邻的两个方的地层按理应该是一致的，为什么会出现这样的分析结果？

从探方记录来看，T11和T12均分有A、B两个亚层，⑤A层均是泛黄的黑灰土，⑤B层均为黑土，探方记录者在发掘过程中通过观察到的器类判断，A、B亚层器类相近、文化面貌无区别。整理中没有发现T11、T12⑤层A、B层的陶片分装。有可能陶片在T11与T12的⑤层并不是均衡分布的，T11中可能更多来自⑤B层，而T12可能更多来自⑤A层。

从F1、H32、H33、H9、H1、TN01E05⑤、T11⑤、T12⑤的陶质陶色统计和出土陶器的型式分析来看，F1也有大量夹石英粗砂的红陶片，但是外红内黑的夹砂陶、外红内为磨光黑皮陶的喇叭口罐、泥质黄陶细线纹罐都是新出现的因素。H20共出土1327片陶片，接近40千克，并没有1片内壁为磨光黑皮陶的陶片，没有细线纹纹饰，更没有齿轮状和山字形的花边口沿尊。后期夹砂陶口沿常见的拍饰绳纹的装饰手法，也少见于H20，最多也仅有端倪。可见H20的年代，与后期这些被划入二期的遗迹间存在一定的距离。F1为长6.8、宽约5.2米，面积35.4平方米的红烧土房屋基址，从成都平原早期遗址的发掘看，红烧土房屋基址并不多见，也许意味着F1的功用并不普通，沿用较长的时间，有一定的时间跨度，应该是合理的。F1可能在H20使用的年代已经存在，只是毁弃时已经进入二期。H32出土陶片553片，H33出土陶片2022片，基本不含夹石英粗砂陶，也未见山字形花边口沿尊。齿轮状花边口沿尊和山字形花边口沿尊大小相近，功能似乎也相当，只是在口沿的处理上形制有别，并且齿轮状花边口沿尊和山字形花边口沿尊存在演变关系，山字形花边口沿尊应是由齿轮状花边口沿尊演变而来。所以H32、H33组与H9、H1、TN01E05⑤、T11⑤组的差异应该不是功能差异，而应该是年代差异。而夹石英粗砂陶固然在功能上有其独特之处，S1、TN07E08⑥、H20、H43 中主要是夹石英粗砂陶，但仍然有其他质地的陶片存在，这些陶片从质地到器形都显示出与二期遗迹的差异，并且H43既有夹石英粗砂陶，也开始在沿面拍饰绳纹，显示出一、二期中间态的特征。此外，考虑到夹石英粗砂陶片比较重，所以对典型遗迹的陶片计算了平均片重，即以除碎陶片之外的总重除以总片数，得到每个单位的平均片重（图3.19）。从这张表中，我们可以看到，除了F1和T11⑤之外，数据基本可以分为S1、TN07E08⑥、H20和H32、H33、H9、H1、TN01E05⑤、T12⑤两组，以及介于两组之间的H43。F1、T11⑤出现偏差的一个原因是陶片量偏少，F1仅80片，T11⑤仅127片。

从以上的分析，我们基本可以得出一个结论，便是S1、TN07E08⑥、H20和H32、H33、H9、H1、TN01E05⑤、T11⑤、T12⑤之间存在的差异，应该是由于

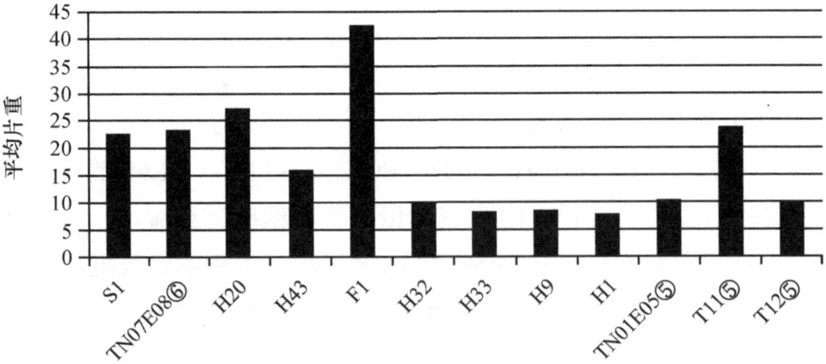

图3.19 桂圆桥一、二期典型单位平均片重

时间而绝非功能造成的。

桂圆桥三期的面貌基本同于三星堆一期和宝墩遗址，其中H17、H29出土物较为丰富。但从陶片上来看，这两个单位出土的器形相差较大。H29圈足器增多，出现了器盖，装饰纹样有高出器表的压印附加堆纹。H17、H29同属南区西部，位于相邻的探方。H17开口于④层下，H29开口于③层下。从地层的叠压关系来看，H29晚于H17。从这几个单位的陶质陶色的比例来看（图3.20），H17、TN01E04④、TN01E05④比较相似，H29与这3个单位的差异最大。H17与H29所出的器物基本见于三星堆一期，但H29盖缘内敛的器盖和足缘内敛的圈足年代可能较晚，在三星堆遗址多见于三星堆二期，可见H29的年代晚于H17。

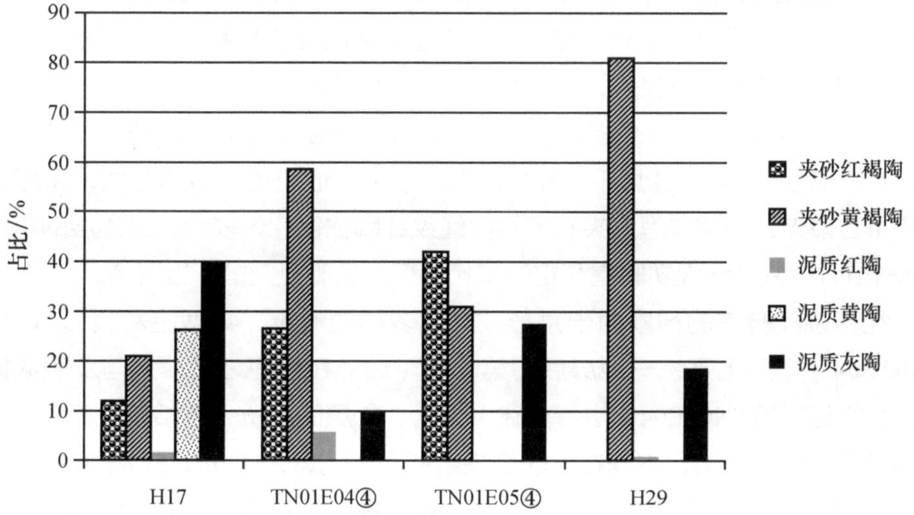

图3.20　桂圆桥三期典型遗迹陶质陶色比例图

3.1.2　桂圆桥遗址绝对年代的确定

桂圆桥遗址是目前成都平原发现的最早的新石器时代晚期遗址，除了新器群所反映的文化面貌之外，其绝对年代也备受关注。所以桂圆桥遗址的^{14}C样本分送两家单位测试。其一为北京大学考古文博学院碳十四年代实验室（以下简称北大实验室，BK），送样的样本为从土样中浮选获得的作物种子，因为作物一般为一年生，所以种子会更接近遗迹使用的年代，但是有被扰动的风险，即种子会顺着土壤的裂隙或者虫洞等掉落到更早的单位中（图3.21）。另一为中国社会科

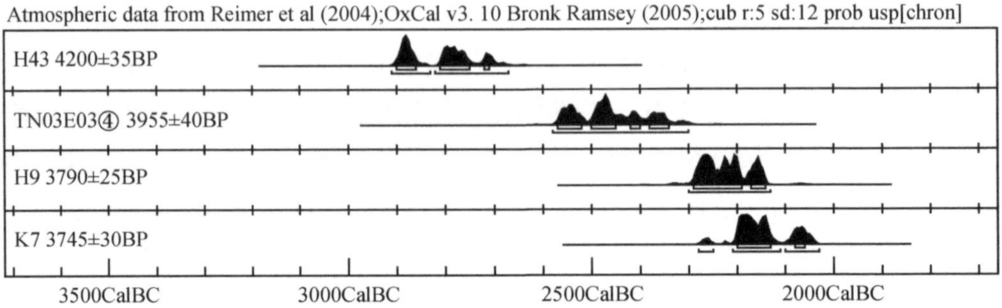

图3.21 桂圆桥遗址^{14}C年代系列校正图（BK）

学院考古研究所科技中心^{14}C年代实验室（以下简称社科院实验室，ZK），送样的样本为发掘中采集的泥炭，泥炭形成的过程存在较多的未知和不可控因素，年代可能偏老，但因质量较大，被扰乱的风险较低（图3.22）。

北大实验室所用的4个样本，其中H43为一期最晚的单位，TN03E03整个探方仅有4层地层，其中③层下有H41，出土了山字形花边口沿尊Ⅱ式，④层出土陶片小且破碎，一期典型的夹石英粗砂绳纹红陶往往片体较大，但④层的年代当不晚于H41。所以北大实验室测定的年代序列未见明显倒错，当可信。

社科院实验室的样本由于是形成原因多样的泥炭，数据已发表①。送样的TN02E04⑤实际上是统一地层后的第⑥层（送样在整理之前，为与发表数据统一，后文仍采用TN02E04⑤进行描述），⑤、⑥层的土质土色相差并不大，均为质地紧致的黄褐砂土，不同在于⑤层夹杂褐色水锈斑，H20即开口于此层下。正是由于H20延伸到TN02E04，并且其下的包含物多夹石英粗砂绳纹红陶，才将其仔细划分为⑤、⑥层，而样品采集在此之前。但即便这样，TN02E04⑤校正后的数据主要落入公元前3100～前3000的绝对年代区间还是显得偏早。TN13E02⑤层为南区北部探方，地层分布与中部有较大差异。南区北部探方大多都只发掘到③层。TN13E02④层即已进入新石器时代晚期，⑤层大约相当于南区中部的⑥层。而H20的年代比一期最早的单位S1早了约100年（未校正），校正后的数据区间的下限与S1年代相当。

根据我们上文的分析，北大实验室样品主要的风险在于扰动，而社科院实

① 中国社会科学院考古研究所等：《放射性碳素鉴定年代报告（四〇）》，《考古》2014年第7期。

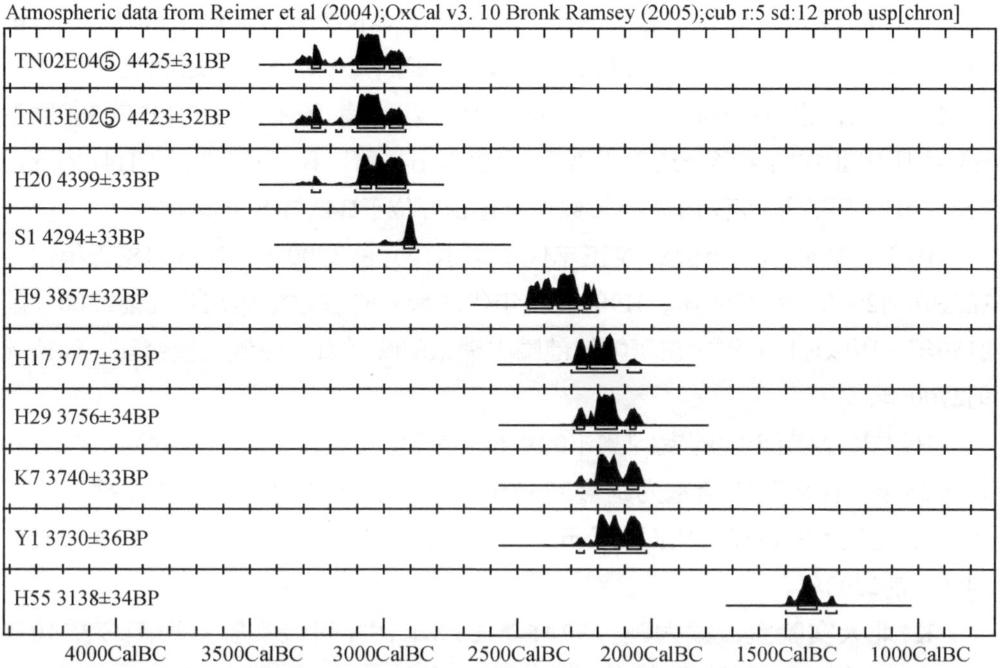

图3.22　桂圆桥遗址^{14}C年代系列校正图（ZK）

验室样品的风险在于泥炭形成过程中不可控的因素导致的年代偏早。地层学原理中，晚期地层可能混入早期遗物，但早期地层不当混入晚期遗物，这一点，从两个实验室的数据比较中也可以看到。但是作为体量比较大的泥炭，为小动物扰动的可能性不大。

TN02E04⑤、TN13E02⑤、H20三个单位数据比较集中，H20打破TN02E04⑤，从测年数据来看，H20测年数据晚于TN02E04⑤，打破关系成立。

S1叠压在TN07E08、TN07E09⑥下，与TN02E03、TN02E04探方有一定的间隔。S1测年数据在一期单位中最晚，而且年代的校正值范围也非常窄，勉强与前三个数据的下限衔接。

那么到底哪个数据的年代更能准确地反映桂圆桥一期的绝对年代上限呢？

我们综合其他单位的数据，来做进一步的分析。

根据考古发掘和整理，TN02E04⑤、TN13E02⑤、H20、S1这四个单位都属于桂圆桥一期，其测年数据代表了桂圆桥一期的年代。

H43为桂圆桥一期的下限。结合^{14}C数据和类型学的分析，笔者觉得H43的使用年代应该与S1有一定的间隔。二期偏早的单位如H77、F1、H32、H33都没有测年数据，但从H43、H77、F1、H32来看，一期与二期之间是一个连续发展的过程，也就是H43的年代事实上已经接近二期的上限。TN03E03③层下H41中所出Ⅱ式山字形花边口沿尊同于H9所出，所以H9的年代当与H41相近。TN03E03④层的年代早于H9，^{14}C数据上也正好位于H43与H9之间。

由于一期最早的单位S1校正年代不早于公元前2900年，H43的校正年代约在公元前2900～前2700年，H9的校正年代北大实验室数据落在公元前2300～前2150年，所以H43的年代在可能的范围内稍微取晚一点，应该比较合理，即公元前2700年。

H9与K7是两个实验室均测年的单位，H9北大实验室测出数据为距今3790年±25年，社科院实验室为距今3857年±32年，社科院实验室的数据早了67年。北大实验室H9校正数据在公元前2300～前2150年，社科院实验室在公元前2450～前2200年。

K7北大实验室数据为距今3745年±28年，社科院实验室为距今3740年±32年，校正区间基本落在公元前2200～前2100年，可视为相同。K7开口于TN14E07④层下。另一个遗迹Y1开口于TN15W07④层下，测年数据为距今3730年±36年，仅比K7的测年数据晚了10年。TN14W07、TN14W08、TN15W07这三个探方以TN14W07为中心南北、东西相邻，地层基本统一。

K7和Y1的测年数据相近，可互相验证，基本可信。典型遗迹H17开口于TN14W07④层下，从地层关系来看，H17与K7、Y1之间的年代接近。

H29开口于TN14W08③层下，打破④层，而④层叠压K7、Y1、H17。从出土物看，H29所出器物部分带有第二大期特征，年代上晚于H17。出土器物显示，H17与H29之间基本没有共同点，应该经历了一定的发展阶段，有不短的时间差异。H29的绝对年代虽然仅比K7早了16年（未校正），比Y1早26年（未校正），但与地层和出土物两项早晚关系相比都出现了反转，测年数据仍然应该排除。

K7的校正年代落在公元前2200～前2050年，年代上基本和二期晚段的H9的绝对年代范围首尾相连。而H9中绝大多数器物都不见于H17，H9与H17之间的演变轨迹目前在桂圆桥遗址并不清楚，可见二者之间应该有不小的年代间隔。三期与二期之间应该存在一段缺环。H17出土器物的种类相对单一，与H9、H29差异过大也可能是功用不同导致的。桂圆桥二期的开始年代若是公元前2700年，其间演变几乎可考，延续时间不宜过长，考虑H9即便定在校正年代公元前2300年，二期也大约延续了400年。若综合H17、K7、Y1三个测年数据考虑，即便将三期开始的年代定在公元前2100年，二期末与以H17、K7、Y1为代表的三期早段的年代差距约在200年。这个差距，即便与真实的历史有所出入，但已是目前我们估计的一个相对合理的年代划分区间。这个三期绝对年代的划分，还需要与周边遗址的年代序列相互验证。不独立给出年代，而是一味与周边重要遗址的年代序列调和，最终给定的年代也许综合来看最合理。而独立划分年代，如周边重要遗址的年代序列相合当然皆大欢喜，但即便与周边重要遗址的年代序列冲突，也正好给我们一个重新比对、审视绝对年代的契机。综上，桂圆桥三期的绝对年代，笔者认为当做如下划分。

桂圆桥一期：公元前2900～前2700年。

桂圆桥二期：公元前2700～前2300年。

桂圆桥三期：公元前2100～？年。

3.1.3　成都平原新石器晚期的年代序列

桂圆桥一期的典型陶器在三星堆遗址未见分布，二期的典型陶器齿轮状花边口沿尊和山字形花边口沿尊，其中年代稍早的齿轮状花边口沿尊在三星堆遗址未见分布，但山字形花边口沿尊在T1415、T1416、T1517的⑯层均有分布，形制与桂圆桥Ⅱ式山字形花边口沿尊T11⑤：10相近，尤其是T1415⑯：1020口沿内外壁及唇面饰绳纹，最为相近。T11⑤：10口沿近平，沿面翻出较多、拍印绳纹，而86GSⅢT1415⑯：1018、86GSⅢT1517⑯：732沿翻出较窄，沿面也不饰绳纹，形制上晚于Ⅱ式山字形花边口沿尊，Ⅲ式沿变窄、唇加厚，沿面同样拍印绳纹，也未见于三星堆遗址。三星堆遗址出现的山字形花边口沿尊当为Ⅳ式，86GSⅢT1415⑬：998，已由卷沿变作折沿，但山字形花边口仍十分明显，当是Ⅴ式。从山字格花边口沿尊看，三星堆一期Ⅰ段的年代当已进入桂圆桥遗址二期的偏晚阶段。

宝墩遗址的主体年代约相当于三星堆遗址Ⅱ、Ⅲ段，典型的宝墩文化即指这一部分。宝墩遗址盘口器非常发达，并且因为废弃得早，后期的破坏和扰动比较少，所以保存得更好。宝墩遗址的遗物中，年代上限有早于宝墩文化的部分。

桂圆桥三期以窄折沿为特征的器物正好与三星堆遗址二期Ⅳ段、宝墩文化三期的陶器特征相近。这样，通过桂圆桥遗址与三星堆遗址第一大期的对比，桂圆桥遗址一、二期可补上三星堆第一大期的前段，而桂圆桥遗址二、三期间的缺环，可以由三星堆一期来填补。这样我们便排出成都平原新石器时代晚期的年代序列（表3.1）。

表3.1 成都平原新石器晚期文化序列

桂圆桥遗址	三星堆遗址	宝墩文化	绝对年代
一期			2900～2700aBC
二期			2700～2300aBC
	一期Ⅰ段		2300～2100 aBC
	一期Ⅱ段	一期	
	一期Ⅲ段	二期	
三期	二期Ⅳ段	三期	2100～？ aBC
	三期Ⅴ段	四期	？ ～1900 aBC

3.2 成都平原青铜时代文化序列

三星堆遗址过渡期（三期Ⅴ段，宝墩文化四期）既有第一大期器物，也出现了第二大期一些典型器物的雏形。比如高柄豆、可能与小平底罐有渊源关系的深腹罐都在过渡期出现。第二大期演变序列清晰，第二章已详述演变，此不赘言。第三大期最早以新繁水观音遗址发现的尖底杯为特色，三星堆遗址1982年发掘点上层发现细泥尖底杯、尖底罐，同年方池街遗址发掘发现了类似陶器。1985年，成都市区十二桥遗址发现保存较完好的大型木结构建筑。“由于成都市故郫江遗址群中的十二桥遗址在这类遗址中公布的材料最多，也最具代表性。”孙华先生建议将其命名为“十二桥文化”[①]，并在《成都十二桥遗址群分期初论》中进行了分期研究，江章华先生从其说[②]。1995年“黄忠村遗址”发掘，2001年成都市青羊区金沙村一组发现大量的玉石器、铜器和象牙等器物，金沙遗址逐渐引起人

① 孙华：《试论广汉三星堆遗址的分期》，《南方民族考古》第五辑，四川科学技术出版社，1993年。

② 江章华、王毅、张擎：《成都平原先秦文化初论》，《考古学报》2002年第1期。

们的重视，并经过10余年的发掘，目前已成为成都平原十二桥文化堆积最丰富，延续最长，器物演变脉络最清晰的遗址，也是十二桥文化时期成都平原区域中心（的一部分）。

3.2.1　十二桥遗址分析

十二桥遗址是十二桥文化的命名遗址，十二桥遗址的分期研究是讨论十二桥文化发展阶段的基础之一。十二桥遗址F1毁于洪水是十二桥遗址发掘以来考古学界的共同推测，十二桥遗址埋藏过程中可能受到洪水的干扰是研究者心中的担忧和疑问。但无论是发掘者还是研究者，都将关注点集中在对遗迹和遗物的分析上，并未深入探讨十二桥遗址早期堆积的形成原因和形成过程。考古工作者往往依赖地层提供遗存的相对早晚关系，但常常忽视还原地层的形成过程。事实上，对地层堆积形成过程的认识是我们理解遗址变化的重要参考，而离开现场再去做地层形成过程的复原，比直接的现场分析更少证据，更多困难。但鉴于十二桥遗址的重要性和早期堆积的特殊性，笔者仍不揣冒昧地对十二桥遗址早期堆积性质和成因进行了分析。由于十二桥遗址发掘已结束多年，很多能在现场直接观测的现象都只能依据简报和报告中有限的描述及照片加以分析，故本书从分析地层堆积的现象入手提出假设，再从遗迹遗物方面进行检验和论证。

3.2.1.1　十二桥遗址发掘简介

十二桥遗址1985年发现，1986年开始发掘，1988年回填保护。

1985年12月，成都市干道指挥部在十二桥街之南的新一村修建市自来水公司和煤气公司的综合大楼，用大型机械挖掘综合大楼地下室时，发现许多陶片和一些圆木构件，四川省文物管理委员会与成都市博物馆考古队介入后决定组织实施抢救性发掘。1986年5月，四川省文物考古研究所与成都市博物馆考古队共同组建十二桥遗址发掘小组，十二桥遗址开始了科学考古发掘。十二桥的发掘分为Ⅰ区和Ⅱ区，其中T25之外的Ⅰ区探方和Ⅱ区东部统一划分为13层。⑨层出有釜形鼎、矮圈足豆等，年代已到战国。⑩层以下尖底器较多，判断为商周时期遗存，属十二桥文化早期。⑫层下叠压木结构建筑遗迹。⑬层为建筑倒塌形成的堆积，其下叠压有木结构建筑的木桩基础遗迹，但为保护木结构建筑及其构件，未做发掘。

3.2.1.2 报告中关于十二桥遗址早期堆积成因的分析

关于十二桥遗址早期堆积形成的原因，十二桥报告编写者认为是："洪水冲毁了木结构建筑，木结构建筑倒坍后形成了现在的埋藏情况。"[①]主要根据有以下三点。

第一，（十二桥遗址的木构件）可以分成两个部分，一个部分在Ⅰ区的北部与东部，木构件分布没有规律；另一个部分在Ⅰ区的中部与Ⅱ区的东部，木构件分布比较有规律。在Ⅰ区的北部与东部，地势西北高而东南低，许多木构件又呈西北至东南向的倒塌之状。特别是在Ⅰ区北面的T1～T5中，木构件分布没有一定规律，显得零乱；就是一些大圆木构件也发生了明显的位移现象。在Ⅰ区T6～T9中木构件呈西北至东南走向，木构件一致的走向中又存在着一条略带弧形的通道，仔细观察这条略带弧形的通道，便不难看出其与洪水有着密切的关系，许多木构件就顺着这条弧形通道发生了位置移动的现象，木构件沿着这条弧形通道分布的原因，推测与洪水有关[②]。

第二，如此众多的木构件不见被火烧的痕迹。遗址中又保存了许多木建筑屋顶的茅草和作为墙体的编制茅草遗迹，且都保存比较好，因此，可以完全排除火灾造成木结构建筑倒塌的可能性[③]。

第三，结合成都的历史来看，古郫江故道由成都西北九里堤向南流经故城西，至今通惠门折而东流，经西校场、南校场等地，至南河口与南河相汇。今十二桥遗址的位置，在西郊河、摸底河与南河之间，正濒临古河道旁，历史上受洪水的侵害是可以想见的[④]。

分析十二桥遗址商周地层形成的原因和过程，是理解十二桥文化分期、发展的关键。报告分析中提出了3条F1毁于洪水的证据，而3条论据中，只有第1条是在直接论述F1可能毁于洪水。这样的论据和论证方式仅能支撑提出一个推测，而

---

① 四川省文物考古研究院、成都文物考古研究所：《成都十二桥》，文物出版社，2009年，20页。

② 同①，19页。

③ 同①，19页。

④ 同①。

不能有力地证明F1的确是毁于一场洪水。仅仅利用⑬层木结构的位置来分析堆积的成因和来水方向是不充分的。因为木结构通过榫卯和竹篾捆绑连为一体，相互牵绊，从木结构建筑的分布图看不到明显的来水方向，T16照片显示，分布在木结构之间的长条状遗物也没有呈现统一的方向（图3.23）。

十二桥遗址简报中曾提到："地层中也明显出现洪水冲积层，出土遗物上也多见洪水冲刷的痕迹。"[①]但很遗憾的是，简报未指明哪些地层是洪水冲积层，也未说明地层中出现的洪水冲积层是地层的局部现象还是整体现象。

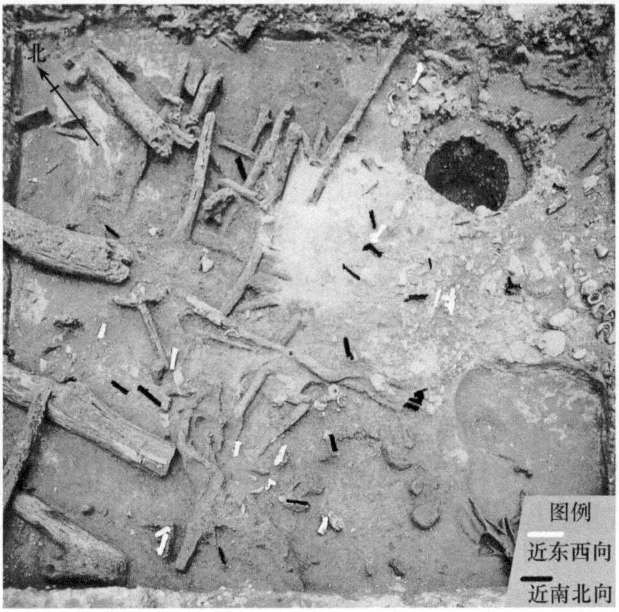

图3.23　T16长条形遗物方向

3.2.1.3　十二桥遗址早期堆积的特点及其成因推测

十二桥遗址毁于洪水说从简报发布起，一直作为一种主流推测存在。但关注的重点一直在⑬层。F1是不是毁于洪水？仅凭⑬层的遗迹遗物是无法说清楚的。报告公布后，已经有学者意识到，⑬与⑫层的共时性可能存在探讨的空间。比如

① 四川省文物管理委员会、四川省文物考古研究所、成都市博物馆：《成都十二桥商代建筑遗址第一期发掘简报》，《文物》1987年第12期。

于孟洲先生就对⑫层究竟是人为形成、人与自然共同形成还是自然形成产生了疑惑，最终认为是人与自然共同形成，似乎自然因素的作用更大①。

由于施工的破坏和F1大量保存较好的木建筑构件的吸引，考古学家在发掘中没有重视⑬层以上的堆积，也没有对堆积的微结构进行量化分析。现在只能从报告的描述和公布的照片中获知大概。对⑫层堆积的描述有以下几条。

第一，Ⅰ区T22⑫层的描述为黄色土，土中包含物丰富，有大量的砾石、沙、陶器、石器、动物骨骼等，其下无遗迹，厚23～44厘米②。

第二，Ⅱ区T30、T40、T50的地层描述，⑫层为黄色土，含大量的砾石，厚8～54厘米③。

第三，报告提到："施工单位已挖掘到的黄色沙夹砾石层应是第12文化层"④。

第四，简报描述：⑫层，黄色沙质土含大量砾石⑤。

这几个地方的描述虽然各不相同，但⑫层应该都是以黄色沙、砾石为主，包含大量陶片、动物骨骼、石器。《成都十二桥》彩版二，2Ⅰ区发掘现场照片左下角T21中可以看到大量的砾石堆积且粒径大小较为一致。彩版四，3ⅠT19木构件堆积中T19东壁可见大量砾石堆积在一起。彩版五ⅠT22-ⅡT40木结构建筑遗迹中的关键柱上，可看到一层明显的叠瓦状堆积的砾石层（图3.24）⑥。

结合图与文字描述，可以看出⑫层堆积实际上是以沙为基质的叠瓦状结构砾石沉积。而叠瓦状结构的砾石层是冲积相沉积的重要特征之一。"在河流中，较

① 于孟洲、夏微：《成都平原商周时期考古研究的重要成果——〈成都十二桥〉读后》，《考古》2013年第6期。

② 四川省文物考古研究院、成都文物考古研究所：《成都十二桥》，文物出版社，2009年，13页。

③ 同②，16页。

④ 同②，5页。

⑤ 四川省文物管理委员会、四川省文物考古研究所、成都市博物馆：《成都十二桥商代建筑遗址第一期发掘简报》，《文物》1987年第12期。

⑥ 四川省文物考古研究院、成都文物考古研究所：《成都十二桥》，文物出版社，2009年，彩版二～彩版五。需要说明的是，彩版四，2、3（T18、T19）的照片根据与彩版一的对比看，2、3照片在排版中出现了左右翻转的显现。可能是在照片冲洗中，彩版四，2、3底片反转所致。

粗大的砾石多是以推移搬运。砾石一般呈椭球形或长圆形，它们在河水推动下，其长轴总是垂直水流方向，并沿河底向前移动。一旦水流推力减小时，它们就停积下来，砾石的最大扁平面倾向河流上游，并呈叠瓦状排列。”①

如果不仅仅局限于⑫层，结合其上的⑪~⑨层，我们可以更好地理解十二桥遗址堆积的形成。以下是报告中对这几层地层的描述。

Ⅰ区T22探方这几层的描述如下②：

⑨层，浅黄色土，含黄色粗砂，包含少许陶片，呈小颗粒状，很碎，器形难辨。

⑩层，浅灰色土，含微量细砂，土质较疏松。

⑪层，浅黄色土，含砂少许，土质较疏松。

Ⅱ区T30、T40、T50（T40在T22西面，T30在T40之南，T50在T40之北）地层堆积描述如下③：

⑨层，浅黄色土，含有黄砂，土质疏松。

⑩层，浅灰色，土质黏性且含微量细砂。

⑪层，浅黄色土，含砂少许，土质较疏松。

Ⅱ区的地层与1987年简报所发选取的是同样的剖面，不过描述上有所区别，如下④。

⑨层，浅黄色砂质土。

⑩层，浅灰色黏土。

⑪层，浅黄色砂质土。

从上文可知，报告中不同的地方对⑫层土质土色的描述并不一致，报告与简报在对Ⅱ区T30、T40、T50的描述上也存在较大差异。考虑到简报1987年发表，撰写者对发掘现场的印象仍然很深刻，而整理报告的时候，印象已随岁月流逝而平淡，简报中对土质土色的描述似乎更可信一些。⑨、⑪层堆积基质为砂，⑩层

---

① 汪新文：《地球科学概论》，地质出版社，1999年，94页。

② 四川省文物考古研究院、成都文物考古研究所：《成都十二桥》，文物出版社，2009年，12、13页。

③ 同②，16页。

④ 四川省文物管理委员会、四川省文物考古研究所、成都市博物馆：《成都十二桥商代建筑遗址第一期发掘简报》，《文物》1987年第12期。

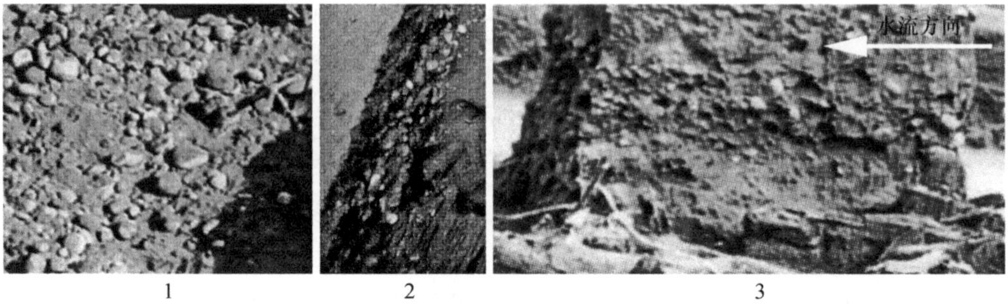

图3.24 Ⅰ区发掘现场的叠瓦状砾石堆积

1. T21局部砾石堆积平面状况（南—北） 2. T19西壁砾石堆积状况（南—北） 3. T30关键柱北面砾石堆积状况（北—南）

为黏土层，⑫层堆积为砂质砾石层，砾石磨圆度好，可见叠瓦状结构。⑫~⑩层堆积粒度从下到上，沉积粒度上由粗到细，恰好构成一个垂向沉积分选明显的正旋回结构（图3.25）。⑨层堆积具有含粗砂、陶片碎小等特征，也属于典型的冲积相沉积，但⑨堆积的粒度粗于⑩层，因此与⑫~⑩层不属于同一旋回，而是一个新的沉积过程。所以，⑨层不在本文的重点讨论范围中。

夹砂砾石、砂层、黏土依次沉积的结构（分别对应沉积剖面中的砾岩、砂岩和泥岩），多见于辫状河河床的垂向沉积中，如长江中游武汉市阳逻镇长江北岸半边山、阳逻电厂一带，为"辫状河特点的河流沉积"①。辫状河河床沉积的特点是垂向沉积的分选性好。从大环境看，十二桥遗址所在的成都平原为典型的冲洪积平原，构造基础为成都坳陷，形成于中生代。正是第四纪以来岷江、沱江的冲积洪积碎屑，塑造了今天的成都平原自然地貌。成都平原由一系列的冲积扇构成，其中最大的是岷江冲积扇，而岷江出玉垒山口进入成都平原后，河道游荡不定，形成了支系复杂的辫状河。

冲积扇从扇根到扇端，主要分为"泥石流沉积、筛状沉积、漫流沉积和辫状河道沉积"②，其中"在中部及端部组成由粗向上变细的层序组合，即砾岩—砂

① 梅惠、李长安等：《长江中游阳逻砾石层沉积环境分析》，《第四纪研究》2009年第29卷第2期。

② 何幼斌、王文广：《沉积岩与沉积相》，石油工业出版社，2008年，166页。

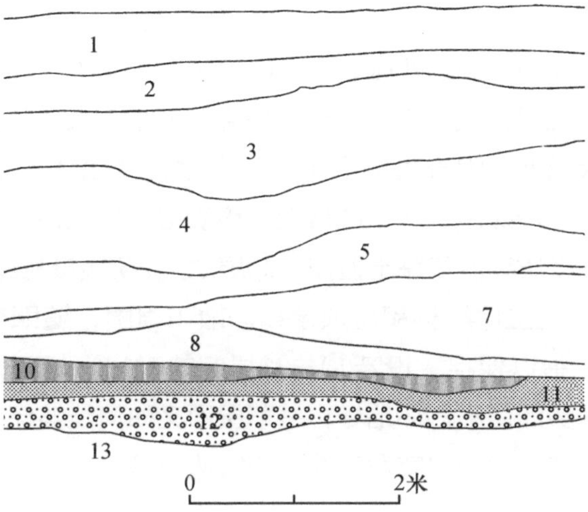

图3.25　T30西壁剖面

岩—泥岩的沉积剖面”[①]。

⑫～⑩层的堆积特征与河漫滩的沉积结构也具有一定的相似性。“河漫滩相堆积通常为二元结构，上层为河漫滩相冲积物，由洪水期环流从河床中带到河漫滩上，主要是细沙和黏土；下层为河床相冲积物，由洪水期河床水流最强部分堆积，称蚀余堆积，随着洪水期河床的侧移，蚀余堆积逐渐被河床浅滩堆积物覆盖而形成河床相物质上细下粗的沉积结构。河漫滩冲积物是洪水期在河床相冲积物之上堆积的近于水平的细沙和黏土。河漫滩冲积物和河床冲积物是河流发育同一阶段形成的冲积物的两个不同的沉积相。”[②]

⑫～⑩层堆积结构呈现出冲积相的特征，但⑬层有干栏式建筑，即便可以伸入河道，但也不能伸入太远，同时⑩层的堆积显示出漫滩相的特征，所以十二桥F1的位置应该在河滨。⑫层堆积中的大量砾石应该是洪水携带而来，并由于洪水期水位的增高，十二桥遗址被借为河床，流速减缓后，部分砾石停止移动，并在流水的作用下成为稳定的叠瓦状结构。从T30关键柱北面剖面照片可以看到，磨圆度较好的砾石长轴向西倾斜，说明西边为来水方向（图3.24-3）。

根据以上分析，我们可以对十二桥早期堆积过程做一个复原假设：十二桥遗

① 何幼斌、王文广：《沉积岩与沉积相》，石油工业出版社，2008年，164页。
② 杨景春、李有利：《地貌学原理》，北京大学出版社，2001年，31页。

址⑫层包含的大量砾石应该来自一次搬运力极强的洪水。而这次洪水很可能是F1毁弃的主要原因，根据地层的叠压关系，F1毁弃在⑫层砾石层形成之前。在洪水达到峰值之前，F1便已倒塌，在洪水到达峰值时携带来大量的砾石和沙，峰值之后，洪水携带的大量砾石因流速减缓沉积，形成叠瓦状结构，掩埋了F1的建筑构件，随着流速的进一步减缓，河水携带的悬移质粗砂也沉积下来，形成⑪层，最后，比重最轻的悬移质细沙和黏土覆盖在⑪层之上，形成⑩层。

F1虽被冲毁，但主体结构和屋顶茅草仍散布周围，随即被冲积层覆盖，并借河水密封绝氧，得以保存。设若⑬与⑫层间的时间间隔哪怕仅仅是几年的时间，风吹日晒，木头即便不朽坏殆尽，茅草屋顶又如何能够保存到如此完整？F1较好的保存状态支持其为一次突发事件后的快速埋藏。

3.2.1.4 F1复原结构的质疑和假设检验

报告中将F1复原为一个T形结构的干栏式建筑，由一排正房和一侧廊道构成。从我们对成都平原建筑结构的了解看，成都平原干栏式建筑并非主流。成都平原通常情况下使用的是建在平地、以柱子为承重支撑的土木结构房屋。现代的成都平原或者沿河城市仍然存在现代的干栏式建筑，这些建筑一般滨河而建，部分基础甚至可以伸入到河床中。

根据⑫～⑩层的堆积特征可知，十二桥遗址早期堆积呈现出河床或者辫状河漫滩相堆积特征。如果⑫层是河床大幅摆动所致，那么⑬层一定会被破坏。而我们看到的F1残存结构和出土器物都相对完整，说明十二桥遗址应该位于当时的河滨。

F1正房和“廊道”除了位置相近外，其建筑结构和用材存在较大的差别。首先，廊道的用料粗于正房，但制作十分粗糙。二者组成的T形布局在古建筑中也极为罕见。与其别扭地把二者毫无根据地连为一体，不如先把二者分开分析。

“廊道”由作为基础结构的横木（类似于火车轨道的枕木）和其上纵向铺设的木材（类似于火车轨道的铁轨）构成，横木用材粗于正屋的基础，但是粗细不一，形状多就原形，修整粗糙。“廊道”的用材显示出较好的承重能力和不讲究的特征。考虑到十二桥遗址位于河滨，“廊道”的结构更像是伸向河道的一座码头。

如果F1是一座滨河而建的干栏式建筑，那么它的长轴应该与河道平行。上文中从T30的砾石长轴倾斜方向分析，判断来水方向为西面，F1长轴如与河道平行，则F1西面为来水方向。F1长轴为北偏西42°[①]，即西北为来水方向，与简报所言“许多构件恰均由西北向东南方向倒塌”[②]一致。

再看如果F1是滨河干栏式建筑，那么洪水期间，水位上涨，河滨位置（漫滩）借为河道，则F1的完整和⑫层的冲积相沉积便不会矛盾。

但是洪水可以携带来那么多的砾石，为何F1的大部分建筑木构件没有被冲走?

从F1的残存结构和复原结构来看，F1是通过竹篾连为一体，并且是木骨为墙的结构。通常木骨不会单独构成墙体，而是木骨泥墙的结构，与同遗址⑧层下的F3为竹骨泥墙相类。从T30剖面测量得到的砾石长轴在4～5厘米，厚大约3厘米[③]，洪水并没有携带巨石。而如F1这样大体量的木骨泥墙即便木头比重较轻，虽然被洪水冲垮，部分散件随水冲走，但部分，尤其是基础部分并不会被洪水冲走。

F1留存的木结构固然非常珍贵，但是大面积保存的茅草屋顶，在考古的发掘中是非常少见的。如果十二桥遗址位于河滨，通过河水对河岸的补充，十二桥遗址的木构件常处于饱水的环境中，河水以及漫滩的黏土堆积才是真正起到隔绝空气的最根本因素，这才是这些遗迹得以保存的决定性因素。

3.2.1.5　早期地层包含物提供的辅证

十二桥遗址的⑫～⑨层实为自然堆积，虽然包含大量的文化遗物，但并非考古通常认为的“文化层”。这一点，不仅仅能从沉积结构上予以说明，结合各层中出土的遗物进行分析，我们也可以得出相似的结论。

对十二桥遗址早期堆积（⑬～⑩层）进行分期，是所有研究四川先秦文化的学者必须探讨的问题。简报最先进行分期，简报分为三期，分别是以⑬层为代表的早期，以⑫层为代表的中期和以⑪、⑩层为代表的晚期。孙华先生也分为三

---

① 根据报告图一〇 十二桥商代木建筑（F1）基础复原结构图测算。

② 四川省文物管理委员会、四川省文物考古研究所、成都市博物馆：《成都十二桥商代建筑遗址第一期发掘简报》，《文物》1987年第12期。

③ 图中为T30的关键柱，关键柱的宽度为1米，以此为比例测量砾石长轴长度。

期，分别是以⑬层为第一期，以⑫、⑪层为第二期，⑩层为第三期[①]。宋治民先生同意简报的分期，但认为十二桥早、中期年代接近为西周后期，晚期为春秋时期[②]。后来根据尖底器的类型分析，认为⑬、⑫层为西周后期，⑪、⑩层为春秋时期[③]。报告分为早晚两期，即⑬、⑫层为早期，⑪、⑩层为晚期[④]。江章华先生将⑬、⑫层定为十二桥遗址一期早段，⑪、⑩层为一期晚段[⑤]。可见十二桥遗址的分期引起了学术界的分歧，学者们在分期时主要根据是器物组合和典型器物尤其是尖底器的演变，部分学者在分期时参考了地层描述。土质、土色、包含物差异的客观存在，尤其是器物组合上的巨大区别，让学者最终将划分的焦点聚集在遗物较多、因而组合相近的⑬、⑫层和出土遗物少、也因此组合相近的⑪、⑩层。

报告公布后，逐渐有学者意识到，⑬与⑫层的共时性是可以讨论的[⑥]，施劲松先生撰文指出："十二桥遗址可能受到洪水冲击，地层中的陶器会由此受到扰乱。十二桥遗址也未发现包含陶器的灰坑等遗迹，因而仅以可能受扰动的地层中出土的陶器来讨论遗址的分期和时代是有其局限性。"[⑦]

报告中公布的"商周时期陶器器类统计表"[⑧]，对属于商周时期的⑬~⑩层出土的可识别器形的陶片进行了统计（表3.2）。为了看清陶器在这4层地层间的变化，我们将可识别器形的陶片总量以柱状图的形式表现，并叠加统计数量超过100片的5类器物的数量变化折线图（图3.26）。

---

① 孙华：《成都十二桥遗址群分期初论》，《四川盆地的青铜时代》，科学出版社，2000年，71页。

② 宋治民：《早期蜀文化分期的再探讨》，《考古》1990年5期。

③ 宋治民：《蜀文化尖底陶器初论》，《考古与文物》1998年2期。

④ 四川省文物考古研究院、成都文物考古研究所：《成都十二桥》，文物出版社2009年，130页。

⑤ 江章华：《成都平原先秦文化初论》，《成都考古研究》（上），科学出版社2009年，12、13页。

⑥ 于孟洲、夏微：《成都平原商周时期考古研究的重要成果——〈成都十二桥〉读后》，《考古》2013年第6期。

⑦ 施劲松：《十二桥遗址与十二桥文化》，《考古》2015年第2期。

⑧ 四川省文物考古研究院、成都文物考古研究所：《成都十二桥》，文物出版社，2009年，133~135页。

表3.2　十二桥典型器类统计表　（单位：片）

地层	小平底罐	高柄豆圈足	敛口罐	尖底杯	器盖	小计	可鉴定陶片数	尖底杯
⑬	103	27	53	38	26	247	431	8.8%
⑫	40	75	172	155	80	522	884	17.5%
⑪	1	1	6	49	6	63	103	47.6%
⑩	4	0	8	20	2	34	62	32.3%
总计	148	103	239	262	114	866	1480	17.7%

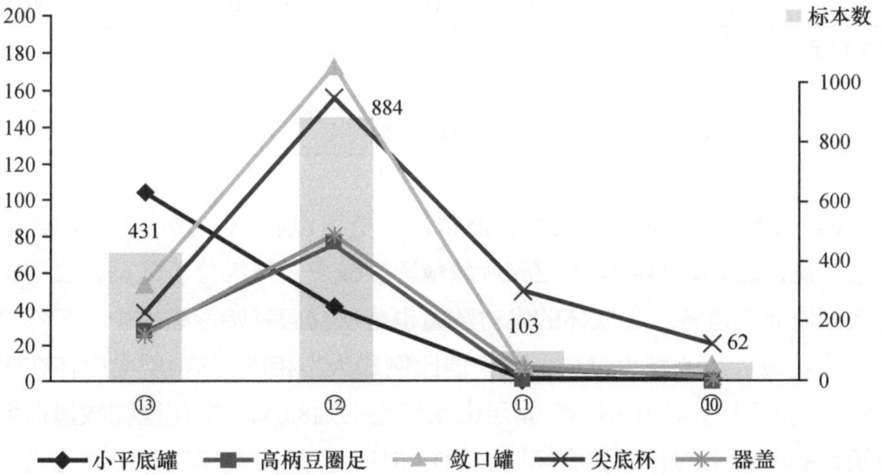

图3.26　典型陶片及可识别陶片数量图

这5类器物是小平底罐、高柄豆、敛口罐、尖底杯和器盖。其中高柄豆由于豆盘、豆柄、圈足分开统计，为了避免重复计算，选择了统计数量最多的高柄豆圈足作为高柄豆的数据代表。报告编写者将陶器分为A、B两群，并认为：“A群陶器属三星堆文化的典型陶器，而B群陶器基本不见于三星堆文化。”[①]并认为A、B两组陶器群的划分是“十二桥遗址与三星堆文化的区别所在”[②]。选取的

① 四川省文物考古研究院、成都文物考古研究所：《成都十二桥》，文物出版社，2009年，133页。

② 同①。

5类器物中，小平底罐和高柄豆圈足[①]属于A群，敛口罐、尖底杯属于B群，器盖非A非B。从图中可以看出，除小平底罐外，其余4种器物都是⑫层最多，⑪和⑩层器物数量急剧下降。

除了陶片，我们来看动物骨骼（表3.3）。⑬层的动物骨骼主要集中出土在T30中，⑪层的动物骨骼主要出土于ⅡT43，⑩层主要出于ⅡT54中，而⑫层动物骨骼遍布地层且数量是其他3个地层之和的34倍。

表3.3　可鉴定动物骨骼数量

	⑬	⑫	⑪	⑩
可鉴定标本数（NISP）	10	821	5	9
百分比	1.2%	97.2%	0.6%	1.1%

从⑬～⑩层所出陶片和动物骨骼数量分析可以看出，⑫层堆积包含文化遗物异常丰富，而⑪、⑩层可鉴定陶片数量逐层减少。仔细分析数据，会看到尖底杯的数据值非常奇特，尖底杯的绝对数量也是从⑫层开始逐渐减少，虽然这个减少与可鉴定陶片数的减少趋势一致，但比例却大不相同。这4层尖底杯在可鉴定陶片数比例的平均值为17.7%。⑬层尖底杯比例为8.8%，文化遗物数量最多、最具有统计参考意义的⑫层尖底杯比例为17.5%，但是尖底杯在⑪层可鉴别陶片总数的比例高达47.6%，而⑩层则达到32.3%（图3.27；表3.2）。无论是三星堆还是金沙，或者成都平原上的其他遗址，从未出现过如此高的尖底杯比例。

为什么⑪和⑩层的尖底杯比例会如此之高？尖底杯和我们探讨的其他4种器类相比有何特殊之处，造成了这种大比例的失衡？

尖底杯是这5类器物中制作最精致的器具。尖底杯的质地多为泥质或夹细砂陶，器壁很薄，在所有的器物种类中比重最轻。所以，在流水的分选作用下，夹砂、粗笨的器物大量在⑫层沉积，而质地轻薄的尖底杯在⑪、⑩层比例畸高。

同时，虽然报告没有关注⑫～⑩层出土陶器的破碎度和陶片大小，但从报告选择发表的线图来看，可以看到，绝大部分线图的标本来自⑬、⑫层，少量来

① 高柄豆的统计分为豆盘、豆柄和圈足三部分，为避免统计重复，以数量最多的圈足代表高柄豆的数量。

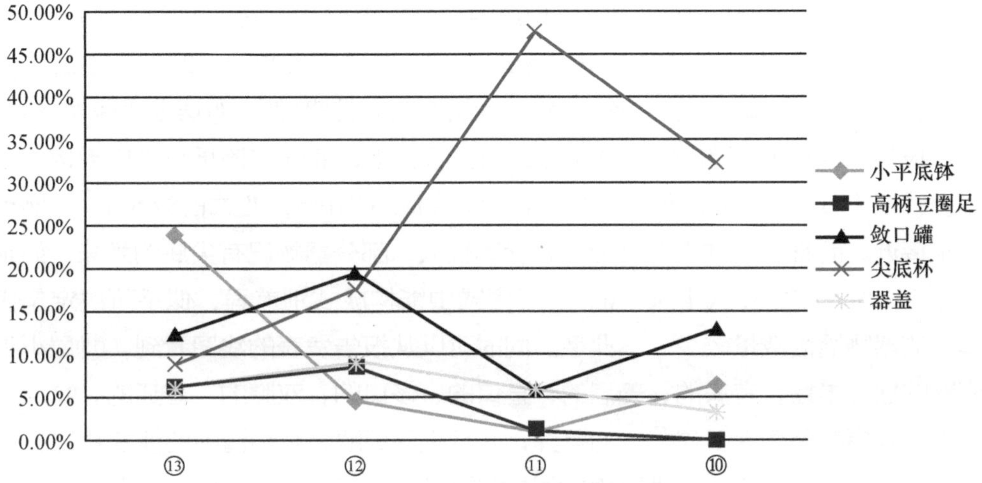

图3.27　典型陶片占可鉴别陶片比例变化图

自⑪层，极少来自⑩层。除了⑪、⑩层器物数量较少的原因外，恐怕也与出土物比较破碎有关。故此，从文化遗物出土情况看，也与我们之前根据⑫～⑩层的沉积结构得出的推论吻合。

器类的统计说明了各层遗物的总体特征，但考古中还需要关注出土器物的类型，检验⑬～⑩层是否存在着地层由下到上、遗物由早到晚的顺序。这4层出土的器物是否存在大的年代差距，并且这种年代差距和堆积的先后正相关。因为洪水沉积不能智能地分选器物，把年代早的沉在下面，年代晚的沉积在上面。所以，检验⑫～⑩层是否为洪积层的最重要方法之一，便是来自这4层出土器物的类型学分析，尤其是对⑬、⑫层出土物的分析。因为⑪、⑩层包含物较少，存在一定的随机性。

我们对十二桥器物最全面的认识，还是来自报告的“商周时期陶器器类统计表”，从表中可以看出，⑫层的器类、器形最为丰富，其下的⑬层和其上的⑪、⑩层器类和器形都未出⑫层范围。从大的器类来看，⑬层有的器类，⑫层也有。而⑬、⑫层有的器类，⑪、⑩层未必有，如花边口沿罐、瓶、盘、觚等。出现这种情况最直接的原因来自这4个地层在出土器物总量上的明显差异。在这种情况下，数量较少的非主流的器物可能会随机出现一些偏差。所以，分析的重点仍然在于这4层共有的大宗器物。

首先是小平底罐。从发表的器物线图来看，来自⑬层的小平底罐[①]占据了绝对优势。报告一共发表了27件小平底罐线图，⑬层发表22件（20件完整或可修复，2件残件），⑫层发表完整器3件，⑪层发表完整器1件，⑩层发表残件1件。而从报告“商周时期陶器器类统计表”上[②]看，Ⅰ、Ⅱ式应该是小平底罐构成主体。⑬层Ⅰ式占11.7%，Ⅱ式占85.4%，⑫层Ⅰ式占10%，Ⅱ式占87.5%，比例也非常接近。而Ⅲ、Ⅳ式内的器形差异就比较大，部分器物已有尖底的意味，如Ⅲ式ⅡT49⑬：15、Ⅳ式Ⅰ采：6。小平底罐中能构成式别差异，似乎可决定年代早晚的器物恰恰数量较少、不典型。同时可以从报告发表的线图看到，⑬层小平底罐的器形丰富，有肩的、无肩的，直口的、侈口的，双腹的、普通的。⑬层所出小平底罐的差异大于与⑫层的差异，并且相互间缺乏脉络清晰的演变轨迹。

从介于小平底罐和典型尖底杯之间的高领小平底罐（即报告中的Aa型尖底杯）来看，⑬、⑫层都既有圆肩的也有折肩的，未见明显差异（图3.28）。

但尖底杯是这所有器物中最具迷惑性的。4个地层的尖底杯数量都比较多。我们可以看到，⑬层的尖底杯是折腹、小平底，而⑫层除了折腹、小平底的尖底杯外，还出现了敛口、最大径近口部，下腹急收，从肩直接斜收到底的杯。而⑪、⑩层出有Ⅳ式炮弹形尖底杯，明显晚于⑬、⑫层部分底部仍然有个小平面的尖底杯，并且大量出且只出于⑪、⑩层（图3.28）。单从尖底杯的形制演变看，会造成⑬、⑫层和⑪、⑩层这两组地层间存在年代差距的错觉。但我们仔细分析这两种尖底杯的差别，会看到除了形态的差别外，Ⅳ式炮弹形尖底杯相较于底部有小平面的尖底杯，器身稍小，器体轻薄。也就是说，很可能是工艺的进步导致炮弹形尖底杯比重更轻，这种基于浮力造成的分层现象恰巧与时间轴上的器物演变对应，成为误导学者的重要诱因。

尖底盏是十二桥遗址商周时期的另一类典型器物，但数量不多，共出有24件，大致可以分为侈口、直口、敛口三类（图3.29）。⑬、⑫层都出现了侈口和直口尖底盏。其中侈口尖底盏自成一类，数量仅有2件，⑬、⑫层各1件。敛口

---

① 因为命名原因，此处的小平底罐实际为本书中的小平底钵，为与报告统一，此处仍名其为小平底罐。

② 四川省文物考古研究院、成都文物考古研究所：《成都十二桥》，文物出版社，2009年，133页。

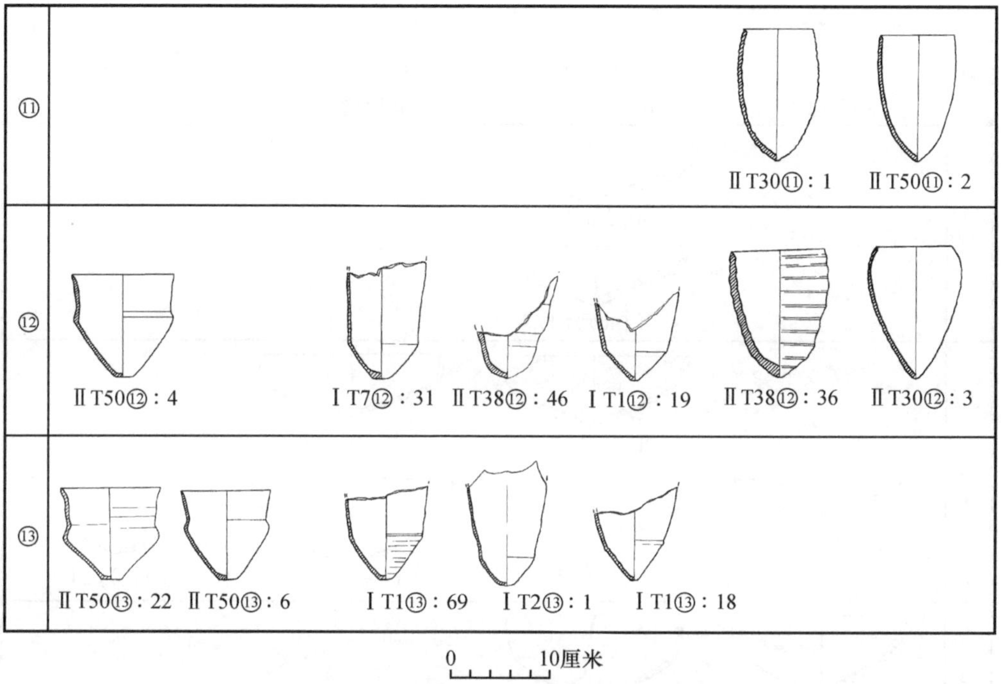

图3.28 尖底杯

尖底盏的演变趋势是最大径上移，直口尖底盏器身变矮，更坦，同时尖底部分内曲。但这个观察到的规律没有大量统计的论证，而仅有少量的器物支撑，是个体器物的差异还是一种变化的趋势，还有进一步讨论的必要。

敛口罐总量虽多，但仔细看图，会发现器类复杂、大小悬殊，其型、亚型间有较大差异。其中特征最清晰的A型，敛口，圆肩，最大径在肩部。在肩部、沿外或沿面拍印绳纹装饰，数量也最多，124件。比如ⅡT50⑬：62与ⅠT24⑪：20在形态上就非常接近。未起领的敛口罐中，同是加厚唇，ⅡT50⑬：72与ⅠT20⑫：38相似，而ⅠT16⑫：136整体与ⅠT15⑬：104相似，唯在唇内侧修出一道凹槽（图3.30）。

通过对十二桥遗址早期地层四种典型器物的分析、比较，我们发现，除了器壁薄、器形小、比重轻的尖底杯在型式上随地层堆积有所区别，尖底盏微有变化外，小平底罐、敛口罐看不出明显的演变。并且，小平底罐和敛口罐在⑬、⑫层数量多、型式多，数量多少和器物形态的丰富程度呈正相关。

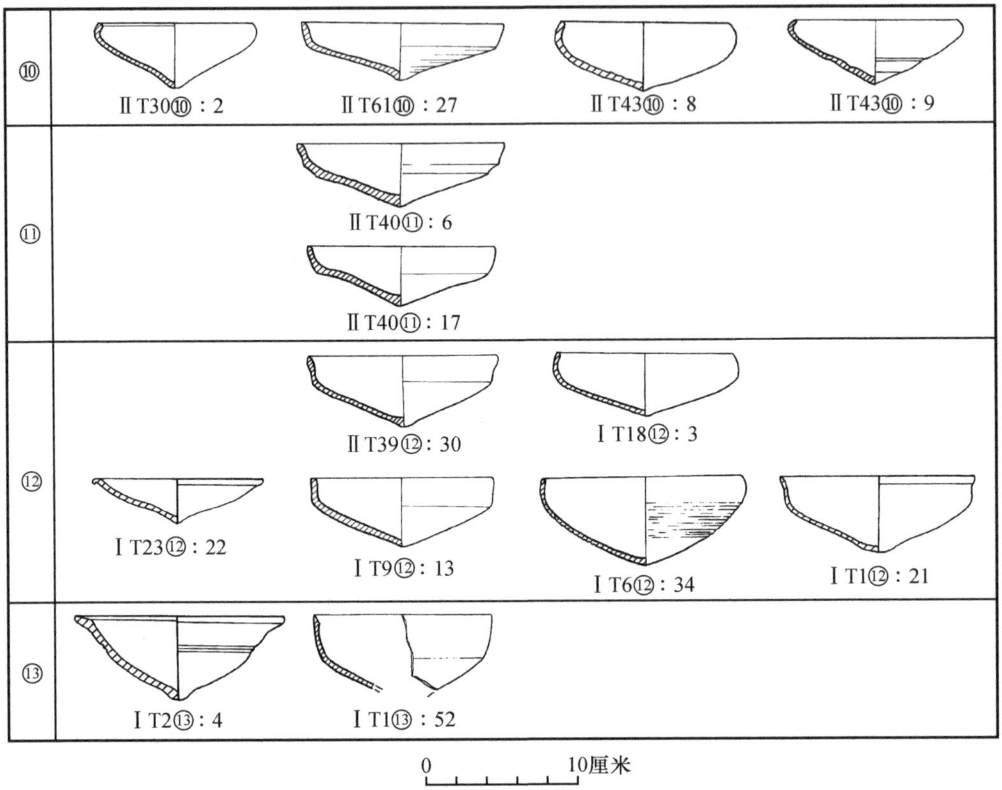

图3.29 尖底盏

3.2.1.6 十二桥遗址堆积形成推测

通过上文对十二桥遗址早期⑫～⑩层的堆积结构、木构件特征及分布、出土物统计及部分典型出土陶器型式的分析，可以看到，⑫～⑩层很可能是辫状河漫滩的自然分层堆积。十二桥遗址本身为一处滨河遗址，F1为河滨的河房，“廊道”其实应该是伸向河床的码头，洪水冲毁F1后，F1垮塌形成原生堆积⑬层，⑬层完整或可复原的器物最多。洪水携带的砂石和来自附近聚落的日用品、生活垃圾等随着洪峰消退、水流缓慢率先沉积形成以砂为基质的叠瓦状砾石结构并包含大量陶片、动物骨骼等的⑫层。随着洪峰的消退，流量进一步减少、流速进一步减慢，流水中携带的悬移质中较重的沙开始沉积，形成砂质土的⑪层，包含少量陶片，完整器多为小型器，以器形轻薄的尖底杯、尖底盏为主。⑩层沉积

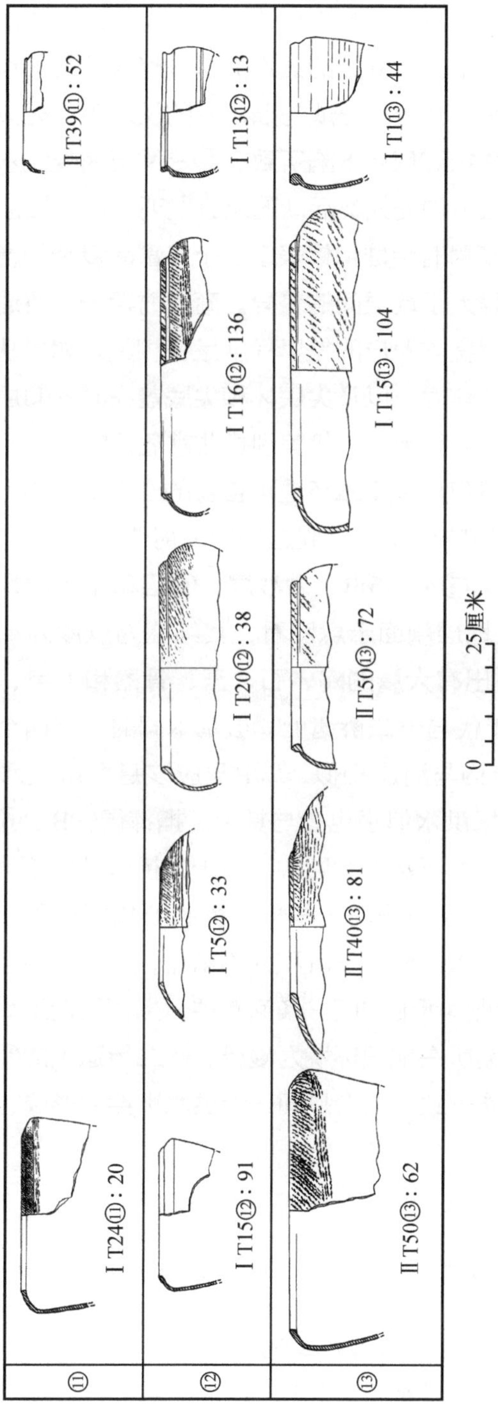
⑪
Ⅰ T24⑪ : 20
Ⅱ T39⑪ : 52
⑫
Ⅰ T15⑫ : 91
Ⅰ T5⑫ : 33
Ⅰ T20⑫ : 38
Ⅰ T16⑫ : 136
Ⅰ T13⑫ : 13
⑬
Ⅱ T50⑬ : 62
Ⅱ T40⑬ : 81
Ⅱ T50⑬ : 72
Ⅰ T15⑬ : 104
Ⅰ T1⑬ : 44
0
25厘米

图3.30　敛口罐

粒度更小，以黏土为主，含少量细沙，包含更少的陶片，完整器以器形轻薄、较小的尖底盏为主，⑩层可能有晚于⑫、⑪层的器物沉积并陷入。⑨层包含粗砂，陶片碎小，为河床或者漫滩沉积，⑨层的形成与摧毁F1的洪水事件无关。所出的完整器与⑧层接近，应是⑧层器物沉积后下陷所致。⑫～⑨层为受流水搬运作用形成的次生堆积。⑪、⑩、⑨层下均无人类活动的遗迹发现，可为辅证[①]。

整体来看，十二桥遗址的商周时期堆积代表了一个丰富而复杂的青铜社会。相同地层内相似器物的细节差异大于地层间的差异。商周时期十二桥遗址的陶器仍然是手工制品，器物的丰富程度与器形的差异程度呈正相关。如果从这个角度来看待⑬～⑩层出土器物的组合差异，以及尖底杯和尖底盏在⑬～⑩层的型式差别，就会意识到，将这种差别完全归因于时代差别是非常危险的。

同时，我们也应该看到，不仅仅是十二桥遗址自身的堆积结构和出土遗物能说明这个遗址经历了洪水和河道的变化。它周边的指挥街遗址⑤A、⑤B、⑥层和所谓的生土都是冲积相沉积。⑤A、⑤B层为沙层，⑥层和生土层为沙砾层。⑥层虽然没有剖面照片，但从地层剖面示意图看，其结构为以沙为基质的砾石层，与十二桥遗址⑫层相似；出有大量的陶、石、玉、骨器和卜甲、人骨、兽骨、朽木等[②]，包含物种类及年代与十二桥遗址⑫层基本同时。这两个遗址地理位置相近，指挥街遗址堆积结构与河床相似，⑤B层应该是多次洪水扰动的堆积，形成十二桥遗址⑨层的那场洪水似乎也参与其中。指挥街⑤B、⑥层的出土物年代更加混杂，少量晚期器物甚至扰入⑥层中。而十二桥遗址早期堆积结构与漫滩更接近。指挥街⑥层砾石的来源倾向于与十二桥遗址⑫层相同。而作为岷江冲积扇的扇缘地带，商周以来大比例砾石沉积并不常见，“事不孤起，必有其邻”，十二桥遗址与指挥街遗址很可能与同一条河有关，指挥街遗址早期所在地质环境为河床，十二桥遗址早期所在地质环境为漫滩。十二桥遗址的⑫～⑩层和指挥街遗址⑥层砾石来源很可能一致，二者是同一大洪水事件后形成的沉积。

---

① 简报在描述⑨层同时描述F3竹骨泥墙建筑，但报告认为竹骨泥墙建筑为⑧层下建筑。此处当从报告。

② 四川大学博物馆、成都市博物馆：《成都指挥街周代遗址发掘报告》，《南方民族考古》第一辑，四川大学出版社，1987年，173、174页。

3.2.2　金沙遗址的分期与绝对年代

金沙遗址沿用时间长，文化面貌复杂。江章华先生将其分为6期①，我们主要关注与三星堆遗址关系比较密切的前三期，具体的分期描述请参见江先生文章，本书仅从中选择典型单位中的相似器形进行比较分析。因未参与过金沙遗址的发掘和整理，对金沙的认识主要来自简报和相关论文，所以本书对金沙遗址分期的探讨以江先生的认识为主，侧重于金沙和三星堆遗址的对比分析。

金沙遗址各地点堆积略有差异，以兰苑地点②（CJH22、CJH305）和总装后勤地点③（CJXH7086、CJXH7089）堆积较为丰富，这也是江先生分期的首选单位。

金沙一期从器物类型来看除敞口盉外，基本与三星堆遗址Ⅹ段相似，除图3.31中的典型器物外，金沙一期中还包含了三星堆文化的典型器物，如小平底钵、细陶瓶、高柄豆形器座等。

比较典型的遗迹单位为兰苑地点开口于⑥层下的H22、H318等，开口于⑤层下的H328等，其中出有敞口尖底盏的M33也开口于⑤层下。H22出有敞口盉，与小平底钵相似的H22：7已是泥质黑皮陶制作，罐腹由原来的斜直变得略向外弧，与三星堆Ⅺ段的82GSⅡT2（1）：19夹砂灰褐陶高领小平底钵接近，晚于以三星堆T5388H11为代表的Ⅹ段。圈足罐（小平底罐加圈足），兰苑CJH22：2与三星堆Ⅸ段2000GSGgH22：30相似，但仔细观察，唇部已发生变化，2000GSGgH22：30为方唇，卷沿，而CJH22：2斜方唇，内钩，这种唇部修饰手法，在更晚的时候，广泛应用于折沿尖底钵、方唇圈足罐。高领罐的唇从T5388H11：125的平折转为CJH318：18的下折，与三星堆82GSⅡT1②：199相似。深腹罐的区别一在唇部，由外折改为斜方唇；另一是从小平底钵、圈足罐、深腹罐都能看到的，三星堆Ⅹ段和金沙Ⅰ段之间，似乎审美倾向发生了转变，从

① 江章华：《金沙遗址初步分析》，《文物》2010年第2期。

② 成都市文物考古研究所：《成都市金沙遗址“兰苑”地点发掘简报》，《成都考古发现2001》，科学出版社，2003年，1～32页。

③ 成都市文物考古研究所：《成都市金沙遗址总装后勤部供应站地点发掘简报》，《成都考古发现2011》，科学出版社，2013年，196～233页。

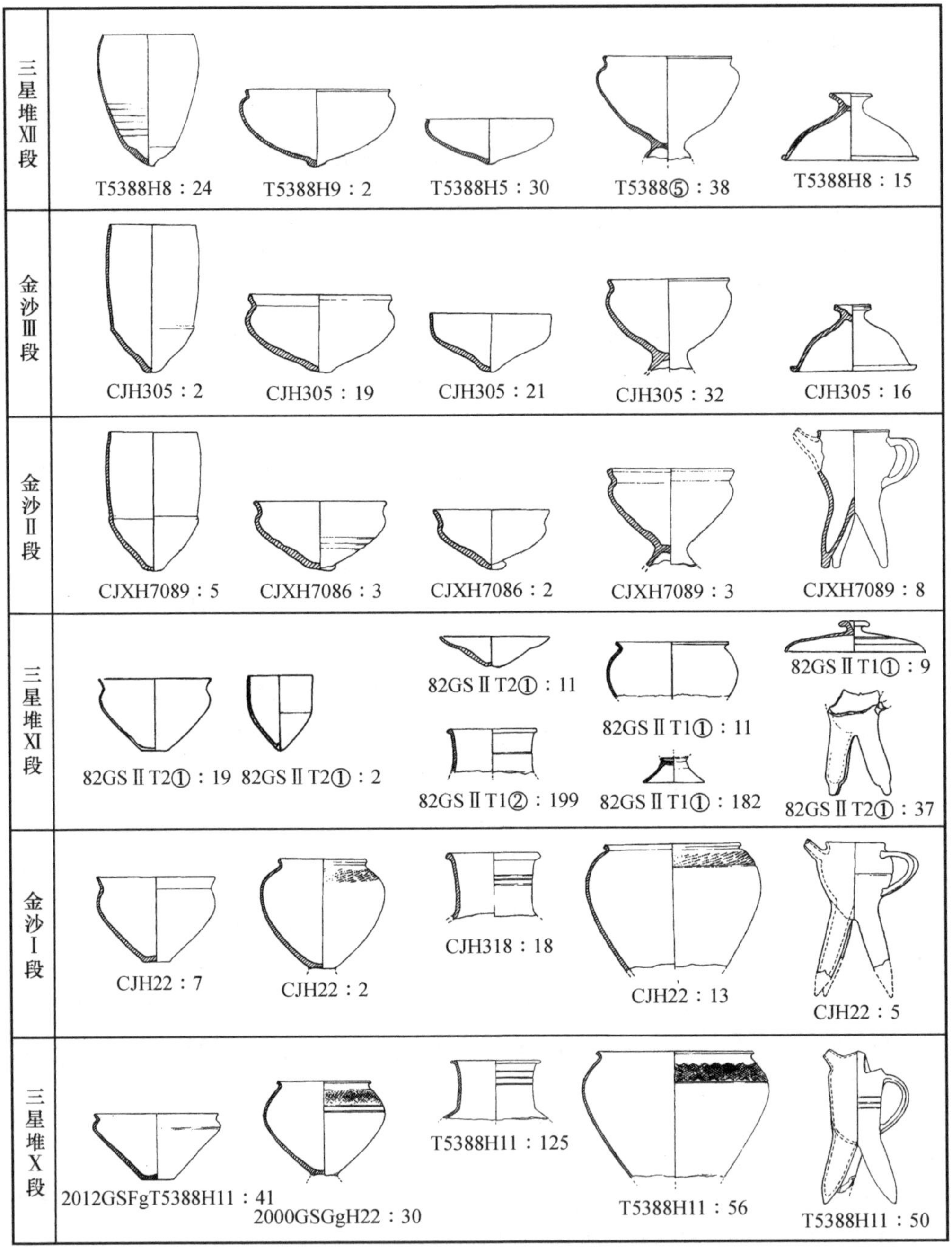

图3.31 金沙与三星堆遗址器物比较图

比较斜直、收分较大，逐渐又变得比较圆润，腹部较鼓。

三星堆遗址典型的高柄豆形器座在金沙兰苑CJH328有较多出土，H328同时也出土了三星堆第二大期不见的盘形高圈足器座（介于细高柄和高圈足之间）和高圈足器座。

兰苑地点出现了敞口盉CJH22：5，而不再是三星堆遗址一直使用的封口盉。有意思的是，三星堆Ⅺ段，三星堆遗址也摒弃了原来使用封口盉的传统，出现了实足根较高的敞口盉82GSⅡT1（1）：37[①]。

三星堆Ⅺ段开始，尖底器开始出现，如尖底杯82GSⅡT2（1）：2、敞口的尖底盏82GSⅡT2（1）：11，其中82GSⅡT2（1）：2表现了相当高的尖底工艺水准，未必是本土制造。

金沙二期的尖底杯、卷沿尖底钵都似乎与小平底钵的亲缘关系更为密切。尖底杯和卷沿尖底钵的出现似乎在遗址中取代了小平底钵，并在发展、改进中外形逐渐和小平底钵拉开距离。尤其是在金沙二期，尖底杯CJXH7089：5就是把高领小平底钵的口沿部分拉直并向上延伸，卷沿尖底钵CJXH7086：3就是把小平底钵的底部做成尖底的，并且尖底的工艺也似乎不是很到位，比不上82GSⅡT2（1）：2。

与在小平底罐下加圈足变成圈足罐类似，小平底钵也由此改造为方唇圈足罐，金沙三期之后，卷沿/折沿尖底钵的形态特征逐渐与方唇圈足罐趋同。

总装后勤地点开口于⑤层下的H7089和H7086出现尖底杯、尖底盏、方唇圈足罐、盉。尖底杯杯口变高，年代上也当晚于三星堆遗址Ⅺ段；尖底盏侈口，与小平底罐形状接近，唯底尖；盉显得非常粗糙，实足根较高，年代上晚于兰苑H22，与82ⅡT11（1）：37较为接近。新出现了方唇圈足罐，但与三星堆Ⅻ段方唇薄胎罐相比，形制相近，胎较厚。兰苑地点开口于④层下的H305，出土的尖底杯杯口升得更高，尖底盏分化，一种沿内折、方唇，似方唇圈足罐罐身而矮，方唇圈足罐器壁已变薄，器盖隆起。器形上已与三星堆遗址Ⅻ段相近，但胎均较厚，器形上也稍显原始（图3.31）。

从三星堆遗址三期Ⅴ段开始使用的器盖从金沙三期开始出现了较大的变化，

---

① 此件盉虽然上部残缺，但腹部线条走势是向外鼓出，不同于封口盉腹部基本呈圆柱形的支线特征，故此判断为敞口盉。

即器盖边缘卷起，并且器盖明显增高。

金沙遗址从三星堆Ⅹ段到Ⅻ段的演变清晰，脉络可辨，而三星堆则显得断断续续，目前已发掘地点无法排出3段间完整的演变序列，显示似有缺环。故此，三星堆第三大期在金沙更具有代表性。而十二桥遗址无论是文化面貌还是年代层位都显得混杂，金沙遗址更能代表三星堆第三大期成都平原的文化面貌（表3.4）。金沙二期、三期器形与三星堆Ⅻ段相似，二期年代当略早于三星堆遗址Ⅻ段，三期与三星堆遗址Ⅻ段年代相当。

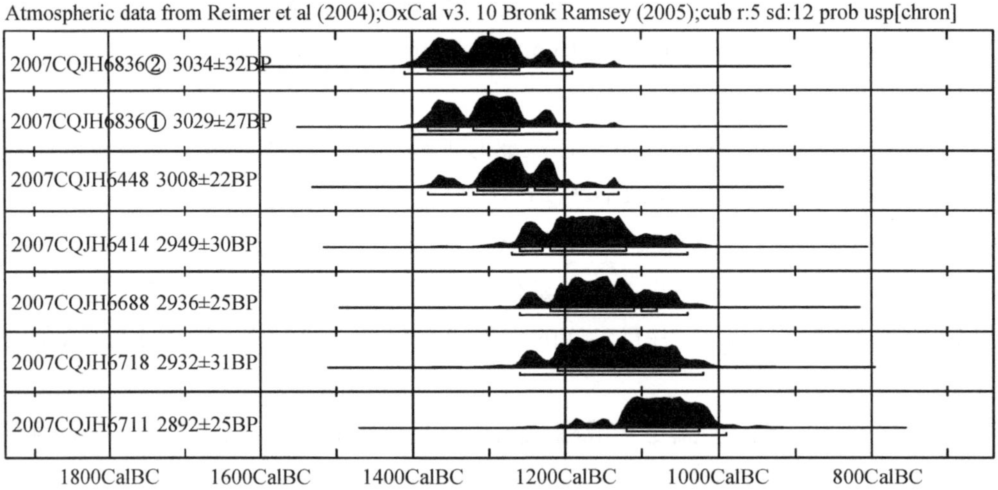

图3.32　金沙遗址2007年度四川大学历史文化学院送测^{14}C校正图

表3.4　金沙遗址分期与三星堆遗址分期对应表

<table>
<tr><th>《金沙遗址初步分析》</th><th>金沙典型单位（本书）</th><th>三星堆遗址分期</th></tr>
<tr><td>第一期（商代晚期）</td><td>兰苑H22</td><td>Ⅹ与Ⅺ段之间</td></tr>
<tr><td rowspan="2">第二期
（商末周初）</td><td>总装后勤H7089和H7086</td><td rowspan="2">略晚于Ⅺ段</td></tr>
<tr><td>兰苑H305</td></tr>
<tr><td>第三期（西周早期）</td><td></td><td>Ⅻ段</td></tr>
</table>

对于十二桥文化而言，金沙遗址是一个非常重要的遗址。十二桥遗址虽然识别出了十二桥文化，但由于十二桥遗址堆积成因为洪水，器物事实上有跨时代混杂的现象。金沙遗址则把被洪水冲击混杂在一起的十二桥文化，通过地层的叠压打破关系还原在时间轴上。

如果把金沙一、二、三期的器物单排在一起，会发现金沙一期与金沙二、三期之间存在比较大的差异。那么金沙一期的文化归属，到底应该向上归入三星堆文化，还是向下归入十二桥文化呢？

从三星堆遗址和金沙遗址我们都可以看到，从遗迹这个层面来说，小平底钵事实上是很少与尖底盏、尖底杯有共存关系的。而小平底钵与尖底盏大小相近，功能也相当。尤其是金沙二期的CJXH7086：3和CJXH7086：3，仿佛就是小平底钵叠加了尖底。而CJXH7089：5、CJH305：2（CJH305金沙兰苑遗址④层下）都类似把小平底钵的领向上延伸，并且还有一系列的中间形态，证实了小平底钵和尖底杯的渊源。所以小平底钵与尖底盏、尖底杯基本不共存。并且，从三星堆遗址看，尖底杯、尖底盏的上半部分工艺精湛，胎薄、器形规整，下半部分大部分是贴了一块陶皮捏出尖底的形状来，再修一修，部分贴合痕迹都没有完全磨平，从里面看还是个小平底。三星堆Ⅻ段的典型单位T5388⑤层的尖底器便是如此（图版八）。可见尖底这样的概念应该是外来的，本土的制陶技术并不擅长，甚至可以说一开始并没有掌握尖底的成型技术，所以就贴了块皮，做出尖底的形状，本质上还是用的小平底的成型技术。这也说明了三星堆文化与十二桥文化的渊源，器形上虽然有差异，但做陶器的技术还是一样的。

从器物的形制分析比较来看，金沙一期从器类上来说基本与三星堆Ⅹ段相似，比如小平底钵、圈足罐、长颈壶、深腹罐和盉。但器形上又与三星堆Ⅹ段存在明显差别，显示出比Ⅹ段更晚的特征。从高领小平底钵、高领罐、敞口盉来看，金沙一期似乎与三星堆Ⅺ段有更多的相似点。唯一的区别在于三星堆Ⅺ段出现了尖底器。同时，因为是选择相似的器物进行比较，三星堆Ⅺ段还出土有其他器物，部分与金沙一期也存在明显区别（参见第二章2.2.5）。综合来看，似将金沙一期归入三星堆文化比较合适。

金沙曾经公布过一批四川大学历史文化学院2007年发掘送测的成都市金沙遗址金牛区城乡一体化5号C地点的^{14}C测年数据[①]（图3.32），未见发掘简报公布。测年使用的样本均为浮选所获的炭化稻谷。虽然不清楚发掘出土器物

① 中国社会科学院考古研究所考古科技实验研究中心碳十四实验室、中国科学院地球环境研究所西安加速器质谱中心：《放射性碳素测定年代报告（四〇）》，《考古》2014年第7期。

的情况，但好在测年报告中公布了发掘者的年代判断，而这个年代判断，应该是发掘者根据多年的发掘整理经验得出的，基本可以与本书使用的金沙遗址的分期相印证。图3.32中前4个数据2007CQJH6836②、2007CQJH6836①、2007CQJH6448和2007CQJH6414发掘者给出的年代参考是商末周初，对应金沙二期，2007CQJH6836②、2007CQJH6836①和2007CQJH6448的年代比较接近，取值范围的峰值在公元前1320～1260年。2007CQJH6414取值范围的峰值在公元前1210～前1130年。如果都取低值，那么金沙二期的绝对年代在公元前1260～前1130年，与三星堆遗址Ⅹ段的绝对年代公元前1250～前1100年较为接近。

第5、6个数据2007CQJH6688、2007CQJH6718发掘者给出的年代参考是西周早期，对应金沙三期，取值范围的峰值在公元前1190～前1140年。

第7个数据2007CQJH6711发掘者给出的年代参考是西周中晚期，在我们讨论的范围之外。但是年代取值范围的峰值在公元前1100～前1040年。

绝对年代整体偏早。不清楚在整理阶段，发掘者对于期段的认识和判断会不会有所改变。因为未见相应的考古简报公布的陶器，还不清楚^{14}C测得的年代与考古序列的对应关系。但是这些炭化水稻展现了一个事实，那就是，从商代晚期开始，成都附近有人聚居、生活。金沙兰苑地点H202、H318、H477等出土了大量小平底罐，坑口大小一般在5～7米，与三星堆T5388H11的规模、出土物相类似，年代当相去不远。前文判断三星堆遗址Ⅹ段的绝对年代大致在公元前1250～前1100年，Ⅺ段推测年代取值范围在公元前1000～前900年。但这些早年获得的测年数据，在原材料（以泥炭居多）和精确度上都与今年的^{14}C测年数据有差距，并且数据也不够丰富，所以还存在被修正的可能。但考古发现和^{14}C数据都支持以金沙为代表的岷江内江流域、成都及其周边地区存在三星堆遗址第二大期的遗存。关于遗址分布的详细情形，我们将在下一章进行讨论。

3.3 成都平原考古学文化序列

成都平原考古学文化序列是探讨成都平原考古学现象的基础，20世纪80年代三星堆遗址、方池街遗址、十二桥遗址发掘并部分公布资料，加上之前的新繁水观音、青羊宫遗址等，成都平原逐渐积累了一批层位清晰的出土陶器，从《广汉三星堆遗址》开始，学者们逐渐开始构建成都平原考古学文化序列。近几年来，由于桂圆桥遗址的发掘、三星堆遗址历年发掘的整理和金沙遗址各发掘点资料的逐渐公布，为延伸和充实已有的考古学文化序列提供了条件，才有了本书对成都平原考古学文化序列的再探讨。桂圆桥遗址是成都平原目前发现最早的新石器晚期遗址，桂圆桥一期和二期都有进一步细化的空间，只是考虑到桂圆桥遗址本身是孤例，能提供分段线索的单位往往还只有一两个，此时过度细化分期，由于缺乏足够的单位来检验，即便勉强分段，也难以让人信服。同时，由于序列的建立是各期/段遗址分布规律探讨的基础，但目前桂圆桥一期和二期偏早都仅见于桂园桥遗址，二期偏晚与三星堆遗址一期Ⅰ段相似，在成都平原确切分布的桂圆桥一期和二期的遗址非常少，无法探讨其分布规律。因桂圆桥二期与三星堆遗址一期的关系有待探讨，故建议将桂圆桥一期命名为"桂圆桥文化"①桂圆桥二期的文化归属讨论暂时搁置。

从成都平原目前发现最早的新石器时代晚期桂圆桥遗址到金沙遗址，三星堆遗址三大期的划分串起了成都平原公元前3000～前1000年的考古学文化序列。即：桂圆桥文化→桂圆桥二期→宝墩文化→三星堆文化→十二桥文化。

但需要注意的是，十二桥文化有需要厘清的地方，即因为洪水冲击的扰动，十二桥遗址存在不同时段的遗物混杂，小平底钵和高柄豆类器的存在表明其年代上已经上探到三星堆文化的第六期，与三星堆文化存在重合部分。金沙遗址的发掘成果已经基本上将十二桥遗址重叠在一起的时段重新厘清，但这部分是上归入三星堆文化还是下归入十二桥文化，目前尚无定论，本书倾向于将其上归入三星堆文化。

为了方便将以往学者的研究成果和本书的探讨相对应，同时也为了将零散于第二章和本章的结论进行总结，特将期、段、绝对年代即以往学者的研究成果对应成表。

---

① 万娇、雷雨：《桂圆桥遗址与成都平原新石器文化发展脉络》，《文物》2013年第9期。

表3.5　成都平原文化分期年代对照表

<table>
<tr><th>考古学文化</th><th>大期</th><th>期</th><th>段</th><th>绝对年代</th><th>工作站</th><th colspan="2">江章华</th><th colspan="2">孙华</th></tr>
<tr><td>桂圆桥文化</td><td></td><td>桂一期</td><td></td><td>2900～2700BP</td><td></td><td colspan="2"></td><td colspan="2"></td></tr>
<tr><td rowspan="2">桂二期</td><td></td><td></td><td></td><td rowspan="2">2700～2300BP</td><td></td><td colspan="2"></td><td colspan="2"></td></tr>
<tr><td rowspan="4">第一大期</td><td rowspan="3">一期</td><td>Ⅰ</td><td>未识别</td><td colspan="2">未识别</td><td colspan="2">未识别</td></tr>
<tr><td rowspan="4">宝墩文化</td><td>Ⅱ</td><td rowspan="2">2300～2100BC</td><td rowspan="3">三星堆一期</td><td colspan="2" rowspan="2">宝墩文化一期
宝墩文化二期</td><td colspan="2">三星堆一期1段</td></tr>
<tr><td>Ⅲ</td><td colspan="2">未识别</td></tr>
<tr><td>二期</td><td>Ⅳ</td><td>2100～？BC</td><td colspan="2">宝墩文化三期</td><td colspan="2"></td></tr>
<tr><td>过渡</td><td>三期</td><td>Ⅴ</td><td>？～1900BC</td><td rowspan="3">三星堆二期</td><td colspan="2">宝墩文化四期</td><td colspan="2">三星堆二期2段</td></tr>
<tr><td rowspan="5">三星堆文化</td><td rowspan="5">第二大期</td><td rowspan="2">四期</td><td>Ⅵ</td><td>1900～1750BC</td><td colspan="2">三星堆文化一期</td><td colspan="2">三星堆二期2段</td></tr>
<tr><td>Ⅶ</td><td>1750～1600BC</td><td colspan="2">三星堆文化二期</td><td colspan="2">三星堆二期3段</td></tr>
<tr><td>五期</td><td>Ⅷ</td><td>1600～1400BC</td><td>三星堆三期</td><td colspan="2">三星堆文化三期</td><td colspan="2">三星堆二期4段</td></tr>
<tr><td rowspan="2">六期</td><td>Ⅸ</td><td>1400～1250BC</td><td rowspan="5">三星堆四期</td><td></td><td rowspan="5">十二桥文化</td><td>三星堆三期6段</td><td rowspan="5">十二桥文化</td></tr>
<tr><td>Ⅹ</td><td>1250～1100BC</td><td>金沙一期</td><td></td></tr>
<tr><td rowspan="3">十二桥文化</td><td rowspan="3">第三大期</td><td>七期</td><td>Ⅺ</td><td>1000～900BC</td><td rowspan="2">金沙二期</td><td></td></tr>
<tr><td></td><td></td><td></td><td></td></tr>
<tr><td>八期</td><td>Ⅻ</td><td></td><td>金沙三期</td><td></td></tr>
</table>

注：表中未注明“文化”者均指遗址

第四章　三星堆古城的演变

4.1　三星堆古城的地理环境

三星堆古城是三星堆遗址的核心部分。三星堆遗址位于四川省德阳市广汉市南兴镇北面，成都平原东北，属河漫滩阶地平原亚区。此区由绵远河、石亭江、鸭子河、青白江等河流的冲积扇联合而成，扇面水网密布，阶地发育，河漫滩广布，形成埂槽相间的地形。因冲积扇上河床不稳定，河流多次改道，古、旧河道较多。阶地分布在河流两侧，一级阶地高出河床2～5米，宽阔平坦，二级阶地高出一级阶地3～5米，被河流分割，形成河间地块[①]。

三星堆古城面积约350万平方米，北临鸭子河，马牧河在这里拐了一个弯，绕进了古城。遗址地势西高东低，视野开阔，无小山丘陵等。西面约20千米便是龙门山脉。遗址内受马牧河冲刷，形成马牧河河床、漫滩、一级阶地、二级阶地的阶梯地势，高低错落（图版一；图版二，1）。

成都平原四季分明，夏季多雨，洪水多发。北面的鸭子河和穿过遗址的马牧河在洪水季节都会对三星堆遗址的安全造成威胁。三星堆遗址的选址、规划、建造、使用和周边的环境息息相关。三星堆遗址从目前的序列看，从距今4500年沿用到距今3000年前后，使用时间之长，在成都平原首屈一指，放在全国范围也毫不逊色。从这个意义上来看，三星堆遗址长达1500年的连续使用和持续发展，足以说明其选址和规划是成功的。

三星堆古城的“成长”展示了三星堆先民们如何充分利用周边地理环境的有

① 德阳市地方志编纂委员会：《德阳市志》（上），四川人民出版社，2003年，115、116页。

利条件，在1500年的超长时间段中，一步一步发展成商代面积350万平方米的古城，形成自成一体的陶器传统和在世界范围内也独具特色的青铜文化，引领成都平原迈入文明。

距今4500～3000年这1500年，正好是中华文明从酋邦迈向国家、从蒙昧走向文明的关键时期，三星堆遗址及其所在的成都平原为世界提供了一个绝佳的研究范本，值得我们认真探索和思考。

4.2 三星堆古城发现回顾

三星堆遗址从20世纪30年代起引起四川学术界注意，从那时起，一直是四川考古界关注的重点。

1963年9月，四川省文物管理委员会和四川大学历史系考古教研室联合组队发掘月亮湾遗址，在当时获得的1∶5000的测绘图中，三星堆古城当时地面可见的城墙基本都在图中表现出来（图4.1）。发掘者也意识到这几道土埂的特殊性，也曾经怀疑是否是人工建成。布方时特意在其中最高的月亮湾梁子布方，进行解剖发掘。但不巧的是，发掘月亮湾梁子时正好碰上汉墓，由于汉墓的误导，并加上当时南方城址发现不多，没有参照。而月亮湾城墙建造材料和方法与北方夯土城墙不同，用的是黏土，自带粘黏属性，而北方城墙用的是黄土，黄土松散状态下就是一抔土，需要夯紧实才具备城墙所需的直立性和强度。所以北方的夯土城墙有明显的版筑痕迹和夯层。月亮湾城墙为黏土堆筑，黏土可塑性好，小层之间多融为一体，由于取土地点不同，土质土色存在差异而形成分层层理。黏土直立性差，所以墙体越高，越需要堆筑护坡防止城墙垮塌，所以墙体越高也就越厚实，往往地面最宽能到40～50米。而黄土夯筑的典型北方城墙，因黄土直立性好、透水性强，夯层明显，墙体高而不厚，从底至顶的收分也不大。二者在材料上、形态上、结构上差异明显。以上种种，导致当时未能认识到测绘图中的这几道宽厚的土埂便是城墙，也未能认识到这几道土埂围起的范围便是古城。并且这批材料虽然非常重要，但因某些不可抗拒的原因，公布得太晚，迟至1992年方以追记的形式公布[①]。

---

① 马继贤：《广汉月亮湾遗址发掘追记》，《南方民族考古》第五辑，四川科学技术出版社，1993年，310～324页。

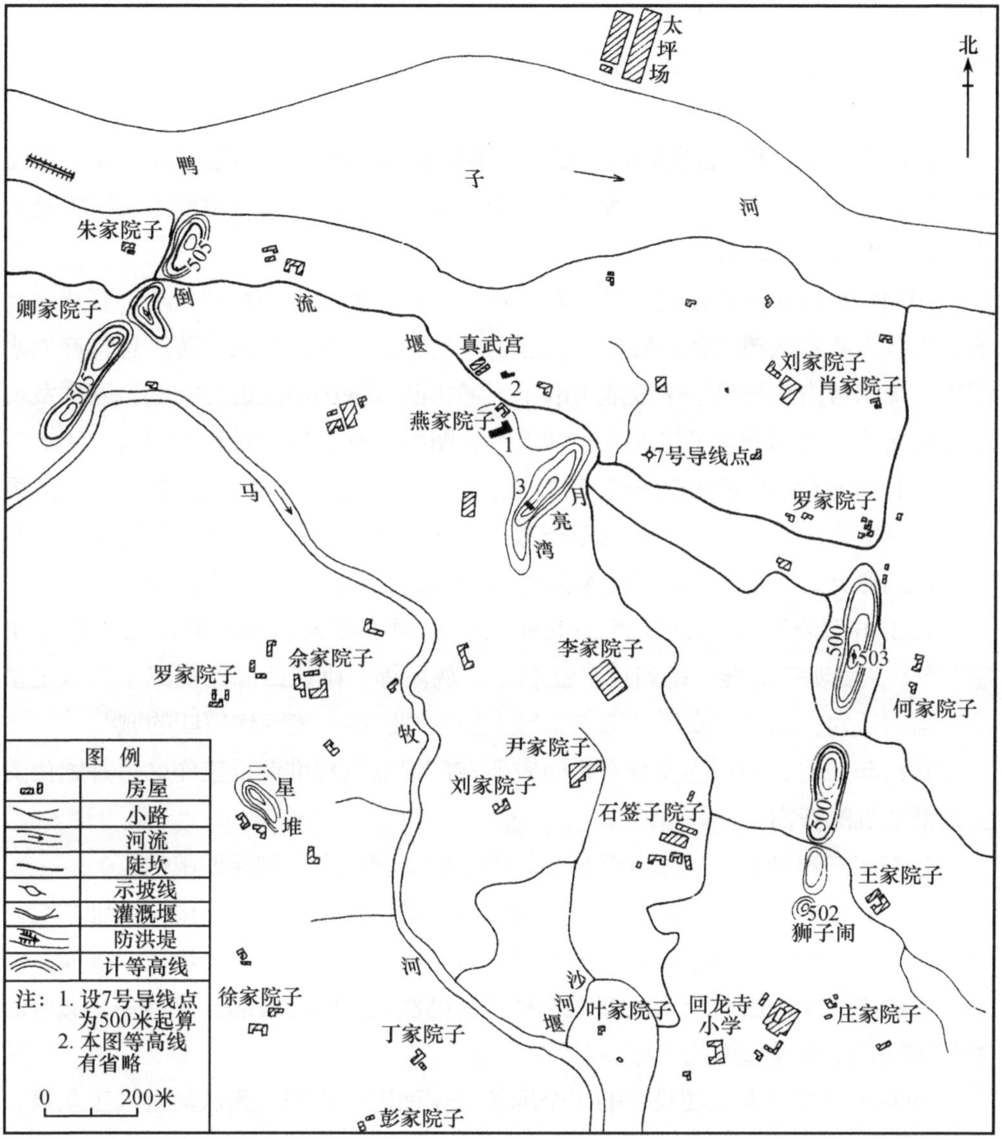

图4.1　四川大学1963年发掘布方图

20世纪80年代以来，由于经济建设的需要，三星堆遗址内建起四五个大砖厂，取土烧砖，很多信息也在砖窑中灰飞烟灭。当时的四川省文物考古研究所也只能是尽可能抢在砖厂挖掘前进行最大限度的抢救性发掘。

在对三星堆古城的认识上，经历了两个大的阶段：第一个阶段是意识到遗址内的这几道土埂是人工堆积的。第二个阶段是将这几道土埂联系起来，围成一座城，并通过发掘证明。大致1986年两个祭祀坑的发现和发掘可作为这两个阶段的分水岭。

1981年3月，四川省文物管理委员会专家在发掘时观察到三星堆土埂下叠压文化层，并在土埂取土的断面发现三星堆一期遗物，意识到三星堆土埂可能是人工垒筑（图版一五，1、2）。

1984年真武村砖厂在横梁子（东城墙）北端土埂取土中发现石矛、石斧并交给考古队，考古队随后调查发现土埂包含陶片，同年冬，真武村砖厂想转产为水泥厂，询问考古队横梁子中段能否取土，考古队以探沟形式进行解剖，同样发现了早期陶片，证明横梁子也是人工堆筑的（图版一五，3；图版一六）。

在1987年5月国家文物局召开的“三星堆十二桥遗址考古座谈会”上，苏秉琦先生高度评价了三星堆遗址的田野考古工作，并且评价说：“四川这段工作有划时代的意义。”提出了以三星堆遗址为代表的四川的“古文化古城古国”[①]。

1987年秋冬，调查遗址西面的横梁子土埂（敖天照老师称之为“戴家梁子”[②]），发现三星堆一期陶片、红烧土、灰烬等，确认西面的横梁子为人工垒筑。当时认为，由东西横梁子和三星堆土埂共同围成一座商代早期的城[③]。

1987年12月，四川省文物考古研究所专门设立三星堆遗址工作站，开始负责三星堆遗址的考古工作。

1988年三星堆遗址由国务院公布为第三批全国重点文物保护单位。

此后，三星堆遗址工作站有目的地进行主动性发掘，确认三星堆遗址城墙。通过调查、钻探、发掘等田野考古工作，对遗址的认识也由一个年代、规模、布局、结构不清楚的古遗址到成都平原具有都邑性质的中心聚落。这其中，城墙的发现和确认是至关重要的一环。

1988年对三星堆土埂残存的半个堆子的剖面进行清理，确认其为人工垒筑。

① 苏秉琦：《西南地区考古——在四川广汉三星堆遗址考古座谈会上的讲话》，《华人·龙的传人·中国人——考古寻根记》，辽宁大学出版社，1994年，16页。

② 敖天照：《三星堆遗址璞玉、籽玉、大玉料的发现及相关问题的探讨》，《夏商周方国文明国际学术研讨会论文集》，科学出版社，2015年，164页。

③ 陈德安、杨剑：《三星堆遗址商代城址的调查和认识》，《夏商周方国文明国际学术研讨会论文集》，科学出版社，2015年，142页。

1989年，因为以三星堆城墙为南城墙的布局，西边太窄，东边太宽。所以调查勘探三星堆土埂以南的“龙背梁子”土埂，确认其为人工垒筑。至此，东、西、南三面土埂围合，三星堆古城基本范围确定。

1989 ~ 1990年，发掘确认遗址东面土埂为人工垒筑，并在城墙外侧找到壕沟。

1991年，发掘西城墙北端的城墙缺口处，确认遗址西面土埂为人工垒筑，并且有城门望楼之类的建筑。

1994 ~ 1995年，调查勘探“龙背梁子”土埂，在西端进行了试掘，东端进行了钻探，确认其为人工垒筑，并基本解决了城墙、壕沟的布局和走向问题。至此，东、西、南三面土埂均确认为城墙，确证三星堆遗址存在一座面积约3.5平方千米的古城，并基本确认古城范围。

这样，以地面残存的土埂为线索，经过历年的调查、发掘和钻探，三星堆遗址确认了东、南、西三面城墙，并由此围合成一座相对于当时的时代和地域体量巨大的古城。

对三星堆遗址的研究，从最基础的年代序列的建立，逐步到对遗址性质的探讨，不能不说，这是迈出了相当大的一步，尤其是1986年两个祭祀坑的发现，直接助推了对三星堆遗址性质、地位和古蜀国发展高度的新认识。但是，翻看研究文章，关于三星堆遗址的研究虽然很多，而关注点大多都集中在两个祭祀坑所出器物的研究上。三星堆工作站其实做了很多关于聚落结构的调查、勘探、试掘和发掘，但学术界对三星堆遗址城市布局的研究仍然相对欠缺。当然，这也与三星堆一二号祭祀坑发掘后很快就发表了简报，后来又出版了报告有关。三星堆遗址调查、发掘资料的公布由于种种原因，相对滞后，仅少部分发表了简报，如《广汉月亮湾遗址发掘追记》《广汉三星堆遗址》《三星堆遗址真武仓包包祭祀坑调查简报》《四川广汉市三星堆遗址仁胜村土坑墓》等寥寥几篇简报。其余材料，部分散见于研究者的发表文章中，如陈显丹、孙华、雷雨等先生的相关论文中。近年来，三星堆遗址资料公布有所加快，报告也在完善之中。

对于三星堆古城的研究，材料和研究成果都十分欠缺。目前仅知有东、南、西三道城墙，北面为鸭子河，马牧河从城中穿过。因为遗址中有1999年发掘确认的月亮湾城墙、三星堆城墙以及城内纵横交错的壕沟、水道的存在，大家都意识到三星堆古城的格局一定更复杂，也许经历了相当长时间的发展，才形成今日所见的格局。赵殿增先生曾指出："近几年我们配合遗址保护勘测，又发现了在遗址中部、西部还有若干道城墙，时代和筑法不尽相同，表明三星堆巨大的古城可能是由若干个不同时代的小城逐渐演变发展而来的。"①正如西谚云："罗马不是一日建成的。"跨越1500年、规模巨大的三星堆遗址肯定也经历了一个发展变化的过程。由于遗址发掘、整理工作正在进行，报告也正在撰写、完善之中，很多材料并未公布。部分由于材料的局限，学术界对三星堆遗址的关注点一直落在两个祭祀坑中，学者甚少撰文探讨三星堆城的布局和发展。但脱离三星堆"城"的演变，只讨论祭祀坑，模糊了"坑"的历史和背景，讨论难免有局限。

目前已经完成的工作当然也无法完全回答三星堆聚落发展的问题，但可以得出一些有意思的结论和一些有待验证的推论。如果因为材料不能完全支撑观点就裹足不前，这方面的探讨就无法深入。胡适先生有言，做学问当"大胆假设，小心求证"，对于因材料局限，无法在此书中求证的假设，当留于未来的工作验证之。所以，本章节的讨论，就当是抛砖引玉，以求去伪存真。

现已经完成基础资料整理的重要发掘包括1980～1981年三星堆城墙周围的发掘；1982年三星堆城墙南端外侧的发掘；1986年三星堆一、二、三区的发掘；1986年三星堆一、二号祭祀坑的发掘。三星堆二号祭祀坑发现后，砖厂搬迁，配合砖厂取土的抢救性发掘结束，1988年三星堆遗址被公布为全国重点文物保护单位，三星堆遗址开始有目的的主动性发掘。为了弄清遗址的分布情况，工作站着重对三星堆遗址内的"土埂"进行解剖发掘。1988年三星堆城墙解剖；1989～1990年东城墙试掘；1991年西城墙发掘；1994～1995年南城墙发掘；1997～1998年三星堆遗址仁胜村砖厂墓葬群的抢救性发掘；1999～2000年三星堆遗址月亮湾内城墙发掘。2000年之后的发掘材料，尚在陆续整理中。

第二章通过三星堆遗址30多年来的发掘成果，排出了三星堆遗址的陶器序列。本章将通过陶器序列建立的年代框架，来认识三星堆遗址聚落发展的过程。

4.3 三星堆"城"的结构

要讨论三星堆遗址的结构，最重要的一点，是应该注意三星堆遗址首先是一座"城"。作为一座城，很早就有学者关注并展开探讨，那就是三星堆古城复杂

---

① 赵殿增：《一个充满活力的学科生长点——苏秉琦先生指导下的三星堆考古》，《三星堆考古研究》，四川人民出版社，2004年，64页。

的城墙和水道结构，甚至有报道将其称为“东方的威尼斯”。那么，《三星堆祭祀坑》中提到的这座面积达350万平方米的古城，城里的月亮湾城墙、三星堆城墙的结构如何，又经历了怎样的发展变化呢？

4.3.1　城的解构

要准确、系统地理解三星堆古城的结构，就必须从分隔出结构的要素——城墙着手。三星堆遗址大城之内既然存在着三星堆城墙、月亮湾城墙和诸多的城壕、水道，它的结构就绝不会仅仅是一个大城那么简单，很可能是大小城嵌套的复合结构。我们先尝试将城墙围合成最小的封闭单元——小城。

但围合也存在诸多的困难。因为马牧河的冲刷，三星堆大约损失了大城城内面积约1/2的堆积，部分段的城墙不仅地面不存，地下部分也不存在了。并且，由于建砖厂取土烧砖和水利改造，部分地面变动也比较剧烈。为了尽可能寻找最接近原始地貌的证据，我们借助了1963年测绘的1：5000大比例地图，20世纪70年代初的科罗娜卫星照片，1980年发掘航拍照片，三星堆发掘的部分测绘图，三星堆遗址范围航拍正投影渲染图，以及Google earth的卫星地图，作为复原的参考。同时，结合自2012年开始的“十二五”期间勘探和发掘成果，尤其是对两段在勘探中发现的城墙的解剖发掘。把目前确定的城墙在航拍正投影渲染图和科罗娜卫星照片中标示出来，地面以上存在的城墙用实心的块状图形表现，地面已不可见、但图和照片上还能找到痕迹或者勘探、发掘证实的城墙用空心的块状图形表现，根据以上两种图形的延伸线推测的部分用虚线表现（图版二、图版三）。

这样，从图上可以看出，最先围合起来的、比较明确的是西北小城。这是2013年发现的北城墙真武宫段、青关山段，月亮湾城墙（图版一七，2）、西城墙北段（图版一七，1）以及与西城墙相连但折拐向东南的一小段城墙围合的不规则小城。并且，因为马牧河的冲刷严重侵蚀了台地，其中的南城墙仅残存西端一小段，所以我们只是根据现有的城墙走向，对其进行推测性的复原。

西北小城北城墙的发现，是三星堆“十二五”工作期间取得的重要成果。其中真武宫段是勘探发现并经发掘证实的部分。青关山段的确认，起因是2014年底，在现场讨论T5388和青关山台地结构的对应关系的过程中，对当时认识中青关山台地两个夯土台之间的大沟，延伸出去应该在T5388探方内的地层有所反应。在讨论过程中，发现我们对“大沟”可能有一定的误解。T5388⑦层以上的堆积很厚，但年代相差却不大，显示出快速堆积的特征。与此相似的，“大沟”有可能原来是两块夯土间的间隔空地，空地在T5388中应该对应的是⑦、⑧层的地面、活动面，后来因故人为快速填满了两块夯土之间的间隔，将两块独立的夯土结构连成一片，而不是一大块夯土中间挖了一条沟。这样，就把原来认为的是一个结构的青关山台地拆成了两个独立的夯土单元。而台地北部的夯土单元刚好位于2013年发现的真武宫城墙向西的延长线上，极有可能和真武宫段城墙两点成线，复原出北城墙。

三星堆工作站随即开始钻探，确认走向，推测北面夯土现存地表下即是城墙现存顶部。雷雨先生决定在此开多条探沟，揭露墙体，确认后，选择目前保存最完整的一段，进行解剖发掘。发掘确定青关山台地北部为北城墙，并且建造方式为分段堆筑，与月亮湾、真武宫城墙相似。这样西北小城基本可以确认，为下文撰写方便，将其中保存较好、发现较早、也比较有名的月亮湾城墙，命名为月亮湾小城。

大城东北，2013年发掘确认了仓包包城墙。这条土埂，在渲染图中尚隐约可见，地表也残存。仓包包城墙向西延伸，在距月亮湾城墙直线距离约100米的地方北折，即2014年发掘并确认的李家院子城墙。李家院子城墙向北延伸情况不清楚。2014年开始发掘的马屁股城墙①确认了与东城墙相交处的北城墙，也正好在月亮湾小城北城墙东延线上。李家院子城墙北沿线也当止于月亮湾小城北城墙东沿线。这样，以上几道城墙和东城墙一起即可围合成东北小城。为行文方便，我们将其中保存较好、发现较早、比较有名的仓包包城墙，命名为仓包包小城。

月亮湾小城和仓包包小城，便是目前三星堆大城内存在的两个独立围合的小城。而著名的三星堆城墙与这两个小城都无关，但从这两个小城的存在可以推知，三星堆城墙不会是孤零零地矗立在遗址中，它势必也属于某个小城。那么三星堆城墙走向如何，又会如何围合呢?

三星堆城墙的城壕在其南，目前三星堆遗址内大城、月亮湾小城、仓包包小城均是城壕在外、城墙在内的布局结构，城墙在台地边缘挖土堆筑，外侧成壕。三星堆城墙也应该不是例外。三星堆城墙以北应为城内，以南当为城外，三星堆

① 四川省文物考古研究院：《四川广汉市三星堆遗址马屁股城墙发掘简报》，《四川文物》2017年第5期。

城墙以北直到月亮湾小城南城墙，应该是另一个小城的范围。根据上文所述的命名规则，我们不妨将其称为三星堆小城。

三星堆小城的东界仍然不清楚。《三星堆祭祀坑》报告遗址图上的马牧河河道测绘于20世纪80年代，与今天马牧河河床位置基本一致。马牧河此前曾经历人工截弯取直。1963年四川大学发掘所用的1963年测绘图（见图4.1），马牧河的位置与之相比有较大的差异。我们将其按比例缩放在正投影渲染图上（图版二、图版三）。从1963年测绘图上可以看到马牧河过月亮湾小城后，转弯南流，过三星堆城墙位置后，转而折向东流。

从20世纪70年代美国科罗娜卫星照片上，我们可以隐约看到在三星堆城墙的东面，有一条与三星堆城墙色度相近的、垂直的泛白条带，三星堆城墙的东延线正好可与这个条带的南段相交，月亮湾城墙的南延线正好可与这个条带的北段相交，而大城西城墙刚好与这个条带平行，月亮湾城墙的南端已被洪水冲毁，延长线正好是马牧河南折后再东折处，非常像是马牧河“穿过”城墙处，并且穿过后马上顺势南折，正好处在泛白条带的东侧，往北可与月亮湾城墙城壕延长线衔接，往南可充作三星堆小城东城墙城壕。

同时，由于马牧河在三星堆小城东城墙最南侧折转向东，并与三星堆小城南城墙城壕东延线位置相近，也有可能在三星堆现在以龙背梁子为南城墙的大城最终形成之前，存在过一个规模稍小的大城（图版三）。

虽然在科罗娜黑白卫星图上不明条带宽度比遗址内其他城墙在卫片上的宽度要宽出许多，但这是否就是三星堆小城城墙位置所在也缺乏有力的证据支撑。最关键的是，4000年来马牧河河床的变迁也缺乏数据和研究的支持。但不可否认，1963年测绘图上马牧河在三星堆城内的走向与月亮湾和三星堆两座小城的城墙和城壕的分布充满了巧合。从1963年测绘的马牧河河道走向看，马牧河在三星堆“城的成长”过程中，扮演了非常关键的角色。但是，相较于更窄、更浅、流量有限的人工城壕，河道受流水的作用更大，更容易出现变化，年代也更不容易确认。那么，三星堆城在设计、建造之初，马牧河的河道就差不多是1963年测绘图上的样子吗？

中国不乏大城中全包括、或者局部包括小城的先例，也有大小城并列的组合。三星堆遗址这样一个大城内嵌套若干小城的结构非常特别，目前尚未在商周时期看到结构相似的城址。再加上遗址内城壕、河道构成的复杂的水道系统，可以说是现在发现的商代及商代以前的城中结构中非常复杂的。因为域的结构尚未出现后世的定式思维，结构上可能更贴近实际需求。对于准确地还原三星堆古城的结构和认识三星堆古城的发展过程，虽然目前的发掘、调查资料不够，但线索总是有的，假设也是可以的，至于验证就只能留待下一步的工作和发现了。

4.3.2 星月小城与马牧河

虽然从大城中解构出了3个小城，但是月亮湾小城东南角如何闭合，三星堆小城结构如何，仍然是没有解决的问题，尤其是三星堆小城最确切的支撑仅来自一段非常短的残城墙。从渲染图中可以看到（图版二），三星堆小城城内部分已经被马牧河带来的洪水冲得只剩西北和靠近三星堆城墙这两个小角，要判断三星堆小城的范围，推测三星堆小城的轮廓，靠三星堆小城内仅存的这些是不够的。要在这种不利的条件下推测三星堆小城的形制，我们必须要搞清楚三星堆小城的设计理念和建造原因。因为三星堆小城能给我们提供的信息太少，所以我们有必要结合其北的月亮湾小城来进行分析。

要明晰三星堆古城的结构，第一个问题便是月亮湾小城和三星堆小城的关系是什么？是同时规划修建的两座城，还是有先有后修建起的两座城？是南北并列、分庭抗礼的两座小城，还是有主有次、地位不同的两座小城？

要回答这些问题，厘清城与城之间的关系，首先要厘清的，是城中城壕与河道的关系，其中的关键，正是遗址内至今仍在生生不息流淌的马牧河！前面说了，1963年测绘图上的马牧河河道与三星堆城内的城墙、城壕存在着诸多的“巧合”。那么，马牧河的存在与否以及河道走向，便是三星堆古城结构复原中的前提和关键。

月亮湾小城西城墙、东城墙（即月亮湾城墙）从目前的发掘来看，城和城壕都存在。月亮湾小城南城墙由于马牧河的冲刷，已经仅存西南拐角一段。巧的是，月亮湾小城的西城墙并不直接和三星堆小城的西城墙衔接，而是间隔了一个水门。也就是说，有一条水道切穿了大城的西城墙，那这条水道进城之后走向如何呢？

从地图上看，如果我们顺着残存的月亮湾小城南城墙走势向东划一条直线，这道线基本与南面的马牧河现河道、1963年测绘图中的马牧河河道平行。当然，马牧河的河道，随着岁月变迁，会出现一定的偏移，在航拍渲染图上（图版二），仍然可以看到几块长条形水域，依稀能连成一条与现马牧河平行并稍靠北，紧靠假设城墙的古河道，部分也与1963年测绘图河床重合。此段马牧河古河道的走向大概率是与月亮湾小城南城墙基本平行的。三星堆遗址目前发现的城墙均是壕沟在外、城墙在内的布局。这条非常靠近月亮湾小城南城墙的马牧河古河道，会不会就是月亮湾小城南城墙城壕的替代品？并且，月亮湾城墙北段基本与西城墙平行，为东北—西南走向，南段基本成正南北走向，两段虽然走向不一致，但由于这两段城墙没有被壕沟切断形成类似西城墙的水门，所以推测月亮湾城墙东拐延伸段，也属于月亮湾小城。

区别于人工城壕，马牧河的年代难以直接判断。只能借助和它相连的人工城壕来分析。靠近月亮湾小城南城墙的这段马牧河古河道若是顺势西延，便是西城墙的水门了。作为门而言，西城墙水门的位置有点蹊跷，刚巧开在月亮湾小城西城墙南端外。2005年发掘西城墙水门，表土下即是大量的砂石堆积，无法下挖。水门处堆积不同于遗址内其他壕沟的堆积结构。如月亮湾城墙东侧壕沟，沟内堆积仅底部生土为黄褐色河沙，生土之上的堆积主体为黏土，包含较多遗物，仅部分地层含少量细砂与卵石（表4.1）。

表4.1　三星堆遗址内壕沟发掘点堆积表①

城墙	西城墙	月亮湾城墙	东城墙	三星堆城墙
所属小城	月亮湾小城	月亮湾小城	大城	
发掘点位置	西城墙缺口处	城墙北段	城墙南端燕家梁子	城墙西北端
第一层堆积	表土	表土	表土	表土
第二组堆积	明清	西周早期，叠压壕沟	不详	宋至汉代层
第三组堆积	宋代（较厚）	殷墟晚期	不详	较纯净的灰白色砂土层（包含有少量三星堆时期的陶片碎末和红烧土颗粒）
第四组堆积	汉代（较薄，多淤沙）	殷墟早期	不详	三星堆三期淤层
第五组堆积	三星堆二、三期或稍晚（淤沙）		流水状态	三星堆二期淤层

① 陈德安、杨剑：《三星堆商代城址的调查与认识》，《夏商周方国文明国际学术研讨会论文集》，科学出版社，2015年，139～156页。

那为什么西城墙水门处的堆积如此独特，大量的砂石又是从何而来？

三星堆遗址没有利用砂石的传统，可以排除先民人工搬运这么大体量的砂石堆积于此的可能性。那么，这么大体量的砂石堆积形成的合理解释就应该是由携带大量砂石的洪水形成的自然堆积。如果水门向东连接的不是普通的壕沟，而是马牧河，这些砂石的来源便容易解释了。水门处城壕与马牧河相通，马牧河与水门处西城墙城壕最近距离不足200米，水门与马牧河最近距离约100米，并且此处刚好是马牧河东折的拐角处。马牧河一旦洪水泛滥，水流奔腾到此，东转不及，部分洪水势必顺壕沟西漫至水门处，携带的砂石沉积，便形成目前西城墙水门堆积异于他处的特征。水门是为了将西城墙城壕与马牧河古河道连接起来而挖的一段壕沟。先民在规划月亮湾小城的时候，极有可能是因地制宜，南北分别以鸭子河、马牧河为屏障，东西以城壕沟通两河，形成屏障。在后来为扩建新城增筑西城墙时，保留了这个水口。

借河为壕以为屏障，在早期城址中不乏先例，在屈家岭时期的江汉平原普遍存在城壕和天然河道相通，部分也借河为壕，如湖北荆州阴湘城、湖北荆门沙洋马家院古城等。考古学家普遍认为成都平原上古城的出现和江汉平原古城址群有着十分密切的关系。尤其是以宝墩古城为代表的宝墩文化时期的古城城墙筑造技术和挖壕取土筑城墙的一体式结构，与江汉平原的技术传统如出一辙。并且，成都平原上古城的出现紧随稻作农业的传入。所以月亮湾小城借马牧河的一段为城壕并不足为奇。

因为西城墙水门位置刚好在月亮湾小城拐角处，水门处又堆积有大量的砂石，水门位置的巧合与水门处特殊的堆积结构，都暗示月亮湾小城南城墙南侧极有可能存在的就是马牧河。

如此，月亮湾小城不仅有可以围合的城墙，并且由城壕或河道相连四面围合。可以说，月亮湾小城是一个可以完全独立，城墙、城壕俱全的一个小城。

马牧河在彼时的存在和月亮湾小城对马牧河的利用，对月亮湾小城来说，可谓是尽得地利。但对于南面的三星堆小城来说，马牧河的存在恰恰是一系列潜在威胁的根源。因为马牧河在月亮湾小城城外，但在三星堆小城城内！良渚在城外筑坝防御洪水，三星堆把带来洪水的河流圈入城中，还弯弯拐拐地绕了一圈？马牧河的存在对月亮湾小城来说是合理的，但对三星堆小城来说恰恰是一个反常的存在。

西城墙水门的砂石堆积对于马牧河的存在是一个重要的支撑，但这个支撑有一个缺陷，就是关于砂石堆积的年代我们并没有什么证据。也就是说，存在一种可能，即遗址废弃后马牧河改道，借了三星堆城址内的水道，形成西城墙水门的堆积。那么，对于三星堆小城而言，能否确认马牧河的同时存在，就成为理解三星堆古城建设和规划的关键一环。

马牧河是一条现在还在流淌的河，不同于古河道，要直接做出年代判断是比较困难的。但因为现在的三星堆古城城壕与马牧河河床相通，如果我们能知道三星堆古城城壕堆积中与马牧河相关的堆积的年代，也就知道了古城与马牧河的关系。

三星堆城墙外壕沟的堆积，反映的是壕沟淤废的过程。三星堆壕沟堆积最下层是三星堆二期（《广汉三星堆遗址》分期，相当于本书第三、四期）的淤泥，往上是三星堆三期（《广汉三星堆遗址》分期，相当于本书第五、六期）的淤泥，淤泥之上，便是呈现古河床动力学特征的较纯净的白色淤沙层。

目前经过发掘、比较清楚壕沟结构的还有月亮湾小城西城墙缺口处壕沟、月亮湾城墙外壕沟，大城东城墙南端燕家梁子处壕沟（表4.1）。月亮湾小城西城墙壕沟是淤层和淤沙堆积，月亮湾城墙壕沟内是淤层和黏土，大城东城墙壕沟的堆积状况没有材料，但可以说淤积层是壕沟内最普遍的堆积。三星堆城墙的壕沟底部也同样如此，不同的是，有大量的卵石和砂石堆积。壕沟的宽度、深度远逊于河床，也导致壕沟如不勤加维护，容易淤废。正常状况下的壕沟，应该是能得到及时的清理和维护，保证壕沟正常的功能的。只有城废弃之后，壕沟也不再使用，才会有影响壕沟功能的堆积产生。所以从壕沟的堆积，基本也可以还原壕沟废弃的过程。

从壕沟内的堆积看，西城墙缺口处壕沟被填满的时间最晚，要到宋代才被彻底填满。月亮湾城墙的壕沟在西周早期就被填满了（堆积中包含尖底杯），让人联想到也是在相同的时间段，青关山段城墙和宫殿夯土台基之间的空地同样被填满（堆积中包含尖底杯）。所以，月亮湾城墙的壕沟很大可能也是被人故意填起来的。

三星堆城墙壕沟的堆积结构，说明三星堆城墙壕沟的淤废和马牧河严重相关，是马牧河洪水时期带来的砂石，在洪水之后淤积下来，因为废弃后长期无人清理，最终导致三星堆小城南城墙壕沟的淤废。宋至汉代层叠压在白色沙土层之上，说明洪水的时间是在汉代之前。白色沙土层里面有三星堆时期的陶片，说明洪水大约发生在这一时期，可能还不止一次的洪水，才导致了三星堆城壕的淤废。

2004年，成都理工大学王绪本教授团队对三星堆城墙外壕沟进行了高密度电阻率法无损探测，发现三星堆城外壕沟堆积，横截面砂卵石层中间厚、两端薄，酷似古河床动力学的特征。并且，越靠近河道，卵石层越厚①。三星堆城墙城壕呈现出古河床动力学的特征，可知淤废来自洪水堆积，三星堆城墙城壕应该是故意与河道联通了的，也就间接说明，马牧河在三星堆小城存在时便已存在。马牧河的河道虽有变化，但基本格局和1963年测绘图的河道走向大致相近。

马牧河是造成三星堆小城南城墙城壕和水门处卵石、砂石堆积的直接原因，马牧河与月亮湾小城、三星堆小城存在共存关系。1963年测绘图上的马牧河河道与三星堆城内的城墙、城壕存在着诸多的“巧合”并非仅仅是巧合，三星堆古城的发展和马牧河在城内的走向息息相关，甚至可以说，马牧河是三星堆古城发展的灵魂！也是我们复原古城的重要线索！并且，不能排除三星堆人或许曾经局部改造过马牧河，但要说三星堆人设计了马牧河，笔者觉得还缺乏充足的证据。马牧河与三星堆古城的关系，有一个非常关键的问题，可以说是整个假设成立的前提，也是我们必须解决的最核心、最基础的问题：为什么三星堆人要把马牧河圈入城中？是什么让他们无惧洪水的威胁？

当然，马牧河的存在不仅仅只有壕沟堆积的证据，我们还在三星堆遗址内观察到一种现象，或与月亮湾小城南的这一段马牧河河道走向相关。三星堆遗址内诸多遗迹的朝向相当一致，大致都是西南—东北朝向，很可能正是受到了月亮湾小城南充作城壕使用的这一段马牧河的影响。

在科诺娜航拍图上可以清楚地看到20世纪80年代砖厂取土挖去的三星堆城墙，将残城墙两端沿直线延伸出去，就会发现一个巧合，月亮湾小城的推测南城墙及其外侧的马牧河道与三星堆城墙基本是平行的。

古河道的准确位置今天已经不可考了，但残存的城墙可以测出角度。月亮湾小城北城墙角度为北偏西65.6°，残存南城墙角度为北偏西45.2°，三星堆城墙

---

① 苏永军、王绪本、罗建群：《高密度电阻率法在三星堆壕沟考古勘探中应用研究》，《地球物理学进展》2007年第22卷第1期。

为北偏西49.4°，可见马牧河两侧的月亮湾小城南城墙与三星堆城墙角度较为相近，而靠近鸭子河的北城墙角度相比前两道城墙，角度偏差明显。笔者以仁胜墓地为例，统计了仁胜墓地中墓葬的大致方向。

仁胜墓地共发掘29座墓葬，除了两座墓葬方向偏差较大，接近正南北外，其余27座墓葬方向统计如表4.2[①]。

表4.2　仁胜墓地墓葬方位统计

[30°，35°)	[35°，40°)	[40°，45°)	[45°，50°)	[50°，55°]
1座	4座	16座	4座	2座

从表4.2中可以看出，仁胜墓地墓葬基本以40°≤M<45°这个区间为中心（即北偏东40°～45°），成正态分布。而[40°，45°)的分布区间，与北偏西45°的月亮湾小城南城墙和北偏西约50°的三星堆城墙接近垂直。

但这种现象是巧合还是有意呢？或者周边还存在其他的某个参照点呢？

仁胜墓地为三星堆一期的墓地，墓地中墓葬方向从统计来看是有意的选择，但选择的根据和修建墓穴的参照物是什么？目前发现的月亮湾小城北城墙方向为北偏西65.6°，与仁胜墓地的方向偏差较大。

除了河之外，周边的高山也可能是三星堆古城规划建设的重要参考。实际上，在天气晴好，尤其是雨过天晴的时候，站在青关山台地上，可以眺望到西北方向的九顶山主峰狮子王峰（图版一四，2～4）。但是这组风景并不在三星堆任何一道城墙的延长线上，而且角度相差很大，可以确定，三星堆遗址在规划设计的时候，并没有把这组遥远的风景考虑在内。

而此段马牧河方向正好在45°左右。月亮湾小城南城墙、三星堆小城南城墙都根据马牧河的走向来建造。马牧河的存在影响了三星堆城的布局，直接影响了三星堆城的“成长”。马牧河的存在，是现在我们看到的三星堆遗址内残存城墙走向最合理的解释。因河道摆动的可能性大，虽不能确证马牧河河道彼时一定与今日相同，但马牧河的存在，是目前三星堆遗址内遗迹方向多在[35°，50°]最合理的推测。

从目前的发掘成果看，马牧河与遗址共存仍然是最合理的。三星堆遗址出土

---

① 墓葬方向以正北为0°，顺时针方向，即北偏东。

最早的遗物便是1986发掘地点⑯层所出的以“山”字形花边口沿尊为代表的Ⅰ段遗物，正是位于马牧河在三星堆遗址内拐弯的凸岸。三面临水，形成相对独立的地理单元，既利于防御，生活用水也十分方便。所以，推测最早的聚落应该分布在这一带。后来随着对周边环境的开发以及人群的繁衍，聚落逐渐扩张到沿马牧河两岸分布，并最终选定在鸭子河与马牧河之间兴建月亮湾小城。

月亮湾小城在选址的时候，优先考虑了南北河道的天然护卫，利用河道拱卫小城。而选择临河建城，也许还考虑到了运输的因素，因为要供给这么大的城，在成都平原这样被河流条块切割的环境中，水运是最经济便捷的。月亮湾小城大约是在平衡了鸭子河和马牧河的关系后，因地制宜规划和建造的。鸭子河是一条河床更宽阔、水流量更大的一条河，三星堆古城现在的北城墙应该与鸭子河有更远的安全距离，因为对月亮湾小城北城墙外的考古工作开展较少，就不展开讨论。

三星堆小城和三星堆古城大城是在扩建过程中将马牧河圈入了城内，这样的设计固然会有安全隐患，但也不是毫无益处，至少在水运方面，会方便大量的物资通过河道便捷地运入城中。但是，把一条自然的河圈入城圈是一件极为冒险的选择。洪水季节的河流有着惊人的破坏力，今日三星堆小城内的文化堆积几乎涤荡一空，就是最直观的后果。

这样看，在三星堆遗址“城”的结构中，月亮湾小城拥有防卫的最高优先级，而三星堆小城在用水和运输方面最便捷。从遗址的发展看，马牧河凸岸最先有聚落。从功能区划来看，现有的三星堆小城的建成不会早于月亮湾小城。因为如果三星堆小城是最重要的，先建城的话，应该是以马牧河为屏障，在马牧河大拐弯内侧筑城，这样无论从防御角度还是防洪角度，都更符合三星堆小城的利益。

4.4 三星堆“城”的发展

通过对三星堆遗址内城墙的分析，我们从三星堆大城中解构出3座小城，也基本可以确认3座小城的范围。有了这些基础，我们便可以从一些具体的切入点出发，讨论在时间轴上三星堆遗址的演变过程。

三星堆遗址城墙多经解剖发掘。要讨论遗址演变，尤其是讨论宏观的城市结构方面的变化，城墙构筑方式的差异是一道很好的线索。我们从三星堆遗址的时空框架一节也可看出，三星堆遗址内发掘最多、资料最好的两个区域，一是月亮湾城墙以西的燕家院子附近，一是三星堆城墙内外。我们解构出的两个最重要的小城——月亮湾小城和三星堆小城——也与这两个地点有关。

对于三星堆遗址演变过程的探索，这两个小城也将是我们关注的重点。我们如何来确定两座小城修筑时间的早晚，一个途径就是讨论组成这两座小城的城墙，在结构上、形成过程中有没有各自的特色，能不能区分出时代的早晚来；一个是对于堆积和出土物，尤其是特殊的如房屋、墓葬之类的遗迹，根据其特征来寻找在时间轴上的发展线索。

4.4.1　城墙建筑方式的异同

三星堆各段城墙的厚度相差不大，但堆积的结构并不相同，资料均未发表。故此，笔者以陈德安、杨剑两位先生合作的文章《三星堆商代城址的调查与认识》[①]为基础，梳理出2000年以前及部分2012年以后发掘的城墙特征（表4.3）。

陈德安先生为三星堆工作站第一任站长，此文也是他多年从事三星堆古城研究的总结。从城墙基础部分的厚度看，这几道城墙除了月亮湾南段较宽厚外，其余均在40～50米，从体量上基本分不出主次。城墙外侧均有城壕（或借河为濠）。东城墙、三星堆城墙在夯筑之前有挖基槽现象，西城墙因未发掘到底不清楚，月亮湾城墙是将一期文化层平整后由外向内夯筑7组夯土，真武宫城墙（北城墙）与之相似。南城墙也未见基槽。但除月亮湾城墙和真武宫城墙之外，城墙夯筑均是内外侧斜夯到一定高度后主墙体逐层平夯。三星堆城墙主墙体夯筑不如两侧坚实，而东城墙两侧及主墙体都可见清晰的夯面。东城墙虽然与三星堆城墙都有40～50厘米深的基槽，夯筑也都是先两侧后中间，但在施工上，却相差甚远。东城墙夯筑扎实，版夯痕迹和夯面都很清楚，但是三星堆城墙的主墙体部分却建得十分漫不经心，夯层结构不明显，甚至有堆筑的可能，也未见使用土坯的现象。

但也有学者的描述与之不符，如："1988年秋—1989年春，对遗址东部狮子闹和南部三星堆两处土埂进行了试掘，在三星堆解剖了一处60余米的横断面，

---

① 陈德安、杨剑：《三星堆商代城址的调查与认识》，《夏商周方国文明国际学术研讨会论文集》，科学出版社，2015年，139～156页。

表4.3 三星堆遗址内城墙信息表

名称	现存城墙体量	现存城壕	基槽	城墙结构	夯层结构
东城墙	城墙一般地段高出现今地面3～5米，地表以下深2～3米，夯土墙高出地面最高处达5.4米，从地面测得墙脚宽40～45米		城墙基槽宽达40米，内侧下挖有基槽边壁，外侧与城壕底部斜平至城壕外壁，城墙基槽与城壕之间无明显的边壁，基槽深0.4～0.5米	墙体由主城墙（墙体的中心主体部分）和外侧墙、内侧墙三部分构成。估计是先筑外、内侧墙，一定高度后再筑主城墙。内侧墙和外侧墙是由若干斜行夯层构成夯土块面（近似于版夯的一版夯土）。在一个块面的夯土中又分若干夯层。夯层均为斜行夯筑，有单向和双向两种方式	夯层厚20～40厘米，夯面平整光滑，拍打的痕迹清晰，从夯面上成排木棒夯具拍打的凹痕推测，内侧墙和外侧墙是用木棒之类夯具平行斜拍夯筑而成。主城墙为平层夯筑，可能是用木棍杵夯。在外侧墙腰部的坡面上发掘出版筑痕迹，一版夯土宽1.3、长近2米；有的地方用长36～42、宽32～34、厚20厘米的土坯围成或者码砌成一定的范围后，再在其间填充黏土夯实。土坯用于城墙顶部
西城墙	城墙的体量、结构、夯筑方法与东城墙基本相同。现最高处高出地面6～10米，宽度40～50米		因夯土未完全发掘到底，夯土以下的地层叠压关系和城墙基槽情况不完全了解	城墙结构与东城墙基本相同	在西城墙的夯土中也发现用土坯的情况。土坯一般长40～35、宽35、厚12～15厘米，不十分规整
南城墙	现城墙顶部一般宽度约30米，现存高度1～2米，基础一般宽40～45米	壕沟宽20～30米，距地表深1.6～2.4米	似无基槽		平层夯筑

续表

名称	现存城墙体量	现存城壕	基槽	城墙结构	夯层结构
三星堆城墙	顶部宽20～25米，底部宽大于42米，高出地面4～6米		在三星堆遗址一期的原生文化层上下挖40～50厘米形成城墙基槽，基槽宽42米	在基槽内从两侧往中间逐层斜夯出城墙两侧，逐层夯高后夯层趋于水平	城墙中部平夯或垒筑，夯层不及两侧的坚硬，层次也不十分明显
月亮湾城墙	北段墙体基础宽30～40米，顶部宽20～25米；南段基础宽70～80米，最高处距外侧城壕地面6～8米，发掘点暴露在地表的夯土城墙高度3.05米，城墙顶部高出现在的城壕地面约4.75米	壕沟宽40～50、深3～4米	对三星堆一期文化遗存平整后作为城墙基础。无基槽。夯筑城墙的土料取自城墙外侧挖城壕翻起的泥土	城墙从外侧向内侧依次由7组夯土构成，每一组的夯土相当于版筑墙的一版夯土，每版夯土之间的夯面斜度为20°～30°，整版夯土断面形状近似于斜置的平行四边形	每版夯土的夯面经拍打坚硬，光滑。每版夯土的夯层15～20层，夯层长4～5米，夯层厚20～30厘米，最厚者达70厘米，夯层有一定的斜度
真武宫城墙	城墙基础宽约45米，地面以上部分不存		无基槽		

注：除新发掘真武宫城墙之外，均根据陈德安、杨剑《三星堆商代城址的调查与认识》[①]整理

① 陈德安、杨剑：《三星堆商代城址的调查与认识》，《夏商周方国文明国际学术研讨会论文集》，科学出版社，2015年。

发现了清晰的夯层、护坡和深达2.8米的堑壕。狮子闹（即东城墙）发掘出呈梯形的墙体，中心墙体宽10米左右，两侧多层贴土，斜面夯打成护坡，夯层不很规整，具有原始的特征。坡底总宽度达40余米，墙顶上还有土坯垒砌的隔梁，全貌及功用尚不清楚。”①

从三星堆城墙的描述可以看出，主墙体与护坡之间差异明显。主墙体漫不经心，而护坡更为坚实，并且夯筑是从两侧往中间逐层斜夯。诚然，我们可以臆测先民偷工减料，看不到的部分就做成豆腐渣工程。但同类的现象，又不见于结构类似的东城墙。那么，这种工程质量上的差别，除了偷工减料之外，会不会是年代的差异呢？从1984年发掘无意中拍到的城墙剖面的照片看（图版一五，3；图版一六），以护坡的倾斜度，恐怕是无法先夯实两侧，再草草地把土堆到中间的。有没有可能，中心是一段更早的城墙，后来增宽、增高了城墙，由于技术的进步，后期城墙夯筑得比早期城墙更为坚实？

三星堆城墙剖面的照片是一段残城墙，以其高出地面4～6米为标尺，中心深色的主墙体估计长度在10米左右，高度在2米左右。

从长江中游地区史前城墙城址来看，城墙的修筑一般以平行堆筑最为经济，各地城墙出现不同结构的一个重要原因，是城墙经历了长时间的发展，从城墙不高不厚逐渐增筑、补筑，城墙也逐渐变得更高和更厚。所以，城墙的结构和体量可以作为判断年代的一个重要指标。对于延续很长时间的城墙，通过分析它的结构，还原它的增筑和补筑的过程，从而探讨城墙最初的体量。最初的体量决定了城墙的始建年代，而最终的体量反映了城墙使用和废弃的年代。所以，城墙的夯筑结构和城墙的体量一起，默默地记录了城墙修建和改变的过程②。

长江中游如此，成都平原呢？因为三星堆本身的复杂和发表资料的不完善，我们先跳出三星堆，来看成都平原除了三星堆古城之外，以宝墩遗址为代表的宝墩古城址群的城墙结构（图版一九）。

成都平原以宝墩遗址为代表的古城址的城墙，是否存在着同样的现象呢？

---

① 赵殿增：《近年巴蜀文化考古综述》，《三星堆考古研究》，四川人民出版社 2004年，122页。

② 万娇：《长江中游地区史前城址城墙比较研究》，《四川文物》2017年第4期。

宝墩蚂蝗墩城墙整个墙体残存顶宽3.15、底宽8.4、高1.85米[①]。郫县古城整个墙体残存顶宽7.1、底宽20、高3米[②]。郫县古城虽然比宝墩蚂蝗墩墙体宽了一倍，但并非一次性筑成，曾经历过一次补铸。发掘者判断："第一次修筑的墙体包括Q2和Q3，现存顶宽1.9、底宽10、高2.4米。"[③]因为残存的城墙比较高，所以顶部就更窄，从底部的宽度来看，宝墩和郫县古城第一次修筑城墙的墙体厚度基本在同一个数量级上。

成都平原筑城，一般是从城外就近挖壕取土，再垒土为墙。月亮湾城墙和真武宫城墙都是分段夯筑，月亮湾城墙墙体起来后，各段之间顺次叠压，G叠压F，F叠压E，E叠压D，D叠压C，C叠压B，B叠压A。A～G七组夯土均叠压⑭层，B组夯土边缘刚好与⑬层相交，C～G均叠压⑬层，C组夯土边缘略微叠压⑫层，D～G均叠压⑫、⑪层，仅最内侧的G组夯土叠压⑩层（图版一八，1）。可见，虽然月亮湾城墙夯土叠压的文化层有⑩～⑭这5层，但这5层地层的分布也很有意思，并非平平地分布在夯土下，而是越晚的地层越只在靠近城内的夯土组块下分布。这是否能说明，越靠近城内的夯土组块，建造的年代越晚呢？

⑫层已是一期地层。⑩层仅边缘分布。关键在于⑪层（黄色），为此，我们根据标本，看每个探方⑪层陶片所属的时代。其中最关键的是T105～T107，T106⑪层出簋形器圈足，年代上可以肯定是三期的。T107倒未见晚期陶片，但仅1件标本，不足为凭。看来叠压⑪层的D段以西城墙的建筑年代肯定会晚到四期Ⅵ段（表4.4）。

B、C两组为大约10米宽的墙体，和宝墩最早的城墙厚度规模相当，很可能是最早的城墙。当然，截面呈三角形的B组夯土，也可能独自构成最早的城墙。但需要注意的是，除了月亮湾之外，这种顺序叠压的结构目前仅见于西城墙解剖点，其他城墙解剖点均存在最外侧夯土组块叠压中间夯土组块的情况，当然这种现象也不能排除是后期维护造成的。

---

① 中日联合考古调查队：《四川新津县宝墩遗址1996年发掘简报》，《考古》1998年第1期。

② 成都市文物考古研究所、郫县博物馆：《四川省郫县古城遗址1997年发掘简报》，《文物》2001年第3期。

③ 同②。

表4.4 月亮湾遗址⑪层出土陶器时代判断

	T004	T102	T103	T104	T105	T106	T107	T201	T202	T203	T303	T301	T302
②													
③													
④	√												
⑤	☆			★									
⑥	★		√	☆									
⑦	★			☆									
⑧	★		√	★									
⑨	★	★	☆	★				☆	★	☆	☆	☆	☆
⑩		☆	☆					√	☆	★	★	★	☆
⑪		☆	☆	★	☆	★	√		★	√	√	☆	☆
⑪/段		Ⅱ	Ⅱ Ⅵ	Ⅱ Ⅲ Ⅳ	Ⅲ	Ⅳ	Ⅱ		Ⅱ Ⅳ	Ⅳ		Ⅱ Ⅳ Ⅹ	Ⅵ
⑪典型器物			1件高柄豆形器柄	平底盘、豆柄、深腹罐	深腹罐、大捉手平圜底豆盘	簋形器圈足	仅1件标本		疑似陶缸口沿1，疑似簋形器圈足1			小平底罐、唇面内凹的加厚唇敛口罐	陶缸、簋形器圈足
⑫		★	★	★	★	☆	☆	☆	★	★	★	★	☆
⑬		★	★	★	★	★	★	√	★	★	★	☆	☆
⑭		☆	★	★	★	★		☆	★	☆	☆	☆	√

西城墙（月亮湾小城段）与东城墙体量、结构、夯筑方法基本相同，也有顶部使用土坯的现象，但很遗憾的是，西城墙夯土下因发现大型建筑柱洞而并未发掘到底，叠压地层的情况不太清楚。从目前三星堆城墙和月亮湾城墙看，也许这两段城墙都墙中有墙，后期在原有的基础上增宽、增高。城墙顶部可能在后期有修补、增筑，而基础部分，除非有大的变动，基本保持原貌，其结构、技术更能表现始建年代的特征。对于东、西城墙的描述，包括在城墙顶部都出现土坯砖这样新的结构，可以推测，西城墙和东城墙大约曾在相近的时间被修补过。

大城作为一个主体，各段城墙的夯筑方式存在差异，很难完全用因地制宜或者是因为参与施工的人群不同来解释。尤其是龙背梁子的大城南城墙和仓包包小城李家院子城墙一样，都是逐层平夯。外表近似的各段城墙，构建方式却不尽相同，应该不是同一时期筑成的。部分城墙有可能经过增筑，也有可能经过修补，这是个复杂的形成过程。从《春秋》的记载来看，城墙倾颓、垮塌都并非罕见现象，所以往往在秋收之后、春耕之前的农闲时候，政府会组织修补城墙。在战争和对抗中，加高加厚城墙是防御的重要策略。城墙修好后历经千百年不需修补，反而是一件极其罕见的事情。三星堆古城内诸多发掘点尚未发现完全一样的城墙结构，也许正是因为千年的沿用造成了现存城墙的复杂状况。所以，大概率的，城在成长的同时，城墙也在成长。城在变大、变复杂的同时，城墙也在变高、变厚、变复杂。在三星堆遗址作为“城”存在的时间里，城墙都可能发生变化，这是一个复杂的过程（图版二、图版三、图版一八）。

雷雨先生曾通过对三星堆一期遗迹遗物分布范围和一期陶片数量与成都平原宝墩、芒城、双河、郫县、鱼凫古城的比较认为：“三星堆遗址一期文化遗存分布范围之广、遗物之丰富，在四川乃至整个长江上游的新石器时代遗址中都是罕见的，就分布范围和遗物的丰富程度而言，三星堆遗址应该是长江上游最大的一处新石器时代晚期遗址，后期恢宏的三星堆古城和发达的青铜文明之所以产生于此，是与三星堆遗址在新石器时代晚期所拥有的特殊地位和丰富的文化积累有密切的关系。”[①]并进一步推论三星堆一期“没有城墙显然是说不过去的”。

---

① 雷雨：《一年成聚二年成邑——对于三星堆遗址一期文化遗存的两点认识》，《夏商周都邑与文化（二）——“纪念二里头遗址发现55周年学术研讨会”论文集》，中国社会科学出版社，2014年，56页。

如果三星堆第一大期有城墙，第二大期的人于原址生活却完全弃之不用，另筑新城，也难以说得过去。早期的城墙压在晚期的城墙下、包在晚期的城墙中，后世常见。所以，我们应该考虑，三星堆古城是否也存在类似的现象，除了城中有城外，同样存在可能的还包括墙中有墙。

当然，城墙的结构、修建方式、城墙经历的改变和发展，本身就是复杂的考古现象。因为并未亲历发掘，所以“墙中有墙”只是根据发掘绘制的线图进行的推测，是否如此，如何变化，还需要回到田野考古发掘中，去仔细甄别，小心求证。

4.4.2 月亮湾小城的形成和特点

月亮湾小城因燕道诚无意间发现的一坑器物而最先被学界关注，也是四川第一个科学发掘的早期遗址。此后，四川考古界一直非常关注这一地点，1963年四川大学考古专业实习便首选此地点进行发掘。考古虽不寻宝，但“宝”往往是考古大发现的重要线索。也因此燕家院子附近一直是三星堆遗址内考古人关注较多的区域之一。

月亮湾小城中有一块高地——青关山，通过发掘，现在已经证实青关山台地是一个人工夯筑的高台，是目前小城内的最高点，也是现存唯一高出地表的夯土台。2005年，四川省文物考古研究院三星堆工作站在此发掘出一段长达50米的墙体。2012年，三星堆发掘解禁后的第一个发掘点便选在此处。一是要完整揭露大型建筑，另一任务便是了解台地堆积形成的过程。青关山台地表土层以下便是建筑基址，不便下挖，但一直是勘探的重点，要对高台结构，有一个大致的认识。

青关山台地位于小城北部偏西，北面为沿河公路，公路北侧即为鸭子河，南面为遗址内水泥路。台地明显分为两级，台地内高差约1.8米，台地与周边高差1.4～1.5米。第一级台地西缘清楚，东缘模糊，平面形状不清楚。第二级台地平面形状略成“Z”字形，西边缘与西城墙基本平行。解剖方2012GSFgT5388位于青关山台地西侧第一级台地上（图版一一，1、2）。第一级台地从卫星图片上看，边缘笔直，正南北走向，似非天然。选择这个地点是因为基于当时第二级台地“Z”字形的不规则形状，认为这个缺口是改土的时候造成的，并且在钻探的时候，发现文化层堆积厚度将近3米，这样通过对第一级台地发掘的剖面和第二级台地边缘的剖面结合，了解了整个台地的堆积结构，于是决定在此布方，一是为了了解台地的堆积构成，二是为了系统地采集和分析动、植物资料。虽然出乎我们意料，但连带出来的结果却也解决了很多问题，纠正了很多之前认识上的错误。

4.4.2.1　2012GSFgT5388发掘分析

（1）地层堆积

2012GSFgT5388（以下简称T5388）地层堆积非常复杂，遗迹众多，加上发掘时间拖延过长，南方夏季降水较多，探方虽然采取了保护措施，但难免垮塌，所以布方面积为16平方米，最终为使四壁平整，实际挖成不规则的近方形，东、南、西、北壁长度分别为5.2、5.3、5.18、5.13米。所以探方的四壁剖面图有两份，一份是中途绘制的4米×4米标准探方剖面图，另一份是最后绘制的探方四壁图（图4.2）。

探方发掘到第一层夯土时，决定保留部分夯土，通过钻探，避开红烧土集中的探方北部，对探方南半部分8平方米进行解剖。发现第一层夯土层下有一个由卵石、陶片构成的面后，改为解剖探方东南的3平方米。由于很多遗迹现象都仅有局部，对遗迹现象的判断造成了干扰。出于谨慎，为防止在小面积的清理中不幸清掉重要遗迹，发掘采取了很多预防措施，包括细致分辨土质土色，多做区分，遗迹内也5~10厘米逐层清理，看边界是否明显和是否发生变化。在室内整理中，如果遗迹最终的厚度与地层相近，边界区分不是十分明显，且形状也并不规则的，取消遗迹号，并入地层。因此，地层、遗迹变动较大。

①层耕土层，全方分布。厚约15厘米[①]。

②层扰土层，黄褐色土层。全方分布。层面（以西南角地表为基准点测量）-3~3厘米，厚约20厘米。出陶片、青花瓷片等，为近代扰层。其下有遗迹H1、Q1、G1。H1年代晚于ⅩⅡ段，当是后人小规模在此活动堆积。

③层土色黑褐，夹杂大量红烧土颗粒。全方分布。层面20~30厘米，厚15~35厘米。包含大量陶片。主要有厚唇凸出的缸、尖底盏、尖底杯、薄胎方唇

① 因发掘时间过长，每年春夏植物生长旺盛，发掘前均需清除表层，两年来清理几尽，所以在第二份四壁剖面图上已经没有耕土层。但因第一份图不全，所以距地表距离依第二份图西南点计算。

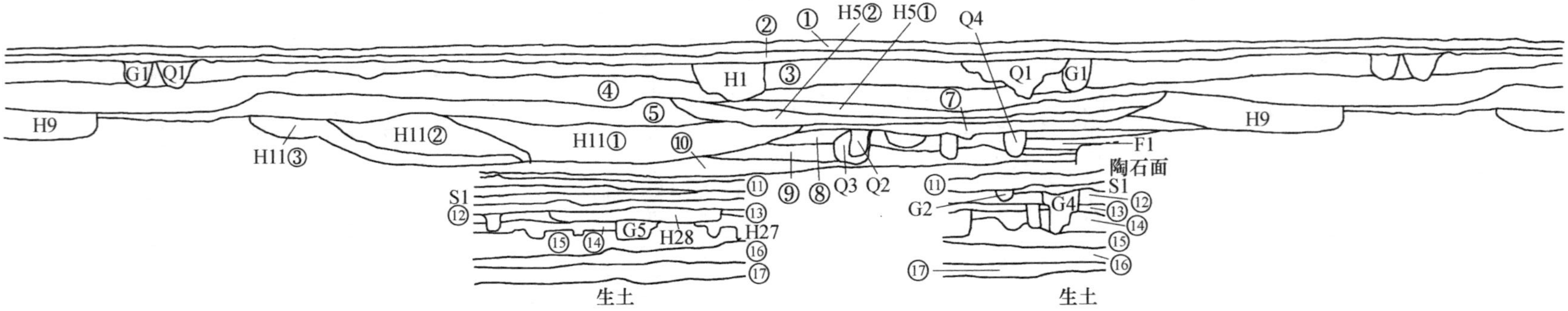

图4.2　T5388四壁剖面图（整合）

罐。属八期Ⅻ段。

④层土色棕褐，夹杂少量红烧土、石块。全方分布。层面45～65厘米，厚15～40厘米。其下有H5、H7、H8。主要有厚唇凸出的缸、尖底盏、尖底杯、薄胎方唇罐。属八期Ⅻ段。

⑤层土色棕黄。土质黏，紧密。全方分布。层面70～100厘米，厚5～40厘米。其下探方北部近壁处有一处烧土面S2。H9～H11均开口于此层下。主要有厚唇凸出的缸、尖底盏、尖底杯、方唇圈足罐。属八期Ⅻ段。

⑥层改为H11②。

⑦层黄沙土，含沙多，土质较疏松，纯净。分布于探方南部。层面100～115厘米，厚0～15厘米。上层多有卵石，仅包含少量陶片。其下有F1（Q2～Q4）出有小平底罐，属五期Ⅷ段。

⑧层棕黄土，含沙量大，土质略松软，被H9～H11、F1打破，探方北部保存较好，南部仅南壁附近可见。层面100～130厘米，厚0～20厘米。包含少量陶片。出平底盘、小平底罐。属五期Ⅶ段。

⑨层夯土，土色红。仅探方近南壁处局部分布。层面142厘米，厚0～25厘米。含少量陶片。

⑩层夯土，土色黄。被H11、F1打破，仅探方南部解剖发掘。层面145～150厘米，厚约20厘米。含少量陶片。

⑪层棕黄土，土质黏，含大量红烧土颗粒。层面160～170厘米，厚10～18厘米。包含较多陶片。出大量刻划纹泥质陶、夹砂绳纹褐陶，纹饰陶比例非常高。属一期。

⑫层棕褐土，土质黏，含小红烧土颗粒，较多的炭。层面180～194厘米，厚10～20厘米。出大量刻划纹泥质陶、夹砂绳纹褐陶，纹饰陶比例非常高。属一期。

⑬层黄褐土，含沙量较大。层面195～210厘米，厚0～20厘米。出大量刻划纹泥质陶、夹砂绳纹褐陶，纹饰陶比例非常高。属一期。

⑭层黄白色，黏土质，质地紧密，夯土。层面212～220厘米，厚10～27厘米。包含少量炭屑和陶片。

⑮层黏土质，质地紧密，夯土土色较花，黄、青、白间杂。层面230～243厘米，厚28～37厘米。包含少量陶片。

⑯层黏土质，质地紧密，夯土青灰间黄。层面260～275厘米，厚10～27厘米。包含较多陶片和石块。

⑰层黏土质，质地紧密，夯土土色棕黄。层面282～287厘米，厚7～25厘米。包含极少量陶片。

其下为生土，青色膏泥，土质纯净，土含水多时较软，失水则坚硬。

（2）重要遗迹介绍

1）灰坑

H5　开口于④层下，位于探方南部，仅T5388探方内部分发掘。平面形状为扇形。分为两层，上层土质土色与④层较为接近，下层土色黑，主要出有厚唇凸出的缸、尖底盏、尖底杯、薄胎方唇罐。属八期Ⅻ段。

H11　开口于⑤层下，位于探方东部。平面形状近半圆形，从形状估计，T5388探方内部分仅为灰坑的1/3，原灰坑平面形状当为圆形（图版一二，1）。并且探方内的H11堆积系多次形成，大致可以分为3层，并且非水平堆积，在⑤层下，H11①、②层同时出露，并且土质土色区分明显，造成了最初在H11边界判断的失误，并且将包含大量红烧土颗粒的H11②层错认为探方的⑥层。H11①层，土色黑，包含大量完整的小平底罐等器物。H11②层，因包含大量红烧土颗粒，土色呈红褐色，主要分布在坑北部，为北厚南薄的倾斜状堆积。H11③层，基本水平，包含大量炭粒，土色黑。H11系在夯土台地上直接挖成。因为夯土土质黏，上面可能会铺设一层较为纯净的堆积，⑦、⑧层可能便是这层堆积。

H11底部平整，边缘成弧形，形制规整，堆积可分3层，包含物无差别，可能短期内经历多次使用，并且最后一次使用的堆积中包含了大量的炭，表明当时可能曾经用火，出土陶片数量很多，并且很多小平底罐出土时十分完整。H11当是出于某种特殊目的而挖掘的灰坑（图版一三）。

2）建筑遗迹

柱洞

D1　③层下，位于探方北部，距离探方东西壁位置基本相等，在Q1延长线上。为夹杂零星红烧土的黑土，与周边土色区分明显。直径约60厘米，深仅存20厘米。

D2　⑤层下，位于探方北部密集红烧土角上，可能与其相关。

D3　⑤层下，位于探方东北角，包含较多的红烧土颗粒。

D4　⑤层下，位于H5北部，原H8东部，包含较多碎小烧土颗粒。

D5　⑦层下，位于探方西南，可能与Q3、Q4、D6构成一组相关遗迹F1（图版一二，2）。直径32厘米，深28厘米。

墙与沟槽

在T5388的发掘中，墙（Q）与沟（G）并没有很好地进行区分。从后来的判断看，作为墙体的沟槽，往往在其内或附近，会同时存在相关柱洞。所以在命名上，其实有时候是混淆的。但是从T5388看，青关山的第一级台地上无疑曾经存在过相当多的建筑。

G1　开口于②层下，在Q1西侧，东北—西南走向，基本与Q1平行。G1包含密集的红烧土颗粒，土色偏黑。探方内长270（以沟中心测量）、宽55、深厘米。

G2　位于解剖方内，原编号Q5，S1下，土色黑，包含较多小红烧土颗粒。解剖方内长168（以沟中心测量）、宽14、深8厘米。

G3　原H25改，开口于S1下，周边土质较为纯净，G3内含有碎小红烧土颗粒。口宽底窄，底部靠近北壁、西壁各有一柱洞。解剖方内长92（以沟中心测量）、口宽32、底宽14、深42厘米，柱洞当已接近底部，靠北壁柱洞直径16厘米，靠西壁柱洞直径18厘米。

Q1　开口于②层下，探方内长170厘米（以沟中心测量）。分为两层，上层为密集的沟上卵石堆积，下层为较多红烧土颗粒的沟内堆积。

Q2　开口于⑦层下，北偏东30°，打破Q3。解剖方内长52（以沟中心测量）、宽21、深32厘米。

Q3　开口于⑦层下，北偏东30°。解剖方内长198（以沟中心测量）、宽26、深41厘米。

Q4　开口于⑦层下，北偏西60°。与Q3基本垂直。解剖方内长116（以沟中心测量）、宽22、深36厘米。

3）其他遗迹

探方北壁⑤层下红烧土遗迹　仅出露一角，出露部分呈钝角三角形，由密集的红烧土颗粒构成，角尖部分清完红烧土后，可见一小柱洞D2。可能为建筑遗迹，整理中编号为S2。

卵石面　在夯土层下，⑪层之上，由大量卵石、陶片构成，似乎成带状分布，由于探方发掘面积过小，平面形状和用途均不明确。

S1　由红烧土构成，由于可能有散落等现象，平面形状不规则，但中部部分比较密集，并且可能和G2、G3相关，构成建筑。从剖面看，卵石面叠压其上，目前仅解剖方揭露，面积过小，不能判断其性质、结构。

（3）地层与遗迹结构分析

从目前揭露的地层和遗迹看，T5388重要结构包括两层夯土，第一层夯土由⑨、⑩层构成，第二层夯土为⑭~⑰层（图版一一，3），虽然文化层堆积厚达3米，但遗迹主要开口在②层下、⑤层下、⑦层下和⑪层下。H5虽然非常重要，土质黑色，边界非常清楚，但并不像H11是一个人为挖出的灰坑，而更像是一个自然的凹陷，填进去和周边不一样的"垃圾"。

结合包含物分析，T5388显示的台地堆积如下。

一期不晚于Ⅲ段或可早至Ⅱ段的先民在生土上夯起约1米厚的夯土台基，台基上建有沟槽和红烧土共同建造的房屋遗存，S1是房屋红烧土倒塌后形成的散乱堆积，⑪层覆盖其上，当是废弃后形成的堆积。在此堆积之上夯筑有一层0.4米厚的夯土，被三期Ⅵ段的F1打破，在此夯土上活动痕迹很少，堆积非常薄。六期Ⅹ段的先民在⑦层上活动，挖了一个直径在6米左右的大灰坑，坑内有不少完整或接近完整的小平底钵，但大部分器物都不完整。此上的70~90厘米厚为⑤层、H5、④层、③层堆积，基本无遗迹，包含物基本无大差异，似为八期Ⅻ段时快速堆积形成。

这样的堆积结构表明，第二级台地的"Z"字形结构不是土改的人改成，早在三期Ⅵ段时便是这样的格局了。八期Ⅻ段的先民不仅没有挖出缺口，反而填了70~90厘米厚的废弃垃圾。之前青关山台地上偏北位置曾探到有一"大沟"分开台地。这条"沟"现在的发掘表明，极有可能也是八期Ⅻ段的人填起来的。因为曾在台地北侧剖面上观察到大块的红烧土堆积，一直认为被"大沟"分开的台地是两组建筑。但北面的台地太窄，尤其是真武宫城墙确认后，城墙的延长线正在台地北面附近，受限于可能存在的北城墙，北面的台地如果作为建筑台基，就非常窄了。但如果把八期Ⅻ段的人填的垃圾在想象中清理掉，就会看到一个近似长方形的台基和另一个西端长过台基的窄长条状"台基"，但北面的空间局限已不够其扩展了，这个窄长的"台基"不会再向北延伸太远，不会太宽，相比于它的长度，作为台基显得有点局促了。其实它的确不是什么台基，而是一直以来在存在与不存在之间徘徊的北城墙（图版一一，2）。这一点，在随后的勘探和发掘中得到了证实。

4.4.2.2　青关山台地的结构

因为被八期Ⅻ段的人填平了大型高台建筑台基与城墙之间的间隔，让城墙与台基浑然一体，八期Ⅻ段的人既然用大量的垃圾极大地改变了青关山台地的外观，至少可以肯定，那个时候，雄伟的宫阙已经不再存在。三星堆遗址作为中心都邑的地位彻底终结。之后的遗存，在三星堆遗址仅有极零星的发现，至少在三星堆遗址范围内，已不再是我们重点关注、分析的对象。

在分离出大型建筑所在的台基后，我们会发现，F1南北边墙与台基边缘的距离基本相等。F1位于台地南北向的中心地区，台基西边缘与西城墙平行，北边缘与北城墙平行。在勘探中，青关山台地曾探得一层红烧土、一层夯土、一层文化层（黑土）交错的结构。从台地西边缘暴露出的下层卵石、红烧土堆积与F1南北墙体重合可以推测，F1之下还有一个体量不逊于F1的更早的建筑，也由此可知，青关山台地可能一直是一个高等级建筑所在地。这与我们从序列分析中得出的三星堆遗址第一、二大期是延续使用的结论呼应。自一期Ⅱ/Ⅲ段以来，青关山台地便是月亮湾小城的核心区，勘探到的所谓文化层应该是建筑废弃后的堆积，并且很有可能是即废即兴。红烧土垮塌形成富含红烧土的垮塌面和残存的红烧土墙基，毁于火的建筑在燃烧后形成富含炭的黑土堆积（文化层），随即在废墟上用土加高，夯平后再建，所以与第一级台地的高差也越来越大，达到3米（图4.3）。

T5388确认的厚约1米的一期夯土台基，也在确认北城墙的勘探中被确认。台基边缘和现在卫星图上可见的一级台地边缘基本重合，向东的延伸范围不太清楚。一期的夯土台基建筑目前仅见于三星堆遗址青关山台地。郫县古城城中心的550平方米的大型礼仪建筑[①]无夯土台基。宝墩小城中心鼓墩子的夯土部分经发

---

① 成都市文物考古研究所、郫县博物馆：《四川省郫县古城遗址1997年发掘简报》，《文物》2001年第3期。

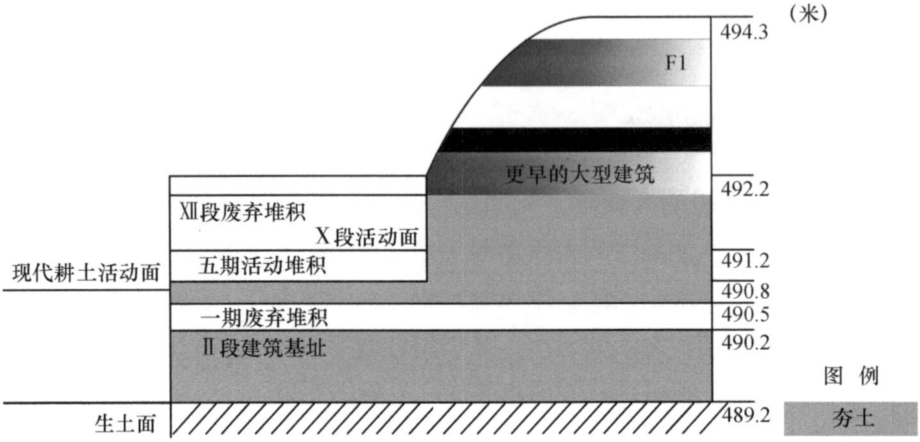

图4.3 根据T5388复原的青关山台地结构

掘为汉代堆积[①]（需要谨慎，以防仅仅是汉代扰动），大型礼仪建筑F1也非夯土台基建筑[②]。而T5388发现与建筑相关的早期夯土台基（图版一一，3），虽然通过3平方米的解剖方仅窥见端倪，但重要性却是不言而喻的。既然青关山台地自一期以来便是高等级建筑所在的位置，那么建筑月亮湾小城的意义，便不言自明了。

因为现在的地面经过五千年的人为改造，原始地貌已经面目全非。但是我们可以根据测量的数据，计算原始的生土线。根据测量图，青关山台地最高点为494.3米，最高点与第一级台地的高差为2.1米，T5388生土层面到地表的距离约为3米，这样生土线的海拔为489.2米，夯土层面高度约为490.2米。真武宫城墙发掘点附近的海拔为492.1米，城墙夯土最高2.7米，减去后得489.4米，再减去文化层厚度，生土线海拔与青关山大致接近[③]。说明先民选择月亮湾一带修筑小城时地势较平。钻探表明，现在青关山北城墙的位置下还有夯土，北城墙西端海拔约

① 成都市文物考古研究所、四川大学历史系考古教研室、早稻田大学长江流域文化研究所：《宝墩遗址——新津宝墩遗址发掘和研究》，有限会社阿普，2000年，3页。

② 成都文物考古研究所、新津县文物管理所：《新津县宝墩遗址鼓墩子2010年发掘报告》，《成都考古发现2012》，科学出版社，2014年，8页。

③ 真武宫城墙北侧墙体下生土线低，由砂石等材料填起，南侧墙体下生土线较高，本文计算依据南侧生土线。墙体高度由工作站真武宫城墙发掘者冉宏林告知。

为493.7米，城墙夯土的高度在2.5米（连地表0.2米），夯土之下有厚约0.8米的文化层，文化层下又见夯土。夯土层面海拔490.4米。此段夯土，未见T5388一期夯土的水平分层结构。青关山台地下的夯土高台建筑果真如T5388揭示的那样，那么，这段夯土究竟是护卫高台建筑的城墙，还是与T5388这个不晚于Ⅲ段的夯土台连为一片的大夯土台？

但不论怎样，青关山既有厚达1米的夯土台基，并且从目前的钻探来看规模也不小，现已发现的相关遗存显示出与建筑有极强的关联。青关山台地若存在一期Ⅲ段的高台建筑，所谓筑城以卫君，一期存在城墙，应在情理之中。青关山一期夯土台基的筑台年代很有可能便是月亮湾小城的筑城年代。一期的城墙范围，东面可能就是月亮湾城墙，南面当以马牧河河道为限，很可能与现在的小城西南拐角残存的南城墙重合。北面和西面不太清楚，也有可能与现有城墙重合。

4.4.3　三星堆小城的形成及遗址演变推测

三星堆小城的发掘集中在三星堆城墙内外，即城墙以北、以内的Ⅲ区和城墙以南、以外的Ⅰ、Ⅱ区。1980～1986年的发掘工作主要围绕三星堆城墙进行（图4.4）。

从各地点的位置来看，会看到一个非常有趣的现象。位于三星堆城墙城壕南侧（即城外）的1982年发掘地点，1986年Ⅰ区、Ⅱ区，出土大量珍贵文物的一、二号祭祀坑，都是五期以后的遗存。Ⅵ段的堆积仅1982地点有零星分布。

1982年四川省文物管理委员会在三星堆第三个堆子的南侧进行了两次小规模的发掘（属三星堆遗址第Ⅰ发掘区）。“这两次发掘的重要收获是发现了商末周初的地层。出土物与三星堆遗址商代中期的器物衔接。此次发掘地层共分为6层；1～2层为农耕土和宋代层，3～6层为文化层，出土遗物主要有小平底陶罐、乳头状足的陶盉、尖底盏、薄胎尖底罐等。这些出土遗物又恰好与新繁水观音遗址出土的器物相衔接，从而弥补了四川地区从商代晚期至西周初期的这一空白缺环。另一个重要的收获是窑址的发现，这座窑址平面呈马蹄形、窑底为斜坡形、窑壁较直、窑口约44厘米。窑后有一烟道。窑长220（不包括烟道）、宽163、深12～25厘米。”[①]在《广汉三星堆遗址》中也简要提到了这次发掘：“1982年

---

① 陈显丹：《广汉三星堆遗址发掘概况、初步分期——兼论“早蜀文化”的特征及其发展》，《南方民族考古》第二辑，四川科学技术出版社，1990年，215页。

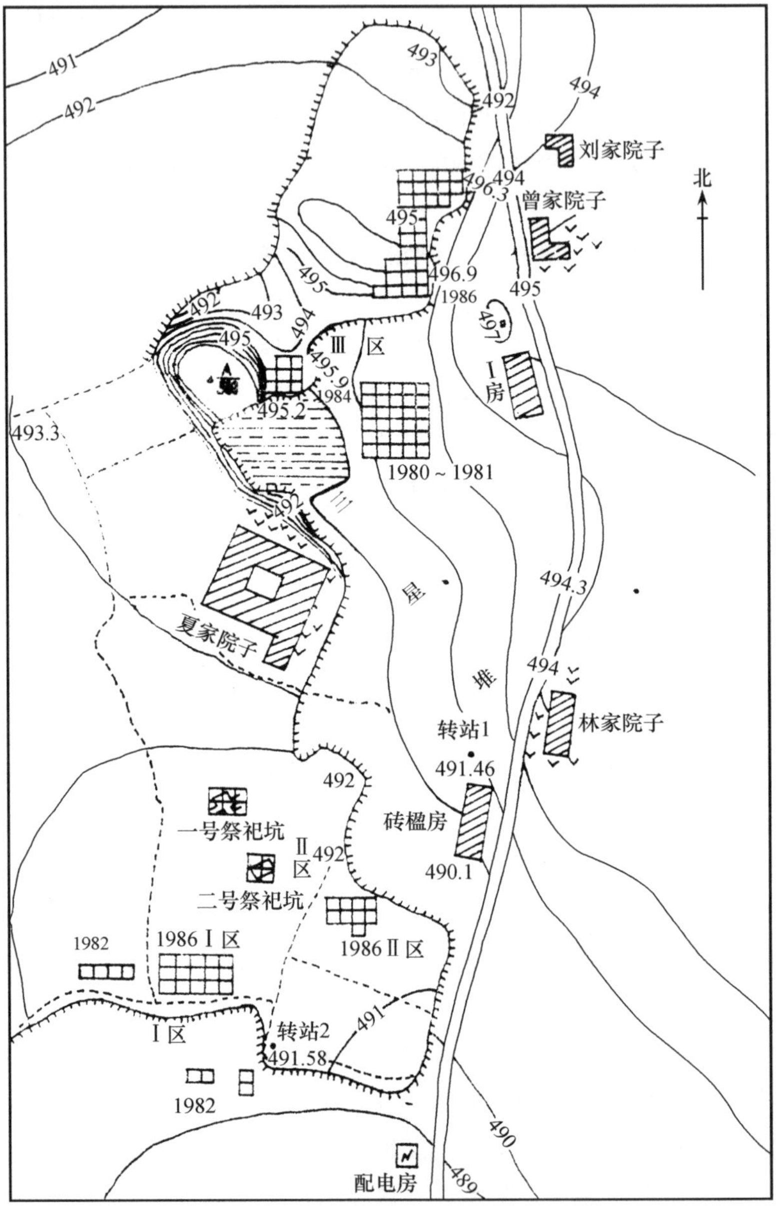

图4.4　三星堆城墙附近历年发掘分布图

4月和12月，我们配合砖厂取土，又在三星堆西南约三百米处，发掘了一百平方米的面积（简报正整理中）。这里文化层堆积较薄(约1米），仅有两层，下层之堆积同三星堆晚期的堆积完全一致。上层所出土的陶器与新繁水观音遗址所出相同，尤其是水观音的细泥尖底杯、尖底罐等典型器，在上层大量出现。”①

可见三星堆城墙以南，南城墙以北的区域，出土了尖底杯、尖底盏等传统认为属十二桥文化的器物，并发现窑址。虽然没有说明陶窑的年代，但从描述来看，与金沙遗址的“8”字形陶窑形制区别明显，陶窑的年代很有可能仍在三星堆第二大期的范围。

而三星堆遗址城墙内的1980、1984、1986地点一期、二期、三期（相当于本文第一、二大期，此节单讲分期，均为三星堆工作站分期，与本文的对应可参照表3.5，本节若使用本文分期，用Ⅰ段来表示）的堆积都很丰富。1984年地点由于贴近城墙，从早到晚都未发现房屋遗迹。1986发掘据林向先生描述：“1986年3至6月，四川大学考古专业与省市文博部门合作在三星堆进行了大规模的考古发掘，揭露面积达1325平方米。典型的层位在三星堆土堆旁的第三发掘区，文化堆积可划为16层，其中13～16层时相当于龙山时代的（后来被命名为‘宝墩文化’）堆积；8～12层是相当于夏商时期的古蜀文明的‘三星堆文化’堆积，遗迹遗物非常丰富，城址和祭祀坑的地层年代可分别插入其中；紧接着三星堆文化层之上的第7层却是厚约20～50厘米的洪水淤积泥沙，包含物极少；再以上的地层中只有两汉以后至近现代的零星遗物，表明从此辉煌一时的三星堆古城文明在当地衰落无存了。”②

1980年度三星堆城墙内的发掘就更有意思了。1980年发掘在三星堆考古史占据非常重要的一席之地，除了建立起很多年一直被三星堆遗址使用的序列之外，还有四川考古史上的第一次航拍。并且，不同于后来大多使用热气球、无人机航拍，1980年的航拍是用真飞机来拍的。我们从航拍片来看，其实1980年发掘点是非常接近城墙的部分，甚至可以说直接贴到了城墙墙根。部分城墙已经被砖厂取

① 四川省文物管理委员会、四川省博物馆、广汉县文化馆：《广汉三星堆遗址》，《考古学报》1987年第2期。

② 林向：《从三星堆到金沙——寻找失落的三星堆古城》，《文史知识》2006年第8期。

土取没了，航片上可以清晰地看到正在晾晒的成排的砖坯（图版四，1）。

拍片的时候，发掘已经基本结束了。发掘点有很多沟槽组成的房屋基址。哪怕只是匆匆一瞥，也能看出这些沟槽和城墙之间有两种基本关系，一是垂直，二是平行。由于这是生土面上的遗迹情况，很多房屋基槽打破生土，难以辨别。但好在航片质量很好，可以看到沟槽大概的深度，因为房屋本身不大，在建造基槽时，深度肯定有特别的控制，深浅上不会出现太大的差异，可以据此判断年代关系。并且结构越完整的房子，年代越晚。

我们根据这些打破关系，对房屋进行了梳理（图版四中，三星堆遗址1980发掘点建筑结构分析，相同的颜色代表可能存在共存关系，左上为根据简报表示的共存关系，右上为根据航拍梳理后的共存关系）。1980年房子中F16～F18属于一期，其中F16、F18为圆形，F17为方形。而其余的F1～F15虽然分为甲乙两组，相互间略有早晚差异，但均属于二期。其中有一座面积与F17相当，只是结构上是沟槽结构的小房子，也是二期最小的小房子，位置在F17西北，这座小房子年代上可能晚于F16～F18，但应该早于其他的房子。这座房子的特殊之处在于似乎有门道，并且门道的位置开向西南，也就是说朝向了三星堆城墙的方向。

最长、最大的房子是F12。F12据简报撰写者描述，出有二期（简报分期）的陶片，F12属于甲组建筑，“建造在黄褐色生土上，房址中出土有属于第二期文化的遗物”①。简报在对④层进行描述时，提到：“在探方西北角有成馒头状的烧土堆积，在同一地层中，其他地方亦有大片胶结在一起的红烧土堆积和灰烬。红烧土堆积直接压在房基址上”②。④层即是（3）文化层，是第二期最早的单位。我们把三星堆城墙按原来的宽度做一个复原，会发现F12的南墙几乎贴到了三星堆城墙基部外缘。

从现在能看到的位置关系来看，F12是垂直于城墙的，而位置就在城墙根上。从夏季雨水形成的城墙表面水流的角度考虑，这座房子在建的时候，肯定不会是贴着城墙建的，因为夏天的暴雨顺着城墙护坡流下来就直接冲到F12的房基，也不知道F12如此建是何用意。如果说这座房子存在时城墙不存在，我们又

---

① 四川省文物管理委员会、四川省博物馆、广汉县文化馆：《广汉三星堆遗址》，《考古学报》1987年第2期。

② 同①。

能看到F12与城墙构成了几乎完美的垂直关系，似乎F12应该是与城墙有共存关系的。

唯一合理的解释，便是墙让出二三十米，是早期的窄城墙。从1980地点的建筑朝向来看，包括最早的接近正方形的建筑，都和三星堆城墙存在垂直/平行关系，说明三星堆城墙的走向在一期的时候就已经确定，三星堆一期的聚落在早期的布局上就受到了北面的马牧河的影响。只是最初围成聚落的不一定是墙，也可能是壕沟、栅栏之类（三星堆城墙剖面的照片中，城墙北部下似乎压了一条深度约3～4m的沟，见图版一六），因为没有发掘，还不清楚。在三星堆小城建城后，在后期增宽、增高城墙的过程中，F12被废弃。所以，最大的可能就是这座大房子的西南有城墙，但城墙的规模没有我们现在看到的那么厚，城墙和房屋之间还是保持了一定的距离。

1980年发掘点还有一个有意思的地方，在第（3）文化层之上，所有的房屋都消失了。这个地方没有再出现类似的沟槽式建筑。现在看城墙的扩建或许在那个时候，扩建城墙导致了原来的居住地变成新居住地和城墙之间的间隔地带。

无独有偶，解剖月亮湾城墙的1999年发掘地点发现，最晚自Ⅲ段以来一直有房屋，但Ⅴ段废弃后再未修建。很有可能，月亮湾城墙附近的房屋也是因为城墙的增厚而被废弃。

但三星堆小城建城和在马牧河西面修建现存的三星堆小城西城墙不一定是同一个时期，但也不应该晚于三星堆小城南城墙增厚到40余米，也就是F12的废弃前后，即Ⅵ段。这也与我们之前分析的，三星堆城的城墙并不是一开始就建得那么高、那么厚的，城墙在"城的成长"过程中，也经历由薄到厚的发展过程。

三星堆城墙南北，一墙之隔，城内城外的堆积显现出巨大的差异，城内堆积自一期以来基本连续，城外多为五期以后，仅少量三期遗存，这似乎暗示三星堆小城的使用年代应该是早于大城年代的。城内是较密集的房屋遗址，城外有陶窑、祭祀坑，但总体来看，陶器（也就是生活垃圾）较少，年代也偏晚。大城南城墙的解剖结构为逐层平夯，这也是相对比较晚的城墙建造技术。无论是城墙的建造技术还是城内的堆积年代，都指向三星堆小城南的大城建造年代更晚。

当三星堆城墙矗立于遗址南部时，城内是人口稠密的聚居区，南边的南城墙应该还没有开始修建。当时人都集中在城内生活，所以三星堆城墙外台地虽平坦开阔，但人们并未在其上大量修房建屋、日常生活。属于三星堆一期偏早的桂圆桥二期最具特色的山字形花边口沿罐，“在三星堆遗址的西泉坎地点（1984年）、三星堆地点（1980年）、东城墙地点（1990年）、西城墙地点（1991年）、仁胜墓地地点（1997年）都有发现”[①]，唯不见于三星堆城墙以南区域。

此前曾有学者推测，因大城南部为祭祀区，所以才少有人的活动痕迹。支撑这一观点最有力的证据便是埋藏了三星堆文化时期几乎倾国倾城财富的一、二号祭祀坑。但祭祀坑的成因、性质，一直是众说纷纭。坑中出土的器物是否是祭祀之器？这一点，大多数学者应该都会肯定此两坑中所出器物大多属宗庙之器。而坑中之物是否因祭祀而埋？估计大多数学者对这个问题不会答得像第一个问题那么胸有成竹、理直气壮。我们也就先把这个问题放在一边，姑且存疑。

4.4.4　仓包包小城

2013年，四川省文物考古研究院发掘了仓包包城墙，仓包包城墙的壕沟在城墙南，一直延伸到东城墙，但并没有穿过东城墙，而是折向南，顺东城墙到水门附近，从水门出城与东城墙壕沟会合。将东城墙挖出一个缺口和挖几百米的壕沟到东水门，这中间工程量的差异显而易见，为什么要这样？如果壕沟单单只是防御，为什么要这样大费周章？除了防御，壕沟、马牧河会不会也承担了运输甚至供水的功能呢？

既然仓包包的壕沟沿着东城墙出城，那么仓包包城墙不会早于东城墙存在。二者要么是一起规划、修建，要么是东城墙在先，仓包包城墙在后。

而东城墙的城墙结构显示出与月亮湾小城西城墙和三星堆小城南城墙更为相似的结构，而与仓包包小城和大城南城墙平行夯筑的结构之间存在一定的差异。

仓包包城墙建造年代有^{14}C测年数据，显示约在公元前1600年。仓包包城墙的夯筑方式与南城墙近似，为逐层平夯，唯体量不及，仓包包小城的修筑很可能与大城最终规模的修筑年代接近。

---

① 万娇、雷雨：《桂圆桥遗址与成都平原新石器文化发展脉络》，《文物》2013年第9期。

4.5　三星堆遗址出土物的时空分布和发展历程

三星堆遗址从1980年到2000年20年间共进行了15次发掘（有的年份不仅发掘了一处，但不单独算作一次发掘，详见表2.1）。但从1988年起，主要精力都用于解决三星堆“城”的问题。遗址内的发掘主要集中在三星堆城墙和月亮湾城墙附近。城墙发掘的主要目的是确认土埂为城墙，解决城墙的修建年代问题，并且由于认定三星堆围合的城墙为同一时期建成，所以并未细究每段城墙的年代。在选择发掘点时，有意无意地靠近了城墙，这使得对三星堆遗址的讨论受到很大的局限，即“广大”的城内部分，我们限于资料无法探讨。

在上文的探讨中，我们集中讨论了三星堆城的结构，而这一部分，我们集中归纳、探讨一下三星堆遗址、三星堆古城在时间轴上的发展。

为了方便分析，笔者将历年发掘成果以12段为轴，梳理了各地点出土物、地层和主要遗迹，并制成表格（表4.5）。但是，对于三星堆而言，这里有一些难免的局限。因为三星堆遗址公布的发掘材料非常零星，大量的发掘材料没有发表，正式的发掘报告也还在编写之中。并且，三星堆遗址各地点的发掘状况也非常复杂，有的重在遗迹的确认，有的因为发现重要的遗迹要保护，都没有发掘到生土；有的虽然统一了地层，但能看到的标本和统一后的地层间也存在差异。

所以，对于三星堆遗址而言，是有限的发掘，有限的发现，有限的资料，在这三个有限的基础上，本书也只能做有限的探讨。随着三星堆新发掘、新发现的新进展以及以往资料的系统、全面公布，本书的观点也随时面临着新的考验。

所以，本书只选取一些重要的遗迹展开讨论。主要遗迹的选择基于以下考虑。

第一，房屋遗迹：三星堆作为聚落，就一定有人，有人就一定需要房屋居住，而且房屋分布、朝向也是与遗址布局最相关的，所以本书认为遗迹中最该被关注的便是房屋遗迹。

第二，墓葬：除非聚落废弃，一般不会在城内规划大片的墓地。城内出现墓葬，是一个有意思、可讨论的现象。

第三，器物坑：三星堆遗址有一类特殊现象值得关注，即出大量完整或可修复复原的器物，似乎是短时间内因特殊原因使用后便废弃的“器物坑”。

三星堆遗址是一个非常独特的遗址，除了复杂的城内格局外，三星堆遗址

表4.5　三星堆遗址各地点各段遗迹遗物概况表

	1982 Ⅰ	1982 Ⅰ	1986 Ⅰ	1986 Ⅰ	1982 Ⅱ	1982 Ⅱ	1986 Ⅱ	1986 Ⅱ	1980 Ⅲ	1980 Ⅲ	1984 Ⅲ	1984 Ⅲ	1986 Ⅲ	1986 Ⅲ	1999Y	1999Y	1900Y	1900Y	1984X	1984X	1989	1989	1991	1991
Ⅻ				★								★				★				★			F	★
Ⅺ		★	F	★		★																		★
Ⅹ			√	★												★		★						☆
Ⅸ				★			F?	?			K	★	F	★		★	α	★		☆				★
Ⅷ				☆			F	★	M	★		★		★		★	K	★		★		★		
Ⅶ								★		★			F	★		★		★						
Ⅵ		★							F	★		☆		★		★	α	★						√
Ⅴ		☆						☆				☆			γ	★	γ	★		★				
Ⅳ												★			γ	★		★		☆				
Ⅲ		☆								★		★		★	γ	★		★		★		★		☆
Ⅱ									F	★		☆		★								★		
Ⅰ												☆		★		☆		☆				☆		☆
位置	星城南外								星城南内						月城东内				北外		东墙		西墙	

注：☆代表该段有器物无该段遗迹，★代表有遗迹，√代表疑似有该段遗迹。F代表该段有房址，M代表有墓葬，K代表坑。α 代表F&K，γ 代表F&M

的特殊之处还在于遗址的连续性。从^{14}C测年分析看，这个遗址沿用了上千年。这期间先民对三星堆的建设和改造，先后叠压，相互打破，层层累积。很多信息前人留下，后人破坏，堆积的形成原因也各不相同，非常复杂。从第二章分期分段，研究各地点出土的时代不同的器物，感受尤其深刻。所以对遗址的分析，本书采用了两种方案，即将遗迹和遗物分开处理。遗迹的年代是其中出现的最晚器物对应的段，若是同一地层中大量出现早段的器物，又包含更晚段的器物，早段的相应方格中便以"☆"表示，最晚段相应的方格中以"★"表示，表示堆积/遗迹形成的最后时间。

诚如上文所言，对于开放的地层和灰坑，最晚出现的器物指示了遗迹使用的下限即废弃年代，但未必一定代表遗迹的主体年代，并且需要特别说明的是，Ⅱ段和Ⅲ段的区别主要在于Ⅲ段出现了盘口尊，器类多有重合，如非纯净的Ⅱ段遗迹，仅器物层面与Ⅲ段难以区别。夯土由于明确是次生堆积，夯土内出土器物均未标记。

从表4.5中我们可以看到，能进行时空分析的发掘点集中在三星堆城墙和月亮湾城墙附近。三星堆城墙附近，1982年仅发现陶窑1座，1984年三星堆地点Ⅲ区无房屋遗迹，但有大约相当于六期的器物坑。1984年的西泉坎"发现了大量的成品及半成品的石璧和废料及房屋基址"①，但因为无法确知房屋基址的年代，未在表格中反映。

除四川省文物考古研究院三星堆工作站进行的13次发掘之外，1963年四川省文物管理委员会和四川大学历史系考古教研室联合组队发掘三星堆遗址，与本书的期段对应关系推测成分较大，故也未列入表格，简述如下。

四川大学当时选择了3个地点进行发掘，第3地点月亮湾梁子上主要挖到东汉砖室墓，未记录有原生地层，此处不讨论。第1地点在倒流堰（今二号渠）南、燕家院子东南30米稻田内。第2地点在倒流堰北。两地点均靠近1931年燕道诚挖到的玉石器坑。第2地点仅试掘1个探方，堆积较薄，公布的器物均出自第1地点，第2地点也无法讨论。第1地点地层分为3层，第二、三层为文化层，其中第二层又分作两小层，但整理时未做区分，据马继贤先生回忆，"两个小层应是有

① 陈显丹：《广汉三星堆遗址发掘概况、初步分期——兼论"早蜀文化"的特征及其发展》，《南方民族考古》第二辑，四川科学技术出版社，1990年，216页。

区别的”[①]。

从公布的资料来看，③层与西泉坎1984GZXDbT1③层较为相似，年代上当可早到三星堆遗址本书分期的一期Ⅲ段，②层第2小层下开口的M1出有AⅠ式觚，高圈足豆与仁胜M22所出的两件豆形器形制相似，②层出有深腹罐，AbⅠ式宽平折沿圈足盘、窄折沿尊、圆圈形捉手等，估计②层第2小层不晚于Ⅵ段，部分器物可早到Ⅳ段。公布器物中有1件小平底罐，器身较矮、肩部上耸，应为CaⅢ式，故此推测②层第1小层年代约应晚于Ⅵ段，约当Ⅷ段。

与建筑有关的砾石堆积和红烧土硬面开口于②层第1小层下，年代当在Ⅶ段或Ⅷ段，②层第2小层下叠压3座墓（M1～M3），3座墓均随葬觚与高圈足豆，M1、M2各1件，M3为3件。③层下叠压房屋基槽和3座墓，M4为一少年，M5、M6为幼童。

这13次发掘加上1963年四川省文物管理委员会和四川大学考古教研室的发掘构成本节讨论的主体。考虑到段的区分包含了较多的主观因素，所以下文的探讨将以大期来进行叙述。

4.5.1 第一大期的空间分布及特征

三星堆遗址第一大期包括第一、二期，Ⅰ～Ⅳ段。因为过渡期（三期，Ⅴ段）材料较少，也一并放入第一大期讨论。

Ⅰ段的地层目前仅发现于三星堆Ⅲ区1986年地点。Ⅱ段的地层发现于三星堆Ⅲ区1980年地点。三星堆Ⅲ区1980、1984、1986年发掘点，西泉坎1984年度发掘点，月亮湾1999、2000年发掘点，东城墙1989年发掘点都可见Ⅲ段遗迹的分布。三星堆Ⅲ区、月亮湾、东城墙、西城墙都出土了Ⅰ段陶片。此外，未列入表格的三星堆城以西的仁胜墓地也出土了Ⅰ段的陶片[②]。

三星堆Ⅳ段的分布，基本可以视作在Ⅲ段基础上的延续，有地层/遗迹的地点分布基本与Ⅲ段相同，只有西泉坎1984年发掘地点，因发掘面积较小，又有很

① 马继贤：《广汉月亮湾遗址发掘追记》，《南方民族考古》第五辑，四川科学技术出版社，1993年，311、312页。

② 万娇、雷雨：《桂圆桥遗址与成都平原新石器文化发展脉络》，《文物》2013年第9期。

多做保护性回填、未发掘到底，情况不太清楚。

此外，雷雨先生提到“2013年青关山地点、2013年仓包包城墙地点、2013年真武宫城墙地点”均有明确的三星堆一期（略当于三星堆第一大期）地层[①]。可见第一大期遗存在三星堆遗址的分布相当广泛。

一期目前能确认的房屋遗迹仅有三星堆地点Ⅲ区1980年发掘地点和月亮湾1999年度发掘地点。《广汉三星堆遗址》未描述1980年发掘的房屋遗迹开口地层，只是根据目前可见的（5）、（4）层年代在一期Ⅱ段推测房屋遗迹的年代与之同时。月亮湾1999年度发掘点房屋遗迹年代为Ⅲ段和Ⅳ段，同时发现了墓葬13座，对应统计关系如表4.6。

表4.6　1999年月亮湾发掘墓葬统计

开口 \ 墓长/厘米		[70，80]	[95，105]	[120，130]	[150，170]	[200，210]
⑬下	Ⅲ	3	1			1
⑫下	Ⅳ			3	1	
⑪下	Ⅴ			1	2	
⑩下	Ⅴ		1			
总计		3	2	4	3	1

1999年月亮湾发掘点13座墓的长度，只有1座大于1.85米，并且13座墓中，长度小于1.3米、明显为未成年人的墓葬有9座，约占70%。1963年发掘的3座墓均为未成年人，M4长度1.85米，M5长度0.72米，M6长度0.43米。1999发掘点有3座长度大于1.3米，但也小于1963年少年墓M4长度1.85米，墓主应为未成年人。由此可见，即便是长度在2米以上的墓葬，墓主人很可能也是未成年人。月亮湾虽然房址与墓葬相隔不远，但墓主多为未成年人。这种在房屋周围埋葬夭折的未成年人的习俗，常见于新石器时代遗址中，不是真正意义上的墓地。

因为三星堆遗址内堆积被马牧河带来的洪水破坏严重，加上发掘的面积也

① 雷雨：《一年成聚二年成邑——对于三星堆遗址一期文化遗存的两点认识》，《夏商周都邑与文化（二）——“纪念二里头遗址发现55周年学术研讨会”论文集》，中国社会科学出版社，2014年，54页。

有限，仅仅依据发掘成果，难以复原，所以我们结合可以借鉴的遗址如桂圆桥遗址等早期遗址的遗物分布规律和三星堆遗址内的地理条件来进行分析和还原，根据马牧河截弯取直前、1963年测绘图上的马牧河走向与遗址内城墙分布的呼应，我们可以认为，1963年的马牧河河道基本保留了原始的河流走向。这样，马牧河便在三星堆遗址内呈现出“几”字形分布，而最早的Ⅰ段堆积便出现在三星堆城墙北侧的1986年发掘地点，“几”字形河湾使得这一地点三面环河，构成相对独立的地理单元，防御性非常好。并且还有可能在三星堆城墙附近有防御性设置，比如木桩、篱笆、壕沟或者土墙之类。防御性设施和马牧河一起共同围成聚落（图4.5）。Ⅱ段的分布范围从1986年地点扩展到更南的1980年地点，并且出现了房屋，表明聚落内人口增多导致了建筑密度增加。而可能由于人口的增加分出了不同的聚落，扩散到月亮湾小城、西泉坎等地点。有可能三星堆遗址往西，马牧河与鸭子河之间的地带，都有聚落分布。但以三星堆小城附近在Ⅰ段基础上发展起来的聚落最为丰富，并且在房屋布局上，北面马牧河的影响也开始体现（图

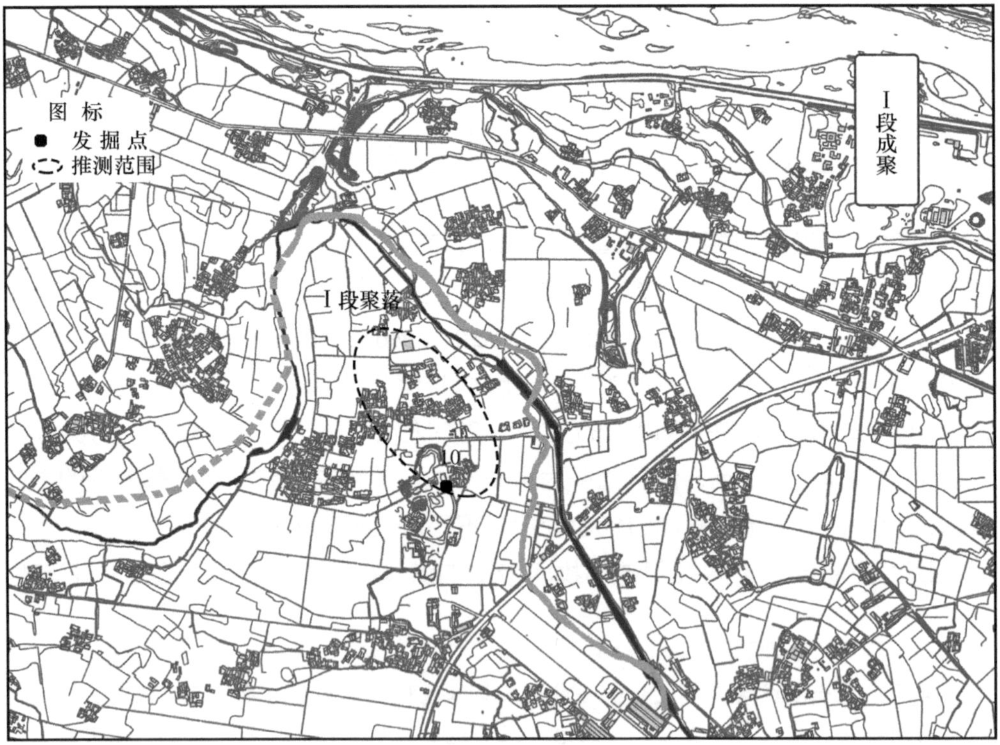

图4.5　三星堆遗址Ⅰ段

4.6）。

Ⅲ段，月亮湾小城青关山地点开始出现大型夯土建筑，月亮湾小城应该也建于这一时期。从地理条件来看，月亮湾小城为两河夹一城，空间上也更为开阔。从大型夯土台基来看，月亮湾小城的等级或超越了同期的宝墩遗址，具备区域性都邑的性质（图4.7）。

三星堆遗址最开始大致以三星堆城墙为南界，北到鸭子河，东边至少到东城墙，西边超出西城墙，为三星堆第一大期三星堆聚落先民的主要生活区域。雷雨先生曾估算过："以有明确地层堆积为标准计算出来的三星堆遗址一期文化遗存的分布范围约为3.7平方千米。"①

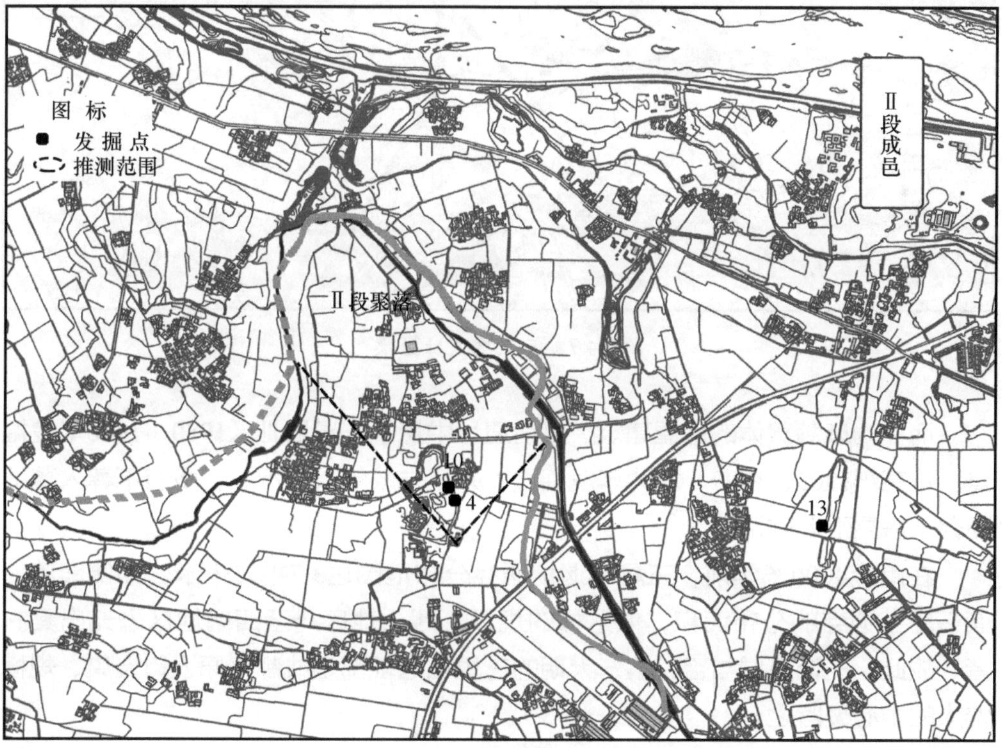

图4.6　三星堆遗址Ⅱ段

① 雷雨：《一年成聚二年成邑——对于三星堆遗址一期文化遗存的两点认识》，《夏商周都邑与文化（二）——"纪念二里头遗址发现55周年学术研讨会"论文集》，中国社会科学出版社，2014年，546页。

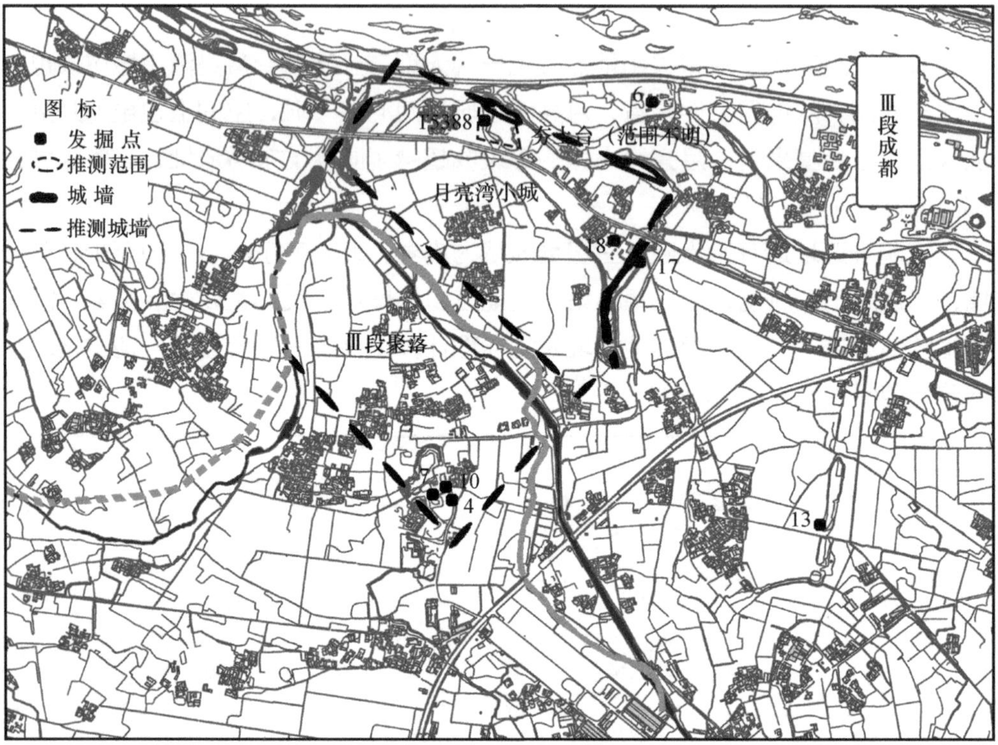

图4.7 三星堆遗址Ⅲ段

而作为聚落载体的房屋建筑，目前遗址中见于三星堆Ⅲ区1980、1986年发掘点，月亮湾1963、1999、2000年发掘点，并且未成年人夭折后，多有不葬入墓地而葬于房屋附近的习俗。

在距今4000多年前，三星堆遗址遗存分布范围达3.7平方千米，即便聚落的面积小于遗存的分布面积，但这样的规模，四川地区乃至西南地区恐无出其右者。故此，无论筑城与否，第一大期的三星堆遗址都是成都平原人口聚集、规模宏大的中心聚落之一。

所以，从三星堆遗址来看，Ⅰ段到Ⅲ段的发展虽然不能还原得特别清楚，但总体而言，呈现出"Ⅰ段成聚，Ⅱ段成邑，Ⅲ段成都"的阶段性特征。

过渡期三期Ⅴ段的地层分布非常零星，主要集中在月亮湾附近，三星堆城墙附近均只有零星陶片杂于晚期地层中。月亮湾城墙1999年发掘地点的房屋毁弃后再无重建，可能与这一时期的月亮湾城墙加厚有关（图4.8）。

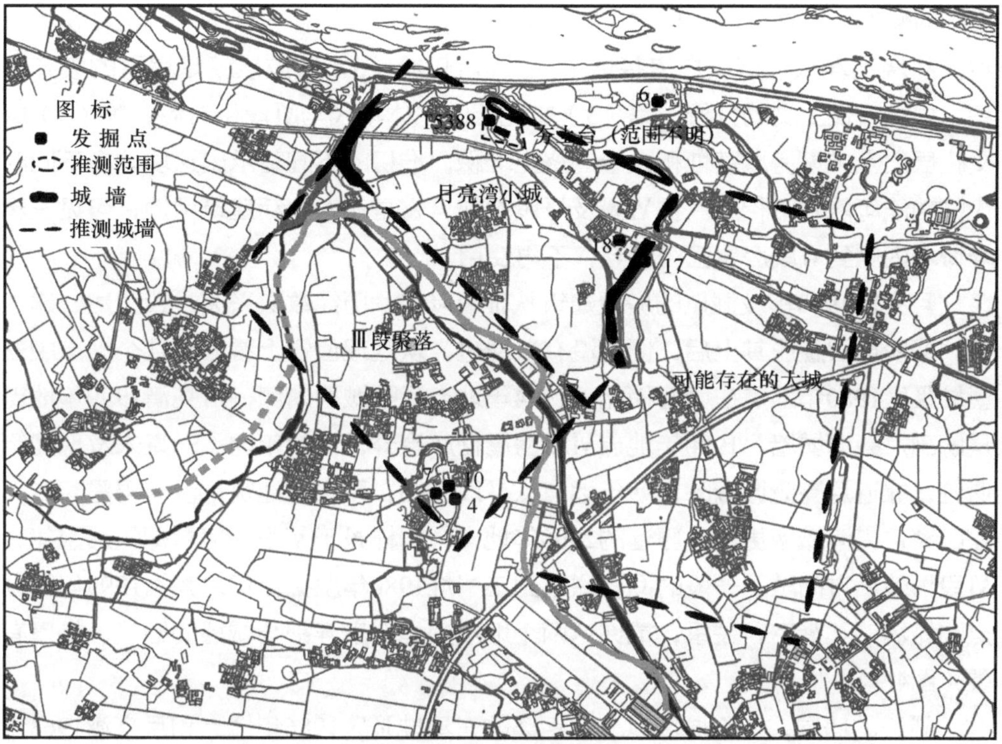

图4.8　三星堆遗址Ⅴ段

4.5.2　第二大期的空间分布及特征

第二大期包括四至六期，Ⅵ～Ⅹ段。Ⅵ段在三星堆Ⅲ区和月亮湾都发现地层，而在三星堆城墙以南的地区，仅在1982年Ⅰ区发现零星的地层堆积。Ⅶ段在月亮湾地点和三星堆地点继续延续，而三星堆城墙以南有更多的分布。Ⅷ段有明确地层堆积的范围继续扩大，西泉坎1984年发掘点、东城墙1989年发掘点均有明确地层分布。三星堆Ⅱ区1986年发掘点连续使用，并出现了房址。

第二大期房屋遗址现象很有意思。因为叠压在房址上的地层很可能就是房屋倒塌后形成的堆积。房屋遗址的年代是根据叠压其上的地层来判断的。三星堆Ⅲ区1980年发掘发现房屋遗迹第（3）文化层有红烧土堆积，红烧土本身并不是一种寻常的堆积，在一般遗址中通常被认为和窑或者房屋类遗迹相关，而在三星堆遗址，可能会更多地与房屋联系在一起。《广汉三星堆遗址》在描述第（3）

层的时候说：“在同一地层中，其他地方亦有大片胶结在一起的红烧土堆积和灰烬。红烧土堆积直接压在房基址上。”[①]可见第（3）层应该就是房屋的废弃堆积。根据我们上文的分析，第（3）文化层的主体年代与Ⅵ段相对应，第（3）层文化层之上未见房屋基址和大量的烧土堆积。堆积的不同暗示出这块地在不同时代的功能可能并不相同。在Ⅵ段及Ⅵ段之前，它是作为生活建筑用地，可见三星堆城墙内侧到Ⅵ段房屋已经废弃，不再使用。

月亮湾1999年发掘点的房屋建筑从Ⅲ段以来，历经数次兴废，毁了建、建了毁，Ⅴ段地层叠压其上后，便再没有兴建过。从地理位置上看，这几个地点中三星堆Ⅲ区1980年地点在城墙稍北、1984年地点紧贴城墙内侧，月亮湾1999年地点是解剖月亮湾城墙。1980年地点Ⅵ段房屋彻底废弃，1984年地点一直未发现建筑遗迹，靠近月亮湾城墙的1999年地点从Ⅴ段开始，原来的建筑都没有再重建。而在距离月亮湾城墙更西、更远的2000年地点，同样毁于Ⅴ段的房屋却随后重建，Ⅵ段再毁后方间歇了一段时间。联系到三星堆1980年发掘点和月亮湾1999年发掘点与城墙的“紧密”关系，或许这两个地点房屋的废弃都与城墙的增筑、加厚有关（图4.9）。

Ⅶ段的房屋，在距城墙有一定距离的三星堆Ⅲ区1986年地点和月亮湾1963年地点发现。

Ⅷ段三星堆Ⅱ区1986年地点开始出现房屋，说明三星堆人已经开始经营三星堆小城以南的区域，加上仓包包城墙的绝对测年也在公元前1600年前后，刚好是Ⅷ段开始的年代，所以推测大城的最终成型和仓包包小城的兴建都在这一时期（图4.10）。

第二大期遗址内少见墓葬，仅三星堆Ⅲ区1980地点和月亮湾1963地点共出7座墓。三星堆Ⅲ区1980地点有4座墓，属于本期的3座墓都开口在第（1）文化层下，均为孩童墓，只1座为成年女性，打破甲组的F12和F16，年代不早于Ⅵ段，但晚到什么时候并不清楚。月亮湾1963地点出3座墓，未交代形制尺寸，均有随葬品，为觚和高圈足豆的组合。相似的组合见于仁胜墓地M22，M22不仅随葬了形制相似的2件高圈足豆，还随葬了敞口瓶2件，构成食器与水器的组合2套。

---

① 四川省文物管理委员会、四川省博物馆、广汉县文化馆：《广汉三星堆遗址》，《考古学报》1987年第2期。

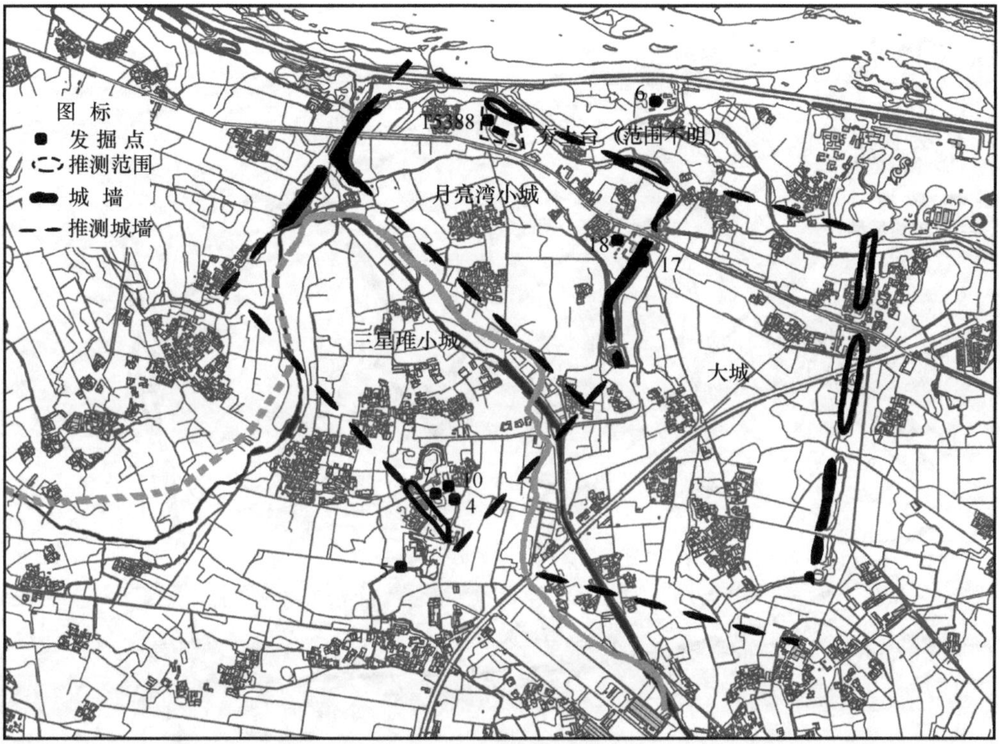

图4.9　三星堆遗址Ⅵ段

M22无论是时代还是风俗习惯，与1963地点的M1～M3非常相似。M22不仅是已知仁胜墓地中唯一随葬品与这3座墓相近的，其墓葬形制上墓长仅92厘米，也是长度最短的一座墓。很显然，M22也是一座孩童墓。这种水器与食器的成套组合未见于同期的其他墓葬中，那么1963地点的M1～M3会不会也是孩童墓？有待1963年资料的整理或者更多的发现吧。

月亮湾2000年度发掘点最早出现了器物坑，是在该地点Ⅵ段出现，此后Ⅷ、Ⅸ段也都出现。Ⅸ段的器物坑更多、更大，器物也更丰富。在遗址内的分布范围，从2000地点扩散到三星堆Ⅲ区1984地点，Ⅸ段遗址内应该是普遍出现了这种器物坑，器物坑内往往包含大量几乎完整的小平底钵，并且这种现象，不仅仅局限于本段的三星堆遗址，在东距成都金沙遗址约4千米的成都市金牛区禾家村四

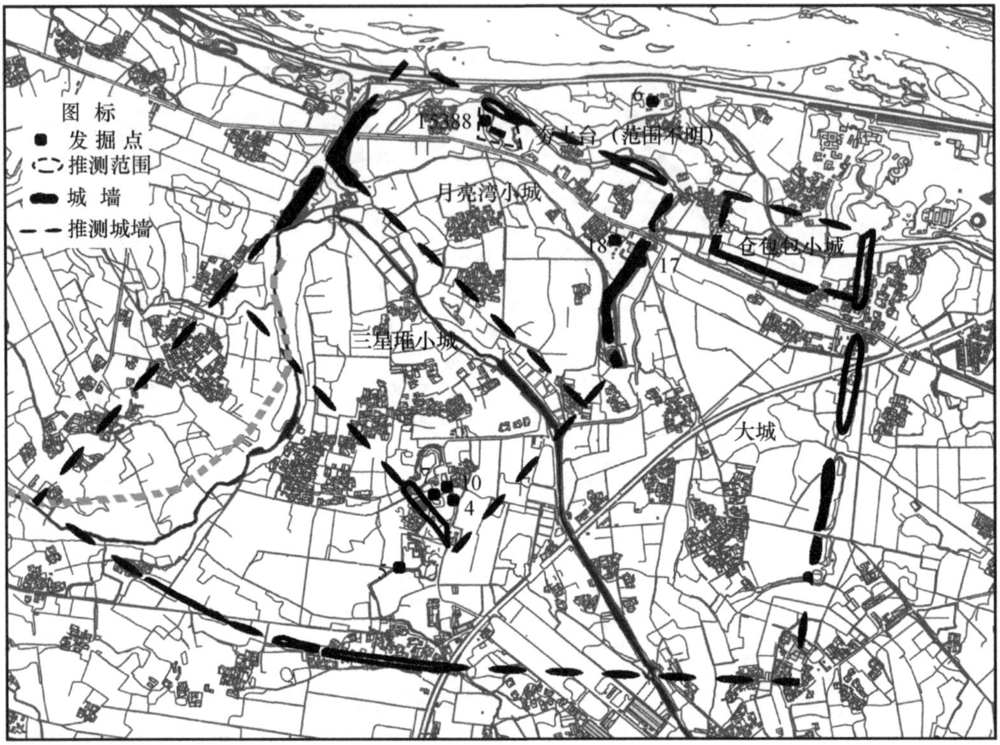

图4.10 三星堆遗址Ⅷ段

组中海国际社区2号地点，也发现了H25、H26两个同类的器物坑①，年代可能已经进入Ⅹ段。

4.5.3 第三大期的空间分布及特征

第三大期包括七、八期，Ⅺ、Ⅻ段，每期均只包含一段。

第三大期地层的分布在遗址中显得十分零落。原堆积十分丰富的三星堆Ⅲ区和月亮湾城墙附近几乎都没有Ⅺ段堆积，Ⅻ段堆积在月亮湾1999、2000年度地点仅有一些灰坑。在三星堆城墙外的Ⅰ区1982、1986年地点和Ⅱ区的1982年地点都出现分布，从Ⅶ段以来沿用的1986年地点却不再使用。1991年西城墙地点竟然在

---

① 成都文物考古研究所：《成都中海国际社区2号地点商周遗址发掘报告》，《成都考古发现2010》，科学出版社，2012年，205、216页。

Ⅻ段出现了房屋遗迹。

此外，2012青关山发掘点发现了大量的Ⅻ段堆积。青关山发现了目前三星堆遗址最大体量的高台建筑，是目前可确认的三星堆城内最核心的地点。但青关山发掘点Ⅻ段堆积的成因却不同于普通的遗址堆积，形成堆积的结果是改变了整个台地的外观，堆积行为似乎是出于夷平高台建筑这个目的。

并且，第三大期Ⅺ、Ⅻ段之间存在缺环，器物的发展演变在三星堆找不到明确的演变链条，堆积零星。三星堆遗址的面貌在这两段发生了很大的改变，以Ⅻ段青关山台地被夷平为标志，三星堆遗址这一延续千年的中心聚落彻底衰落。

4.6　三星堆遗址聚落发展推论

综上，在目前已有的资料的基础上，我们基本可以推出三星堆聚落发展以下几点。

第一，马牧河“几”字湾凸岸应该是最早的聚落，可能有栅栏、壕沟之类的作为聚落边界。

第二，月亮湾小城是三星堆遗址内最先修筑的小城，年代与青关山第一大期夯土台基修筑年代相近，不晚于Ⅲ段或可早至Ⅱ段。

第三，月亮湾小城城墙加宽年代当与1999年发掘点房屋建筑的毁弃同时，约在Ⅴ段。

第四，三星堆小城城墙加宽年代当与1980年发掘点房屋建筑的毁弃同时，约在Ⅵ段。

第五，三星堆小城的最终形成西城墙在马牧河西的格局晚于月亮湾小城，但从体量上看，应该在第二大期之前。

第六，东城墙的结构似乎表明可能还存在着另一个大城。

第七，南城墙、东城墙大城的围合当不晚于仓包包小城的始建年代。

第八，仓包包小城仓包包段城墙修建年代^{14}C测年为公元前1600年左右。

第九，第三大期在遗址内的分布显著下降，青关山台地被填平，而用来填平青关山建筑台地与城墙间间隔的垃圾，其包含物属八期Ⅻ段。地层虽能区分，但包含物变化不大，应为快速堆积形成，月亮湾城墙城壕被填平大约也发生在这一时期。月亮湾小城景观和功能的改变标志着三星堆古城的废弃和三星堆作为成都平原中心都邑的终结。

第五章　成都平原的文明进程

成都平原从目前的考古成果判断不是原生的文明起源地，而是不同文化先后进入成都平原，在这个相对独立的空间中交流碰撞、吸收融合、逐渐发展壮大的次生文明，它区别于中原以夏商为中心的华夏文明，又最终融入中华文明，成为其重要的组成部分。

目前成都平原发现的最早遗址是桂圆桥遗址，距今5000年左右，已属新石器时代晚期之末。这时候，北方的旱作农业和四川东面的江汉平原稻作农业已经相对成熟，农业随着人群的迁徙和流动渐次传播。而与农业结构相呼应、与当地环境相适应的，是当时人的生产和生活方式，社会的结构和组织形式。这些虽然没有留下图文记录，但我们仍然能够从遗址的分布结构，墓地的规划、安排，出土的陶器，以及浮选和炭化植物种子鉴定来窥探古人的生产和生活。

农业伴随着人群的迁徙和文化交流传入成都平原，而成都平原根据自身的地理环境和水热条件择优种植。桂圆桥遗址一期发现的大植物遗存以粟、黍、藜科为主，结构与茂县营盘山相似。而从二期开始，水稻逐渐在作物中占据了主体地位①。

农业意味着人不仅仅被动适应自然，还包含了对周边环境的改造，即无论原有的环境是什么，都会因地制宜、逐渐改造出农田，建设可控的、人造的生态系统，而成都平原的景观也会随之变动。

成都平原上的每一个普通遗址，都应该视作从事农业生产的基本单元。无论

① 玳玉、万娇：《四川什邡市桂圆桥遗址浮选结果与分析》，《四川文物》2015年第5期。

是新石器时代晚期还是青铜时代早期，先民改造自然的能力十分有限，仍以追逐适宜耕作的水土条件为主。

三星堆遗址是成都平原目前发现的延续时间最长的遗址，其构建的年代序列是串联成都平原考古学文化的重要参照。而作为成都平原都邑性质的中心聚落，三星堆遗址的兴衰不仅仅是自身发展的结果，还与成都平原政治、经济、文化格局变迁息息相关。三星堆遗址作为区域中心，其城及周边经人为改造，自然环境的影响主要在城的建造规划中体现。而在更为广阔的成都平原，人对自然景观的改变有限，更大程度上受到自然条件的约束。

所以同样是抽样式的发掘，成都平原的考古资料与三星堆遗址相比更为随机，各区域的考古工作也进行得不均衡。总体来说，岷江外江流域发现城多、小型聚落少，年代多在宝墩早期；岷江内江流域发掘的小型聚落较多，城址有郫县古城和鱼凫城，两城的年代都在宝墩晚期；沱江流域的发掘开展较少，集中在三星堆遗址，调查点较多，仅有桂圆桥遗址等少量小型聚落发掘过。目前发掘点较多、考古工作进行较好的地方是岷江内江流域。

5.1　成都平原的自然景观

成都平原现在的景观是5000年来人为干涉的结果。5000年前的成都平原是什么样子？那时候的气候环境、水热条件又如何？未有人大规模干涉前的自然原貌又是如何呢？

毫无疑问，那时候，现在平原上的让人视野开阔的农田都还不存在，当年的平原上长满了高大的乔木，组成现代人梦寐以求的、郁郁葱葱的森林。5000年来人们对成都平原的改造，就是一步一步把这些森林变成农田、村庄和城市的过程。

在人类有力量大规模干涉和改变自然环境的铁器时代之前，从新石器晚期到青铜时代的成都平原，社会生活、文化面貌很大程度上都受限于自然环境，那么，有必要介绍一点成都平原自然环境的基本特征以及对古代环境的研究复原。

5.1.1　成都平原自然环境现状

成都平原是四川盆地的一部分，是盆地内最大的平原。四川地貌东西大致以龙门山、邛崃山大相岭、大凉山为界，东部为著名的四川盆地，西部为高原及高山峡谷。四川盆地为一典型盆地，大致以广元—雅安—叙永—奉节四点连线为界，又分为盆底和盆缘山地两部分。盆地底部丘陵广布，起伏和缓，除龙泉山、总岗山和川东20余条北东—南西走向的条状山海拔在千米左右外，大部分地面均在200～750米，主要出露侏罗、白垩纪的紫红色页岩，地表呈现一片紫红，故有“红色盆地”之称。按其地貌特征可分为三部分：龙泉山以西为成都平原，海拔450～750米，地势平坦，河渠纵横；龙泉山与华蓥山之间为盆中丘陵，海拔200～600米，北多深丘，南多浅丘；华蓥山以东为平行岭谷，条状山地之间广布丘陵，并交错分布河谷冲积小平原。盆地四周为低、中山地所环绕，北有米仓山、大巴山，东及东南有巫山、七曜山，南有大娄山，西有龙门山、邛崃山大相岭，西南有大凉山。山体海拔一般都在1000～2000米[①]。

西部高原和川西南山地属青藏高原向东的延伸部分。北部高原海拔3000米以上，其上分布着一些蚀余山岭，海拔多在5000米以上，其中贡嘎山7556米，为四川省第一高峰，四姑娘山6250米，格聂山6204米，雀儿山6168米。河流在高原面上切割较浅，多呈西北—东南向，但在高原的南部及东部，河谷转为南北向，下切加剧，越往南越强烈，形成岭谷高差2000～3000米的高山峡谷地貌[②]（图版二〇，2）。

盆地区及盆周围山地区受太平洋季风影响，属亚热带温润气候，具有冬干、春旱、夏涝、秋雨、雾多、湿度大、日照少等特征。因受地形影响，气温较同纬度的长江中、下游高2～4℃，年平均气温16～18℃，年降水量900～1200毫米，总体说来盆地边缘多于盆地中部。青衣江流域及灌县附近地区是四川省的两个多雨区，年降水量1200～1500毫米。盆地区夏季雨量占全年的50%以上，冬季降水量只占5%左右，秋雨多于春雨。春雨盆地东部多于西部，夏雨则西部多于东部[③]。

成都平原（又称川西平原或川西坝子）位于龙门山脉与龙泉山脉之间，由扇状平原和河漫滩阶地平原组成，海拔465～750米，西北为中、高山地区，属龙门山中段，海拔一般为2000～3000米，最高点九顶山狮子王峰海拔4989.1米；东南为丘陵地山区，是川中丘陵区的西缘，海拔306～1000米。成都平原构造上属龙

① 四川省地方志编撰委员会：《四川省志·卷首》，方志出版社，2003年，57页。
② 同①。
③ 四川省地质矿产局：《四川省区域地质志》，地质出版社，1991年，3页。

门山褶断带，由于多次构造运动，龙门山褶断带褶皱、冲断层极为发育，岩浆活动频繁，至今地壳运动仍活跃，为多震地区①。

成都平原为亚热带温润季风气候。其特点是冬暖夏热、四季分明、降水充沛、湿度大、云雾多、日照少。平坝区及丘陵区年平均气温15.7～16.7℃，年平均降雨量882.5～1097.7毫米②。

成都平原是我国西南地区最大的平原，长约140、宽40～50千米，西北高而东南低，平均坡度约4‰。发育在断陷形成的成都地堑的基础上，由冲积扇平原和平原东西两侧的山前阶地组成。冲积扇自北而南依次是绵远河、石亭江、湔江、岷江、西河、斜江和南河，共同组成了微具倾斜的复合冲积扇平原。河流出山后，由扇顶向外辐射，如岷江出山后即分为沙沟河、岷江、走马河、柏条河与蒲阳河等。这些向扇缘流动的河流，相互交错，形成复杂的辫状水系。柏条河与蒲阳河因分水地带位于无明显分水岭的平原面上，因而向东流入了沱江流域（柏条河—毗河、蒲阳河—青白江）。复合冲积扇平原的顶部即扇顶锥，地面坡度较大，约为1%；下部冲积扇平原，地面广阔平坦，无明显侵蚀现象③。

成都平原的主要特点，一是由许多河流的冲洪积扇复合连缀而成，其中以岷江、沱江两个干流冲洪积扇最大，其他有西河、斜江、洑江、南河等冲洪积扇。二是平原起伏平缓，地势由西北略向东南作微倾斜，平均坡度仅3‰～10‰，地表相对高差大多在20米以下。三是平原冲洪积沉积深厚，平原腹心地带一般达250米，上部覆盖着1～3米厚的黑色或黄褐色黏土、亚黏土，耕作层好，土壤肥沃。四是平原上河谷发育，为我国著名的水网稠密地区之一④（图版二二，5⑤）。

---

① 德阳市地方志编纂委员会：《德阳市志》（上），四川人民出版社，2003年，114页。

② 同①。

③ 四川省地方志编纂委员会：《四川省志·地理志》（上），成都地图出版社，1996年，381～383页。

④ 成都市地方志编纂委员会：《成都市志·地理志》，成都出版社，1993年，65～67页。

⑤ 黄明：《新津宝墩遗址古地理变迁的初步研究》，成都理工大学硕士学位论文，2013年，13页。

根据地貌形态即成因的不同，成都平原可以分为以下类型：

扇形平原至冲积扇和洪积扇的上部，由于位于出山口附近，扇面的坡度往往比较大，多在10‰左右，水系呈放射状，沉积的物质也比较粗大，砾石层埋藏比较浅，上部的土层较薄，土壤含沙量大，漏水漏肥严重。成都市的扇形平原主要由湔江、岷江、文井江（西河）、斜江、洑江、南河等冲洪积扇上部组成。其中，岷江、湔江冲洪积扇发育最完整、最大。在冲洪积扇的下部，扇面坡度逐渐减缓，过渡为倾斜平原（扇形平原）[①]。

倾斜平原在冲洪积扇的下部，由于扇面坡度逐渐减缓，为3‰～4‰，地面平坦，土层厚1～2米，河渠密布，土壤肥沃，是成都平原的主体部分，大致分布于彭县、郫县、崇庆一线以东，扇面相当于岷江一级阶地，由厚1～2米的亚黏土覆于深厚的砾石层之上组成，无明显侵蚀现象。由于扇状平原河流及古河道纷繁，经常改道，在平原内部形成了一些相对较低的洼地及平行于河流的垄岗状高地，相对高度一般小于2米，使平原具有“大平小不平”的特点[②]。

成都平原按冲积成扇形平原的河流归纳，可进一步分为岷江流域和沱江流域两大区域。岷江流域是岷江出山口后在地势平坦的成都平原分成多条支流，在彭山方重新汇合成岷江。而沱江是由绵远河、石亭江、湔江逐渐汇合后形成，即整个岷江流域是由岷江一条江分散冲积而成，而沱江流域由绵远河、石亭江、湔江各自汇集龙门山东麓降水逐步汇流合成。这两个区域的气候条件基本相似。岷江流域水的补给可分为岷江上游径流补给和成都平原流域内降水补给，降水时间不一定重合；沱江流域水补给主要是盆地西缘龙门山南麓的降水补给和成都平原流域内降水补给，降水时间基本重合。我们对成都平原文化进程的探讨即以岷江流域和沱江流域划分为两个大区，并讨论这两个大区之间的文化互动。这两大流域同处成都平原，气候条件相差不远，唯有水文条件相差较大，所以下文对岷江、沱江的水文资料进行一个简单的介绍以使读者明白其中的区别。

---

① 成都市地方志编纂委员会：《成都市志·地理志》，成都出版社，1993年，65～67页。

② 同①。

5.1.1.1　岷江

发源于岷山南麓，经松潘、茂县、汶川，于灌县进入成都平原，在宜宾汇入长江，全长711千米，流域面积13.6万平方千米（四川省内12.9万平方千米）。

总体而言，在灌县（都江堰）以上为上游，河流深切，江面与山地高差1000～2000米，谷宽50～300米；灌县（都江堰）至乐山为中游，流经平原、丘陵区，水流平稳；乐山以下为下游，谷宽1000～2000米，江面200～400米，岷江径流量876亿立方米，多年平均流量2840立方米/秒（高场站实测），是长江上游水量最大的支流[①]。

具体而言，岷江松潘红桥关（虹桥关）以上为河源地带，红桥关（虹桥关）至都江堰为上游，流经高原山地，全长341千米，流域面积2.3万平方千米。本区长度为全长的48%，但流域面积仅占17%。上游水系分布于岷山、鹧鸪山、茶坪山区，左右支流极不对称。本区域大部分属高原气候，汶川以上地区常年无夏，四季不分明，只有旱季、雨季之分；汶川至都江堰冬长夏短，盛夏多暴雨山洪。岷江在成都平原水系呈纺锤状分布，左岸水网与沱江连通，使流域成为非封闭型。岷江行至都江堰，经著名的水利工程都江堰分为内江和外江，内江灌溉成都平原，外江为岷江干流，自都江堰，迄于新津县，名为金马河，在新津县有西河、南河自右岸汇入。至彭山县，府河自左岸汇入，至此内外江复归于一[②]。

岷江上游河谷是岷山和龙门山脉的地质分隔带。“岷山、龙门山等一系列山脉与四川盆地之间组成青藏高原东缘地形陡变带，南北向岷江水系流域盆地总体上呈平行四边形状，位于龙门山以及岷山构造带内。”[③]整个岷江流域盆地总体上东西两侧高程较大，由北向南呈现递减的形态特征。“从岷江河流流域的总体地形特征可以看到，岷江水系源头地区与四川盆地内的都江堰地区的相对高差达3800米左右。岷江流域盆地与四川盆地之间的巨大地形高差是岷江流域盆地最

① 四川省地方志编撰委员会：《四川省志·卷首》，方志出版社，2003年，69页。

② 张萍：《明清时期岷江流域水旱灾害初步研究》，西南大学硕士学位论文，2014年，7页。

③ 张会平、杨农、张岳桥等：《岷江水系流域地貌特征及其构造指示意义》，《第四纪研究》2006年第26卷第1期。

地名	水文站名	高程 地面	高程 水位	水位变幅 实测	水位变幅 调查
郎架岭	（羊界岭）		4610		
弓杠岭	（东源）		4120		
虹桥关			2961		
章金河口					
松潘	松潘		2844.4	1.4	
	镇江关		2447.7	2.7	3.2
大小海子			2231		
	较场坝		2160.0	5.5	
黑水河口			1655		
	渭门		1570.9		
茂县			1550		
	姜射坝		1333.0	4.3	
汶川			1330		
杂谷脑河					
草坡河口			1131.2		
鱼子溪口			886.5		
寿溪河口			810.8	4.7	
	紫坪铺		746.6	5.9	
都江鱼嘴			730	4.4	6.8
	擦耳岩		496.9	5.2	
新津	新津		452.6	4.7	
江口			424.6		
彭山	彭山	430	4232	6.9	7.5
鹏山		410	400.8		
青神		384	3770	8.5	
	平羌峡		307.8	11.2	
	板桥溪		365.7	7.3	
乐山市	徐家扁		365.9	9.4	
大渡河口	乌龙寺		355.8	9.2	
	五通桥		336.3	10.9	12.1
■为			317		
马边河口			310		
	高扬		276.6		20.7
宜宾市		290	263.1	25.1	28.6

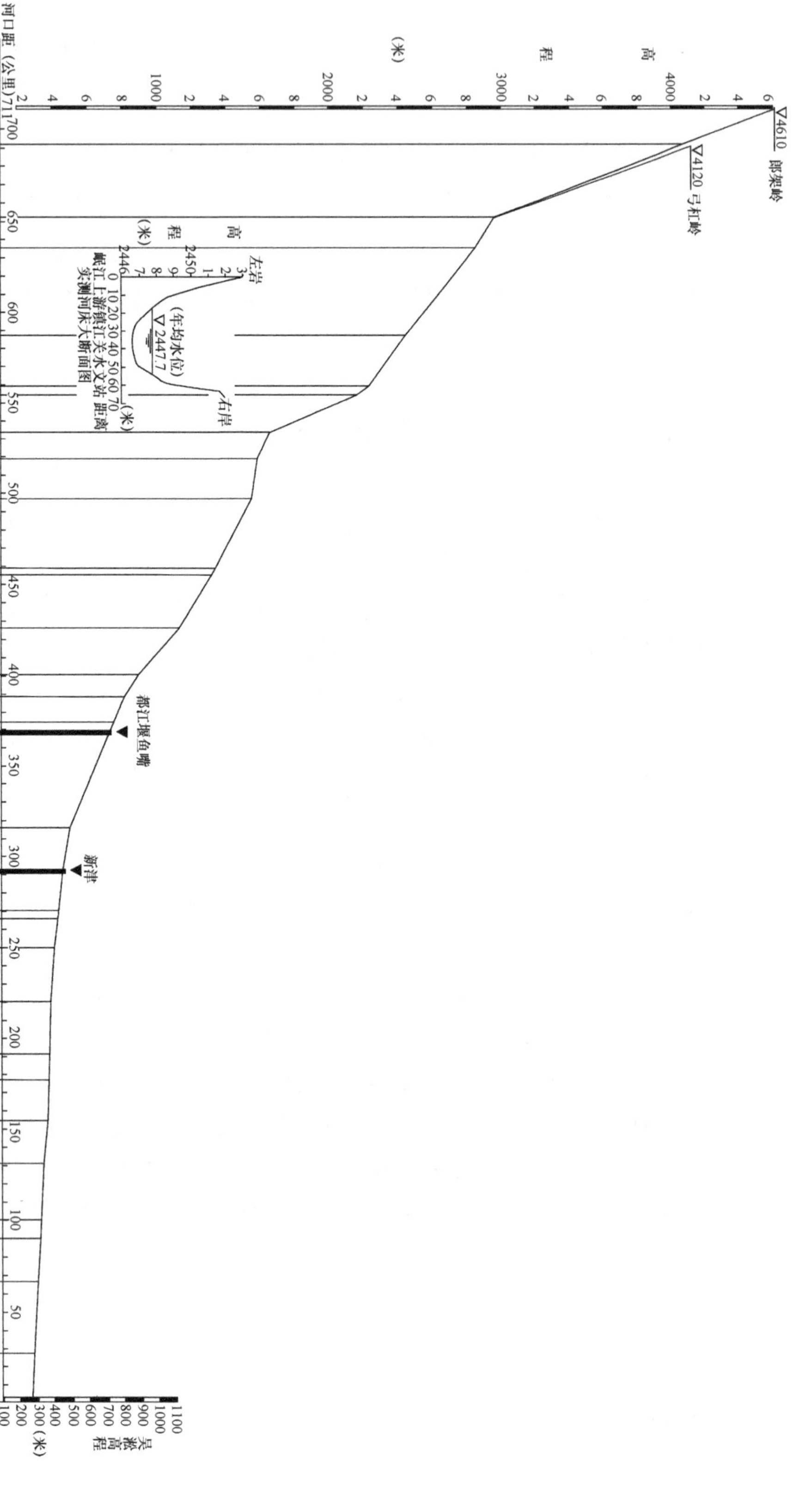

为典型的地貌特点，在沿江仅0～360千米水平的距离上，海拔高程由高原内部的4000～5000米快速降至四川盆地地区的600米左右。”[①]岷江都江堰以上段比降为8.2‰，流速最大可达6～7米/秒，与之形成对比的是乐山—宜宾段比降为0.5‰（图5.1）[②]。

多年平均流量二王庙站（都江堰）497立方米/秒[③]（系列长43年）。鱼嘴处多年平均径流量158亿立方米（501立方米/秒），多年平均降水量1229毫米[④]。都江堰水系中的外江河口水文站具有19年观测资料，其多年平均流量为197立方米/秒（年径流量62.13亿立方米）。内江河口水文站具有26年观测资料，其多年平均流量276立方米/秒（年径流量87.04亿立方米）。宝瓶口水文站具有34年观测资料，其多年平均流量226立方米/秒（年径流量71.27亿立方米）。府河望江楼水文站具有14年观测资料，其多年平均流量35.3立方米/秒（年径流量11.13亿立方米）[⑤]。

直接影响成都平原岷江流域的干流汶川至灌县段及渔子溪、寿溪、文井江、马边河上游等地，属四川省水文区划的第4区1分区“西部边缘山地春季较少水地带”[⑥]，年降水量1400～1600毫米，灌县上游有一多水中心，降水量可达1655毫米。年径流深[⑦]1200毫米左右。其四季分配，春季占10%～17%，夏季占40%～55%，秋季占25%～30%，冬季占6%～10%。汛期为5～10月[⑧]。

① 张会平、杨农、张岳桥等：《岷江水系流域地貌特征及其构造指示意义》，《第四纪研究》2006年第26卷第1期。

② 四川省地方志编撰委员会：《四川省志·卷首》，方志出版社，2003年，2页。

③ 四川省水利电力厅：《岷江志》，内部资料，1990年，113页。

④ 同③，116页。

⑤ 同③，114页。

⑥ 1982年9月四川省水利电力厅进行全省水文区划工作时，曾将全省按雨量的大小分为8区。四川省水利电力厅：《岷江志》，内部资料，1990年，116页。

⑦ 径流深是指某一时间段内通过河流上指定断面的径流总量除以该断面以上的流域面积所得的值。

⑧ 同③，117页。

5.1.1.2 沱江

源于九顶山南麓，源头有三：东源绵远河，中源石亭江，西缘湔江，绵远河为干流。全长634千米，流域面积27851平方千米，年平均径流总量150亿立方米。水系进入盆地后，河道散流，与岷江水系联系在一起，交织成网，形成扇状，后于金堂汇流，向东南流经盆地中南部，至泸州汇入长江①。除在金堂南东穿过龙泉山形成峡谷段外，整个沱江水势较为平稳②。

5.1.1.3 湔江

古称湔水、蒙水、彭水、王村河等，沱江一级支流，发源于龙门山中段的茶坪山，上游称金河，有著名风景区银厂沟，先后有白水河、白鹿河汇入。出关口（古称堋口③）后进入平原，经湔江堰，以下河段历史上曾分为九支。小石河为排泄干道，鸭子河为沿山山溪集水河，其余已改为灌溉渠系。鸭子河与小石河流至什邡县马井镇又相汇合，向东南流入广汉市境，称鸭子河，绕广汉城北，再向东南流至三江，先后与石亭江、绵远河相汇合，入金堂县境称北河，于赵镇与中河（清白江）、毗河相汇合后称沱江。湔江在关口以上的山区河段长65千米，平均比降15.3‰，流域面积626平方千米；关口至湔江（鸭子河）与石亭江汇合口之间的平原河段长57千米，平均比降5.24‰，流域面积1068平方千米。湔江总长122千米，总流域面积1694平方千米④。

鸭子河，古称雁江或金雁河，源于彭县关口，湔堰分流之一。20世纪60年代初，河口封闭，改由彭县牛心山七佛崖穿隧洞引水，流经彭县、什邡，于马井

① 四川省地方志编撰委员会：《四川省志·卷首》，方志出版社，2003年，69页。

② 四川省地质矿产局：《四川省区域地质志》，地质出版社，1991年，2页。

③ 堋口，可能与记载的“湔堋”有关。《水经注》曰：“江水又歷都安县。即汶山郡治，刘先主所置也。有桃闗及汉武帝祠，李冰作大堰于此，立碑六字曰：‘深淘潬，浅包鄢。’鄢者于江作堋。堋有左右口谓之湔堋。江古今集记曰：李冰使其子二郎作三石人以镇湔江。五石犀以厌水怪。凿离堆山以避沫水之害。穿三十六江灌溉川西南十数州县稻田。”

④ 成都市地方志编纂委员会：《成都市志·水利志》，四川辞书出版社，2001年，30页。

入县内西高乡，至三星汇纳新马牧河，又流经新平、南兴、西外、雒城、东南等乡、镇，至北外黄家堰汇纳坪桥河，再流经和兴双河村注入石亭江。（广汉）县内河段长31.6千米，河面平均宽384米。河床比降，金雁桥以上2.55‰，以下1.52‰。冬春水量小，夏秋较大。20年一遇的洪峰流量约4300立方米/秒。1972年，在宝成铁路桥处测得洪峰流量5860立方米/秒。多年平均年径流总量6.4亿立方米（平均径流量20.29立方米/秒）[①]。

从岷江和沱江水文数据来看（表5.1），沱江年径流量18.35亿立方米（绵远河年径流量4.95、石亭江年径流量7、鸭子河的年径流量6.4亿立方米）。而岷江仅进入成都平原的鱼嘴处年径流量达158亿立方米。沱江的年径流量与岷江年径流相比相差甚远，但在多雨的夏季，洪水季节，沱江和岷江刚进入成都平原的洪

表5.1　岷江与鸭子河水文数据比较[②]

岷江			沱江		
监测站	年份	流量（立方米/秒）	名称	年份	流量（立方米/秒）
灌县二王庙	1887	5300（洪峰）	鸭子河	20年一遇	4300（洪峰）
灌县二王庙	1900	4660（洪峰）	宝成铁路桥处	1972	5860（洪峰）
灌县二王庙	1943	5300（洪峰）	鸭子河	年平均	20.29
灌县二王庙	1949	4660（洪峰）	绵远河	最大洪峰	2320
灌县二王庙	1954	3110（洪峰）	绵远河	年平均	15.7
灌县二王庙	1964	6450（洪峰）	石亭江	最大洪峰	3300
灌县二王庙	年平均	497	石亭江	年平均	22.2
宝瓶口	年平均	226			
府河望江楼	年平均	35.3			
彭山城关	1917	15100（洪峰）			
彭山城关	1947	13200（洪峰）			
彭山城关	年平均	454			

① 四川省广汉市《广汉县志》编辑部：《广汉县志》，四川人民出版社，1992年，59页。

② 岷江水文数据来自《岷江志》。

峰流量相近，而彭山城关，内外江合流后的洪峰是沱江洪峰流量的2～3倍。由于岷江在成都平原分成蒲阳河、柏条河、走马河、江安河、金马河、羊马河、黑石河、西河等，每条河分流洪峰流量后，与沱江流域鸭子河等洪峰流量值近似。从年平均径流量和洪峰流量来看，岷江流域受到洪水的威胁更大。难以想象在没有都江堰之前，岷江流域洪水来临时会是怎样的景象。

以蒲阳河、柏条河、走马河、江安河为主的内江干渠，以金马河、羊马河、黑石河为主的外江渠道，是岷江在人为干涉下逐渐形成的水系。在都江堰分水形成固定的河渠前，尤其是洪水季节，洪水被约束在岷江上游狭窄的河道中，在平均比降8.2‰的河床上不断被加速，出灌口即成都平原岷江冲积扇顶部，扇顶锥形地面坡度达10‰，却没有坚固基岩约束的河床。每秒四五千立方米的水从灌县沿着10‰斜度的扇面向成都平原倾泻而下，而平原的倾斜度迅速下降到3‰，流速减缓。成都平原水患频繁，部分即因此河。

从成都平原100年的统计看（表5.2），成都平原共有58个年份不同程度地遭受水灾，其中29个年份由岷江泛滥造成，42个年份由成都平原暴雨成灾造成，其中13个年份既遭遇岷江泛滥，又暴雨成灾。并且这还是都江堰修建之后的统计数

表5.2 成都平原1890～1989年洪水年份统计[①]

~~*1890*~~	1891	1892	1893	1894	1895	1896	1897	1898	1899
1900	~~*1901*~~	~~*1902*~~	1903	1904	1905	1906	1907	1908	1909
1910	1911	1912	1913	~~*1914*~~	1915	1916	~~*1917*~~	~~*1918*~~	1919
1920	1921	~~*1922*~~	1923	1924	1925	~~*1926*~~	~~*1927*~~	1928	~~*1929*~~
1930	1931	~~*1932*~~	1933	1934	1935	1936	~~*1937*~~	1938	1939
1940	1941	1942	~~*1943*~~	1944	1945	1946	1947	1948	~~*1949*~~
1950	~~*1951*~~	~~*1952*~~	~~*1953*~~	~~*1954*~~	1955	1956	1957	~~*1958*~~	~~*1959*~~
1960	~~*1961*~~	1962	1963	~~*1964*~~	1965	~~*1966*~~	1967	~~*1968*~~	1969
1970	1971	1972	1973	1974	1975	1976	~~*1977*~~	1978	~~*1979*~~
~~*1980*~~	~~*1981*~~	1982	1983	1984	1985	~~*1986*~~	1987	1988	1989

① 斜体加删除线为岷江洪水泛滥年份，灰色格为成都平原暴雨成灾年份。数据来源为李映发：《岷江与都江堰对成都平原生存环境的影响——从历史考察的角度》，《西华大学学报（哲学社会科学版）》2013年第32卷第2期。

字，岷江流域平均不到两年便要遭遇一次水灾，更有的年份连年遭遇水灾，可见无都江堰之前，更是时刻都有水患之忧。以此来看，可解释何以岷江流域文化发展之初，便与“城”息息相关。在宝墩、高山这些岷江流域山前遗址中，迄今为止，并未发现高等级建筑、遗物和遗迹，恐怕从一个侧面说明，岷江流域最初的筑城动机，可能并不在于“筑城以卫君”，而在于“筑城以防洪”。

5.1.2 成都平原的原始自然景观

白垩纪末第三纪初，四川的古植物是丰富的，具有热带、南亚热带植物群的面貌。当时可能棕榈科、桑科、木兰科、紫金牛科、桃金娘科、芭蕉科、木棉科、橄榄科等是组成平原低地常绿阔叶林的代表科。在海拔较高的山地或山顶，植被是由松、杉、柏科和常绿或落叶的硬叶林所构成。后者如*Quercus*（栎属）、*Fagus*（水青树属）、*Castanopsis*（栲属）等①。

中新世以后，气候逐渐转冷，这时的植物已和现在相似，从成都平原西侧及西南侧新第三系孢粉的组合来看，蕨类孢粉有*Lycopodium*（石松属）、*Selaginella*（卷柏属）、*Osmunda*（紫萁属）、*Pteris*（凤尾蕨属）、桫椤属、里白属、观音座莲属。裸子植物的孢粉有*Picea*（云杉属）、*Pinus*（松属）、Taxodiaceae（落羽杉科）、Cupressaceae（柏科）、*Ginkgo*（银杏属）。被子植物花粉有*Salix*（柳属）、*Myrica*（杨梅属）、*Castanea*（栗属）、山毛榉科、木兰科及禾本科等。孢粉组合的特点是以蕨类及被子植物为主，裸子植物较少。在长期干旱气候环境作用下，被子植物中的落叶树种大量形成，这与四川古地理环境的演变是比较符合的。这种情况说明，干冷气候已使四川北部植物群在组合类型上发生了很大变化。而且这种变化向西有逐渐加深的趋势，以致在龙门山—岷山以西的地区*Carpinus*（鹅耳枥属）、*Quercus*（栎属）、*Ulmus*（榆属）、*Acer*（槭属）、*Zelkova*（榉属）、*Castanea*（栗属）等，在植物群中占了绝对的优势，这可能与川西地壳受喜马拉雅上升运动的影响有关。云杉的出现（冷杉可能已有分布）无疑显示了川西山地顶部，至少已进入温带的气候环境②。

第四纪以来，成都平原自然植被应为适宜温暖湿润气候的偏湿性亚热带常绿

① 四川植被协作组：《四川植被》，四川人民出版社，1980年，39、40页。

② 同①，40页。

阔叶林[①]，常绿阔叶林分布的地理环境优越，水热充分、土壤肥沃，是发展农业生产的最好地区。所以，天然的常绿阔叶林逐步被农业植被所取代。因而，四川现有常绿阔叶林主要分布在川南山地、盆西即西南边缘山地，川西南山地、盆地北部和东南部边缘山地、川中方山丘陵、川东平行岭谷尚有零星小块的残存林[②]。

可知先民初入成都平原，所见景观应是森林郁郁葱葱、遮天蔽日[③]。视野受限于高大的乔木和密林，活动范围十分有限，多局限在河流两侧的漫滩和阶地上。粗笨的石器不足以征服森林，这时人们开辟居住地和耕作土地的主要方法，应该是用火烧出需要的范围[④]。即便如此，从森林向农田的转变仍然艰难，因为"（四川）气候暖湿宜林，森林极易在短期内恢复，不像美洲和赤道非洲一些森林，易于在火烧后沦为草原或者沙漠"[⑤]。

所以对于开发成都平原而言，第一需要的就是征服森林。尤其在成都平原这样特别适合森林生长的区域，这并不是一件容易的事。人很容易在森林中迷路，还有每年夏季疯长的灌木和野草也影响着人类生活。所以对古人而言，河流非常重要，因为每年洪水季涨水，河道周围一般无法生长大的树木，形成视野比较开阔的漫滩。正是这样的漫滩，给先民们提供了进入成都平原的通道。

随着先民进入成都平原，成都平原的景观慢慢开始改变。从目前成都平原最早的新石器时代晚期遗存桂圆桥一期算起，不过5000年的时间。而这短短的5000年，改变了成都亿万年来的生态景观，成都平原从覆盖着郁郁葱葱树木的原始森林到基本都开垦为农田再到现代化的城市星罗棋布，其中最根本的原因，就是人类的参与。而这一切的开始阶段，并没有被文字记录下来，所以，我们将以考古材料为主，结合环境学等多学科来探讨成都平原在文明开始的时候发生了什么。

---

① 以二郎山、大相岭、小凉山即黄茅埂为界，东部属偏湿性常绿阔叶林，西部属偏干性常绿阔叶林。四川植被协作组：《四川植被》，四川人民出版社，1980年，90页。

② 四川植被协作组：《四川植被》，四川人民出版社，1980年，90页。

③ 密布森林应是四川石器时代的基本特征。

④ 以成都平原的湿度，树木必须在死后干枯方能燃烧，最有可能的是用石斧等工具将树皮一周剥掉，待树死一段时间，枝干逐渐干枯后，才能烧林开荒。

⑤ 林鸿荣：《四川古代森林的变迁》，《农业考古》1985年第1期。

5.2　成都平原文明的文化演进

成都平原从桂圆桥一期到金沙三期，历经桂圆桥文化、桂圆桥二期、宝墩文化、三星堆文化、十二桥文化，绝对年代从公元前3000～前1000年。第三章通过考古学文化序列的构建，勾勒出成都平原文化纵向发展、演变的轮廓。本节则主要是通过分析各阶段遗址的空间分布（图版二一、图版二二，红色代表本段活跃遗址），获得成都平原从公元前3000～前1000年文化在空间上的格局变化，并结合环境、文化等因素，探讨文化格局发生改变的动因。

5.2.1　文明的曙光

成都平原最早的桂圆桥文化目前仅见于桂圆桥遗址[①]，从桂圆桥遗址陶器的陶质、陶色、器形来看，桂圆桥文化与川西高原有着密切的联系。桂圆桥一期对应的地层为桂圆桥遗址第⑥层，其下生土多是纯净的黄褐色砂土层。桂圆桥一期在遗址内的不连续分布，除南区中部外，其余地点都比较零星。遗址的中部曾探得一条古河床，但年代和与遗址的对应关系并不太清楚。从地层的堆积看，桂圆桥遗址一期先民应是在古河道边的漫滩和一级阶地上生活，也许并没有形成稳定的定居聚落。

从地理环境上看，桂圆桥遗址和龙门山脉西麓的茂县营盘山、汶川姜维城遗址的最大地理障碍是海拔大约3000米的高山。现在龙门山脉西麓海拔2500米以上和东麓山地都基本上没有村庄分布。因为龙门山脉西麓为岷江河谷，地势狭窄，所以海拔2500米还有村庄分布，可以利用高山草甸进行放牧等农业生产。龙门山脉东麓山下即成都平原，生存条件优渥，山上便少有人居住。但整个龙门山脉应该都是当时人的活动区域，先民无所谓城市生活，用现在的标准看，都具备非常卓越的野外生存能力。营盘山遗址动物骨骼显示，此时肉食来源以家猪畜养为主，仍发现水鹿、斑鹿、麂、斑羚和黑熊5种野生动物[②]。可见狩猎仍然是农业

① 实际上从目前未发表的材料来看，桂圆桥一期不仅仅见于桂圆桥遗址，典型的夹粗砂红陶也见于什邡静安村遗址、新津宝墩遗址。

② 何锟宇、蒋成、陈剑：《浅论动物考古学中两种肉量估算方法——以营盘山遗址出土的动物骨骼为例》，《考古与文物》2009年第5期。

之外重要的肉食来源的补充。在龙门山脉东麓海拔约3700米的筲箕塘还发现了石斧。尤其是到高山草甸区后，森林消失了，视野非常开阔，不容易迷路，相对于密林，反而是更容易通行的“通道”（图版二〇，1）。顺着山上小溪形成的河道，就可以走到成都平原。

从桂圆桥一期开始，龙门山脉西麓的遗址集体衰落，而龙门山脉东麓逐渐兴旺发达、人口繁衍，慢慢进入欣欣向荣的宝墩文化阶段。此消彼长间，有没有关联，是一个值得讨论的问题。营盘山、姜维城遗址为何突然衰落？居民去了哪里？是不是都顺着通道迁入了成都平原？

桂圆桥二期显示，来自长江中游江汉平原的文化极大地影响了成都平原，水稻也在这一时期传入，并很快取代了黍、粟的优势地位，成为成都平原粮食作物的主体。但是，单单从陶器上，我们找不到来自长江中游江汉平原大溪、屈家岭文化的典型器物。说明来自长江中游拥有成熟稻作技术的外来人口是融入了成都平原当地的社会生活，也说明当时的成都平原已经有了一定的人口规模。到宝墩文化，大型聚落、区域中心、城都已经出现，更加复杂的社会的出现需要一定的人口规模来支撑。我们假设这时的人口规模能达到12万，就可以反推最初进入成都平原的人口规模。中国第一次全国人口调查，截止1953年6月30日，人口总数为601，938，035[①]，1964年6月30日24时的全国人口总数为723，070，269人[②]，由此计算出的年平均增长率为16.8‰。1981年人口自然增长率为14.55‰[③]。1989年7月1日-1990年6月30日，人口自然增长率为14.7‰[④]。1990年7月1日-2000年11月1日，这十年零四个月，年平均增长率为10.7‰[⑤]。当然，这是叠合了现代科技和社会进步、计划生育人口政策等在内的远比史前时代更为复杂的人口增长。考虑到史前社会的技术条件，这里将当时的人口年平均增长率上限设为1953-1964

① 《中华人民共和国国家统计局关于第一次全国人口调查登记结果的公报》，1954年11月1日。本段人口数据均来自国家统计局官网，网址：http://www .stats.gov.cn

② 《第二次全国人口普查结果的几项主要统计数字》，1964年。

③ 《中华人民共和国国家统计局关于一九八二年人口普查主要数字的公报》，1982年10月27日。

④ 《中华人民共和国国家统计局关于一九九〇年人口普查主要数据的公报（第一号）》，1990年10月30日。

⑤ 国家统计局：《第五次全国人口普查公报（第1号）》，2001年5月15日。

年的一半左右，为方便讨论，取整为8‰。

假设桂圆桥一期陆续迁入成都平原的初始规模仅1000人，那么经过200年高达8‰的增长，桂圆桥二期初成都平原的人口规模仅仅只有4900人。经过桂圆桥二期大约400年的发展，在二期末成都平原的人口规模会达到12万人左右①（表5.3a、表5.3b）。

在史前社会，人口是第一生产力。只有在有一定人口规模的基础上，宝墩文化时期的复杂社会才会出现。这只是理想状态的假设，事实上维持8‰的人口增长率并非易事。若是以5‰的增长率来算，要600年达到十余万的人口规模，迁入成都平原的人口初始规模需达到6000人，这样到桂圆桥二期初的时候能达到1.63万人。

表5.3a　人口增长规模变化表

人口增长率	0	1‰	2‰	3‰	4‰	5‰	6‰	7‰	8‰
50年	1	1.05	1.11	1.16	1.22	1.28	1.35	1.42	1.49
100年	1	1.11	1.22	1.35	1.49	1.65	1.82	2.01	2.22
150年	1	1.16	1.35	1.57	1.82	2.11	2.45	2.85	3.3
200年	1	1.22	1.49	1.82	2.22	2.71	3.31	4.04	4.92
600年	1	1.82	3.32	6.03	10.97	19.94	36.21	65.72	119.21

表5.3b　各期人口规模②

人口增长率	0	1‰	2‰	3‰	4‰	5‰	6‰	7‰	8‰
初始人口（万人）	12	6.61	3.63	1.99	1.10	0.60	0.33	0.18	0.10
桂二初人口	12	8.06	5.41	3.62	2.44	1.63	1.09	0.73	0.49
桂二末人口	12	12	12	12	12	12	12	12	12

① 成都平原根据《汉书·地理志》记载，蜀郡户二十六万八千二百七十九，口百二十四万五千九百二十九，广汉郡户十六万七千四百九十九，口六十六万二千二百四十九。仅成都就有户七万六千二百五十六。宝墩文化时期，成都平原普遍开始筑城，人口应该具有一定的规模。12万只是一个保守的估计值。

② 初始人数指假设桂圆桥一期、二期大约600年时间，人口匀速增长，在桂圆桥二期末（简称桂二末）成都平原达到12万人的人口规模，按不同的年平均增长率，所需的初始人口数，以及经过200年发展，桂圆桥二期初（简称桂二初）经过200年发展的人口规模。

不过以当时的生产水平，若易垦之地一旦大部分开发，就很难简单地用村落复制的方式维持人口的增长规模。当然，以上只是一个理想状况的推测，实际情况可能更为复杂。但人口、生产力和环境之间一定存在一个平衡点，一旦达到平衡点，人口的增长会变得缓慢。

从上文来看，如果人口的自然增长率只能达到5‰，陆续迁入成都平原的人口初始规模会是6000人。而这个人口数对于环境承载能力有限、人口稀少的岷江河谷龙门山脉段的文化发展影响是决定性的。通俗的说，距今5000年的先民无意间发现了成都平原，一场开发东部的移民潮直接造成了岷江河谷龙门山脉西麓段的文化衰退和东麓成都平原的崛起。

所以，在早期社会，人口的规模对于任何文化都是决定性的。成都平原通往文明之路的第一步就是增殖人口，以聚落复制的形式，慢慢在成都平原扩散开。在考古上表现为遗址点的增多。从考古发现来看，从桂圆桥一期到宝墩文化，遗址的数量的确在逐渐增多。桂圆桥一、二期遗址都偏少，并且从考古学文化来看，桂圆桥一期与川西高原文化面貌的相似度最高。从陶器形态到生业结构都表明桂圆桥一期很可能是人口从川西高原迁入成都平原，直接在川西高原原有文化基础上衍生出的亚文化。桂圆桥二期与周边文化的差异较大，农业上稻作传入，但文化面貌上难与周边文化对应，并且桂圆桥一期与二期的差异虽大，但仍可见演变脉络。从桂圆桥一期到二期，肯定有外来文化深刻影响成都平原的发展，但这种影响仍然是通过原有的社会结构实现的。

桂圆桥二期除桂圆桥地点外，典型的山字形花边口沿尊曾发现于什邡马祖镇静安村遗址，但出土地层含大量沙，出土器物破碎而零星，似乎并非是原生堆积，很有可能是水冲过来的。三星堆遗址能零星见到相似的山字形花边口沿尊，但仅发现极少的相对单纯的地层。成都市新都区斑竹园镇忠义遗址H4出有相当于三星堆Ⅰ段的陶片，并且未见能明确晚到Ⅱ段及以后的典型陶片，面貌相对单纯，时代当与三星堆Ⅰ段相当。宝墩从现有的公布资料来看，未见到桂圆桥二期的三种代表性器物：山字形花边口沿尊、外红内磨光黑陶的喇叭口罐和饰规整细线纹、器身多有灰褐衣的泥质黄陶薄胎平底罐。

桂圆桥一期、二期在成都平原发现的遗址太少，虽然桂圆桥遗址这两期的陶片相对丰富，我们还能大致窥探其文化面貌，但目前仅凭三四个相距很近的遗址中少量的堆积就要猜测其分布范围，未免显得武断。一期与川西高原在陶器和主食结构上相似[①]，显示出密切的联系，桂圆桥遗址、三星堆遗址也与汶川姜维城、茂县营盘山隔山相望。任志强先生认为："蜀国本是羌氐民族在岷江上游河谷所建成之部落。踰九顶山，循湔水入成都平原。"[②]并认为最早岷江上游河谷与成都平原的通道取道于湔水山谷，如："玉垒，今云九顶山，在县东南。湔水出其南麓。玉垒海拔五千公尺，但湔源近处山有浅岭低至一千公尺以下者。往时龙溪山道未通，绵虒（旧茂县）与成都平原交通皆取道于湔水山谷。下行一日可达绵洛，上行二日可达绵虒，路缓斜，无险阻。……秦以前，岷江上游与成都高原之通道如此。"[③]岷江洪水季节虽然波涛汹涌，但枯水季节径流量大减，水面降低，沿岷江从紫平铺、灌县进入成都平原仍是一条可能的迁徙道路。考虑到此后岷江流域出现较多的早期城址，仅从目前的发现就推断桂圆桥一、二期的分布偏重沱江流域难免武断。只是以目前的考古发现，桂圆桥一、二期沱江流域略占优势。

5.2.2　初具规模的成都平原

如果说桂圆桥一期尚是初入成都平原，文化面貌中川西高原文化因素清晰可辨，则二期的发展与周边文化逐渐拉开了距离，显示出本地化的独立探索。桂圆桥二期浮选鉴定结果显示，先民逐渐适应成都平原的自然条件，水稻传入并开始利用，逐步取代了一期的粟、黍、藜的主体结构，形成了稻作为主、粟黍为辅的农业结构[④]。

三星堆遗址Ⅰ段的器物在三星堆小城的1984、1986年发掘点，月亮湾小城的1999、2000年发掘点，东城墙1989年发掘点，西城墙1991年发掘点都有发现。但其他遗址尚未识别。

三星堆Ⅱ段地层见于三星堆小城1980、1986年发掘点，东城墙1989年发掘点，器物见于三星堆小城1984发掘点，月亮湾小城1999、2000年发掘点可能也有

---

① 万娇、雷雨：《桂圆桥遗址与成都平原新石器文化发展脉络》，《文物》2013年第9期。

② （晋）常璩撰，任乃强校注：《华阳国志校补图注》，上海古籍出版社，2007年，118页。

③ 同②，119页。

④ 同①。

分布。宝墩遗址一期有类似器物，但未做区分。

宝墩遗址江章华先生在《成都平原先秦文化初论》中分为四期七段，在《成都平原早期城址及其考古学文化初论》中分作四期六段，其中的区别在于第三期是分作三段还是合作两段，并通过对夹砂陶的分析认为四期同源，属同一文化[①]。江先生合数个遗址作期段分析，最大的好处在于可以找到相对纯净的遗迹单位，进行分段的讨论，而不像三星堆遗址由于一直沿用难有文化面貌相对单纯的遗迹，其间的器物演化脉络可辨，但器物群却难见呼应，故以Ⅱ、Ⅲ段对应宝墩文化一、二期3段，但判断标准各自有别，未能对应。除一期之外，其他三期基本可以对应。

5.2.2.1 宝墩文化古城分析

三星堆第一大期为成都平原聚落发展，并从Ⅱ段或Ⅲ段开始筑城（图版二二，2）。三星堆遗址传统认为城出现在第二大期，第一大期未筑城。但本书通过对城墙自身结构的拆分，认为城的出现很可能在Ⅱ段或Ⅲ段，第一大期的城墙叠压在第二大期城墙下，城墙并非一次筑成。这其中，城墙墙体的修建方法、墙体的结构和体量是重要的依据。

成都平原早期古城有一些共同的选址和筑城特征[②]。

第一，就水而居、因势筑城，城的平面形状基本上与河流平行。

第二，城建于台地上，城内地表明显高于城外，城墙建于台地边缘，即所谓台城。

第三，城墙平地起建，没有明显的基槽。

第四，城墙与壕沟为挖壕取土，是一个系统工程[③]。

---

① 江章华：《宝墩文化四期遗存分析》，《成都考古研究》（二），科学出版社，2013年，69～79页。

② 蒋成、李明斌：《四川温江县鱼凫村遗址分析》，《成都考古研究》（一）上，科学出版社，2009年，123页。

③ 发掘者比较了芒城遗址第一期内、外城垣与外生土的土质土色，城垣与生土之间内外均存在对应关系。又分别计算了第一期内、外城垣、壕沟的土方量，发现内、外城垣的土方量分别与内、外壕沟的土方量接近。中日联合考古调查队：《都江堰市芒城遗址1998年度发掘工作简报》，《成都考古发现1999》，科学出版社，2001年，96、97页。

第五，建城前即有聚落存在。

目前成都平原发现9座第一大期的古城（岷江流域8座，沱江流域1座即月亮湾小城，三星堆小城不独立计算），基本如此。

那么在城墙的体量和筑城方式上，成都平原有没有共同的特征呢？

我们对成都平原已经发掘有剖面的城墙进行了汇总分析，发现城墙普遍存在着墙芯和外皮夯筑方式不一致的现象，并且墙芯的体量接近一致，在10米左右。因为各城墙的剖面图散见于不同的简报，看起来都差不多，为了便于比较，我们把所有发表的剖面集合到一张图上（图版一九），并且缩放成相同的比例，对所谓的墙芯夯土部分以深色填色，对所谓的外皮夯土部分以浅色填色，文化层不着色，并对墙芯部分和整个剖面依据图纸进行了测量。

在这些城墙剖面中，郫县古城97CPGT6剖面和都江堰芒城内城简报撰写者明确提出存在二次夯筑的现象。

（郫县古城97CPGT6）解剖处城墙分两次筑成，第一次修筑的墙体包括Q2和Q3，……墙下叠压有遗址早期的文化层，说明在建城前已有聚落存在。在墙内侧又有属遗址早期的文化层及灰坑叠压，打破墙体，因而推测第一次筑城墙的年代应在遗址的早期。第二次筑墙是对第一次墙体的增筑，即Q1部分。……因Q1下叠压有早期文化层及灰坑，在墙内侧墙脚上又有遗址晚期文化层（第5、6层）叠压在Q1之上，推测其增筑时间可能在遗址的晚期偏早阶段[①]。

（芒城）有明确的层位关系表明内城墙曾经过第二次修筑，内外壕沟内的淤土均是经过两次淤积而成，与内城墙的两次修筑相对应，由此将内城墙及内外壕沟分为两期。外城墙由于没有确切的层位关系，我们根据其所用的土方来源、堆筑的方法及内外壕沟的淤土对应关系，将其推定为第一期遗存。……第二期……由于内墙的增筑部分在内壕沟

① 成都市文物考古研究所、郫县博物馆：《四川省郫县古城遗址1997年发掘简报》，《文物》2001年第3期。

内，因而内壕沟变窄……外城墙和外壕沟没有发生变化[①]。

目前同一个遗址发表剖面最多的是宝墩遗址。宝墩遗址是目前成都平原宝墩文化时期发现的唯一一座具有双重城圈结构的城址。

2009年，成都文物考古研究所等单位大面积田野踏查中发现宝墩遗址大城[②]，与原发现的60万平方米的宝墩古城构成大城套小城的双重城圈结构。小城城墙的真武宫段和蚂蝗墩段曾经解剖。可以看到蚂蝗墩残存城墙顶宽3.15、底宽8.4、高1.85米。真武宫解剖处夯筑城墙现存高度为4米，顶宽7.3～8.8、墙脚宽29.3～31.1米。蚂蝗墩段城墙体量非常小，后世肯定有所破坏，但仔细分析这两段城墙，会发现在深色填充的基脚外侧地面都有凹陷（图版一九，1、2），并且这个凹陷似乎并非无意的地面凹陷，发掘者对真武宫段城墙剖面结构进行分析后认为："在墙内侧（南侧）将生土挖成一定的坡度，对墙体产生一种支撑作用。"[③]以这两个基脚来看，不算真武宫城墙外侧（北侧）加固部分，这两段城墙的体量接近。宝墩遗址真武宫城墙的夯筑方式，包括在外侧夯土加固的做法，与三星堆遗址月亮湾城墙一致，并且两者都是先夯筑了城墙方便运土的外侧部分，再夯筑运土较为困难的内侧部分，与理不符。内侧的夯土很可能是增筑，并且从结构上分析，可能增筑了两次，所以真武宫段城墙的现存体量与蚂蝗墩段相差较大。

从城墙的体量来看，未增筑前，宝墩小城蚂蝗墩段城墙、真武宫段城墙、郫县古城、芒城北外城墙以城墙底部计，体量相当。增筑后，宝墩真武宫段、郫县古城和芒城北内城墙体量也相当。芒城城墙规整，增筑前北内城墙与T1661～T1461东壁城墙剖面体量接近，同时小于宝墩蚂蝗墩、真武宫、郫县古城城墙，北内城墙增筑后，也略小于同期的宝墩真武宫段、郫县古城增筑后的城墙（表5.4）。

---

① 中日联合考古调查队：《都江堰市芒城遗址1998年度发掘工作简报》，《成都考古发现1999》，科学出版社，2001年，96、97页。

② 成都文物考古研究所、新津县文管所：《新津宝墩遗址调查与试掘简报（2009～2010）》，《成都考古发现2009》，科学出版社，2011年，2页。

③ 成都市文物考古工作队、四川联合大学考古教研室、新津县文管所：《四川新津县宝墩遗址调查与试掘》，《考古》1997年第1期。

表5.4 成都平原早期城址城墙剖面数据 （单位：米）

		宝墩小城		宝墩大城		芒城内墙		芒城	郫县	鱼凫城
		蚂蝗	真武	狗儿	游埂	北内	东壁局部	北外	古城	局部
始筑	顶宽	3.2	3.2	6.4	4.3	4.3	3.3	5.8	2.3	9.8
	底宽	11.3	12.5	9.6	8.2	7.4	6.6	12.2	11.1	21
	底部带基脚宽		21.6							
	高	1.5	3.9	1.3	1.4	1.1	1.2	1.7	2.1	4.4
增筑后	顶宽		10		8.8	9.8	5		3.9	
	底宽		19		20.3	18.7	7.8		17.5	
	底部带基脚宽		28.2							
	高		3.9		1.6	1.4	2.4		2.2	

不仅仅是体量上的数据证明增筑行为的存在，有些结构上的特征也可以说明存在增筑行为，比较明显的可见于宝墩大城。

宝墩大城游埂子段（图版一九，3）和狗儿墩段城墙（图版一九，4）剖面高度相近，但城墙底部的差异很明显，游埂子段明显要宽得多。狗儿墩北侧为壕沟，南侧城墙基脚为⑥层叠压，⑥层为宝墩文化层，即宝墩之后对城墙基脚的破坏并不大。狗儿墩城墙内侧底部后期并未遭到大的破坏，体量当与原来相差不大。游埂子城墙虽宽，但形制与目前所见的其他城墙剖面结构上有差异，游埂子城墙外侧有两个规整的梯形凹槽，应该都是人工挖掘出的，并且很有意思的是，上文总结成都平原筑墙是挖壕取土的系统工程，从游埂子的剖面看，像是用挖HG1南侧凹陷的土堆筑了与狗儿墩体量相近的城墙，再用挖HG1的土增筑了北侧（城墙外侧）的部分，并且由于之前已经挖土成壕，不得已又把壕沟填平，明显看出是疏于规划，后期加固，又懒得把土搬到城内从内侧加固，只好填平壕沟，土方又不够，最后在城墙外侧形成阶梯状城墙。当然，阶梯状也可能是晚期破坏所致，但城墙外侧堆成阶梯状不利于防御，想必当时人不会有意如此。

宝墩大城城墙的体量，增筑前小于宝墩小城的体量；增筑后也小于宝墩小城真武宫段增筑后的体量。宝墩外城大，相较于内城，更有“郭城”的性质。

从城墙的体量来看，宝墩大城城墙始筑墙体底部宽度不足10米，增筑后底部宽约20米，体量与三星堆遗址第二大期底部宽度40米以上的城墙体量并不在一个等级上。虽然到目前为止，宝墩遗址未发现高等级的遗物，但宝墩内外城的结构、面积都表明宝墩遗址在当时的成都平原聚落结构中当位于第一等级。而从狗儿墩城墙内侧底部有宝墩文化层叠压，可见后期对狗儿墩城墙底部的破坏并不大，狗儿墩和游埂子城墙宽度的差别在于游埂子城墙外侧曾增筑，但是狗儿墩未曾增筑。内城蚂蝗墩似未曾增筑，而真武宫段应曾增筑。宝墩遗址发掘者认为城墙均为一次夯筑，未对城墙是否存在增筑进行讨论，宝墩内外城的关系也未有定论。但在某种程度上，我们仍然可以说宝墩小城、大城代表了宝墩文化（三星堆第一大期）时期的第一等级聚落结构。

这中间还有一座特殊的城——鱼凫城。鱼凫城平面形状不规则，地表可见城墙，宽度在15～20米，但城墙大半埋于地表以下，鱼凫城由于地下水位较高，未能解剖城墙到底，也未完整解剖城墙。但从解剖的局部剖面来看，很可能宽度在30米以上。是否存在增筑现象不太好辨析。但鱼凫城出土有相当于三星堆三期Ⅴ段的器物，虽然目前的发掘所见，出土遗物间有缺环，不能将沿用时间很好地连起来，但从城墙的体量估计，鱼凫城很可能沿用到了Ⅴ段。

宝墩在这几座古城中兴建年代最早、最深入成都腹地、规模也最大，废弃得也最早。蚂蝗墩、狗儿墩段城墙墙体单薄，非仅是后期破坏，其原本就未增筑。可见宝墩大城、小城城墙增筑的工作尚未完成旋即废弃。宝墩的荒废绝非偶然，必是有超出当时人应对能力的事件发生。黄明通过对宝墩遗址探孔沉积相记录的分析，绘制出宝墩遗址沉积相图，并认为宝墩城内存在过数条泛滥性河道，其废弃应与洪水有关①。

从宝墩内外城圈的结构和内城60万平方米、外城276万平方米的城址规模看，可知其是当时成都平原结构最复杂、规模最大的古城，几乎可以肯定是岷江流域的中心城邑。宝墩之后，岷江流域的城址规模目前未见有超过60万平方米的。宝墩遗址偏居成都平原东南，与三星堆遗址直线距离75千米。在原始的通信、交通条件下，距离越远，控制越难。古人疆域有“五服”②之分，虽不一

① 黄明：《新津宝墩遗址古地理变迁的初步研究》，成都理工大学硕士学位论文，2013年，40页。

② 指“五百里甸服，五百里侯服，五百里绥服，五百里要服，五百里荒服”。孔安国传，孔颖达疏，廖名春等整理：《尚书正义》，北京大学出版社，2000年，199～204页。

定真实如此实行，但在一定程度上反映了政治控制与地理距离的关系，即距离越远，控制越弱，义务就越经。以新石器时代晚期的通信、交通条件，三星堆遗址可能已在宝墩遗址的控制范围之外。

宝墩小城和三星堆遗址月亮湾小城规模接近，城中都有高规格的建筑。宝墩鼓墩子F1，以长方形房屋为中心，南北两侧为附属建筑，整体布局主次分明，相对对称，主体房屋地面垫有纯净黄土（未继续向下发掘与解剖），南北长约20、东西宽约10.5米，面积约210平方米，北侧附属建筑南北长约10.5、东西宽约7.5米，面积约79平方米，南侧附属建筑南北长约9、东西宽约8米，面积约72平方米①。三星堆遗址青关山台地第一级台地发现了与建筑相关的不晚于Ⅲ段的夯土台基，结合第二级台地上面积约1000平方米的F1，推测青关山台地自Ⅲ段以来一直是月亮湾小城高规格大型建筑的所在地。

从遗物来看，宝墩和三星堆泥质陶比例约占一半，也都纹饰精致。宝墩虽发现大城，但三星堆仁胜墓地出土了一批良渚风格的玉器。从这两个遗址目前的发现比较，尚难分轩轾，应视为岷江流域和沱江流域两个平行的区域中心。郫县古城和其南18千米的鱼凫城筑城时间紧随宝墩之后，并且平面形状呈规整长方形的郫县古城中心发现了大型建筑基址F5，方向与城的方向基本一致，长51.1、宽10.7米，面积约551平方米。郫县古城的F5与三星堆遗址青关山台地F1长都是50余米，只是由于建筑技术的进步，青关山台地F1进深能达到15米。郫县古城F5的建筑方法为先挖一个基坑，基坑的大小与房屋一致，在基坑周缘铺设卵石，于卵石内埋设木柱，然后在基坑内垫土，垫土内有意掺大量的红烧土②，同样显示出比普通沟槽木/竹骨泥墙建筑更为讲究、复杂的工艺。从建筑规格来看，郫县古城很可能是继宝墩之后，岷江流域的中心聚落。从郫县古城与鱼凫城18千米的距离，不到半天的徒步路程可知，它们很可能是有功能区分、相互补充的两座城。

离山近的4个城址，芒城、双河、紫竹、盐店，都是双城垣结构（图版二二，6），内外垣间相隔较近，中间为内城壕，城垣并非作区域功能区分。从这个角度看，宝墩文化时期城的防洪目的十分明显。

① 成都文物考古研究所、新津县文物管理所：《新津县宝墩遗址鼓墩子2010年发掘报告》，科学出版社，2014年，8页。

② 成都市文物考古研究所、郫县博物馆：《四川省郫县古城遗址1997年发掘简报》，《文物》2001年第3期。

5.2.2.2 宝墩文化遗址分布

成都平原地势平坦，平原内几乎没有难以逾越的地理分隔。但在对自然环境的适应和改造方面，仍然存在着一些差别，其中最重要的是岷江与沱江径流量的差异会对生活其间的先民造成不同的影响。从目前成都平原的文化面貌来看，宝墩遗址和三星堆遗址第一大期文化面貌基本一致，同属宝墩文化。文化的发展在考古上的重要表现之一，便是不同时期的遗址在成都平原的分布。通过将不同期段的遗址表现在地图上观察遗址分布的变化，我们可以分析、探索先民对成都平原的开发和成都平原在先民努力下自然和人文景观的改变。

通过建立成都平原遗址的数据库，将目前公布的经过调查和发掘的遗址归入以三星堆遗址为基础建起的三大期、八期、12段的相对年代框架中。但限于材料，这其中仍存在一些需要讨论的问题。比如：①数据库建立的基础是成都平原考古调查和发掘工作的开展，尤其是公开发表的相关成果，但这其中考古工作和成果发表之间肯定会有一定的时间间隔。成都文物考古研究所的年度发掘简报基本汇编在《成都考古发现》中，资料公布较为及时，饶是如此，发掘和公布之间一般仍存在2年的间隔。数据库中大量已发掘遗址的数据来源于《成都考古发现》系列。②成都平原已进行的考古发掘和调查工作也不是各区平均分布，考古工作开展得较好的地方，遗址的发现相应就多，而经过考古发掘的遗址，资料相对丰富，对遗址年代的认识也就更深入，可以通过出土遗物细归入相应的段。从已有资料来看，岷江流域考古发掘较多，沱江流域多为调查成果。岷江流域考古发掘较为充分的地区集中在成都及其西面（大致是成都天府广场以西，都江堰以东，新繁以南，温江以北，地理分布范围为成都以西，柏条河与江安河之间）。③考古发掘进行较为充分的区中很多遗址是在城市扩张的基础建设中发现，在发掘中多以基建小区分隔，再加上晚期破坏、现存建筑的限制，发掘位置和面积都受到限制，遗址内早期文化层、遗迹单位可能不连续分布，这就使得部分遗址的性质、边界较为模糊。相隔较近的遗址是该分还是该合，往往难以判断，尤其是金沙遗址，作为继三星堆之后兴起的成都平原的中心聚落，其边界尚未经充分的讨论，但若各发掘点分计，又不能将有城圈的三星堆按发掘点拆分。只好将三星堆和金沙统一算作中心聚落，其余的基本以发掘点算。④部分遗址没有测量或公布经纬度，部分遗址公布的经纬度精度不够，也有部分遗址公布的经纬度有误，有地图或描述较为精准、年代较近的可通过百度地图和Google地图定位后，在Google地图中获得地理位置。但年代较远、环境变化较大的、描述不够精确的，只能估算位置，没有重新进行实地测量。好在没有涉及坡度、水域、视阈等精度要求较高的景观分析，只涉及遗址位置、数量、密度分析。

从成都平原宝墩时期城址位置大致可分归为三区，一是在岷江外江（金马河，岷江干流）以西，离山较近；二是在岷江内江流域（江安河与柏条河之间）；三是在沱江的湔江流域（图版二二，6）。

外江以西有6座城，城的数量最多，年代从宝墩和芒城看，在宝墩早期（宝墩一、二期），相对较早。双城垣结构（区别于宝墩双重城圈，两道城垣间仅间隔壕沟）的4座城也都分布于此区。但城周边几乎都没什么遗址，孤立野外。这可能是因为目前城内布局尚未明确，考古工作还集中在城内，周边发掘较少。城附近是否有遗址与城呼应，现在下结论还为时尚早，并且此区域面积10万、20万、30万、60万平方米的城都有，但城的性质、城是按需修筑还是有一定的规格等级，由于仅宝墩、高山古城做的工作相对较多，其余城往往仅有调查或小规模试掘，城的年代、城内布局和城外遗址结构都不清楚，还有待大量的考古工作才能逐步揭示此区的社会结构和发展。但可以肯定的是，如宝墩这般体量的城，必然需要周边有遗址支撑。

内江有两座城，鱼凫城和郫县古城，其中鱼凫城靠近江安河、郫县古城靠近柏条河。郫县古城和鱼凫城都发现了过渡期遗物（宝墩四期、三星堆遗址三期Ⅴ段），建成年代在宝墩晚期（宝墩三期、三星堆遗址二期Ⅳ段）。

沱江湔江流域只有1座城，即三星堆遗址。建城年代可早到三星堆一期Ⅲ段，并且一直沿用到三星堆文化时期。月亮湾小城的面积在60万平方米，在三期Ⅴ段时，月亮湾小城的月亮湾城墙有明显的增筑行为。在四期Ⅵ段时，可能在之前的聚落基础上，扩建为三星堆小城，面积也在60万平方米。

目前发现最大的两座城——三星堆和宝墩——都深入成都平原腹地。从成都平原宝墩时期城与遗址的关系看，岷江流域最深入低海拔平原腹地的遗址都始于三星堆遗址一期Ⅲ段，二期Ⅵ段目前能确定的郫县古城和鱼凫城都在内江流域、更靠西的地势略高的地区。

从城来看，岷江流域城的分布宝墩文化早期多在外江流域，晚期逐渐迁到内江流域。

沱江流域宝墩文化时期发掘的遗址较少，调查发现的遗址地面遗物多为三星堆文化时期。外江流域除城之外的遗址发现和发掘都比较少。内江流域由于城市扩张，基建考古发掘较多，面貌相对清楚。遗址多集中在今走马河附近。

以目前的考古发现推断，在宝墩文化一期Ⅱ段时，成都平原南部的岷江流域和北部的沱江流域分别形成了宝墩、三星堆遗址两个中心聚落。岷江外江流域二期Ⅲ段末宝墩古城毁弃，内江流域三期Ⅳ段郫县古城、鱼凫城继宝墩古城之后兴起。成都平原第一大期岷江和沱江流域很可能存在着各自的区域中心，保持着双中心结构（表5.5）。

表5.5 成都平原早期城址信息

城址名称	平面形状	城垣结构	面积/万平方米	中心建筑/平方米	宝墩文化一期		二期	宝墩文化三期		四期
					Ⅰ	Ⅱ	Ⅲ	Ⅳ	Ⅴ	Ⅵ
月亮湾	近方形		60	夯土台	▒	■	■	■	■	■
三星堆	近方形		60							▒
宝墩小城	长方形		60	210+79+72		■	■			
宝墩大城	不规则形		276				■			
鱼凫	不规则多边形		40					■	▒	■
郫城	长方形		31	550				■	■	
芒城	长方形	2垣	11	约70			■			
双河	长方形	2垣	11					■		
盐店	长方形	2垣	30							
紫竹	长方形	2垣	20							
高山	梯形		20							

注：分期根据江文《成都平原早期城址及其考古学文化初论》分为四期六段；深色为城确定使用年代，浅色为城可能使用年代

岷江流域最大的宝墩古城二期之后被放弃，而沱江流域三星堆遗址月亮湾小城继续沿用并发展。岷江流域宝墩文化三期到目前为止未再发现类似于宝墩小城、月亮湾小城规模的城，但遗址数量仍多于沱江流域，这其中沱江流域这阶段经过正式发掘的遗址较少，部分已发掘的遗址资料也未公布，应该是造成遗址分

布南多北少的重要原因。第一大期先民对岷江流域和沱江流域的开发以目前的资料不足以判断孰优孰劣，当留待资料积累更为丰富后再讨论。

5.2.3　成都平原的社会发展

鉴于成都平原各区考古工作的不均衡，此处以考古发掘较为充分、比较能准确判断遗址相对年代的岷江内江流域进行分段统计，来对成都平原岷江内江流域地区发展做一个简要的说明。在这个数据统计中，与金沙相关的发掘点合并，合作一个遗址来统计，Ⅻ段之后的数据有不是紧接其后时段的遗址，所以数量有较大幅度的增长，Ⅺ段和Ⅹ段、Ⅻ段和Ⅺ段都不能直接衔接，有遗址正好处于其间者，都归入后段。

岷江内江流域从三星堆遗址Ⅲ段开始有遗址分布。从各段遗址数量统计柱状图中可以清楚地看到（图5.2），在宝墩文化时期（分段根据笔者熟悉的三星堆遗址段的划分），内江流域各段遗址数量比较稳定，社会基本处于稳定期，人口规模变动不大。进入三星堆第二大期后，从Ⅵ段开始，成都平原的变化十分明显。原来稳定在10个遗址左右的内江流域突然不再有遗址分布。Ⅷ段有少量遗址分布，此后Ⅸ、Ⅹ、Ⅺ、Ⅻ段遗址数量迅速增长。

岷江内江流域宝墩文化时期各段遗址数量基本相当。过渡期Ⅴ段文化面貌上较之第一大期有较大的改变，但遗址数量基本一致。至于Ⅵ段、Ⅶ段，岷江流域

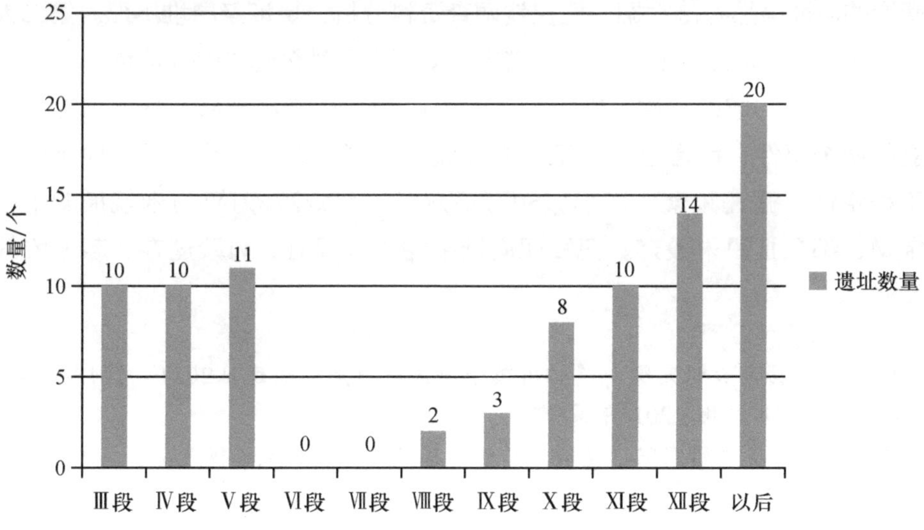

图5.2　岷江内江流域遗址分段统计

无论是内江还是外江，目前发现的遗址都未见Ⅵ、Ⅶ段遗存分布。

先民在Ⅴ段之末出于某种原因离开家园，直到Ⅷ段温江柳岸村遗址和金沙遗址才出现Ⅷ段遗存。此后的Ⅸ、Ⅹ段，岷江流域遗址数量快速增长。

而沱江流域Ⅴ段三星堆遗址进入扩张阶段，三星堆小城至晚在该段兴建，月亮湾小城城墙最早于Ⅴ段、不晚于Ⅵ段加厚到40米。三星堆小城在Ⅵ段加厚到40米。Ⅷ段筑大城、仓包包小城，三星堆遗址始形成今日所见格局。由于目前沱江流域其他遗址发掘工作进行得较少，目前难以对沱江流域Ⅵ～Ⅹ段进行更细致的分段分析。但金字塔尖的三星堆遗址的扩建绝不是一个孤立的现象，一定和沱江流域的开发息息相关。四川省文物考古研究院三星堆工作站2011～2013年对鸭子河南北两岸进行调查，新发现了16个商周时期遗址①。2012年发掘其中的新药铺遗址，目前资料已发表②。从陶片看主要为Ⅸ段堆积，可能与烧制陶器有关。其他遗址暂未发掘，仅从采集的遗物看集中在Ⅶ～Ⅹ段，这些遗址是同时抑或有早有晚，还有待更多考古工作的进行。从空间分布来看，“距离三星堆遗址越远，遗址的密度也越小。从某种意义上看，这些遗址是以三星堆遗址为中心由密而疏的分布”③。从现有的迹象看，三星堆遗址的器物坑，多出现在六期（Ⅸ、Ⅹ段），动不动满坑的器物显示出社会的富庶。从三星堆遗址几十年的发现与发掘来看，大量贵重的玉器、青铜器显示三星堆应该是消费型的中心聚落，周边必然存在着生产型聚落，来供给居住在三星堆遗址“城里人”的日用所需。鸭子河南北两岸的遗址虽然有待发掘，但仅就调查资料分析，足证三星堆不孤。第二大期沱江流域以三星堆为中心，遗址的密集程度不亚于甚至超过岷江流域。

第二大期的成都平原，岷江流域的衰落和沱江流域流域的兴起可能并不是孤立的两个事件，而是互为因果。岷江流域从第一大期开始，遗址显示出较强的不稳定性，搬迁频繁，连小城60万平方米、大城276万平方米规模的中心聚落宝墩，都在Ⅲ段末毁弃。已发现遗址中均未发现Ⅵ、Ⅶ段遗存，若Ⅴ段的原

---

① 四川省文物考古研究院：《四川鸭子河流域商周石器遗址2011～2013年调查简报》，《四川文物》2014年第5期。

② 四川省文物考古研究院：《四川广汉新药铺商代遗址发掘报告》，《考古学报》2017年第2期。

③ 同①。

住民后裔仍活动在岷江内江流域，Ⅵ、Ⅶ段遗存只是随机搬迁或后人的活动毁去的话，从概率来说，Ⅴ段发现的遗址越多，这样的概率就越小，就像随机的掷骰子，但是要一直掷出6点一样。岷江流域发现的Ⅴ段遗址共11个，Ⅲ、Ⅳ段均是10个，以10个遗址来算，假设不延续或毁掉的可能性是90%，那么Ⅵ段无遗存的可能性是0.910，Ⅶ段无遗存的可能性是0.910，这样Ⅵ、Ⅶ段遗存都不见的可能性为0.910 × 0.910 ≈ 12%。若不延续或毁掉的可能性是80%，那么0.810 × 0.810 ≈ 1.2%。可见岷江流域未见Ⅵ、Ⅶ段遗存是一种普遍现象而非偶然现象。那么，我们有必要探究一下造成这种现象的原因是什么。

能让一个地区遗址完全不见，并且持续大约300年的时间，在未进入青铜时代之前，自然环境因素影响的可能性较大。所以，我们先来看一下当时的自然环境。

金沙遗址2005年发掘的ⅠT6814探方，深度达9米，曾做过磁化率①、孢粉②和黏土矿物分析③（表5.6、表5.7）。这3篇文章的^{14}C数据和地层深度对应完全一

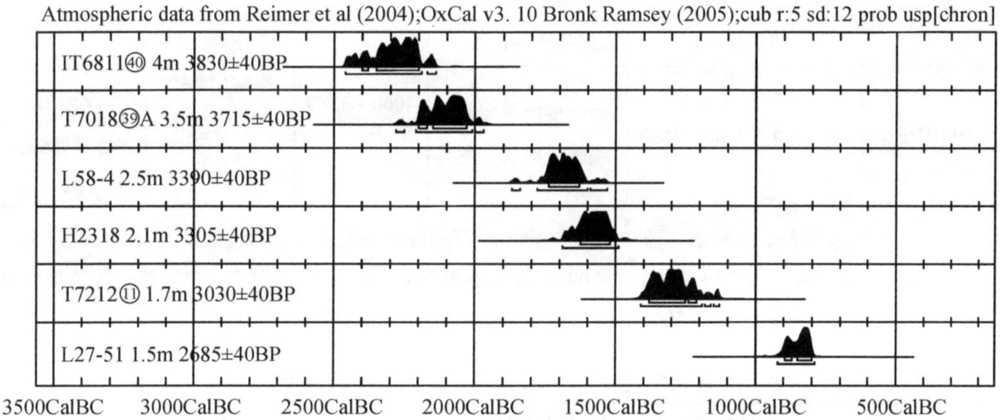

图5.3　金沙ⅠT6814相关^{14}C校正图

---

① 罗丽萍、朱利东、杨文光等：《成都平原4ka以来地层磁化率特征及气候变化意义》，《成都理工大学学报（自然科学版）》2007年第34卷第3期。

② 罗丽萍、朱利东、向芳等：《成都平原4000aBP以来的孢粉记录与环境变化》，《古生物学报》2008年第47卷第2期。

③ 罗虹、朱利东、张擎等：《成都平原4kaBP以来黏土矿物记录的古气候变化》，《海洋地质与第四纪地质》2007年第27卷第4期。

致，当是出自对同一系列样本的分析，并且共享了^{14}C数据（表5.8），相互间的数据和结论可直接比较。

表5.6　金沙Ⅰ T6814孢粉磁化率气候对应表

	孢粉分析				磁化率分析		
	深度/米	年代/年（距今）	植被类型	气候	年代/年（距今）	磁化率分析	气候
土壤和砂泥质沉积	0.1～0.5	900～300	草/湿地	偏干冷	1700以后	频率磁化率和粒度中值均较低	气候逐渐偏干冷
土壤和砂泥质沉积	0.5～1.4	2600～900	落叶阔叶林	温和偏湿			
土壤和砂泥质沉积	1.4～2.5	3400～2600	草/湿地	温和潮湿	3380～1700	磁化率整体偏高，频率磁化率偏小，粒度中值偏小	气候条件相对湿热
含炭泥质层	2.5～3.1	3600～3400	含常绿树种的落叶阔叶林	温暖湿			
含炭泥质层	3.1～4.0	3800～3600	亚热带常绿阔叶林	暖偏湿	4000～3380	磁化率、频率磁化率较低，粒度中值较高	长期处于水下或间接性被水体淹没，气候偏湿

注：参阅罗丽萍、朱利东、杨文光等：《成都平原4ka以来地层磁化率特征及气候变化意义》，《成都理工大学学报（自然科学版）》2007年第34卷第3期；罗丽萍、朱利东、向芳等：《成都平原4000aBP以来的孢粉记录与环境变化》，《古生物学报》2008年第47卷第2期

表5.7　金沙Ⅰ T6814黏土成分气候对应表

	深度/米	距今年代/年	气候特征
阶段4	1.3～1.9	3150～2500	温暖偏凉略为湿润
阶段3	1.9～2.8	3450～3150	温暖潮湿少雨
阶段2	2.8～3.8	3800～3450	温凉、偏干、少雨
阶段1	3.8～4.0	4000～3800	气候温暖偏干

注：参阅罗虹、朱利东、张擎等：《成都平原4kaBP以来黏土矿物记录的古气候变化》，《海洋地质与第四纪地质》2007年第4期

表5.8　金沙Ⅰ T6814测年深度对比表

测年样本深度/米	样品长度/米	形成时间/年（未校正）	平均每米形成时间/年
4～3.5	0.5	115	225
3.5～2.5	1	325	325
2.5～2.1	0.4	85	212.5
2.1～1.7	0.4	275	687.5
1.7～1.5	0.2	345	1725

首先，来看这组样品的堆积情况。因考古发掘资料未发表，不清楚其地层堆积与文化层的对应关系，只有一些简单的地层堆积描述散见于文章中。“地层堆积为0～2.5m为土壤层和砂泥质沉积，2.5～4m为泥炭层，4～9m为砾石层。”① “下部砾石层，偶夹中层粗砂（−4m以下，钻孔揭示深度大于11m），中部暗色（含炭）泥质层（−4～−2m）和上部褐黄色土壤层（<2m）。”②

样本分析的^{14}C数据部分应该是成都文物考古研究所提供的，结合了不同探方的数据，甚至包括了灰坑这种向下打破的单位的测年数据。样品长度与形成时间的对应为2.1米以下分布相对均匀，2.1米以上数据显示出剧烈的波动（表5.8）。但即便抹去灰坑，2.5～1.5米的年代差距长达705年，也与之前的数据呈现出鲜明的对比。结合上文地层堆积描述，2.5米以下的地层可能来自自然沉积，2.5米以上的堆积来自人的行为，堆积成因复杂，未必能真实反映气候特征。故本文对这3篇文章进行综合分析，仅取其中2.5米以下部分。

这其中孢粉分析显示的气候特征结论（原文章）与黏土矿物质成分分析矛盾。但回到罗丽萍等公布的成都金沙遗址Ⅰ T6814孢粉主要成分百分比图③（图5.4）中分析，木本、草本植物的花粉在3.1米线分别跌到谷底，而蕨类孢子则达到顶峰。指示环境的孢粉分析如下。

---

① 罗虹、朱利东、张擎等：《成都平原4kaBP以来黏土矿物记录的古气候变化》，《海洋地质与第四纪地质》2007年第27卷第4期。

② 罗丽萍、朱利东、向芳等：《成都平原4000aBP以来的孢粉记录与环境变化》，《古生物学报》2008年第47卷第2期。

③ 罗丽萍、朱利东、向芳等：《成都平原4000aBP以来的孢粉记录与环境变化》，《古生物学报》2008年第47卷第2期。

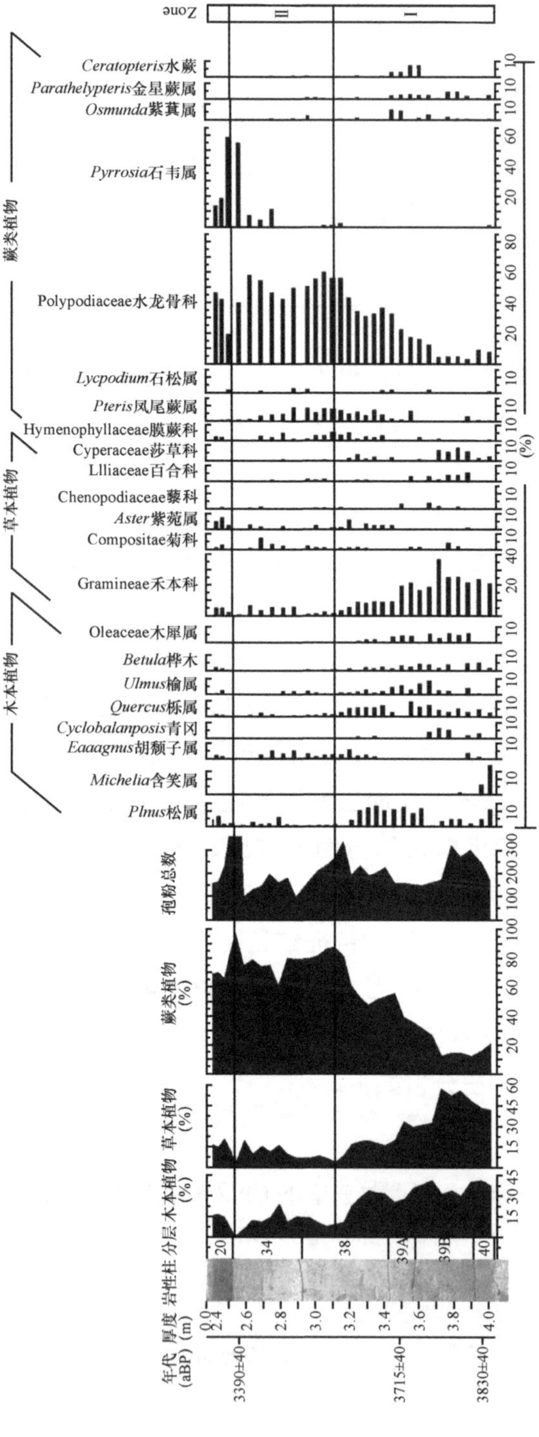

图5.4 金沙遗址Ⅰ T6814孢粉主要成分百分比图

木本的变化集中在3.2米位置，3.2米线下，松属、栎属、榆属、桦木属花粉多有分布，3.2米线开始下降，到3.1米线时数值跌到谷底。而松属、栎属、榆属、桦木属的主体分布范围均为温带，显示出3.1米线下温凉少雨的环境特征。胡颓子属花粉，凤尾蕨属、膜蕨科孢子从3.2米线开始有较多分布，胡颓子属、凤尾蕨属、膜蕨科都主要分布于热带。其中凤尾蕨属性喜温暖潮湿，而膜蕨科多生长在潮湿的热带。凤尾蕨属孢子主要出现在3.1米线上下，3.2～3.0米之间数量较多。膜蕨科孢子在3.4～3.0米有较多分布，其中尤以3.2～3.0米间出现连续的较多分布。胡颓子属也是从3.2米起出现较多分布，一直延续到2.8米线附近。水龙骨科孢子从4米开始一直呈增长状态，到3.1米线开始稳定，数量较多。而水龙骨科石韦属孢子在2.5米线下几乎无分布，线上突然出现大量分布。

说明3.2米线位置，成都平原岷江流域温度上升，降水增多，并在3.1米线时达到峰值，这种情况持续到3米线附近。文中使用的^{14}C数据未经校正，校正后，2.5米线落在公元前1700年左右，3.5米线落在公元前2100年左右，3.2、3.1米线未测量，若以均匀沉积估算，0.3米沉积约需100年，0.4米沉积约需130年，则3.2米线年代约在公元前2000年左右，3.1米线年代约在公元前1970年左右，3米线在公元前1940年左右。

至于孢粉分析的气候与黏土矿物成分分析的对应，应考虑到黏土形成与环境灵敏度较高的孢粉相比，可能存在滞后性。先来看第二阶段（3.8～2.8米）气候温凉偏干，应该与孢粉分析的第一阶段（4～3.1米）相对应，两段的长度都在1米左右。

从温带植物松属、栎属、榆属、桦木属花粉较多分布来看，指示的也是温凉偏干的环境特征。但黏土矿物对环境的反应滞后了孢粉约0.3米，而黏土矿物第一阶段（4～3.8米）气候温暖偏干与第二阶段的温凉偏干相比，体现了第二阶段温度有所下降，但3.8米的降温事件如果用孢粉来对应，应该在4.1米左右，即便在4米上下，也可能因为太短而被忽略。那么黏土矿物第一阶段的气候特征，应该对应公元前2150年（取值在公元前2200～前2100年）之前的气候特征。第三阶段（2.8～1.9米），对应孢粉分析的第二阶段（3.1～2.5米），同样显示了黏土对环境变化反应的滞后，温暖潮湿的环境与孢粉分析大致能对应，虽然2.5米以上可能有人为扰动，但2.8～2.5米区间应该是可信的，变化既然发生在2.8米，并且能和孢粉分析对应，那么应认为当时成都平原环境总体特征确实是温暖潮湿。而从我们之前对成都平原的自然环境分析来看，成都平原温暖潮湿的环境特质很可能对应的是夏季的洪水多发。而洪水最直接影响的便是收成。在Ⅰ T6814探坑孢粉主要成分百分比图示中与农业相关的花粉为禾本科。

在4～3.5米的区间，禾本科花粉占到孢粉总量的20%，3.5米线出现较大下降，降幅达50%，占孢粉总量的10%，3.1米线跌到5%，此后逼近于0，2.8～2.5米间断分布，比例略高于5%。

结合宝墩遗址的植物浮选结果看，石涛分析的结果是宝墩早期谷物约占30%强，杂草种子约占70%弱。谷物中以水稻为主，约占七成。杂草种子以莎草科为主，禾本科的马唐属、牛筋草属和狗尾草属一共在杂草种子中所占比例不足三成。即禾本科以种子计，水稻和杂草之比大约是5∶5，水稻略具优势[①]。而姜铭、玳玉等对宝墩遗址的统计显示出宝墩早期（一期二段）相似的特征，宝墩遗址水稻种子数量占所有种子数量的45%（宝墩二期的样本中出土的植物种子太少，暂时不做讨论）[②]。

由此可知，罗丽萍等统计到的禾本科花粉可能有一半来自水稻。禾本科花粉3.5米线出现的波动当与宝墩时期的稻作农业相关。与之相对应的是宝墩早期以稻作农业为主，晚期稻作减产、稻粟并重，稻占作物总数的43.6%，粟占53.4%[③]。3.2米线禾本科再次下降也应与气候变化有关。3.0～2.8米的数据最为极端，逼近于0。禾本科花粉的变化，除反映自然环境之外，可能还包含有稻作农业的信息，反映的是自然环境变化以及人对自然环境变化的应对。从禾本科花粉的变化看，3.1～2.8米段金沙及其附近地区少有禾本科分布。

罗丽萍等对磁化率的分析显示，2.5米线以下金沙曾经长期处于水下或间接性被水体淹没，并在野外观察中发现，2.5米左右的高粒度沉积为河流越岸

---

① 石涛：《成都平原先秦时期植物遗存研究》，北京大学硕士学位论文，2012年，12～19页。

② 姜铭、玳玉、何锟宇等：《新津宝墩遗址2009年度考古试掘浮选结果分析简报》，《成都考古发现2009》，科学出版社，2011年，79页。

③ 石涛：《成都平原先秦时期植物遗存研究》，北京大学硕士学位论文，2012年，48页。

砂沉积[①]。

可见岷江流域公元前1940～前1700年，气候条件不适于禾本科生长。按本书2.3.2小节绝对年代的推定，Ⅵ段的年代范围为公元前1900～前1750年，Ⅶ段的年代范围为公元前1750～前1600年。从Ⅵ段开始，在成都以西柏条河与江安河之间未发现遗址分布。

我们也应该看到，虽然环境信息与考古材料有一个不矛盾的对应，但也必须看到孢粉数据也并非完美，一是金沙4～2.5米的堆积成因不明，只是从泥炭堆积的描述推测流速较缓；二是孢粉量太少，大部分孢粉总数不到300，约1/3的样品孢粉总数不到200，最少的样品孢粉总数才100。此外，成都平原目前仅做过这一个柱状剖面，这个剖面的孢粉特征能否代表整个成都平原岷江流域是一个尚待验证的问题。

李映发先生曾统计过1899～1999年一百年间成都平原的水灾情况（表5.2），即便有都江堰的调节，成都平原水文记录基本可靠的100年间，58个年份不同程度地遭遇洪水，其中29个年份是由于岷江洪水泛滥，42个年份是由于平原暴雨，13个年份是既遭遇岷江洪水泛滥，又遭遇平原暴雨。成都平原洪灾频发，由此可见一斑。初步推测，岷江地区不同时段遗址的空间分布变化与洪灾有关，但目前尚无线索推测洪灾通过何种机制对成都平原岷江流域遗址分布产生如此巨大、长期的影响。

岷江流域的发展到Ⅵ段戛然而止，探得原因固然重要，但由此引起的成都平原发展格局的改变也值得细细深究。

岷江流域的古城已发掘的城墙普遍存在着增筑现象。禾本科花粉在公元前2100年即出现显著变化，根据第四章排定的测年，与桂圆桥遗址排定的三期的开始年代相合（由于三星堆第一大期和宝墩时期没有成系列的^{14}C测年数据来排定相对准确的年代，仅参照第二大期开始的年代和桂圆桥的测年排了大致的年代，有可能会有后期修改）。此时宝墩废弃、郫县古城和鱼凫城兴起。宝墩废弃前曾有增筑城墙行为，未成即毁。芒城内城垣和郫县古城均有城墙增筑行为，鱼凫古城是目前岷江流域几座古城中城墙最宽、最高的。岷江外江流域60万平方米级、

---

① 罗丽萍、朱利东、杨文光等：《成都平原4ka以来地层磁化率特征及气候变化意义》，《成都理工大学学报（自然科学版）》2007年第34卷第3期。

10万平方米级的城都在增筑城墙，可见增筑城墙是普遍行为，而这种行为的目的很可能是防洪。宝墩二期末和四期末的成都平原岷江流域是否上演了“洪水滔天，浩浩怀山襄陵”的一幕，目前考古难觅证据，但Ⅴ段末人口的逐渐迁离，是目前考古发现的不争事实①。

但迁往何处有待商榷。有学者认为是迁往峡江地区，但这一说有以下几点不能得到很好的解释：一是旅途过长，不确定因素太多；二是目前考古未见两地迁徙中途的证据，况且即使是迁徙，迁过去的是宝墩四期文化还是三星堆文化，还需探讨；三是以宝墩四期的人口规模，峡江地区恐怕难以承载。而“近在咫尺”的沱江流域，能确认为三星堆Ⅵ段的遗址同样不多，但最大的三星堆遗址在Ⅴ段增厚月亮湾小城城墙、Ⅵ段增厚三星堆小城城墙。岷江流域人口北迁沱江流域，似乎比千里迢迢迁往峡江地区的方案更可行、可信。

岷江流域人口的迁入导致沱江流域人口的急剧增长。迁入沱江流域的岷江人带来充足的劳动力，人口密度增加，促进了沱江流域的开发，并在短期内积聚起较多的财富，刺激了沱江流域社会的发展，三星堆小城的增筑和大城兴建的背景当在此。只是由于材料的缺乏，沱江流域的发展集中反映在三星堆遗址的城市发展上，三星堆遗址城墙加高加宽，城墙宽度均在40米以上，现存城墙高出地面3～5米，保存最好的西城墙最高处高出地面10米，壕沟普遍深2～3米，目前最深为月亮湾城墙外侧壕沟，深达4米，壕沟与城墙高差平均约10米。三星堆遗址从城墙体量上即与第一大期城址拉开距离。

三星堆真正成为成都平原的中心聚落与岷江流域的衰落息息相关。但同在成都平原，岷江流域洪水滔天，沱江流域何以能幸免？岷江流域不断加厚加高城墙，希望能抵御洪水，最终却不得不放弃家园，北迁到沱江流域。而三星堆遗址的城市规划却淡定从容地把马牧河圈入大城和三星堆小城中，同在成都平原，为何行为上却如此的不同？

---

① 江章华先生指出：“在岷江水系冲积扇已发现大量商周时期的聚落，但多为十二桥文化时期，目前没有一处能确认为三星堆文化时期的聚落。”见江章华：《成都平原先秦聚落变迁分析》，《考古》2015年第4期；施劲松、于孟洲等先生也曾注意到同样的现象，见施劲松：《十二桥遗址与十二桥文化》，《考古》2015年第2期；于孟洲、夏微：《三星堆文化向十二桥文化变迁的相关问题——从金沙遗址兰苑地点谈起》，《南方民族考古》第七辑，科学出版社，2011年。

5.2.4　洪水之殇与马牧河之谜

如果说岷江外江流域山前城址的突然出现显示出与洪水较强的关联，那么宝墩古城的废弃、岷江流域的衰落也明显和洪水事件相关。前文也讲到了，所有的证据都指向马牧河是一条与三星堆古城共存的河。同一段时间，岷江毁了岷江流域的人类社会，沱江却助推了沱江流域的人类社会。修了两重城垣的聚落都被放弃，把河流圈进城中的聚落却欣欣向荣。这背后的原因，不能不让人深思。

三星堆有何特异之处，能驾驭奔腾咆哮的洪水？

5.2.4.1　历史时期的马牧河之害

虽然三星堆时期的人所见到的自然景观与我们今日所见一定不同，但是今天我们能看到的三星堆遗址由于马牧河和鸭子河的冲刷，受损非常严重，尤其是马牧河，在处理后的航拍图上，可以清晰地看到马牧河冲刷了三星堆小城内2/3的面积。

查《广汉县志》可知："石亭江、绵远河及鸭子河都属山溪季节性河流。在民国年间及其以前的较长时间内，除城镇个别地段外，一般河岸均无防护设施，因而灾害频繁，冲毁田地房产之事，常有发生。在洪汛期中，上游大量砂石随水冲下，堆积淤塞，致使河床越来越高，河面越来越宽，更兼长期失治，洪害越加深重。故有'有钱莫买河边地，三十河东四十西'之说。"①相较于鸭子河，马牧河河床不算宽阔，非汛期的马牧河甚至可以说是"涓涓细流"，能把遗址毁成现在的状态，应该是长时间的汛期洪水冲刷河岸造成的。

遗址这样的现状既让我们痛心，同时也让我们思考：为什么三星堆遗址内会有这样的一条河？

在成都平原这样多雨、水量充沛的地区，让河流穿城而过，无疑是极其冒险的。河流固然可以提供运输和取水的便捷，但同时，洪水季节的河流也是非常危险的。我们先来看一则气象统计数据。

---

① 四川省广汉市《广汉县志》编辑部：《广汉县志》，四川人民出版社，1992年，135页。

民国26～29年气象概况统计：（广汉）4年年平均降水量为801.3毫米。1959～1985年资料：累年年平均降水量为890.8毫米。27年中，最多是1961年，为1390.6毫米；最少是1969年，553.4毫米。……累年夏季平均降水量为536毫米，占全年60.2%，最多年达79%；而累年冬季平均只达21.6毫米，占全年2.4%，最少年仅占1%；累年秋季平均降水量193.9毫米，占全年21.8%，最多年达39%，最少年仅9%；累年春季平均降水量139.3毫米，占全年15.6%，最多年达27%，最少年为8%。形成冬、春季偏旱，夏季偏涝[①]。

可见广汉的降水主要集中在夏季，是洪水多发地区，而三星堆遗址距离龙门山脉山脚的直线距离仅30千米，若以鸭子河河道测量约是37千米。鸭子河在城北作为护城的天堑，还可以称赞得地势之利。而马牧河曲折地穿城而过，最终冲毁了约相当于大城1/2面积的遗址堆积。恶果显而易见！

现在的马牧河河道在遗址中的走向，是从西南角进城后即沿西城墙折向北，到西城墙水门位置拐角处拐向东，在月亮湾城墙处折向南，再东南向穿南城墙出城。但现在的河道曾经过人工截弯取直，所以20世纪80年代测绘图上的马牧河河道与1963年测绘的马牧河道有较大的出入（图版二，2）。

这么一座古城，挖壕沟、筑城墙，工程量以当时的生产力计绝非小事。在选址和规划方面，应该是谨慎而慎重的。但这样的设计，使得今天的三星堆遗址城内约一半面积的文化层堆积由于水流冲刷而涤荡一空。三星堆遗址今日的面貌，使得马牧河之害显而易见。为什么建造三星堆古城的先民会做此选择呢？

月亮湾小城和长江中游江汉平原的城址一样，有完整的垣壕结构，并且部分段借河为壕。但是大部分长江中游江汉平原的环壕聚落和垣壕聚落，虽然借河为壕，甚至出现引河入城的现象（如湖北荆门沙洋马家院城址[②]），但并无直接圈河入城的例子。目前，能明确看到天然河道有意规划入城的是良渚古城，而良渚

---

① 四川省广汉市《广汉县志》编辑部：《广汉县志》，四川人民出版社，1992年，56页。

② 湖北省荆门市博物馆：《荆门马家院屈家岭文化城址调查》，《文物》1997年第7期。

古城以复杂而巨大的水利工程闻名于世，入城的河流与形成危害的洪水水流方向接近垂直。也就是说，没有足够的实力，是不能、不会、不敢把天然河道规划入城中的。那三星堆有何独特的技术，能如此有底气地将马牧河圈入城中呢？

5.2.4.2 马牧河之谜

这既是由马牧河带出的疑问，也该从马牧河本身去寻找答案。

在科罗娜卫星照片上（图版二三），可以清晰地看到由淤沙积成的马牧河河床。从三星堆开始溯源马牧河，会看到在西面不远的地方，马牧河从小石河中分流出来。对于自然河流来说，百川归海，汇聚是很正常的，而分流是相对比较少见的。若是能在分流处控制住分入马牧河的水流大小，那么三星堆古城即便不是高枕无忧，也会大大降低洪水肆虐的风险。能水旱从人的才是“天府”，才能筑城以卫君，才能造郭以守民。

河道分流虽然少见，但在成都平原却很常见，但这种分流并非都是纯天然的，往往都有人力修筑分流水闸或分流堰。成都平原留存至今、赫赫有名的都江堰的核心设计理念恰恰是控制分流。太守李冰使用的技术原理，鱼嘴、金刚堤，“深淘滩，低作堰”，本身并不复杂。只是若要灌溉成都平原上的万顷良田，需要的水渠、水闸和都江堰一起构成的水网系统才更复杂。都江堰只是这一系统的渠首工程。

传说李冰设计建造了都江堰，虽然文献中没有提到这种技术的起源，但其设计理念、建造技术已经相当成熟。成都平原的先民一定在李冰治水之前便对这种分水结构积累了丰富的经验，才有把握实施这么宏大的工程。三星堆小城的建设，虽然目前还没有足够的证据，不能百分之百地肯定使用了这种分流技术，但既然敢让马牧河穿城而过，马牧河又是从小石河中分流而来的，说明当时人很可能就已经掌握了这其中分流技术的奥妙，并应用于实践之中。

说起都江堰，大家都赞不绝口。但其实都江堰的分水原理在成都平原多有实践。这是一项晚到民国仍然在广泛使用的技术。我们可以从没有大型工程机械的民国实例来看分流取水其实并不是太难实现的技术。

“民国26年2月，县府技士陈泌负责施工（湔江堰），历时3个月，按设计完成。由于此次工程采用传统的木石简易结构，当年秋季，除拦沙坝外，其余工程均遭洪水冲毁。”[①]从这则记载来看，湔江堰修建历时仅3个月，虽然古今设计、技术、工具水平会有较大的差距，但工程应当在先民承受范围之内。而湔江堰建成之后，当年便被冲毁，也可见这种简易的分水结构易毁难存，想通过考古工作来验证，有相当的难度，可遇而不可求。

因为都江堰，我们大约可以知道，鱼嘴、平梁的分水技术在李冰主政成都时期便已成熟，此后成都平原也一直沿用。类似的结构不只都江堰一处，只是都江堰最大、最有名。任何事物从开始到成熟都有一个发展的过程，何况是都江堰系统这样复杂的工程。“都江堰水利工程的早期形成非朝夕之间，与源远流长的古蜀文明有不可分割的关系”[②]，但究竟关系如何，往上可追溯到什么时候，又是有待考古求证的问题。

如果存在相似的结构，那么将二者联系起来考虑，即便欠成熟周全，也必须如此。只是成都平原历来重视水利，水利设施历代兴修整改也是常事，水道兴废、水系变化，都有可能。从文献记载来看，马牧河、小石河、鸭子河等湔江支流，历史上分分合合，习以为常。我们在科罗娜卫片上看到的分流，应出自人为干涉而非天然，但这种干涉是来自三千多年前三星堆时期的先民还是后人？这才是问题的关键！为此，有必要交待一下马牧河的历史变迁和沱江流域水利史。

首先介绍一个核心概念：湔江堰。

> 湔江堰是古代引用沱江上游湔江水源形成的水道网的总称。湔江出山区进入平原后，即呈扇形散流，历代利用自然条件分散引水，形成众多水道，与天然河道交叉相错。清嘉靖《彭县志》始记有湔江堰之名，民国时期沿用。湔江堰不是独立的一条主干及许多分支，而是以湔江为核心，左右分水，在各个历史时期又有分有合，直到现代才基本定型[③]。

① 成都市地方志编纂委员会：《成都市志·水利志》，四川辞书出版社，2001年，237页。

② 姚思源：《论古蜀文明与都江堰学》，《地方文化研究辑刊》，巴蜀书社，2008年，84页。

③ 成都市地方志编纂委员会：《成都市志·水利志》，四川辞书出版社，2001年，236页。

湔江历史上最多曾分为九支。

> 自东向西依次为鸭子河、小石河、马牧河、濛阳河、小濛阳河、白土河、新润河、新开河、清白江，号称“湔江九河”[①]。
>
> 最早的湔江堰干渠，主要有两支，北宋嘉裕五年（1060）《彭州镇国寺新修塔记》中“江析二派”可证。其中的一支东流入什邡县境慈母山，一支东南流入汉州（今广汉）界，分水处清代称为东、西两河口。据嘉庆《彭县志》所记：东河口宽14丈，“经里余分为四河”，西河口宽7丈，“经半里分为三河”。这左右两支即鸭子河和蒙水河。清道光十二年（1831），彭县知县毛辉凤为解决东西两河灌区水利纠纷，在旧堰分水口以下约100米处，修建鱼嘴及分水平梁，改两河分流的格局为五河并列引水。其分支水口自东向西为：鸭子河口宽约18米，马牧河口宽约16米，蒙阳河口宽约12.7米，新润河口宽约11.7米，新开河口宽约11.7米。同治年间（1862～1874），鸭子河口以下又分出小石河，新开河口以下又分出清白江，湔江堰五河分为七河。至光绪四年（1878），在马牧河右岸又分出小蒙阳河、蒙阳河右岸又分出白土河，七河又演变为九河，九河分水口都采用鱼嘴及平梁形式，以宽度控制分水量[②]。

根据文献记载，宋代分东、西河口，东河口是鸭子河，西河口是濛阳河。鸭子河在距河口一里里程以内分为四条河，濛阳河在半里里程以内分为三条河。道光年间，彭县知县毛辉凤新建鱼嘴和分水平梁，鸭子河、马牧河、濛阳河、新润河、新开河五河东西并列，同治年间鸭子河口以下又分出小石河。

20世纪70年代初，科罗娜卫星照片拍到的马牧河从小石河中分出，与县志记载的情况不符。《广汉县志》马牧河条称：

---

① 成都市地方志编纂委员会：《成都市志·水利志》，四川辞书出版社，2001年，30页。

② 同①，236页。

> 马牧河　源于彭县关口，湔堰分流之一，经彭县义和（今三界乡）入县境，流经三星、南兴，至西外注入滚阳河。1953年冬，修建人民渠二期工程时废弃，境内河段逐步开垦为耕地。1966年，彭县潘家埂溃决，洪水注入马牧河故道，流经县境三星乡白马寺汇入鸭子河。县内河段长8千米，称新马牧河[①]。

科罗娜卫星20世纪70年代初拍到的应该是新马牧河。大约是1966年的洪水冲开了原来马牧河故道的分水口，形成了新马牧河。但同时要指出的是，新马牧河是马牧河故道。虽然不太清楚历史上的湔江九河如何分分合合，“现鸭子、小石二河于什邡县马井乡北汇合为一，仍名鸭子河。清白江南流至彭县北君平乡，与都江堰内江渠系蒲阳河汇合而东流，原新开、新润、濛阳等河先后汇入。马牧、白土等河今已废置。因此，前代的湔江九河今已归一，即为鸭子河（小石河）”[②]。

不过，1966年彭县潘家埂溃决前1963年测绘图上，这条河道便存在，但水很小，而科罗娜卫片上河道清晰可见。但这从小石河中分流而出的马牧河显然和文献记载的从湔江直接开口分水的马牧河有差异。有意思的是，县志里说，河水灌入的是马牧河故道，但分水口既不是县志里描述的毛知县改的五河并列分水，也不是改之前的“经里余分为四河”。三星堆遗址相关的新马牧河可能并非湔江分流九河的马牧河，而应该是一段没有记入历史记载、被忽略的河道。也即很可能是之后的3000余年并未经过人为分流折腾、保持了原始格局的古河道。

说到湔江堰，还有一点很神奇，就是大名鼎鼎的都江堰在史书中最早的记载并不叫都江堰，而是叫“湔堰”，一个看起来似乎和湔江更相关的名字。

> 《华阳国志》在描述都江堰时，通篇没有提到都江堰，而是说：

---

① 四川省广汉市《广汉县志》编辑部：《广汉县志》，四川人民出版社，1992年，60页。

② 成都市地方志编纂委员会：《成都市志·水利志》，四川辞书出版社，2001年，30页。

“冰乃壅江作堋，穿郫江、检江，别支流，双过郡下，以行舟船。岷山多梓、柏、大竹，頹隨水流，坐致材木，功省用饒。又灌溉三郡，開稻田。於是蜀沃野千里，號為陸海。旱則引水浸潤，雨則杜塞水門，故記曰：‘水旱從人，不知飢饉。’‘時無荒年，天下謂之天府’也。……乃自湔堰上分穿羊摩江灌江西。”[①]《水经·江水注》：“李冰作大堰于此，壅江作堋，堋有左右口，谓之湔堋。”[②]

明明是“江”上的大堰，明明是“壅江作堋”，分水也是分给郫江、检江，与“湔水”没有关系，名字却被最早的史书记成“湔堰”。都江堰真正分水给湔江是汉景帝末年文翁“穿湔江口”[③]。

为什么都江堰最早会被称为“湔堰”？这其中缘由，从来都含混不清。清朝最擅考据，大学者齐召南认为，是因为这段水叫“湔江”，所以都江堰最早的名字叫“湔堰”或“湔堋”。

（江水）又东经王垒山，有白沙河东北来注之。折而南曰灌口。经县城西曰湔江，亦曰都江，即古离堆地。江至此分为二派，支渠纵横。其南流者正流也。其东流经郫县、新繁、成都、新都、金堂，南经简州、资阳、资县、富顺至泸州复合者沱江也[④]。

灌县段的岷江曾经被称作湔江吗？早期的文献并不见记载，但是都江堰最早被称为“湔堰”“湔堋”却史有明文，并且，湔江、湔水是沱江流域的地名。沱江上源有绵远河、石亭江、湔江三支。东源绵远河河源较长，通常被视为正源。中源石亭江在广汉三江镇易家河坝汇合西源湔江后，即与绵远河相汇。三源相汇后的干流，进入金堂县境，改称北河。北河自北向南流至金堂县赵镇，与都江堰

① （晋）常璩著，任乃强校注：《华阳国志校补图注》，上海古籍出版社，2007年，133页。任乃强注：羊摩江即今羊马河。

② （北魏）郦道元著，陈桥驿校证：《水经注校证》，中华书局，2007年，766页。

③ 同①，141页。

④ 齐召南：《水道提纲》卷八，四库全书文津阁版。

内江渠系中的蒲阳河—清白江（中河）、柏条河—毗河先后相汇，以下始称为沱江[①]。

湔江一名，一直指的是沱江流域鸭子河，都江堰最早的名称“湔堰”，找不到可信的命名根据。有可能是因为模仿了“湔水”上的类似工程，而彼时真正的“湔堰”已经废弃毁损，所以以当时在成都平原非常有名的“湔堰”命名了都江堰，与实际的湔江并没有太大的关系。提及岷江时，往往是直呼“江”或“大江”。读古籍江水行至灌口，往往与湔江相混，起因俱在此。

但是，仅仅一个“湔堰”的名称，就推测都江堰复制了“湔江堰”的模板，推测三星堆文化时期三星堆古城就使用了类似都江堰的这种分水工程，这个论证的中间环节，是不是太过于简陋？成都平原还发现过比都江堰更早的分水工程吗？

5.2.4.3 成都平原目前最早的分水工程

成都市方池街1985年曾发掘出数条石埂，平面大致成“工”字形，石埂间无任何黏结材料，估计是用竹笼装石、砌埂防洪[②]。但发掘面积太小，结构不太清楚，并且提到石埂之下，还有石埂。

方池街的生土层是卵石层，文化层第⑤层是灰沙和卵石堆积，厚达0.8米，加上后来的卵石埂，笔者认为方池街遗址其实是一个河渠的河床堆积。文化层第⑤层里面有打制石器、磨制石器、陶器等，这些遗物年代跨度很大，而之所以不约而同地沉积在这里，笔者觉得和这里的河床结构有很大的关系，要么是坡度突然平缓，河床比降降低；要么就是河面突然变宽，水势至此一缓；要么就是河床被壅堵，水流被束起来后，稍微上游一点的地方，水势也会平缓。很明显，这里应该是卵石埂壅阻河道，束住水势，导致水势突然变缓，河流的携带能力突然下降，所以很多遗物“不约而同”地沉积下来。

---

① 成都市地方志编纂委员会：《成都市志·水利志》，四川辞书出版社，2001年，28页。

② 成都市博物馆考古队、成都市文物考古研究所：《成都方池街古遗址发掘报告》，《考古学报》2003年第2期。

发掘者认为这些卵石堤埂是战国时期古蜀开明时期修建的水利工程。雷玉华老师认为："该工程系用竹篾络卵砾石垒筑而成的三条砾石埂子，其中中埂的作用是壅水，其余两埂主要是疏正水流方向。"①从其描述"中埂窄而矮，位于河床中，其余两埂附筑于岸边，比中埂宽而高"②来看，雷玉华老师认为这与都江堰结构中"飞沙堰"的结构特征相似。

发掘者认为，中埂应该是飞沙堰，但这里有一个问题，西埂南端的残存高度是0.3米，东埂和中埂的残存高度是0.5米，发掘者认为最矮的埂是中埂，但从数据看，比中埂更矮的是西埂。如果中埂受水，并且从成都的总体来水方向看，一般是西北来水，很少是南边来水，从沉积物集中在中、西埂夹角位置，也可看出是西北来水。西北来的水被中埂一束，水势马上变缓，五道卵石筑成的东埂根本就不会受到河水的冲刷，反而是相对薄弱的西埂受到的冲击更直接、更激烈，当然，或许西埂就是被冲毁了才只剩下这么一点。但是五道卵石筑成的东埂看起来很没必要，这是该推测最直接的内伤。

如果我们换一种推测，东埂的坚固和西埂的薄弱就会迎刃而解。方池街的卵石堆积，因为发掘面积的限制，很多都不知道了，所以，笔者做了一个复原的想象图（图5.5）：理由如下：报告中说了，整个卵石结构中最厚实、最坚固的是中埂和东埂相交的地方，那么，这个地方也应该是实际使用中受力最大的地方。而我们参考都江堰的结构，整个工程受力最大的地方是鱼嘴，如果把这个地方定为鱼嘴，这些石埂的结构就非常清楚了。西埂其实是外金刚堤，受外江冲刷，所以需要至少5道石埂保护。中埂其实是内金刚堤，也会协助束水，受到冲刷，所以是3道石埂。西埂其实是分水平梁，起到的作用是壅水、飞沙，所以比较低矮。壅水做什么呢？壅水才好分流，不然水一下就过去了，很难灌入引水渠中。分水平梁附近一定还有一个水口，正好最西边还有两条存在感很弱的石埂，因为经过分水平梁壅水后的河道已经不怎么被冲刷了，所以卵石埂的规模也就比较小，也只是保护河岸。最西边的一条则应该是引水渠的河岸了。

---

① 雷玉华：《考古所见川西先秦两汉水利》，《古今农业》1992年第1期。

② 同①。

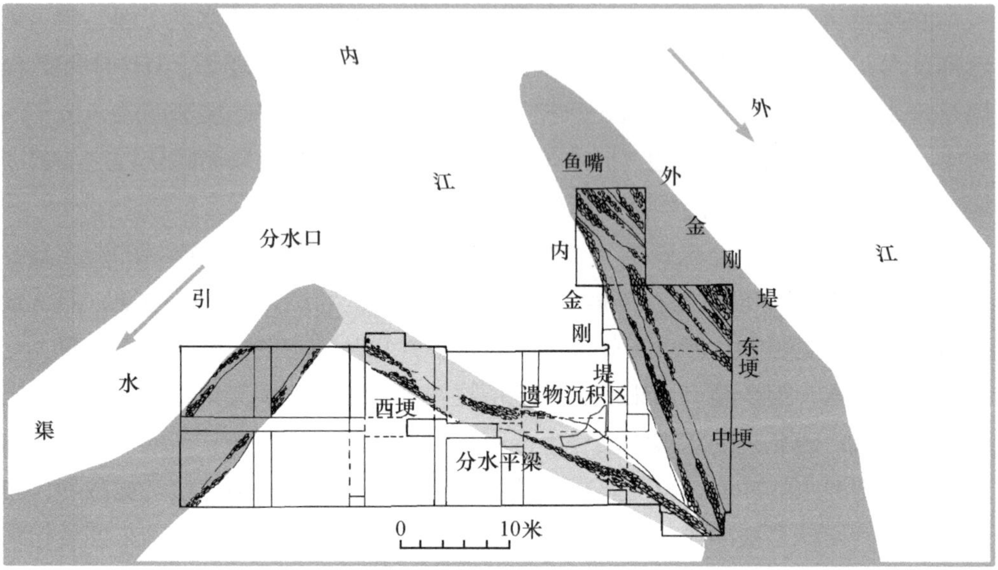

图5.5 方池街遗址卵石土埂复原想象图

这样的复原假设对不对呢？我们结合简报，来进一步分析石埂的结构和遗物的堆积情况。

简报公布了一张照片（图5.6），为第④b层遗物出土情况，可以看到，大量接近完整的器物沉积在卵石埂附近，这是一个非常特殊的现象，因为我们在其他已公布照片上没有看到类似的现象，但简报没说这张照片拍摄于哪里，那条卵石埂是哪条埂，所幸照片刚好拍到了一个隔梁的剖面，因为只有两排探方，所以位置基本能在图上确定，在西埂北面中部偏东的位置（图5.5上标记遗物沉积区）（因为方池街遗址没有公布自己的探方号，而且也不太看得懂遗物的编号系统，好像和大家通常用的不太一样）。这充分说明了起壅水作用的是西埂。

并且，在可以观察到的范围内，西埂埂脚打入砾石层0.4米，是3埂中最深的，而且西埂也是残损、崩塌最厉害的一条埂，这都充分说明，西埂是受冲击最大的一条埂。

另外的证据是遗址的堆积结构。这些卵石埂在很大程度上是改变了水流的作用进而改变了河床的沉积结构的。

图5.6　方池街遗址第④b层遗物堆积情况[①]

这个遗址第⑤层是灰沙和卵石堆积，前面我们说了，河床到此变宽，所以夏季暴雨的时候，携带的卵石、文化遗物到此就沉积下来了，水量变小，流速更慢的时候，灰沙也沉积下来了。后来开始修建石埂，石埂壅水，水流速度从更上游的位置就慢下来了，所以流水携带的卵石在更上游的位置就沉积了，在卵石埂附近沉降的只有沙和淤泥沉积，这正是④b层的堆积特征。而这些水利设施毁掉之后，④a层堆积又和之前的⑤层接近，是卵石夹黄沙层。

遗址堆积中④b层叠压在卵石土埂之上，主体应该是卵石土埂使用和刚废弃时形成的沉积。历年随水冲来的遗物沉积于此，但正常情况下会像都江堰一样，每年会淘滩，清理淤沙，以防淤积，所以④b层的遗物也包括刚废弃时不再淘滩时的淤积。

可见，地层堆积的特点和我们的复原不冲突。由于现场已经不在，无法从堆积结构去寻找更直接的证据。但好在1990年初，在其往西不远处又发现了一处类似的工程，由大、小两条靠得很近的砾石埂子组成，并且该工程之下还叠压着另一处工程，方向正好与之相反。1990年秋，在这两次发掘的地区之间配合基建又

① 成都市博物馆考古队、成都市文物考古研究所：《成都方池街古遗址发掘报告》，《考古学报》2003年第2期，图版拾肆，2。

进行扩方勘探，结果发现了大致平行的多条砾石埂子[①]，只是没有完整地揭露，1990年发掘材料也未公布。

因只有这么几句话，只能管窥蠡测了。没有图，也没有看过现场，但大致平行的多条砾石埂子正是用于进一步分水的水渠，正好证明其东面也就是方池街遗址的西面应该有一个分水口。

那么方池街分水工程的年代是什么时候呢？这涉及两个问题，一个是水利工程的始建年代，一个是废弃年代。

我们上文说了，工程建好的时候，局部水动力环境就改变了，沉积结构就开始发生变化。所以⑤层的下限就是工程年代的上限，④B层最早的沉积物应该标志着工程建成开始使用的年代，而④B层最晚的沉积物，应该标志着工程废弃的年代，而④A层，应该是工程废弃的下限。

我们来看⑤A层的年代。⑤A层的陶器总体和十二桥遗址⑬～⑩层的堆积比较接近。④B层所出陶器基本见于十二桥遗址⑬～⑩层，只是鼎的年代可能比较晚，但鼎的鼎足外撇而不上卷，仍然显示出比较早的特征，年代可能在春秋时期。双手缚于身后的小人见于三星堆遗址和金沙遗址，年代应该在商代晚期。④A层陶釜扁矮，陶碗圈足较大，应该属于战国时期（图5.7）。

方池街分水工程的始建年代比较明确，叠压的⑤层和开始沉积的④B层年代比较相近，上下相接，当是始建于商代晚期，因为这里讨论的水动力的改变，所以不只包含我们看到的石埂，还包含石埂下面压着的石埂，即指开始兴修水利工程的年代。到春秋的时候废弃。到战国时，工程已被泥沙淤平，不再有壅水缓流的作用，而重新开始沉积砾石和沙。

方池街遗址的水利设施从规模来看，是在一条很小支流上的分水设施。而都江堰面临的是岷江，二者水量和流速都不在一个数量级上，这才是都江堰水利工程更伟大的地方。但正是成都平原上很多个类似方池街遗址的水利工程积累的经验，才让都江堰这样宏伟的水利工程有更合理、更科学、更完善的设计。

成都平原因为地理环境，应该说是一个饱受水患困扰的地区，所以成都平原的早期水利设施应该是一个被重点关注的对象，成都平原的文明进程亦与此息息相关。发掘中有零星收获，如指挥街遗址中也发现一排柱桩和竹木编拦沙筐，发

---

① 雷玉华：《考古所见川西先秦两汉水利》，《古今农业》1992年第1期。

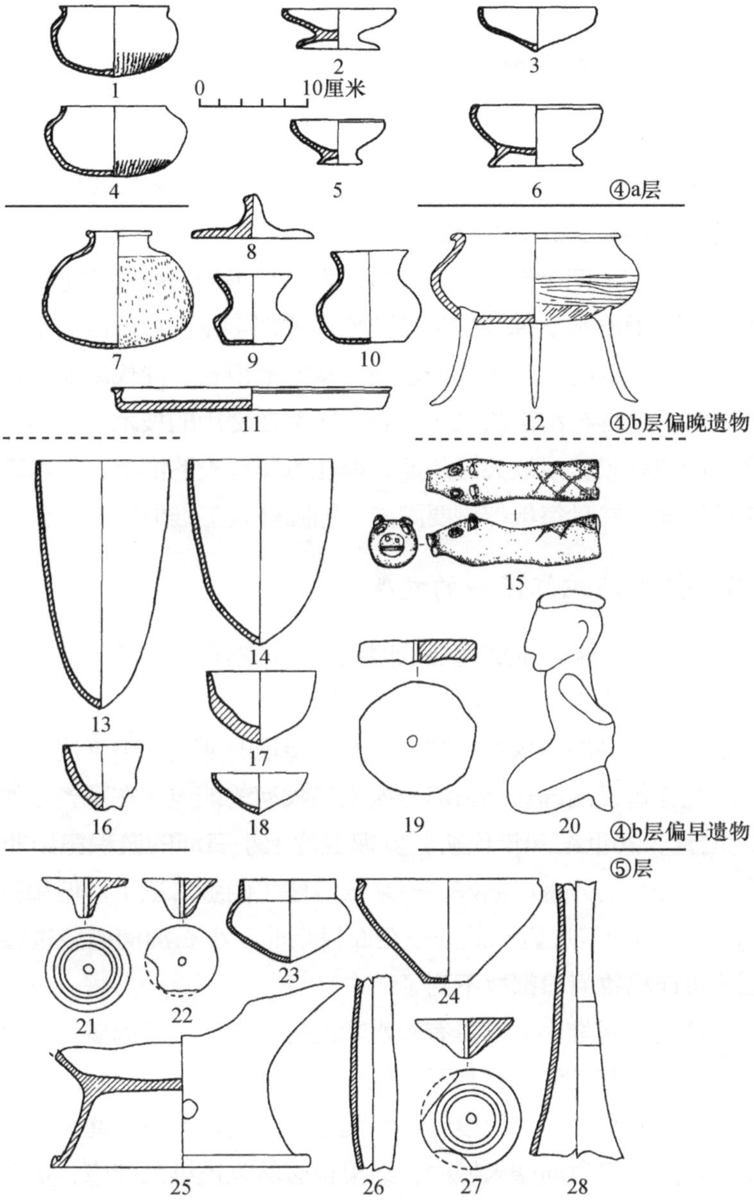

图5.7　方池街遗址出土遗物

1、4、7. 釜（1985CFZT8③B：11、1985CFZT8③B：7、1984CF2④）　2、5、6. 圈足豆（1985CFZT8②：10、1985CFZT8②：4、1985CFZT8③B：30）　3. 尖底盏（1985CFZT8③A）　8. 器盖（1985CFT9⑤）　9、10. 平底束颈罐（1986CFZT8③：6、1985CFZT6②b）　11. 大盘（1985CF2T9①）　12. 陶鼎（1985CF②：111）　13、14. 尖底杯（1985CF2T5⑥：4、1985CF2T9④：2）　15. 陶猪龙（1985CFT200）　16、17. 小尖底杯（1985CFT3⑥、1985CFT9③）　18. 尖底盏（1985CF2T5⑥：2）　19. 圆陶片（1985CFT4⑤）　20. 石人（1984CFT12）　21、22、27. 纺轮（1985CFT15、1985CFT17、1985CFT16）　23. 尖底罐（1985CF2T5⑤）　24. 小平底钵（1985CFT⑧：20）　25. 圈足（1985CFT12）　26、28. 高柄豆类器（1985CF2T①、1985CF2T②）

（除石人外，余均为陶器）

掘者“根据某些现象观察，可能与防洪治水有关”[1]。但指挥街没有发现砾石土埂，可能是另一种形式的防洪措施。

方池街、指挥街两个遗址都发现被认为与防洪治水有关的工程，可见对于成都平原来说，防洪治水是基本的生存技能。成都平原重视防洪治水，因地制宜，运用不同的材料和结构，变水害为水利。从方池街看，商代晚期分水工程技术就已经相对完备，这种在沱江流域一直到民国都在使用的技术，鱼嘴、分水平梁原理都一样，简单朴素，成败关键是要扛得住每年夏天的洪水，技术高低也取决于河水的流量流速，并且每年都需要淘浚、加固等人工维护。

5.2.5 水利技术与沱江流域的发展

本书讨论的时代和方池街遗迹的时代之间仍然有着约千年的时间差，马牧河口存在分流控水的设施目前只能是一种推测。

三星堆小城既被冲得仅存一隅，即便三星堆时期先民曾修建分水堰，堰体也早已毁损。笔者曾试图调查小石河分流出马牧河的地点，在准备工作中用Google Earth确定位置。20世纪70年代初科罗娜卫片上小石河的淤积已经非常严重，马牧河从小石河分水的分水口刚好被一朵云遮住（图版二三）。但和科罗娜卫片相比，Google Earth的卫片显示此处已经面目全非，小石河河道经过整改，已加修堤坝。原位置连马牧河口都找不到了。

虽然为修建三星堆小城而具有控水功能的马牧河的“湔堰”还没有找到，也不清楚结构，也没有任何记载甚至传说留传下来。但是，马牧河的危害，从现在三星堆小城、大城被冲毁的程度看，客观存在。三星堆小城建城时，若只是贪图水运之便，盲目将马牧河圈入城中，结果也必然难逃洪水肆虐，更不用谈长达千年的连续发展。马牧河与三星堆小城、大城共存是一个由考古得出，也可以回到田野工作中检验的事实。三星堆遗址大约从距今4500年沿用到距今3000年，作为成都平原都邑性质的中心聚落存在是多年考古工作得出的客观结论。马牧河从小石河中分流而来，与历史记载的湔江九河分流的情况不符，说明并非历史时期兴修水利改造所致，但又提供了与都江堰分流原理相似的客观条件。

---

① 四川大学博物馆、成都市博物馆：《成都指挥街周代遗址发掘报告》，《南方民族考古》第一辑，四川大学出版社，1987年，175页。

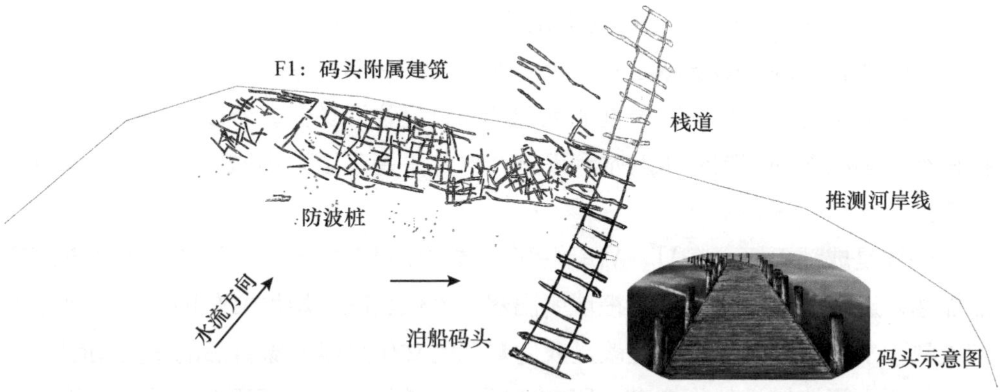

图5.8　十二桥遗址码头结构图

这些都说明，三星堆人是在有把握的前提下把马牧河圈入三星堆古城、小城之中。但是，如此大费周章地把马牧河圈入城中，难道只是要后人知道都江堰的技术源头是三星堆遗址吗？

难能可贵的，是成都平原幸运地发现了一个非常罕见的遗址——十二桥遗址。《成都十二桥》中对十二桥遗址早期建筑F1的复原，是一个T字形的建筑结构。但从“廊房”和“正房”的用材差异上，可以看到，“廊房”的结构和现代湖泊边常见的简易码头非常像。事实上，复原中的廊房正是码头。从柱网结构来看，正房和码头的衔接非常紧密，几乎是一体的，这也是为什么当初复原会采取T字形结构的一个原因。正房推测是用于码头船只、货物管理的“办公用房”。码头的位置，一般在河流的凹岸，这就能解释F1的位置应该就是在河滨，方向与河岸方向一致，不会是在河道中间阻碍航道，但来水方向几乎成90°垂直方向。至于为什么码头过了正房还在向前延伸，估计是当时岸边漫滩上多是河沙，搬运货物的话，负重的人容易陷入河沙中，难以行走，所以还有一段同样结构的木栈道。

十二桥遗址遗物部分已经早到三星堆文化X段，应该不是岷江流域的创举，沱江流域应该有类似的码头，可见水运其实在三星堆文化时期就应该是大宗货物运输的主要方式。把马牧河圈入城中，就如同把路修进城中一样。水运的便捷才是把马牧河规划入城中的根本原因，并且，鉴于三星堆遗址发现的粮食作物也以水稻为主，马牧河可能兼有灌溉、取水和排水的作用。

三星堆遗址的兴盛和三星堆文化的发展，得益于鸭子河、马牧河“双过郡下”，既功省用饶又得灌溉之利。金沙遗址有摸底河，李冰穿郫江、检江作护城河，其结构和功能，都与三星堆遗址鸭子河、马牧河类似。所以，马牧河口必然存在类似都江堰的控制分水的水利设施，这几乎是三星堆小城城圈形成必须具备的前提条件。

同样是成都平原，在Ⅵ、Ⅶ段岷江流域文化衰落之际，沱江流域的发展却突然加速，迅速进入以三星堆祭祀坑所出器物为代表的三星堆文化时期。水利技术的成熟和水利设施的修建，应该是我们看到的文化兴盛表象背后的重要动因。

至于岷江流域为什么会有一段空白期？这首先在于岷江和沱江的年径流量本来就存在差异，岷江入成都平原鱼嘴处多年平均径流量158亿立方米，沱江汇入长江多年平均径流量150亿立方米，鸭子河多年平均径流量6.4亿立方米，石亭江年均6.58亿立方米，绵远河5.12亿立方米①。

岷江都江堰以上段比降为8.2‰，流速最大可达6～7米/秒②。湔江在关口以上的山区河段长65千米，平均比降15.3‰；关口至湔江（鸭子河）与石亭江汇合口之间的平原河段长57千米，平均比降5.24‰③。并且根据岷江二王庙站和鸭子河洪峰流量的比较表（表5.1）来看，鸭子河水量虽小，但洪峰时期的流速同样非常快，洪水风险同样存在。径流量的差异导致两个区域建造水利的难易有差异。所以，都江堰水利工程的结构原理应该是起源于湔江（鸭子河）流域，而正是有这样的水利工程，才让沱江流域的文化在洪水的威胁中延续，才让三星堆遗址安安稳稳地延续了约1300年。

5.2.6 岷江流域和沱江流域文化发展的比较

成都平原，岷江流域和沱江流域总体来说自然环境是近似的。岷江比沱江的水流量更大更充沛当然是两区文化发展出现差异的一个重要的客观条件，但人的主观能动性、人对自然的改造技术和能力，才是两区发展差异的根本原因。

---

① 四川省广汉市《广汉县志》编辑部：《广汉县志》，四川人民出版社，1992年，59、60页。

② 四川省地质矿产局：《四川省区域地质志》，地质出版社，1991年，2页。

③ 成都市地方志编纂委员会：《成都市志·水利志》，四川辞书出版社，2001年，30页。

梳理这段历史可见，岷江流域由于水量巨大，改造不易，面对洪水，岷江人选择筑城。但城只能护住人，护不住城外的稻田，水稻抽穗、扬花、灌浆的时间正与洪水季重合，况且水稻田为了便于引水灌溉，地势相对较低，受洪灾影响当更为严重。宝墩深入成都平原腹地的重要原因，很可能是有更好的水稻种植条件，土壤更肥沃，河床比降下降，水流趋缓，利于灌溉。面对连续的洪水导致的减产，宝墩276万平方米规模的大城无力支撑，选择弃城。是以宝墩的内外城墙，有的增筑，有的未增筑就已废弃。芒城、郫县古城、鱼凫城都采取了同样的策略——加宽加高城墙，芒城还增加城垣，甚至可能更改经济结构，选择高地粟作、低地稻作，互为补充。但是长时间的洪水，仍然极大地消耗了社会财富，最终由于环境的持续恶劣，引发了社会的崩溃。从目前的考古成果看，岷江外江流域主要为城址，而且多在宝墩一、二期。可能从宝墩三期开始，岷江外江流域人口北迁内江流域。宝墩四期末（相当于本文序列的Ⅴ段末），岷江流域人口纷纷北迁沱江流域。

沱江流域由于河流径流量小，水利工程难度相对较小，开发了类似都江堰的疏导系统，减轻了洪水的威胁。月亮湾小城夹于马牧河、鸭子河之间，城中有高台建筑，与宝墩筑城防洪不同，月亮湾小城“筑城以卫君”的意图更为明显。

自Ⅴ段末，岷江流域人口受环境压力影响不断迁入沱江流域，导致沱江流域人口激增，人口的密集促进了沱江流域的开发，财富的积累导致社会贫富差异加大、社会阶层分化。第二大期与第一大期相比，社会的进步显而易见。如果说第一大期还徘徊在文明的门槛附近，那么第二大期从城墙的体量、城的规模、大型建筑以及社会阶层的分化来看，则显示出一个复杂的社会已初具规模，脱离洪荒，迈入文明。

三星堆遗址城墙的加宽加高与城内高等级遗迹、遗物的出现相呼应，显示出城墙的加宽加高绝不仅仅是来自自然环境的压力，还有人与人之间的紧张关系。但这种紧张是由于大量外来人口迁入带来的压力，还是来自社会等级分化的内部因素，或兼而有之，目前还没有足够的资料来区分。

从Ⅷ段开始，岷江流域在分流控水的技术加持下，开始经济复苏和社会重启。但洪水仍然是悬在岷江聚落头顶的达摩克利斯之剑，被冲毁的十二桥遗址、指挥街遗址，见证了这个社会遭遇的“十年一遇”“百年一遇”的大洪水。金沙遗址祭祀区在河道边的祭祀遗迹，也表明岷江流域对河流、洪水始终充满了敬畏。从Ⅷ段开始，岷江流域进入了加速增长期，以遗址数量为指标的聚落数量增加，并且出现了金沙这样的大型高等级遗址。

5.2.7 成都平原的农业与社会

在成都平原的文化演进过程中，有两个技术扮演了非常关键的角色。一个是水利技术，从岷江流域和沱江流域文化发展的比较可以看出，只有掌握了水利技术，才能在水患频繁的成都平原上变害为利，获得发展的空间。从历史的经验看，李冰新修或者改良了的都江堰，是成都平原成为“天府之国”的关键节点。而沱江流域“湔江”（小石河、鸭子河的总称）上的 “湔堰”（马牧河口的分流控水设施），或许正是成就三星堆文化的秘诀。

而另一个关键则应该是适宜成都平原水热条件的稻作技术的传入和推广。

5.2.7.1 茂县营盘山

成都平原获得开发，人口的来源指向了相隔龙门山脉的岷江河谷。根据赵志军、陈剑等先生的研究①，以茂县营盘山遗址为代表的岷江河谷的主食结构是黍、粟为主，藜科可能也在其中占据重要的地位。藜科中的藜，俗名灰灰菜，可以作蔬菜食用，成熟的种子可以作主食，但部分品种有苦味。营盘山遗址先民的食谱还算比较丰富，浮选发现了野大豆（*Glycine soja*），可以作为蔬菜和香料的紫苏（*Perilla frutescens*）。还有丰富的水果，桃（*Prunus persica*）、梅（*Prunus mume*）、杏（*Prunus armeniaca*），三种蔷薇科李属（Rosaceae *Prunus* sp.）的水果残核，葡萄属种子（*Vitis* sp.），还有酸酸甜甜现在被开发为听装“沙棘汁”饮料的沙棘（*Hippophae rhamnoides*）。

蛋白质方面，根据何锟宇先生等的研究②，营盘山动物骨骼比较丰富，家畜有家猪（*Susdom estica*）、黄牛（*Bos taurus*）和狗（*Canis familiaris*），其中家猪的最小个体数63个，占所有发现动物最小个体数的64.95%，并且

---

① 赵志军、陈剑：《四川茂县营盘山遗址浮选结果及分析》，《南方文物》2011年第3期。

② 何锟宇、蒋成、陈剑：《浅论动物考古学中两种肉量估算方法——以营盘山遗址出土的动物骨骼为例》，《考古与文物》2009年第5期。

提供的肉量高达77.79%。除了畜养的家猪外，营盘山人还吃鱼、鸟和狩猎获得的野生动物。鸟的种类有石鸡（*Alectoris chukar*）、环颈雉（*Phasianus colchicus*）和大鵟（*Buteo hemilasius*）。野生动物有藏酋猴（*Macaca thibetana*）、黑熊（*Selenarctos thibetanus*）、猪獾（*Arctonyx collaris*）、小麂（*Muntiacus reevesi*）、水鹿（*Cervus unicolor*）、斑鹿（*Cervus nippon*）、斑羚（*Naemorhedus caudatus*）、兔子（*Lepus* sp.）和竹鼠（*Rhizomys* sp.）。

当然，笔者相信营盘山先民的食谱肯定比我们浮选发现的更加广谱，因为农业的生产可能无法完全满足先民的能量需求，需要采集和狩猎作为补充。营盘山遗址的动植物鉴定结果都支持营盘山遗址已经是一个典型的农业聚落，龙门山脉西麓的岷江河谷已经进入农业社会。而当他们翻越龙门山脉进入成都平原的时候，很自然地也把农业经济带入了成都平原。

5.2.7.2　什邡桂圆桥遗址①

什邡桂圆桥遗址发现了目前成都平原最早的新石器时代晚期遗存，在桂圆桥一期，发现过非常残破的1颗稻谷壳和1颗水稻穗轴，但稻谷壳的测年结果晚到了桂圆桥二期，穗轴因为太小，无法满足测年需要的碳含量，所以一个是扰动，一个是孤证，不足为凭。一期的主食结构以黍、粟为主，黍的地位甚至超越了粟，但桂圆桥一期4个遗迹的浮选结果并不理想，炭化植物种子的数量很少，比例容易出现偏差，藜科仍然是主食之外的重要补充。桂圆桥二期水稻开始出现，桂圆桥三期浮选种子较为丰富，发现了野豌豆（*Vicia* sp.）、豇豆属（*Vigna* sp.）、茄属（*Solanum* sp.）和桃属（*Prunus* sp.）。

桂圆桥遗址的植物浮选显示，其人民大概率是延续了营盘山人的食谱，迁居成都平原的早期居民，同样在营地周边采食他们熟悉的和不熟悉的野菜，继续吃他们喜爱的桃子，也许还有梅子和杏子之类的水果。而沙棘对生长的海拔有限制，成都平原的气候并不适合。

---

① 玳玉、万娇：《四川什邡市桂圆桥遗址浮选结果与分析》，《四川文物》2015年第5期。

5.2.7.3 宝墩文化时期

宝墩文化稻作已经占据了绝对的主体地位，在高山古城的浮选中①，水稻在作物中所占的比例高达95.2%，粟和黍已经屈居从属的地位，还发现了1粒大豆属的种子。宝墩遗址发现的作物有水稻、粟、薏苡属（*Coix* cf.）、野豌豆（*Vicia* sp.）和野豇豆（*Vigna* sp.）②。

宝墩晚期遗址以成都市中海国际社区③为代表，最大的突破在于发现了4粒小麦（*Triticum aestivum*），但没有测年。茂县下关子遗址也曾在距今4500年以上的遗迹中发现小麦，但经测年发现，为春秋时期的遗存扰入。对于一个地区新出现的作物，在条件许可的情况下，应该尽可能地对该类炭化作物种子进行测年，如果没有测年数据，应谨慎采信。

5.2.7.4 十二桥文化时期

（1）金沙遗址祭祀区④

成都平原的植物种子浮选情况总体并不理想，大量发现种子的遗存可遇不可求。但金沙遗址祭祀区是一个例外。在祭祀区存在烧火的情况，不充分的燃烧使得很多种子、果核和木材炭化之后没有继续灰化，而保留了大量的炭化植物种子、果核，可以让我们对当时的植被环境，包括乔木、灌木、藤本和草本植物有一个比较全面的了解。但因为这不是本文的讨论重点，报告列举得也很充分，本文从略，请参阅报告。下面主要说明被人类使用的食物的情况。

---

① 成都文物考古研究院：《大邑县高山古城遗址2013年度植物遗存浮选结果及分析》，《成都考古发现2016》，科学出版社，2018年，390～402页。

② 姜铭：《新津宝墩遗址2009年度考古试掘浮选结果分析研究》，《成都考古发现2009》，科学出版社，2011年，68～82页；成都文物考古研究所：《新津县宝墩遗址2013～2014年出土植物种子遗存分析报告》，《成都考古发现2013》，科学出版社，2015年，88～103页。

③ 成都文物考古研究所：《成都市中海国际社区遗址浮选结果及初步分析》，《成都考古发现2012》，科学出版社，2014年，240～252页。

④ 成都文物考古研究院、中国社会科学院考古研究所：《金沙遗址祭祀区植物大遗存浮选结果及分析》，《成都考古发现2015》，科学出版社，2017年，295～313页。

金沙遗址第一期新发现了葫芦，水果有葡萄属、南酸枣和甜瓜。第二期水果中发现了葡萄属、李属、樱属、梅子（存疑）。另外，作为全国唯一嗜麻的省份，在第二期的浮选中出现了花椒的种子。

（2）十二桥遗址

成都平原因为土壤酸性的缘故，很少在遗址中发现动物骨骼，但是对毁于洪水的遗址，隔绝氧气的环境反而为成都平原留下了关于动物利用的珍贵信息。

十二桥遗址⑫层发现了大量的动物骨骼[①]，这些动物骨骼经过何锟宇先生鉴定，发现在家畜方面，除了家猪、黄牛和狗外，还有马，数量最多的是家猪。而在野生哺乳动物方面，以水鹿、斑鹿、小麂这类平原常见的鹿科动物为主。另外还有藏酋猴、黑熊、猪獾等。哺乳动物之外，还可见鱼、鸟的骨骼，甚至还发现了有灼烧痕迹、用于占卜的龟腹甲。

附近的十二桥遗址新一村地点第⑨层[②]也发现了非常丰富的动物骨骼，家畜方面有猪、狗、黄牛、马和羊。鹿科动物发现水鹿、斑鹿、小麂。此外还有藏酋猴、黑熊、大象（臼齿）和犀牛。再加上三星堆二号祭祀坑曾出土一件栩栩如生的大公鸡，至此，成都平原可谓六畜俱全。家畜中以猪骨最多，可能猪是成都平原肉类的主要来源。黄牛、马、羊的骨骼都不多。黄牛和马的用途不清楚，尤其是马，成都平原到目前为止也没有发现商代或商代以前的车马具。

5.2.7.5　三星堆遗址

以三星堆遗址中系统浮选的T5388浮选鉴定结果为例，讨论我们对植物种子浮选的认识。

2012年，为了了解三星堆遗址的生业形态和饮食结构，在三星堆遗址青关山台地西侧的第一级上，布5米×5米探方一个。此处比青关山F1高等级建筑所在的高台要低1.8米，比更西侧的农田要高1.4米。当时访问附近居民，都认为此处低于F1所在高台的原因是土改时候挖掉了，很可能地表下就是早期的堆积，并且，

---

① 何锟宇：《试论十二桥文化的生业方式——以动物考古学研究为中心》，《考古》2011年第2期。

② 成都文物考古研究所：《成都市十二桥遗址新一村地点动物骨骼报告》，《成都考古发现2012》，科学出版社，2014年，273～294页。

从钻探的情况看，文化层厚2～3米，堆积非常丰富。要探讨生业形态和饮食结构，但筛土的结果并不理想，由于成都平原雨水多、土壤呈酸性，只筛选到少量的白色骨渣，后来便停止筛土，而是取更多的土样进行浮选。

同时，2013年发掘的仓包包地点和真武宫地点，虽然发掘的是夯土城墙，也采集了部分土样进行浮选。青关山地点、仓包包地点、真武宫地点一共采集了67份土样，共计832升，重1046.8千克。样本平均容积每份12.4升，重量每份15.6千克。样本容积中位数12升。最少的土样2014-GS64（2012GSFgT5388F1）样本量仅2升，重3.2千克，最多的土样2014-GS60［2013GSGgTG1（46）］样本量25升，重38.3千克。67份样本中真武宫城墙地点13份，仓包包地点10份，青关山地点44份，包括T5388探方43份和青关山台地上M31战国墓葬1份。

本书的分析重点是T5388的43份样本，总容积543升，总重量678.5千克，平均每份容积12.6升，每份重量15.8千克。样本容积中位数13升。最小的样本容积2升，最大的样本容积20升。这43份样本发现3437粒种子/水稻穗轴。其中炭化植物种子2634粒，炭化水稻穗轴371粒，非炭化植物种子432粒。平均每升土中浮选出4.9粒炭化植物种子。

发掘时，将新挖土样直接装入编织袋，等阴干后再进行浮选。浮选用小水桶法。一部分样本在浮选过程中没有干涉，只将浮起的炭化物倒入60目的尼龙纱布中，后面有一部分样本分了A样和B样，因为浮选过程中发现在小水桶土壤的上层有明显的褐色炭化物，便将这些炭化物舀入另一个尼龙纱布中，为了区别，将自然浮选的部分编号为A，手动干涉的部分编号为B。纱布阴干后，装入封口袋中，在实验室按2、1、0.5、0.25毫米4个标准分为5级，2毫米和1毫米筛网内分选炭化物全部在实验室显微镜下挑选和鉴定，随机挑选一部分样本的0.5mm级筛网内分选炭化物在实验室显微镜下挑选和鉴定。

T5388有16个地层单位（编号到⑰，其中⑥层实际为H11②层），28个灰坑编号，虽然后来因为发现有些仅仅是土色有区别，有些是大灰坑中的局部堆积，并不是真正的灰坑，还有和房屋遗迹相关的柱洞、沟槽等，看上去非常非常复杂。但事实上，T5388的时代非常集中。这是因为T5388并非是一处随意的堆放日常抛弃垃圾的场所，而是可以形成连续的、类似沉积过程的线性堆积。T5388是在目前三星堆遗址发现的最高等级大型建筑F1的下一级台地上，并不是日常生活的地方。从地层堆积来看，T5388的生土之上是几层夯土，夯土之上的⑪

层、S1、⑫层、⑬层陶片显示的年代都非常集中，泥质陶比例非常高，多有刻划纹，显示出与1980地点第④、⑤文化层非常相近的特征。⑪层上是一个多用卵石、碎陶片铺成的一个面。之上便是⑨、⑩层夯土，夯土上是⑧层，这是一个活动面。探方西南角有2012FgT5388F1局部出露，⑧层的年代大约在Ⅶ段。再之上是⑦层，⑦层的年代大约是Ⅷ段。⑦层的活动面上，有T5388最重要的遗迹H11，一个完整直径超过5米的大坑，这个坑边缘和底部都比较平整，明显是有意挖的，坑里面堆满了陶器，包括大量的高柄豆形器和小平底钵，有不少小平底钵几乎是完整的。H11的年代在Ⅹ段。之上是⑤～③层，④层下有H5，但H5是一个斜坡，并没有证据显示是人工遗迹。③层层面出现较多遗迹，比如H2以及与建筑有关的G1、Q1、D1，这些堆积的包含物显示出较强的相似性。打破H2的H1是目前发现的最晚的早期遗迹，出土陶片具有口沿边缘下折较宽，形成宽下折沿的特征，这是新一村文化典型器的特征。

所以，T5388的年代跨度大约为距今4500～2700年，上限接近三星堆遗址最早使用年限，下限超出三星堆遗址作为成都平原区域中心的使用年限，年代跨度对于我们的探讨而言非常完美。

下文将按T5388堆积的特征，分阶段，按从早到晚的顺序进行探讨。

（1）一期浮选结果分析

一期典型地层包括⑪～⑰层，其中⑪、S1、⑫、⑬层属于文化堆积，⑭～⑰层为夯土层堆积。除⑬层未采集土样外，其余地层、遗迹均采集土样，13个单位共计采集16份土样，179.5升。一期浮选炭化种子我们分两类来讨论，即作物类和非作物类。作物类炭化种子398粒，非作物类炭化种子64粒，未炭化种子131粒，未炭化种子中未见作物类种子，应该是地层或遗迹暴露时，来自周边田地的杂草种子无意识混入。一期平均每升土中浮选出炭化种子2.6粒，大大低于探方的平均值。

作物类炭化种子只有两种，粟和水稻。粟只有2粒，水稻有396粒，水稻占据了绝大部分，部分原因是水稻种子本身体量比较大，即便是碎块，也有比较明显的特征可以鉴定出来，396粒水稻中大于1/2的水稻只有85粒。即便按大于1/2的水稻来算，粟的比例也仅占2.3%，水稻占比97.7%。

原始记录包括⑩层下H15、H16和⑪层，因为解剖方太小了，所以堆积划分得很仔细，后来发现H15、H16除了土质土色略有区别外，堆积厚薄、出土物与⑪层并无区别。

（2）卵石层面

这是一个位于⑪层之上，⑩层夯土之下的一个活动面。不同于⑪层及其以下的地层、遗迹，卵石层层面的陶片年代显示沿用了较长的时间，跨越了一期和二期。卵石层面的炭化种子很少，只有7粒，还包括1个不可鉴别的碎块，作物类种子只有粟，并且还有且仅有1粒，杂草种子包括禾本科和蓼科，禾本科杂草1粒，蓼科蓼属的扁蓄（*Polygonum aviculare* L.）3粒和蓼科酸模属的小酸模（*Rumex acetosella*）1粒。

（3）第二大期

夯土层⑩层中共发现炭化植物种子27粒，其中破碎不能鉴定的碎块11粒，其余能鉴定的均为水稻，包括大于1/2的10粒和碎块6粒。

⑧层中出土了58粒炭化植物种子/水稻穗轴，其中不可鉴别碎块7粒，水稻穗轴27个，水稻种子16粒，其中大于1/2的7粒，碎块9粒。作物中还有粟1粒。杂草包括黑三棱属（*Sparganium* cf.）、何首乌（*Polygonum multiflorum*）、灰绿藜（*Chenopodium glaucum*）各1个，未鉴定杂草种子2粒。

⑧层下的F1，只浮选了2升土，发现炭化植物种子10粒，水稻穗轴5粒，炭化种子密度5粒/升。发现炭化水稻种子8粒，其中大于1/2的6粒，碎块2粒。杂草方面蓼科酸模属的小酸模2粒。

H11是T5388最大的人工遗迹，出土遗物也最多。H11有3份土样共计33升土，浮选出炭化植物种子46粒，密度1.4粒/升，远低于平均水平，并且多是碎块。作物类均为水稻，共29粒，占比63.04%，其中大于1/2的6粒，碎块23粒。其余不可辨识碎块16粒，1粒完整，但未能鉴定。

（4）第三大期

炭化植物种子最为丰富的是第三大期，包括③、④层及D1、H2、H4、H5，共计8份土样，其中H5③层取土样3份，其余各单位均取土样一份。土样共142升，出土炭化种子/水稻穗轴2330粒，其中水稻穗轴338粒，炭化植物种子1992粒，密度14粒/升，大大高于平均值。其中作物类种子1908粒，占炭化种子数的95.78%，可谓是占据了绝对的优势。

出现这种现象的原因在于H5。H5采样的位置为H5③层，这一层土本身土色发黑，包含炭化物十分丰富。H5③层3个土样57升土中共浮选出植物种子/穗轴

2197粒，其中穗轴338粒，炭化植物种子1859粒，密度32.6粒/升，包含作物种子1805粒。H5的特殊性由此可见一斑。为了不互相干扰，此处将H5的数据与其他遗迹分开分析。在作物中，有黍、粟（图版二四，2）和水稻（图版二四，1）三类。黍只有3粒，粟有70粒，水稻1732粒，其中大于1/2的631粒，碎块1101粒。即便只以大于1/2的水稻来计算，作物总数704粒，黍占0.43%，粟占9.94%，水稻占89.63%。如果以重量来计算，水稻会占更显著的优势。

其他单位③、④层及D1、H2、H4共计5个样本85升土，共发现106粒炭化种子，种子密度1.3粒/升。其中D1未发现炭化植物种子。考虑到D1是柱洞，将其剔除后，70升土，106粒种子，种子密度1.5粒/升。其中作物种子共84粒，占所有种子的79.25%，黍1粒，粟7粒，水稻73粒，其中大于1/2的32粒，碎块41粒。如果以大于1/2的炭化水稻种子来参与计算，那么黍占2.5%，粟占17.5%，水稻占80%。

（5）新一村文化时期

H1采集了3份土样42.5升土，浮选获得了44粒炭化种子，密度1.04粒/升。作物34粒，占比77.27%，包括粟和水稻，其中粟1粒，水稻33粒，大于1/2的18粒，以此计算粟占5.26%，水稻占94.74%。

（6）小结

第一，要强调的一点是，T5388具有特殊性，它的堆积构成并不是线性累积的人类的日常垃圾，它应该是青关山台地大型高等级建筑的附属部分。从⑭～⑰层、⑩与⑨层两组不连续的夯土，我们可以看到它的建造、修整或重建过程。而在这个过程中，这种使用环境下，它的堆积未必是人们日常生活的反映。我们并不清楚第一大期中的植物种子堆积是什么样的抛弃行为造成的，所以其实这些数字，还需要我们有更多类似活动以比较，才能解读出数字存在的意义。

第二，在T5388的堆积中，卵石面的数据是一个很有意思的现象。卵石面很可能是一个长久暴露的活动面。这个活动面上，种子不多，但以杂草为主，甚至没有出现水稻。

第三，水稻的食用方式应该是蒸食或者煮食，作为食物的水稻，是很难被炭化后留下来的。我们浮选出来的水稻，应该是来自人类的其他活动遗留，如说对水稻脱粒后产生的垃圾的焚烧，或者秸秆用作燃料时，在焚烧过程中会导致残存的谷粒、穗轴与秸秆分离，部分得以炭化保存等。这样的行为更可能导致水稻在其中被更经常、频繁地使用。所以出现鉴定出来的作物种子都是水稻的现象并不奇怪。T5388⑤层下，跨越第一、二大期，堆积并不厚，基本没有日常生活垃圾类遗存。

第四，T5388⑤层及其上的地层和遗迹，显示出这里不再作为重要建筑的一部分而受到保护和维护，开始出现日常生活类垃圾。黍、粟、水稻都开始出现，应该不是第三大期特有的农业形态的结构特征。成都平原最早发现的作物是黍、粟，即便在水稻占据主体的优势地位之后，这两种作物也一直作为水稻的重要补充而存在，是成都平原农业结构的基本形态，尤其是粟更是如此。但是由于发现的量太少，比例结构变动过大，分开分析的统计学意义并不大。

综上，虽然T5388跨越的时间段非常长，但是，从地层堆积来分析，T5388叠压在生土之上的就是夯土，说明它从一开始就属于非同寻常的功能分区。它的炭化植物种子的构成，反映的未必是饮食的结构。这其中水稻的绝对优势地位，反映的也许是社会上层对稻谷的偏爱。此外，还应该注意的是，秸秆是一种具有广泛用途的物资，可以用来引火，也可以作燃料，还可以作屋顶。秸秆上会留有大部分的穗轴和小部分的稻谷。这些都可能是水稻的比重偏高的原因。

从现有的对宝墩文化时期遗址的浮选简报和分析文章来看，成都平原可能存在因地制宜的农业体系。每个遗址根据周边的土地状况，种植黍、粟和水稻，在平坦的、水热条件十分优越的平原地区，水稻成为优先选择的农业作物①。黍、粟和水稻的种植在成都平原的技术已经相对成熟。环境与作物的相得益彰是成都平原文化发展的经济基础。随着对周边环境的改造，增长的人口、越来越多的农田和更多的粮食结余提供了成都平原文化发展的营养。

我们对炭化植物种子的发现具有偶然性，现在还没有一种固定的、包含丰富植物种子遗存的场景来供我们对发现的植物种子进行定量分析。显然，多雨、潮湿的成都平原不会像北方一样，用窖穴来储存粮食，粮食很可能是储存在地面建筑的仓库中，而类似的仓库在考古中并没有被识别出来。除非发现失火炭化的“仓库”，否则仓库中的粮食也会在自然条件下氧化腐坏。

我们目前发现的、浮选出来的炭化植物种子，大多来源于我们并不了解的人

---

① 闫雪、周志清、姜铭：《成都市中海国际社区遗址浮选结果及初步分析》，《成都考古发现2012》，科学出版社，2014年，243页。

类活动的随机残留，从大量遗迹里不停发现的炭化植物种子中，水稻占据了绝对的优势，在主食结构中的比例不低于80%。粟很少，黍就更少。这让我们觉得，成都平原从宝墩以来，一直以大米为主粮，并且这种主食结构一直保持到现代。这一点，基本可信。

在水果、蔬菜方面，一旦我们发现了一种，即便没有在晚期的遗址中再发现，也没有理由怀疑后来的人就不吃了。古人对周边环境、植物的认知一定远远超过我们，对植物的利用也应该远远超过我们。毕竟我们今天吃的蔬菜和水果，都是他们慢慢栽培驯化的。

蛋白质来源方面，从营盘山遗址开始，就食用鱼，到了河网密布的成都平原，鱼应该是最丰富、最廉价、最容易获得的蛋白质来源，饭稻羹鱼虽然是描写长江中下游平原的生活方式，但同样适合于成都平原。鱼之外最重要的蛋白质来源是家养的猪，其次是狩猎获取的鹿科动物。对马、牛的利用，估计不会是食用为主，也是希望未来能在考古发现中获得进展的突破点。

饮食之外，成都平原还有一个特点就是具有丰富的竹亚科资源。在宝墩遗址出土的木炭鉴定[①]中，就发现竹亚科占所有木炭总量的38.93%，远远高于第二位的壳斗科。竹子作为燃料并没有特别的优势，还很容易割破手。宝墩遗址中大量使用的竹子可能并不是用来作燃料的。在指挥街遗址中曾经发现春秋时期的竹编填沙筐一个[②]，也许竹编这种传统工艺在成都平原宝墩文化时期就已经有了。

从农业的发展来看，成都平原有两次技术飞跃。农业的第一次飞跃，便是来源于改变传统的旱作农业，改种水稻。农业的第二次飞跃，来源于水利技术的应用。方池街遗址是一个很好的例子，尤其是方池街遗址西边发现的多条平行水渠，足证彼时成都平原已经在引水灌溉农田。

农业的发展也显示出成都平原的社会发展并不是一个孤岛，而是在不断吸收周边文化的长处，水稻是一个例子，马和羊的出现是另一个很好的例子。不仅仅是经济，在文化上，从十二桥遗址出土的卜甲，也可以看到成都平原在文化上对

---

① 闫雪、王树芝等：《2013-2014年度宝墩遗址出土木炭遗存的初步研究》，《南方民族考古》第十三辑，科学出版社，2017年，311～321页。

② 四川大学博物馆、成都市博物馆：《成都指挥街周代遗址发掘报告》，《南方民族考古》第一辑，四川大学出版社，1987年，171～209页。

中原文化的接纳。

农业的发展带来了更多的人口，更多的人口可以开垦更多的土地，有更多的聚落。成都平原的发展，从考古上来看，遗址的增多是社会发展的基础，代表了先民对成都平原的开发。这种开发行为，势必造成成都平原森林逐渐减少，让洪水的威胁凸显出来。洪水胁迫不同聚落的人必须团结起来，或是修建城垣，或是兴修水利。大规模协作的需求，让聚落之间的联系更紧密，开始形成复杂的社会组织。宝墩城、三星堆城的出现，就是这些量变累积，不断演进到社会发展的下一个阶段。

三星堆一、二号祭祀坑以震惊世人的发现，展示的实际上是这个复杂社会结构中金字塔顶端的剪影。与通常所见的商代青铜重器侧重在青铜礼器上不同，三星堆以面貌独具特征的青铜人像闻名于世，还出土了很多用途有待探讨的神树、神殿等。这些用途和意义还没有完全探讨清楚的青铜神器，为我们探讨古蜀社会留下了非常重要的线索，对于缺乏文字记载的古蜀地来说，绝对是一份幸运。

5.2.8 星火燎原

第二大期沱江流域获得深度开发和空前发展，孕育出以三星堆遗址为代表的青铜文化。Ⅷ段人口逐渐扩散到岷江流域，出现了零星遗址，Ⅸ、Ⅹ段遗址数量持续增多。岷江流域的气候条件未见明显好转，从考古发现看，Ⅷ段之后洪水事件仍然时有发生，但却未妨碍岷江流域遗址的增长。

Ⅷ～Ⅻ段，成都平原的格局发生深刻的变化。Ⅹ段金沙的兴起，成都平原政治、经济中心逐渐南移，最终奠定了今日成都平原以成都为中心的格局。

Ⅷ段以来，岷江流域逐渐获得开发。目前不能确定是否能与气候事件相对应。从已有的对金沙ⅠT6814探方的分析来看，Ⅷ段以后湿热未改，岷江流域的开发仍平稳推进。其中的不同，当是对夏季几乎都会经历的洪水，应对之策已改为疏导。成都及其周边到目前为止未发现第二、三大期的城。从文献记载来看，秦灭蜀时，只说了筑城，未提及原来是否有城。

第三大期的成都平原，从遗址分布图看，岷江流域遗址数在Ⅹ段基础上有所增长。金沙遗址有Ⅷ段遗存（2004郎家村精品房地点H2331），Ⅹ段以来连续发展，演变脉络清晰，逐渐成为成都平原又一中心聚落。

三星堆遗址与金沙遗址一定存在势力此消彼长的一个过程。三星堆衰落的过程，以目前遗址中所见来看，并不清晰。Ⅺ段遗存便只在三星堆遗址三星堆小城南外、西城墙1991年发掘点有分布，Ⅻ段在三星堆遗址的分布点稍多。

青关山台地的发掘显示，台地上月亮湾小城北城墙与F1所在的台地间原有一段作为间隔的空地，但后来被人为填平，使得青关山台地和北城墙连为一体，在航拍图上平面形状呈“Z”字形。而填平这段间隔的，正是以尖底杯、尖底盏、方唇薄胎罐为代表的三星堆Ⅻ段典型器物。在台地西侧，包含物的堆积厚约1米，并且其上的T5388H1出土的包含物略晚于Ⅻ段，口沿紧贴口外侧下折，与新一村遗址相似。青关山台地上的H63包含物与T5388H1相似。而此时台地面貌已然与今日所见相同。

台地上F1仅存基址，毁弃后的建筑垃圾和毁损的用品均已不见踪迹。目前仅能判断至晚在Ⅻ段，三星堆遗址核心区域的青关山台地大型建筑已毁，与此相应的，三星堆遗址也彻底衰落。

岷江流域，据江章华先生分析：“二至四期是金沙聚落最繁盛的时期。三合花园发现的规格较高的大型建筑群也在该年代范围内，从三合花园大型建筑群的层位关系分析，该建筑位于⑤A层下，不会早于属二期的⑥层下H150，不会晚于属三期的④B层下的H128，而与之处于同一层位的H158属于三期，因此该组建筑的年代当在三期。到五、六期，金沙聚落已明显衰落，发现的遗存骤然减少，目前发现的主要是墓葬。”[①]

江章华先生认为，金沙西北位于高新区的系列遗址年代在金沙遗址一至四期的年代范围内，以一期居多。到二至四期，在金沙遗址范围内即“祭祀区”的西北部和北部，明显形成了一个较为集中的片状分布，而且二至四期遗存的格局相对比较稳定，遗存也最丰富[②]。可见位于金沙遗址也许是由西北的高新西区系列遗存东扩发展起来。二至四期是金沙最为繁盛的时期，而三星堆的衰落之迹始自Ⅺ段（相当于金沙一期）。填平青关山的堆积正与金沙二期典型陶器组合相合。

沱江流域的中心聚落三星堆与岷江流域的中心聚落金沙，是否存在过一段各自作为中心聚落并存的时间？

这涉及三星堆遗址作为中心城邑的时间界定。三星堆城的衰落时间，很可能

① 江章华：《金沙遗址初步分析》，《文物》2010年第2期。

② 同①。

与三星堆祭祀坑的埋藏时间相近。三星堆遗址在Ⅻ段时，以青关山台地的夷平为标志，月亮湾小城核心区被毁，三星堆作为中心城邑的地位彻底终结。

这两个事件之间的先后顺序，在于对一号祭祀坑年代的判断。一号祭祀坑坑口之上出土的尖底盏为敞口，显示出年代早于Ⅻ段的特征，似乎三星堆祭祀坑的埋藏当在青关山台地夷平之前。

从二者的逻辑关系看，埋藏倾国倾城财富的时间点虽然接近亡国，但仍在逃亡或灭亡之前。而青关山宫殿区的夷平，不是宫室被毁，而是青关山台地和月亮湾北城墙之间的间隔地带被填平，地貌被彻底改变。这标志着三星堆古城所象征的“国”灭。而这两个事件一定是祭祀坑埋藏在前，青关山夷平在后，但事件之间的间隔时间需要好好讨论。

关于三星堆祭祀坑，本书虽用祭祀坑之名，但并不认为这两坑器物是因祭祀而埋藏。相反，本书认为祭祀坑不是三星堆鼎盛时期祭祀行为的埋藏。祭祀坑所出的青铜人像、树、神庙、神坛等，当为宗庙或神庙之器。祭祀后的埋藏未见把祭祀的神或者祖宗一起打碎后埋掉的。埋这两坑器物，当是宗庙或神庙毁弃后的不得已之举。这些铜器和玉器，在当时肯定十分珍贵，绝不会常常露天放置，日晒雨淋。应该部分日常陈设于宗庙或神庙，部分大型造像平日收在府库，重大节日方拿出来陈设，供祭祀膜拜。

三星堆祭祀坑中，有形形色色的人物造型（图5.9），尤其难得的是，有的人像不是单独的，而是处于某种场景中。而这些造型尽管夸张，但并非完全虚构，总体还是真实场面的反映，这些人物应该都能还原到当时的现实世界中。从这些场景造型可以看出，二号祭祀坑反映的是一个真实的祭祀活动的场景。以所谓的“铜神坛”来看，可谓是一个浓缩的世界，最下层的神兽首尾相连、旋转不息，象征着斗转星移、循环往返。中间的鸟足人背负涡纹，帽子上伸出人面长身的不明造型，象征河流。之上是隆起的高山，再之上是神殿，神殿内带帽箍的人正在举行祭祀活动。之上是鸟身人面像，纵目大耳，与神树K2③：272上的鸟身人面像极为相似，也与纵目面具相似[①]。最上是飞鸟代表的天空。同时，这种结构，不只在铜神坛一件器物上发现，只是有的经简化，用图案而非立体造像的形

① 孙华：《三星堆器物坑文物丛考》，《四川盆地的青铜时代》，科学出版社，2000年，254页。

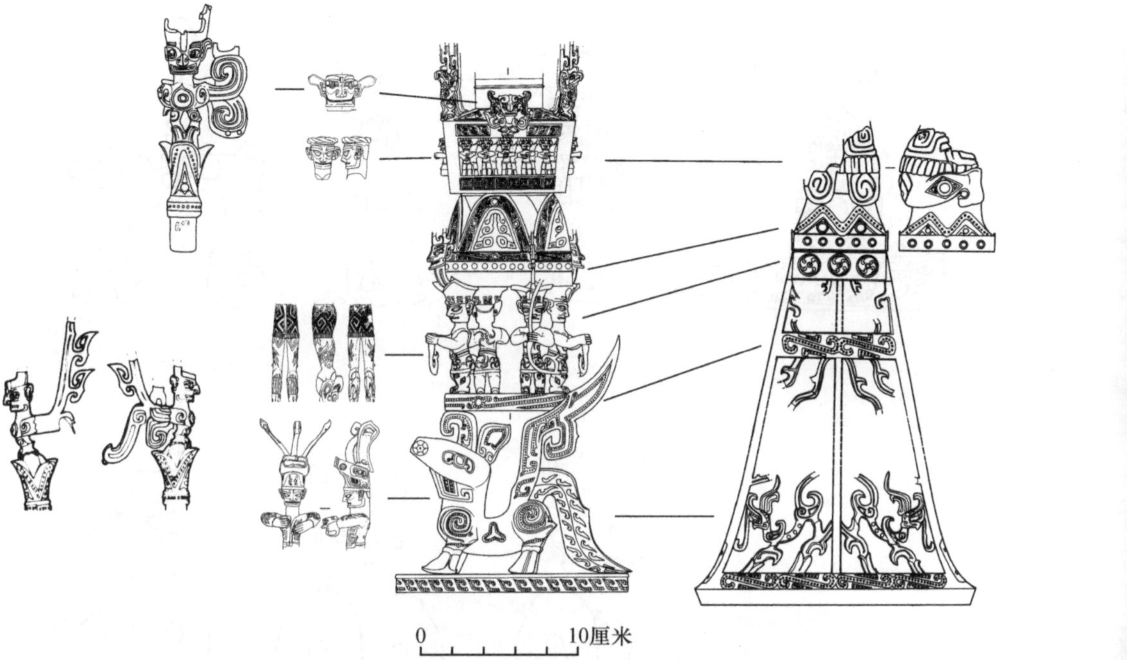

图5.9 三星堆的世界

式表现。祭祀坑中发现的单体造像，也可与“铜神坛”附属的人体造像一一对应。大立人、带神兽头帽子的人、守护神树的人还有铜神殿中的人，似乎都在做同一组动作，只是在不同的时间点被“定格”（图5.10）。

人物造型里有的服饰华丽，有的朴素无纹，有的像是“祭司”，有的像是“武士”。这些造像与中原及其他地区大不相同。场景对应的当是三星堆第二大期某段时间内的某类祭祀活动。

从祭祀坑中青铜造型反映的社会场景看，第二大期的三星堆遗址可能已经形成了复杂的社会阶层和结构。月亮湾小城青关山台地出现面积约1000平方米的大型建筑，西泉坎可能有制作“饥不能食，寒不能衣”的玉器作坊。城内高等级建筑的存在和高墙深壕显示出社会等级的分化，使得“筑城以卫君”的意图更为明确。

宗庙毁弃之日，便是两坑埋藏之时。孙华先生认为：“该坑无疑应当是三星堆王国人们自己的一种有意识的埋藏。本国人埋藏自己的宗教礼仪用器，这通常是因特别变故埋藏珍贵之物以便将来取用，其埋藏形制也就是所谓的窖藏；不

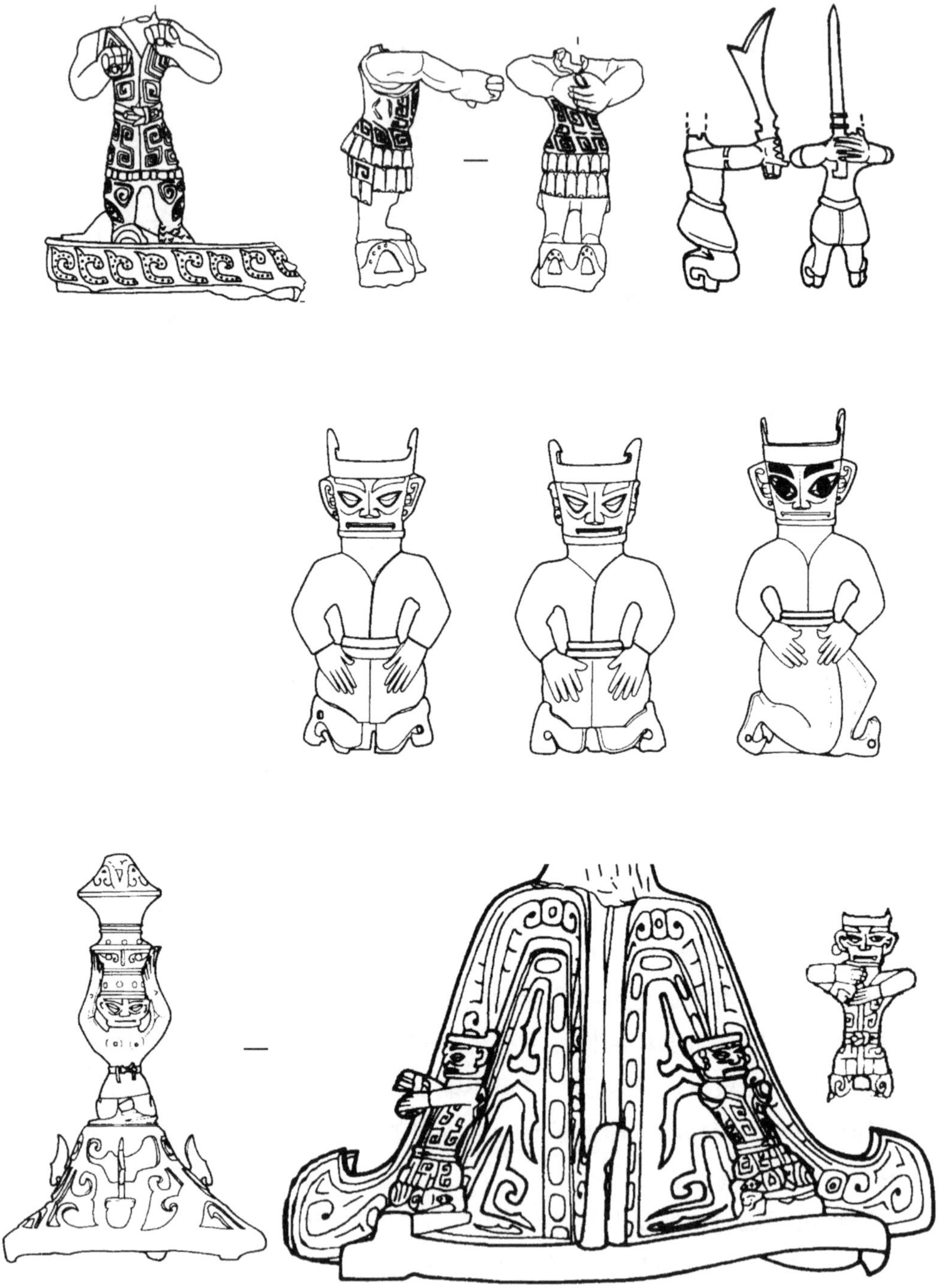

图5.10　三星堆的人

过，从三星堆这两个器物坑的坑穴大而不深，埋藏的宗教礼仪用器又都遭到了不同程度的损坏，坑内还倾倒有许多骨渣木炭等无用的东西等现象来分析，三星堆器物坑又肯定不会是窖藏。最大的可能性是在自己都城要被敌国攻陷前夕，或者自己都城因内部原因不得不放弃的前夕，将神庙中的东西全部付之一炬，以免落入敌人手中或落入对方手中，这些都是完全可能发生的事情。”[①]祭祀坑中大部分器物在不同程度上被火烧坏或砸坏，表明毁损并不是单件进行，很可能与宗庙或神庙的毁损紧密联系。如不是万不得已，这些器具是会继续利用的。蜀地缺铜，至今发现的商周铜器并不多。三星堆人在城破“国”亡的威胁中悄悄将这两坑器物埋在三星堆小城外，是将复兴的希望埋在了这里。金沙遗址铜器匮乏，铜在当时是稀缺的资源，不会轻易埋入地下，不复利用。即便三星堆人舍得埋掉，也肯定会有其他人惦记。所以埋这两个坑不会是大张旗鼓的行为。

但宗庙或神庙毁损的起因，也引人猜测。孙华先生曾经分析三星堆中存在着“编发人”和“笄发人”两个族群。其中笄发人在祭祀场景中占多数，编发人在人头像中占据多数[②]。由此假设三星堆王国的行政权和军事权分属两个氏族，王国末期，两个氏族在内部权力分配等问题上发生了争执，从而引发了激烈的暴力冲突。三星堆古城和神庙内的像设和器物等都被火焚烧，并被倒塌的神庙砸断砸扁。当内部冲突结束后，三星堆古城可能已经成为一片废墟，两个冲突的集团开始放弃三星堆古城，分别向附近的成都和远方的陕南等地区转移[③]。

从两个祭祀坑中出土的器物来看，确实存在“编发”和“笄发”两种发型，既然用珍贵的青铜把这两种发型铸造出来，就表明这是在“国”这个层面上认可的区别。从前文的分析中我们观察到，岷江流域第二大期之初突然不见遗址分布，而沱江流域的三星堆遗址又有扩建现象，推测岷江流域之人可能北迁沱江流域。这两个发型不同的族群，是否分别代表两个地域的族群，是一个有待进一步研究的问题。

---

① 孙华：《关于三星堆器物坑若干问题的辩证（续）》，《四川文物》1998年第5期。

② 孙华：《三星堆器物坑的埋藏问题——埋藏年代、性质、主人和背景》，《南方民族考古》第九辑，科学出版社，2013年。

③ 孙华：《再论三星堆器物坑的年代和性质》，《史前研究2006》，陕西师范大学出版社，2007年，395页。

而从祭祀坑的毁损状况和埋藏特征看，祭祀坑应该是在紧张冲突状态下的保护性埋藏。骨渣和炭屑，从活动的残留来说，数量和残损度都有难以自圆其说的逻辑缺环，而从保护的角度看，骨渣和炭屑可以起到很好的填充作用，从而保护坑内的器物，避免出现二次损伤。

三星堆祭祀坑当是三星堆人有意埋在三星堆小城壕沟外的非核心区的。金沙由于城市建设的原因，进行了大规模的发掘，金沙珍宝虽众，但一直未见大型铜器，岷江小区H65出的青铜尊，口径和高都只有15厘米，难与三星堆重器相比，这些都反映了当时的青铜非常珍贵。在X段的时候，金沙已经初成规模。

金沙出土有和三星堆金杖上图案相似的金冠带及刻着另一种鸟形象的金冠带。如果认可金冠带其实是王冠的一部分，那么，和三星堆图案相似的金冠带就可能是掠夺来的战利品。金沙曾经发现圆铜片，后来证实这些圆铜片和三星堆祭祀坑所出平顶人头像缺失的头顶相合。可见金沙人仔细地搜寻了三星堆遗址的宫殿或府库废墟，将找到的金冠带和铜头顶片带回了金沙。既然祭祀的铜像是两种人都有，可知金沙人也参加并且指导了祭祀的仪式。如果祭祀之后会把器物埋入祭祀坑，金沙人就算不知道具体的位置，也一定会知道大概。没有理由怀疑金沙人会在知道的情况下，不去把这些财富带回金沙。所以，很可能是三星堆人在这场冲突中落了下风，将毁损的礼器悄悄地埋藏起来。

三星堆失去都邑的地位后，金沙作为新的政治中心，获得了空前的发展，这也是金沙二期在原有的基础上迅速壮大的原因。

随着三星堆的湮灭，成都平原奠定了以成都为中心的格局，并一直延续到今天。

第六章　结　　语

成都平原作为一个相对独立的地理单元，以考古学文化的演进讨论文明的发展历程，有利之处在于可以把分析的视角局限在四川盆地内，去看一个有限空间内遗址的分布，势力的消长。本书选择了成都平原沿用时间最长的三星堆遗址作为切入点，运用传统考古的区系类型学，通过分析、总结已有的分期成果和利用新的材料，将三星堆遗址分为三大期、8小期、12段。第一大期一期Ⅰ段遗物和遗迹在三星堆遗址发现得不多，但根据山字形花边口沿罐与桂圆桥二期偏晚较为相似，可知三星堆第一大期文化与桂圆桥二期间当有传承。而桂圆桥遗址三期器物普遍折沿且折沿较窄，特征与三星堆第一大期二期Ⅳ段相合。三星堆遗址一期衔接起桂圆桥二期与三期间的缺环。桂圆桥遗址一、二期延展了三星堆遗址的上限，三星堆遗址第一大期文化面貌以目前所见来看，与宝墩文化相比几乎没有差别。三星堆遗址第二大期堆积丰富，演变清晰。从Ⅵ段到Ⅹ段，器类基本延续，部分器物越到后来形式的演化就越丰富。第三大期，七期Ⅺ段的堆积明显减少，与八期Ⅻ段器物间明显出现缺环。

三星堆遗址从Ⅰ段到Ⅹ段基本连续，Ⅺ段虽然堆积减少，文化内涵有所变化，但文化面貌与Ⅹ段仍可衔接。而Ⅻ段堆积明显与Ⅺ段之间有缺环，演变不明，故本书将这两段分作两期。而Ⅺ、Ⅻ段在金沙遗址的演变明确，序列脉络清晰。

对三星堆遗址的期段分析，串起了成都平原从最早的桂圆桥一期到金沙三期间大约2000年的文化序列。同时利用地层学、类型学对^{14}C测年数据进行分析，排除部分数据的干扰，初步建起文化序列与绝对年代的对应关系，基本完成了成都平原公元前3000～前1000年的年代序列。

基于三星堆遗址排出的序列，以段为单位，对三星堆遗址的各个发掘点进行了分析，搭建起三星堆遗址发展的时空框架。通过大比例测绘地图、科罗娜卫星照片、航拍片等资料和近年考古发掘收获，将三星堆遗址350万平方米的大城拆成3个小城进行分析，得出三星堆遗址先在三星堆小域位置发展出聚落，再兴建月亮湾小城，后来增筑三星堆小城，最后并且基本同时，仓包包小城兴建，大城围合。

通过对青关山解剖方的分析，复原了青关山台地的形成过程，并认为作为核心区的月亮湾小城，应该在三星堆第一大期Ⅲ段就存在城墙。三星堆小城的增筑虽然晚于月亮湾小城，似仍不出第一大期（包括过渡期）范围。三星堆遗址的月亮湾小城和三星堆小城城墙存在于早期城墙的基础上加宽加高的增筑行为。

通过对三星堆城的规划设计的分析，认为三星堆遗址应该存在类似都江堰的水利工程，并且这是三星堆小城规划和兴建的前提。正是水利工程避免了洪水的破坏，才使得三星堆遗址成为成都平原延续时间最长的遗址，对推动成都平原进入文明起到了决定性的作用。

三星堆第一大期的文化面貌与宝墩文化基本相同，第二大期五期Ⅷ段、六期Ⅸ段、Ⅹ段文化遗存见于岷江流域，也基本相似，第三大期虽有缺环，但与金沙基本可以对应。故此，我们基于这个文化发展演变序列，对公元前3000～前1000年成都平原的文明进程进行了探讨，从而得到如下初步认识：

新石器时代晚期，正是中国社会转型、文明孕育的关键时期。人对自然主观能动性改造的意愿和能力都空前增强。成都平原文明的曙光便在这样的宏观背景下闪现。

成都平原土壤肥沃、气候温暖湿润，适宜植物的生长。今天的成都平原固然是视野开阔、良田万顷，但5000年前的成都平原应该是森林覆盖、郁郁葱葱，高大的乔木遮蔽视线，将人的活动局限在略为开阔的河道两岸漫滩上。桂圆桥遗址一期部分遗迹遗物便位于这样土地瘠薄的漫滩上，文化层断断续续，部分文化层下即见纯净砂土的生土堆积。

桂圆桥一期植物遗存的数量非常少，到一期最晚的遗存H43方明确有粟黍。桂圆桥二期水稻出现①，意味着来自长江中游的稻作农业传入成都平原。桂圆桥

① 玳玉、万娇：《四川什邡市桂圆桥遗址浮选结果与分析》，《四川文物》2015年第5期。

二期在成都平原其他地区尚未见明确分布，但二期末的山字形花边口沿尊见于沱江流域包括三星堆遗址在内的多个遗址。更适宜成都平原水土条件的稻作经济的传入，直接推动了桂圆桥二期先民对成都平原的进一步开发。人口繁殖，聚落增长，社会结构也随之发生变化。

三星堆Ⅰ、Ⅱ段，遗址的分布有所扩大，Ⅲ段开始，岷江流域以宝墩遗址为代表的古城陆续兴建。岷江径流量大，成都平原自身也降水丰富，且岷江上游雨量集中在夏季，与成都平原降水集中的时段重合，故成都平原岷江流域水患频仍。岷江流域城的兴建是基于防洪，还是人群之间资源争夺的紧张？鉴于目前的资料和研究，对岷江流域的8座古城之间的并存关系并不明确，而边缘小城反是内外双垣结构，防洪说略占优势。

宝墩遗址等Ⅲ段时深入成都平原腹地，应是得天时，逐地利。Ⅲ段总体气候特征温凉偏干，成都平原岷江洪水虽时有发生，但对社会的影响仍在可控的范围内。

Ⅲ段后期，温度升高、降水增多，宝墩城址群城墙普遍存在加宽、加高的增筑现象，通过对孢粉、磁化率、黏土矿指示的环境的综合分析，认为普遍的城墙增筑行为是为应对岷江流域洪水频发。但时人无力保护城外的稻田，再加上稻田为灌溉方便而地势较低，易遭洪水袭击，稻作经济明显受到影响，水稻在农作物中的比例下降，粟的比例有所上升。但适宜粟作的土地毕竟有限，难以支撑起已有人口的粮食需求。

洪水对农田的毁坏造成的减产，可能是诱发宝墩等社会崩溃的重要原因。Ⅲ段后期岷江外江流域古城多废，Ⅴ段末，岷江内江流域遗址也纷纷废弃。

沱江流域的三星堆遗址Ⅱ段/Ⅲ段兴筑月亮湾小城，月亮湾小城南北为天然河道、东西为壕沟，与城墙一起构成月亮湾小城的防御系统。青关山台地发现属于Ⅱ段/Ⅲ段的夯土台基建筑，使得月亮湾小城从始建就显示出强烈的“筑城以卫君”的意图。沱江流域年径流量远逊于岷江，使得水利改造相对容易，沱江流域水利的发展领先于岷江流域。正是先进的水利技术，确保了三星堆遗址千余年的发展未曾中断。而岷江流域规模最大的古城宝墩在内外城墙增筑均未完全完成的情况下便遭放弃，外江流域其他古城在宝墩古城废弃前后也陆续废弃。岷江流域没有发现胜利者的遗存，基本可以排除是来自彼此战争的消耗，而洪水威胁可能正是最直接、最根本的原因。

正如秦岭指出的“（长江中下游）每年夏季风产生的洪涝问题，可能会削弱人类利用水稻资源的意图，……最初稻作农业发展的核心问题是排水而不是灌溉”①，成都平原也是如此，相比于缺水的黄土高原，温凉偏干的环境更有利于成都平原农业的发展。公元前1940～前1700年，成都平原温度升高，降水增加，夏季洪水毁田，岷江流域目前已发现遗址均未见Ⅵ、Ⅶ段遗存。岷江流域的人即便不是全部，也大多迁入沱江流域。劳动力的迅速增加促进了沱江流域的开发，但由于沱江流域考古发掘的遗址较少，目前仅能从三星堆遗址增筑三星堆小城、加宽加高城墙等行为来逆推经济基础也曾经历相应的增长。

三星堆小城的增筑，不仅是人口增长的结果。原作为月亮湾小城南城壕的马牧河，就变作三星堆小城的城内河。在洪水多发的成都平原，这样的行为非常危险。鸭子河年径流量虽小，但仍洪水多发，洪峰的流速不逊于岷江，洪水的威胁仍然实实在在存在。事实上，三星堆小城在马牧河此后数千年的冲刷中几乎涤荡一空，就是对洪水威胁最好的注脚。

20世纪70年代初的科罗娜卫星照片显示，马牧河在三星堆遗址以上约10千米处从小石河中分出，结构与都江堰从宝瓶口分水相似，那么增筑三星堆小城时，三星堆人应该已经对类似都江堰的水利结构有了一定程度的了解和实践。正是水利工程避免了洪水对沱江流域水田的破坏，保证了水稻的收成，才使得三星堆遗址成为成都平原延续时间最长的遗址。而水利必需的社会协作，使成都平原的社会组织结构升级，生产力和生产管理、经济基础和上层建筑都对成都平原迈入文明起到了决定性的推动作用。

三星堆遗址虽未见记载，但三星堆二号祭祀坑多将祭祀场景筑成青铜器，其中的人物阶层复杂，衣着各异，可见社会分化。从二号祭祀坑管窥三星堆可知，三星堆已经拥有程式化的礼仪，发展成为一个社会分工不同、人群高度分化的复杂社会。以三星堆遗址为核心的沱江流域，也已不再是结构简单、功能单一的社会。三星堆第二大期六期以三星堆祭祀坑为证，已然迈入文明。

Ⅷ段开始，沱江流域人群开始扩散。除了可能的气候略有好的有利条件外，掌握了先进的水利技术使先民拥有了更高的改造自然的能力。利用沱江流域成熟

---

① 秦岭：《中国农业起源的植物考古研究与展望》，《考古学研究（九）》，文物出版社，2012年，312页。

的水利技术，先民约束住原本肆意泛滥的河流，重新开发岷江流域。方池街遗址就是这种开发行为留下的遗迹。正是修水利、修码头这些基础设施的建设，使岷江流域逐渐积累了可观的财富，打下了坚实的经济基础。

岷江流域经过Ⅸ、Ⅹ段的开发，Ⅹ段末，似已能与沱江流域分庭抗礼。

Ⅺ段开始，岷江流域优势开始显现，金沙崛起；三星堆遗址本段堆积减少，衰落之迹开始显现。

Ⅻ段三星堆遗址青关山台地夷平，标志着三星堆遗址的彻底衰落。

本书从三星堆遗址的分期年代入手，还原了三星堆遗址“城”的发展历程，综合成都平原已有的考古材料，粗线条地拉出公元前5000～前3000年成都平原的发展脉络，其中有的证据充足、论证充分，有的仅是推测。正如本书第一章所述，对考古而言，检验真理的唯一标准在于考古发现。要证实或证伪本书的推测，都还涉及大量的考古工作和多学科研究。

都江堰建成后，成都平原“水旱从人，不知饥馑，时无荒年，天下谓之天府也”。但在此之前，水患曾极大地阻碍成都平原岷江流域的文化演进。水利技术的发展可谓是关乎岷江流域甚至成都平原遗址存亡的关键因素。

宝墩遗址和三星堆遗址都在成都平原，发展轨迹却截然不同。这其中，气候条件均相似，文化面貌也相同，水利技术可能是造成两个区域差异的重要因素。岷江流域想尽了办法防范洪水，离龙门山脉不足40千米的三星堆竟然敢把河道圈进城圈中，不仅没有毁于洪水，反而带头迈入文明。正是水利技术成熟到一定程度，岷江流域才重启文化发展的进程。

宝墩文化和十二桥文化时期的岷江流域都受到洪水的威胁，发展结果却截然不同。十二桥遗址被洪水淹没掩埋，木结构建筑得以保存，使我们可以窥知当时码头的基本结构。又因为码头，知道对于成都平原社会经济发展中水运的重要，从而理解三星堆遗址把马牧河圈入城中的真正目的。

但沱江流域的水利兴起于何时，又是如何面貌，目前考古上并无发现。成都方池街的水利工程可以为我们提供一个线索和参考。沱江流域，三星堆遗址附近能不能挖到早期的水利工程，也许是可遇而不可求的。但沱江流域考古发掘的不足，是GIS分析中逊色于岷江流域的重要原因。还好有三星堆遗址可以说明沱江流域文化的持续发展。但沱江流域经历了怎样的开发，遗址分布经历了怎样的演变，目前由于资料不足，仍无从讨论。

三星堆六期普遍存在特殊遗迹——器物坑，坑内出土的器物以小平底钵、高柄豆形器为多，尤其是小平底钵，大多完整或接近完整地被抛弃在坑中，应似由于某种特殊的社会活动导致，不能简单地归于祭祀。如此种种普遍存在的特殊遗迹，尚欠缺论证充分的合理解释。

金沙固然是目前成都平原岷江流域三星堆第三大期的最佳代表，但金沙的性质和范围目前还难以定性，是以本书的讨论，虽跨越到金沙兴起，但并未对以金沙为代表的十二桥文化时期成都平原的社会发展历程展开充分的讨论。

三星堆第二大期的三星堆遗址是成都平原最大的城。城越大，人越多，需要的供给也越多。第二大期沱江流域遗址的分布虽不明了，但三星堆遗址绝不会是一座孤城，周边应该有很多中、小型的聚落来提供物资支撑。“夫寒之于衣，不待轻暖；饥之于食，不待甘旨；饥寒至身，不顾廉耻。夫腹饥不得食，肤寒不得衣，虽慈父不能保其子，君安能以有其民哉！”①可见社会要安定、聚落要发展，温饱是一定要保障的。成都平原农业的发展与平原的开发相辅相成。成都平原的自然环境风貌，也因为人类的开发，从桂圆桥一期的森林广布逐渐发展成都江堰建成后的良田万顷。

桂圆桥文化的星星之火，到十二桥文化时期已然发展成燎原之势。遗址的分布是表象，决定社会是动荡还是稳定，是发展还是衰亡的，政治是传统史书着墨最多、描摹最详的部分。没有史书记载的早期历史，我们对当时的政治一无所知。考古也只是根据先民活动的遗迹去还原当时的社会，也只能从经济、技术、文化上来归纳、复原，描摹社会发展的进程。考古学从柴尔德起，就将这些遗存现象用“考古学文化”来归纳。本书即从考古材料出发，在“考古学文化”视野中通过探讨成都平原考古文化的演进来还原社会发展的进程。

---

① （唐）杜佑：《通典》，中华书局，1988年，8页。

中 文 摘 要

本书概述了成都平原从桂圆桥文化到十二桥文化时期的田野考古工作和考古研究，尤其详细描述了三星堆遗址发现、调查、发掘和研究的过程。

通过对三星堆遗址历年发掘的陶器遗存的地层学和类型学分析，将陶器标本分为三大期，8小期，12段。以三星堆遗址的陶器序列为基础串起了桂圆桥遗址、宝墩遗址、三星堆遗址和金沙遗址，并以地层学为依据，分析、筛选了^{14}C测年数据，排除了部分可疑的数据，以相对可信的测年数据，构建起相对准确的年代序列。

基于三星堆遗址的分期，尤其是与细化的12段陶器文化面貌的对比，我们获得了每个发掘点的年代信息和堆积特征，并以此构建了三星堆遗址的时空发展框架。通过对老地图和科罗娜卫星地图的分析，将原认为一次筑造的三星堆大城分为三个小城，通过三星堆遗址已有发掘点构建的时空框架，推测三星堆遗址"城长"的过程。

四川盆地是位于中国西南的、相对独立的地理单元，成都平原是其最重要的组成部分。成都平原可以分为岷江流域和沱江流域两大区域。三星堆遗址是沱江流域最重要的遗址，不仅因其大，更因其沿用了约1500年之久，大约是从距今4500年一直到距今3000年，而这段时间，也正好是成都平原从蒙昧迈向文明的关键时期。

岷江流域和沱江流域的考古工作并非平衡推进。岷江流域发掘工作进行得更为充分，而沱江流域发掘较少，但调查资料可略微弥补这方面的不足。无论是岷江流域的发掘还是沱江流域的调查，都为我们提供了弥足珍贵的古代社会信息。通过GIS对成都平原的这些已知遗址进行了分段空间分析，发现虽然同在成都平原，但岷江流域和沱江流域似乎经历了完全不同的发展进程。以宝墩古城为代表的位于成都平原西南边缘、岷江干流以西的高山、芒城、盐店等古城遗址都在不长的使用时间内被放弃，随后岷江干流以东的郫县古城、温江鱼凫城兴起又衰落。GIS分析最有意思的发现在于岷江流域在Ⅵ段、Ⅶ段均未发现遗址分布，而同期的以三星堆遗址为代表的沱江流域正在逐步走向欣欣向荣，整个岷江流域的陡然衰落与沱江流域的持续发展形成鲜明的对比。

而导致这两个流域发展历程差异的原因，也正是沱江流域迈入文明的关键。从分析来看，成都平原迈入文明有两大关键技术：一个是岷江、沱江共有的稻作农业技术，另一个是类似于都江堰的早期分流控水技术。而后者正是沱江流域文化未曾中断并最终迈入文明的关键，也是三星堆遗址城市规划和“城”长过程中的技术支撑。

Abstract

This book summarizes the results of archaeological fieldwork and related research in Sichuan from the Guiyuanqiao Culture to the Shi'erqiao Culture, especially focusing on Sanxingdui, describing the discovery of the site, as well as surveys, excavations and research conducted there.

The pottery remains of the Sanxingdui Site are assigned to three main periods, eight phases, and 12 sub-phases based on stratigraphy and typological analysis. The chronology is based on the pottery sequence of Sanxingdui Site, combined with the pottery sequences of Quiyuanqiao Site, Baodun Site, Sanxingdui Site, and Jinsha Site. Analyzing radiocarbon dates by stratigraphy, we exclude problematic data and establish a chronological sequence that is more precise than previously possible.

Based on these 12 sub-phases, we reconstruct the development of Sanxingdui Site throughout space and time. Analyzing old maps and Corona satellite images, we divide the large city into three towns. Finally, we develop the story of how the Sanxingdui Site developed over time into a large city site.

The Sichuan Basin is a relatively independent area within Southwest China; the Chengdu Plain is the most important part of the Sichuan Basin, and it can be divided into two parts, the Minjiang Basin and the Tuojiang Basin. The most important site in the Tuojiang Basin is Sanxingdui, and it was occupied about 1,500 years, from 4500 B.P. to 3000 B.P., a key period in which society developed from a tribal society into a kingdom.

There are differences in the amount and nature of archaeological fieldwork between the Minjiang Basin and the Tuojiang Basin. The Minjiang Basin has seen more excavation work while the Tuojiang Basin has mostly been explored via surveys. Both excavations and surveys offer us precious information about ancient societies. GIS analysis of known sites in the Chengdu Plain have shown that – in spite of the natural environment being largely identical – the Minjiang Basin and the Tuojiang Basin seem to have experienced completely different developments since Baodun site had been abandoned. Ancient settlement sites such as Baodun, including Gaoshan, Mangcheng, and Yandian, are located on the southwest edge of the Chengdu Plain and in the western part of the Minjiang Basin. All of these were abandoned in the latter part of the Baodun Culture phase. Pixian and Yufu rose quickly but were abandoned soon. Using GIS to analyze the sites in the Chengdu Plain, we can observe that there are no sites in the Minjiang Basin dating to Sub-Phases VI and VII, while at the same time settlements in the Tuojiang Basin as represented by Sanxingdui Site develop well. The sudden decline of the Minjiang Basin contrasts markedly with the continuous development of the Tuojiang Basin.

The reasons behind the differences in development of the two basins are connected with the factors that allowed for the emergence of a civilization in the Tuojiang Basin. There are two key technologies which allow for the Chengdu Plain to enter the Age of Civilizations, one is rice-farming which emerged both in the Minjiang Basin and the Tuojiang Basin, the other is a water control system similar to Dujiangyan. The latter is the reason why Tuojiang Basin developed continually, and why Sanxingdui City became the capital of the Chengdu Plain.

参考书目*

一、经典古籍

1.（汉）孔安国传，孔颖达疏，廖名春等整理：《尚书正义》，北京大学出版社，2000年。

2.（晋）常璩著，任乃强校注：《华阳国志校补图注》，上海古籍出版社，2007年。

3.（北魏）郦道元著，陈桥驿校证：《水经注校证》，中华书局，2007年。

4.（唐）杜佑：《通典》，中华书局，1988年。

5.（清）齐召南：《水道提纲》卷八，四库全书文津阁版。

二、专著

1. 孙华：《四川盆地的青铜时代》，科学出版社，2000年。

2. 许宏：《先秦城市考古学研究》，北京燕山出版社，2000年。

3. 赵殿增：《三星堆考古研究》，四川人民出版社，2004年。

4. 宋治民：《宋治民考古文集》，科学出版社，2004年。

5. 梁启超：《中国历史研究法》，中华书局，2009年。

6. 张兴照：《商代水利研究》，中国社会科学出版社，2015年。

三、考古报告

1. 四川省文物考古研究所：《三星堆祭祀坑》，文物出版社，1999年。

---

* 古籍排序按作者年代；现代作品均按出版时间先后。

2. 成都市文物考古研究所、四川大学历史系考古教研室、早稻田大学长江流域文化研究所：《宝墩遗址——新津宝墩遗址发掘和研究》，有限会社阿普，2000年。

3. 四川省文物考古研究院、成都文物考古研究所：《成都十二桥》，文物出版社，2009年。

四、简报

（1）考古简报

1. 葛维汉：《汉州（广汉）发掘简报》，《华西边疆研究学会杂志》1934年第6期；沈允宁译：《汉州（广汉）发掘简报》，《三星堆研究》第一辑，天地出版社，2006年。

2. 林名均：《广汉古代遗物之发现及其发掘》，《说文月刊》1942年第三卷第七期；《三星堆研究》第一辑，天地出版社，2006年。

3. 西南博物馆筹备处：《宝成铁路修筑工程中发现的文物简介》，《文物参考资料》1954年第3期。

4. 四川省文物管理委员会：《成都青羊宫古遗址清理简报》，《考古通讯》1956年第2期。

5. 四川省文物管理委员会：《成都羊子山土台遗址清理报告》，《考古学报》1957年第4期。

6. 王家祐、江甸潮：《四川新繁、广汉古遗址调查记》，《考古通讯》1958年第8期。

7. 四川省博物馆：《四川新凡县水观音遗址试掘简报》，《考古》1959年第8期。

8. 四川省博物馆：《成都青羊宫遗址试掘简报》，《考古》1959年第8期。

9. 四川大学历史系考古学教研组：《广汉中兴公社古遗址调查简报》，《文物》1961年第11期。

10. 四川长江流域文物保护委员会文物考古队：《四川巫山大溪新石器时代遗址发掘记略》，《文物》1961年第11期。

11. 礼州遗址联合考古发掘队：《四川西昌礼州新石器时代遗址》，《考古学报》1980年第4期。

12. 四川省博物馆：《巫山大溪遗址第三次发掘》，《考古学报》1981年第4期。

13. 四川省文物管理委员会、四川省博物馆、广汉县文化馆：《广汉三星堆遗址》，《考古学报》1987年第2期。

14. 四川省文物管理委员会、四川省文物考古研究所、广汉县文化局：《广汉三星堆遗址一号祭祀坑发掘简报》，《文物》1987年第10期。

15. 四川省文物管理委员会、四川省文物考古研究所、成都市博物馆：《成都十二桥商代建筑遗址第一期发掘简报》，《文物》1987年第12期。

16. 四川大学博物馆、成都市博物馆：《成都指挥街周代遗址发掘报告》，《南方民族考古》第一辑，四川大学出版社，1987年。

17. 四川省文物管理委员会、四川省文物考古研究所、广汉县文化局、文管所：《广汉三星堆遗址二号祭祀坑发掘简报》，《文物》1989年第5期。

18. 何志国：《绵阳发掘边堆山新石器时代遗址》，《四川文物》1990年第2期。

19. 中国社会科学院考古研究所四川考古队：《四川绵阳市边堆山新石器时代遗存调查简报》，《考古》1990年第4期。

20. 成都市文物考古队、四川大学历史系：《成都市上汪家拐街遗址发掘报告》，《南方民族考古》第五辑，四川科学技术出版社，1992年。

21. 何志国：《绵阳边堆山文化初探》，《四川文物》1993年第6期。

22. 马继贤：《广汉月亮湾遗址发掘追记》，《南方民族考古》第五辑，四川科学技术出版社，1993年。

23. 四川省文物考古研究所三星堆工作站、四川省广汉市文管所、什邡县文管所：《四川广汉、什邡商周遗址调查报告》，《南方民族考古》第五辑，四川科学技术出版社，1993年。

24. 郑德坤：《广汉文化》，《四川古代文化史》，“民国丛书：第5编39文化·教育·体育系”，上海书店出版社，1996年；《三星堆研究》第一辑，天地出版社，2006年。

25. 成都市文物考古工作队、四川联合大学考古教研室、新津县文管所：《四川新津县宝墩遗址调查与试掘》，《考古》1997年第1期。

26. 湖北省荆门市博物馆：《荆门马家院屈家岭文化城址调查》，《文物》1997年第7期。

27. 中日联合考古调查队：《四川新津县宝墩遗址1996年发掘简报》，《考古》1998年第1期。

28. 成都市文物考古工作队、四川联合大学历史系考古教研室、温江县文管所：《四川省温江县鱼凫村遗址调查与试掘》，《文物》1998年第12期。

29. 四川省文物考古研究所三星堆工作站、广汉市文物管理所：《三星堆遗址真武仓包包祭祀坑调查简报》，《四川考古报告集》，文物出版社，1998年。

30. 成都市文物考古研究所、郫县博物馆：《四川省郫县古城遗址调查与试掘》，《文物》1999年第1期。

31. 成都市文物考古工作队、都江堰市文物局：《四川都江堰市芒城遗址调查与试掘》，《考古》1999年第7期。

32. 成都市文物考古研究所、四川大学历史系考古教研室、早稻田大学长江流域文化研究所：《宝墩遗址——新津宝墩遗址发掘和研究》，有限会社阿普，2000年。

33. 成都市文物考古研究所、郫县博物馆：《四川省郫县古城遗址1997年发掘简报》，《文物》2001年第3期。

34. 成都市文物考古研究所：《成都市黄忠村遗址1999年度发掘的主要收获》，《成都考古发现1999》，科学出版社，2001年。

35. 成都市文物考古研究所：《成都市南郊十街坊遗址年度发掘纪要》，《成都考古发现1999》，科学出版社，2001年。

36. 中日联合考古调查队：《都江堰市芒城遗址1998年度发掘工作简报》，《成都考古发现1999》，科学出版社，2001年。

37. 成都市文物考古研究所：《成都市西郊化成村遗址1999年度发掘报告》，《成都考古发现1999》，科学出版社，2001年。

38. 成都市文物考古工作队：《四川崇州市双河史前城址试掘简报》，《考古》2002年第11期。

39. 成都市文物考古研究所：《成都市商业街船棺、独木棺墓葬发掘报告》，《成都考古发现2000》，科学出版社，2002年。

40. 成都市博物馆考古队、成都市文物考古研究所：《成都方池街古遗址发掘报告》，《考古学报》2003年第2期。

41. 成都市文物考古研究所：《成都市金沙遗址“兰苑”地点发掘简报》，《成都考古发现2001》，科学出版社，2003年。

42. 成都市文物考古研究所：《金沙遗址蜀风花园城二期地点试掘简报》，《成都考古发现2001》，科学出版社，2003年。

43. 成都市文物考古研究所：《成都金沙遗址Ⅰ区“梅苑”地点发掘一期简报》，《文物》2004年第4期。

44. 四川省文物考古研究所三星堆工作站：《四川广汉市三星堆遗址仁胜村土坑墓》，《考古》2004年第10期。

45. 成都市文物考古研究所：《成都十二桥遗址新一村发掘简报》，《成都考古发现2002》，科学出版社，2004年。

46. 四川省文物考古研究院、德阳市文物考古研究所、广汉市文物管理所：《2004年广汉烟堆子遗址商周时期遗迹发掘简报》，《四川文物》2005年第2期。

47. 成都市文物考古研究所：《2001年金沙遗址干道黄忠A线地点发掘简报》，《成都考古发现2003》，科学出版社，2005年。

48. 成都市文物考古研究所：《金沙村遗址人防地点发掘简报》，《成都考古发现2003》，科学出版社，2005年。

49. 成都市文物考古研究所：《成都市高新西区“格威药业一期”新石器遗址发掘简报》，《成都考古发现2003》，科学出版社，2005年。

50. 成都市文物考古研究所、新都区文物管理所：《成都市高新西区航空港古遗址发掘简报》，《成都考古发现2003》，科学出版社，2005年。

51. 成都市文物考古研究所：《成都市郫县西南交通大学新校区一、二期古遗址试掘简报》，《成都考古发现2003》，科学出版社，2005年。

52. 成都市文物考古研究所：《成都市金沙遗址“春雨花间”地点发掘简报》，《成都考古发现2004》，科学出版社，2006年。

53. 成都文物考古研究所、青白江区文物保护管理所：《成都市青白江区三星村遗址试掘简报》，《成都考古发现2004》，科学出版社，2006年。

54. 成都文物考古研究所：《成都电子科技大学清水河校区实验楼地点古遗址发掘简报》，《成都考古发现2006》，科学出版社，2008年。

55. 成都市文物考古研究所：《金沙遗址强毅汽车贸易有限公司地点发掘简

报》，《成都考古发现2007》，科学出版社，2009年。

56. 成都文物考古研究所、温江区文物保护管理所：《成都市温江区红桥村遗址2008年度发掘简报》，《成都考古发现2007》，科学出版社，2009年。

57. 成都文物考古研究所、新都区文物管理所：《成都市新都区斑竹园镇忠义遗址发掘收获》，《成都考古发现2007》，科学出版社，2009年。

58. 成都市文物考古研究所：《金沙遗址星河路西延线地点发掘简报》，《成都考古发现2008》，科学出版社，2010年。

59. 成都文物考古研究所：《成都高新西区顺江小区三期新石器遗址发掘简报》，《成都考古发现2008》，科学出版社，2010年。

60. 成都平原国际考古调查队：《成都平原区域考古调查（2005～2007）》，《南方民族考古》第六辑，科学出版社，2010年。

61. 成都文物考古研究所、新津县文管所：《新津宝墩遗址调查与试掘简报（2009～2010）》，《成都考古发现2009》，科学出版社，2011年。

62. 成都文物考古研究所：《成都中海国际社区2号地点商周遗址发掘报告》，《成都考古发现2010》，科学出版社，2012年。

63. 金国林：《发现三星堆古城周边的平民聚落》，《大众考古》2013年第4期。

64. 四川省文物考古研究院、德阳市博物馆、什邡市博物馆：《四川什邡桂圆桥新石器时代遗址发掘简报》，《文物》2013年第9期。

65. 四川省文物考古研究院：《四川鸭子河流域商周石器遗址2011～2013年调查简报》，《四川文物》2014年第5期。

66. 成都文物考古研究所、新津县文物管理所：《2010年新津县宝墩遗址外城罗林盘地点发掘简报》，《成都考古发现2012》，科学出版社，2014年。

67. 成都文物考古研究所、新津县文物管理所：《新津县宝墩遗址鼓墩子2010年发掘报告》，《成都考古发现2012》，科学出版社，2014年。

68. 成都文物考古研究所、大邑县文物保护管理所：《大邑县盐店古城遗址2013年发掘简报》，《成都考古发现2013》，科学出版社，2015年。

69. 成都文物考古所、大邑县文物管理所：《2012～2013年度大邑县高山古城遗址调查试掘简报》，《成都考古发现2013》，科学出版社，2015年。

70. 成都平原国际考古调查队：《宋家河坝：成都平原青铜时代小型聚落的

田野调查、发掘及地球物理勘探》，《南方民族考古》第十一辑，科学出版社，2015年。

71. 四川省文物考古研究院、德阳市文物考古研究所、什邡市文物保护管理所：《四川什邡市箭台村遗址Ⅳ、Ⅴ、Ⅵ区发掘简报》，《四川文物》2016年第2期。

72. 成都文物考古研究所、大邑县文物保护管理所：《大邑县盐店古城遗址2002～2003年发掘简报》，《成都考古发现2014》，科学出版社，2016年。

73. 四川省文物考古研究院：《四川广汉新药铺商代遗址发掘报告》，《考古学报》2017年第2期。

74. 成都文物考古研究所：《成都市大邑县高山古城2014年发掘简报》，《考古》2017年第4期。

75. 四川省文物考古研究院：《四川广汉市三星堆遗址马屁股城墙发掘简报》，《四川文物》2017年第5期。

76. 成都文物考古研究院、成都金沙遗址博物馆：《金沙遗址·阳光地带二期地点发掘报告》，文物出版社，2017年。

77. 成都文物考古研究所、新津县文物管理所：《成都市新津县宝墩遗址治龙桥地点的发掘》，《考古》2018年第1期。

78. 四川大学历史文化学院考古学系、成都文物考古燕家院、新津县文物管理所：《成都市新津县宝墩遗址田角林地点2013年的发掘》，《考古》2018年第3期。

（2）动植物鉴定简报

1. 赵志军、陈剑：《四川茂县营盘山遗址浮选结果及分析》，《南方文物》2011年第3期。

2. 姜铭、玳玉、何锟宇等：《新津宝墩遗址2009年度考古试掘浮选结果分析简报》，《成都考古发现2009》，科学出版社，2011年。

3. 成都文物考古研究所：《成都市十二桥遗址新一村地点动物骨骼报告》，《成都考古发现2012》，科学出版社，2014年。

4. 成都文物考古研究所：《成都市中海国际社区遗址浮选结果及初步分

析》，《成都考古发现2012》，科学出版社，2014年。

5. 玳玉、万娇：《四川什邡市桂圆桥遗址浮选结果与分析》，《四川文物》2015年第5期。

6. 成都文物考古研究所：《新津县宝墩遗址2010~2011年出土植物遗存分析报告》，《成都考古发现2013》，科学出版社，2015年。

7. 成都文物考古研究所：《新津县宝墩遗址2013~2014年出土植物遗存分析报告》，《成都考古发现2013》，科学出版社，2015年。

8. 闫雪、王树芝等：《2013～2014年度宝墩遗址出土木炭遗存的初步研究》，《南方民族考古》第十三辑，科学出版社，2017年。

9. 成都文物考古研究院、中国社会科学院考古研究所：《金沙遗址祭祀区植物大遗存浮选结果及分析》，《成都考古发现2015》，科学出版社，2017年。

10. 成都文物考古研究院：《大邑县高山古城遗址2013年度植物遗存浮选结果及分析》，《成都考古发现2016》，科学出版社，2018年。

五、论文

1. 卫聚贤：《巴蜀文化》，《说文月刊》1941年第三卷第四期；次年修改后再以同一题目，发表于《说文月刊》1942年第三卷第七期。

2. 夏鼐：《关于考古学上文化的定名问题》，《考古》1959年第4期。

3. 苏秉琦：《地层学与器物形态学》，《文物》1982年第4期。

4. 宋治民：《关于蜀文化的几个问题》，《考古与文物》1983年第2期。

5. 赵殿增：《巴蜀文化的考古学分期》，《中国考古学年会第四次年会论文集》，文物出版社，1983年。

6. 苏秉琦：《提高学术水平，提高工作质量》，《四川文物》1984年第3期。

7. 林鸿荣：《四川古代森林的变迁》，《农业考古》1985年第1期。

8. 陈显丹：《广汉三星堆遗址发掘概况、初步分期——兼论“早蜀文化”的特征及其发展》，《南方民族考古》第二辑，四川科学技术出版社，1989年。

9. 宋治民：《早期蜀文化分期的再探讨》，《考古》1990年第5期。

10. 黄家祥：《〈广汉三星堆遗址〉的初步分析》，《考古》1990年第11期。

11. 雷玉华：《考古所见川西先秦两汉水利》，《古今农业》1992第1期。

12. 孙华：《试论广汉三星堆遗址的分期》，《南方民族考古》第五辑，四川科学技术出版社，1993年；《四川盆地的青铜时代》，科学出版社，2000年。

13. 江章华、颜劲松、李明斌：《成都平原的早期古城址群——宝墩文化初论》，《中华文化论坛》1997年第4期。

14. 孙华：《关于三星堆器物坑若干问题的辩证（续）》，《四川文物》1998年第5期。

15. 王毅、孙华：《宝墩村文化的初步认识》，《考古》1999年第8期。

16. 孙华：《成都十二桥遗址群分期初论》，《四川盆地的青铜时代》，科学出版社，2000年。

17. 孙华：《试论广汉三星堆遗址的分期》，《四川盆地的青铜时代》，科学出版社，2000年。

18. 孙华：《三星堆器物坑文物丛考》，《四川盆地的青铜时代》，科学出版社，2000年。

19. 江章华、王毅、蒋成、张擎：《成都平原早期城址及其考古学文化初论》，《宝墩遗址——新津宝墩遗址发掘和研究》，有限会社阿普，2000年。

20. 江章华、王毅、张擎：《成都平原先秦文化初论》，《考古学报》2002年第1期。

21. 陈显丹、刘家胜：《论三星堆文化与宝墩文化之关系》，《四川文物》2002年第4期。

22. 赵殿增：《一个充满活力的学科生长点——苏秉琦先生指导下的三星堆考古》，《三星堆考古研究》，四川人民出版社，2004年。

23. 赵殿增：《近年巴蜀文化考古综述》，《三星堆考古研究》，四川人民出版社，2004年。

24. 许杰：《四川广汉月亮湾出土玉石器探析》，《四川文物》2006年第5期。

25. 林向：《从三星堆到金沙——寻找失落的三星堆古城》，《文史知识》2006年第8期。

26. 张会平、杨农、张岳桥等：《岷江水系流域地貌特征及其构造指示意义》，《第四纪研究》2006年第26卷第1期。

27. 苏永军、王绪本、罗建群：《高密度电阻率法在三星堆壕沟考古勘探中应用研究》，《地球物理学进展》2007年第22卷第1期。

28. 罗丽萍、朱利东、杨文光等：《成都平原4ka以来地层磁化率特征及气候变化意义》，《成都理工大学学报（自然科学版）》2007年第34卷第3期。

29. 罗虹、朱利东、张擎：《成都平原4kaBP以来黏土矿物记录的古气候变化》，《海洋地质与第四纪地质》2007年第27卷第4期。

30. 孙华：《再论三星堆器物坑的年代和性质》，《史前研究2006》，陕西师范大学出版社，2007年。

31. 罗丽萍、朱利东、向芳等：《成都平原4000aBP以来的孢粉记录与环境变化》，《古生物学报》2008年第47卷第2期。

32. 何锟宇、蒋成、陈剑：《浅论动物考古学中两种肉量估算方法——以营盘山遗址出土的动物骨骼为例》，《考古与文物》2009年第5期。

33. 蒋成、李明斌：《四川温江县鱼凫村遗址分析》，《成都考古研究》（一）上，科学出版社，2009年。

34. 赵殿增：《20世纪80年代的四川考古》，《四川文物》2010年第1期。

35. 江章华：《金沙遗址初步分析》，《文物》2010年第2期。

36. 何锟宇：《试论十二桥文化的生业方式——以动物考古学研究为中心》，《考古》2011年第2期。

37. 于孟洲、夏微：《三星堆文化向十二桥文化变迁的相关问题——从金沙遗址兰苑地点谈起》，《南方民族考古》第七辑，科学出版社，2011年。

38. 秦岭：《中国农业起源的植物考古研究与展望》，《考古学研究》（九），文物出版社，2012年。

39. 李映发：《岷江与都江堰对成都平原生存环境的影响——从历史考察的角度》，《西华大学学报（哲学社会科学版）》2013年第32卷第2期。

40. 万娇、雷雨：《桂圆桥遗址与成都平原新石器文化发展脉络》，《文物》2013年第9期。

41. 孙华：《云南高原西部史前文化的探索（代序）》，《苍洱地区史前文化》，文物出版社，2013年。

42. 江章华：《宝墩文化四期遗存分析》，《成都考古研究》（二），科学出版社，2013年。

43. 孙华：《三星堆器物坑的埋藏问题——埋藏年代、性质、主人和背景》，《南方民族考古》第九辑，科学出版社，2013年。

44. 雷雨：《一年成聚二年成邑——对于三星堆遗址一期文化遗存的两点认识》，《夏商周都邑与文化（二）——“纪念二里头遗址发现55周年学术研讨会”论文集》，中国社会科学出版社，2014年。

45. 施劲松：《十二桥遗址与十二桥文化》，《考古》2015年第2期。

46. 江章华：《成都平原先秦聚落变迁分析》，《考古》2015年第4期。

47. 何锟宇：《宝墩遗址：成都平原史前大型聚落考古新进展》，《中国文化遗产》2015年第6期。

48. 陈德安、杨剑：《三星堆遗址商代城址的调查和认识》，《夏商周方国文明国际学术研讨会论文集》，科学出版社，2015年。

49. 万娇：《什邡静安村遗址火烧坑实验报告》，《夏商周方国文明国际学术研讨会论文集》，科学出版社，2015年。

50. 敖天照：《三星堆遗址璞玉、籽玉、大玉料的发现及相关问题的探讨》，《夏商周方国文明国际学术研讨会论文集》，科学出版社，2015年。

51. 万娇：《长江中游地区史前城址城墙比较研究》，《四川文物》2017年第4期。

六、年鉴

1. 赵殿增：《广汉县三星-真武遗址》，《中国考古学年鉴·1985》，文物出版社，1985年。

2. 陈德安、陈显丹：《广汉县三星堆遗址》，《中国考古学年鉴·1987》，文物出版社，1988年。

3. 陈德安：《广汉三星堆早期属国城墙》，《中国考古学年鉴·1990》，文物出版社，1991年。

4. 陈德安：《广汉三星堆遗址西城墙》，《中国考古学年鉴·1993》，文物出版社，1995年。

5. 袁金泉：《广汉三星堆遗址》，《中国考古学年鉴·1997》，文物出版社，1999年。

6. 陈德安：《三星堆遗址月亮湾城墙》，《中国考古学年鉴·2001》，文物出版社，2002年。

7. 陈剑：《大邑盐店、高山新石器时代古城遗址》，《中国考古学年鉴·2004》，文物出版社，2005年。

8. 雷雨：《三星堆商代遗址》，《中国考古学年鉴·2014》，中国社会科学出版社，2015年。

9. 雷雨：《广汉三星堆商代遗址》，《中国考古学年鉴·2015》，中国社会科学出版社，2016年。

七、方志

1. 四川植被协作组：《四川植被》，四川人民出版社，1980年。

2. 四川省水利电力厅：《岷江志》，内部资料，1990年。

3. 四川省地质矿产局：《四川省区域地质志》，地质出版社，1991年。

4. 四川省广汉市《广汉县志》编辑部：《广汉县志》，四川人民出版社，1992年。

5. 成都市地方志编纂委员会：《成都市志·地理志》，成都出版社，1993年。

6. 四川省地方志编纂委员会：《四川省志·地理志（上）》，成都地图出版社，1996年。

7. 成都市地方志编纂委员会：《成都市志·水利志》，四川辞书出版社，2001年。

8. 四川省地方志编纂委员会：《四川省志·卷首》，方志出版社，2003年。

9. 德阳市地方志编纂委员会：《德阳市志（上）》，四川人民出版社，2003年。

后　记

作为一个出生、成长和工作在四川的考古人，从细节着眼了解四川的早期历史一直是我的兴趣所在。大学时曾以《三星堆青铜人体造像初探》①为题撰写毕业论文。那时读书不多，实践更少，网络和计算机也远不如今日发达，“知网”刚刚起步，还在辛苦地与超星竞争，材料的检索与获取都十分不便。好在我需要分析的素材都集中在《三星堆祭祀坑》报告中，其余便是一些相关的阐释文章。那个时候的自己也青涩到可笑，既不关心陶器的年代序列，也不关注其他的考古发现，仿佛整个四川盆地的传说时代，都可以赖在这两个坑中寻求答案。

回川工作多年，再来审视这两个坑，会觉得这批宝藏对四川古史的贡献，不是给出答案，而在让人深思。1986年，这些精美的器物横空出世，让一个湮没于史的方国骤出水面。张爱萍将军题字“沉睡三千年，一醒惊天下”，一个“惊”字，恰如其分地描述了这两坑器物之于四川历史。让人惊艳的璀璨珍宝，唤起了人们对这中华一隅历史的重新审视。而三星堆的宝藏，仅仅是古蜀国这座冰山浮出历史海面的一角，制造和使用这些宝藏的古代社会方是壮观冰山没于海面的部分，是古蜀国真正的根基。

从桂圆桥文化的“筚路蓝缕，以启山林”，到三星堆文化俨然已是文章黼黻的礼仪之邦，这个波澜壮阔的史诗般的进程是本书最想讨论的，但这并不是这本书最初的立意。因为追寻古蜀的历史固然是我的心愿，但并不是我读博的初衷。

读博之初，本是想以大植物遗存为基础，做农业研究。为此还设计了一系

---

① 万娇：《三星堆青铜人体造像初探》，《长江文化论丛》第1辑，中国文史出版社，2006年，147～172页。

列的田野工作和实验室工作，原想搭建四川新石器末期到青铜时代的区域农业框架，后来发现选这么大的题目实在是不自量力，便自觉地改成以川西高原和成都平原的浮选材料为主，探讨成都平原农业的源流。但终因无法仅凭炭化作物种子说清楚旱作向稻作的转变过程，决定将自己擅长的考古文化因素分析加入其中。又因成都平原的考古学文化序列虽然经诸多学者研究、讨论已然建立，但关键的三星堆遗址由于材料公布较少，细化不够，而自己当时设计的田野工作很大一部分在三星堆遗址，常有机会与三星堆工作站原站长陈德安先生、雷雨站长及工作站同仁探讨遗址内各种遗迹现象，辨认各种器物和熟悉分期。但三星堆遗址报告在我临近毕业时，仍未最终完成，只好临时张皇地自己建立三星堆的分期体系，好在导师孙华先生、成都文物考古研究院江章华先生以及我院陈显丹、陈德安、雷雨诸位先生的长期工作，对序列和布局的问题都多有研究，尤其是工作站诸位同仁，发表出来的文章虽然不多，但发掘、整理多有心得。这些材料和心得只是还没有在纸上完成系统的梳理，只是我因为毕业期限，等不及梳理完成，也没法完全自己梳理一遍，便匆匆以历年发掘卡片为基础，自己借着学者们已有的认识，在更丰富的材料基础上细化年代分期。

幸运的是，也适逢三星堆遗址“十二五”期间重启田野工作，调查、钻探和发掘带来的新发现、新成果不断，对遗址的认识用“日新月异”来形容也不为过。2014年底在青关山台地发掘我的T5388的时候，地层显示的台地结构完全颠覆了我的预期，彻底打乱了我的论文计划。虽然让讨论三星堆遗址早期农业的预期落空，但却让我从此坚信月亮湾小城的与众不同。虽然很多环节还有缺失，但聚落的演变过程越来越明晰，便忍不住将三星堆遗址的形成过程，从严肃的推理论证到“材料不足征也”的连蒙带猜，进行了还原。后来，我常常在收工时看着夕阳下金色的青关山台地，想起这里曾经是古蜀国的中枢核心，宫阙巍峨，说不尽的庄严肃穆。而在这个王国最后的岁月里，这里被夷为平地，宫殿和北城墙间的空地被填平，巍巍高台，只作了后人的墓地。

所以，我本来是计划以成都平原为中心讨论农业的，不知不觉就变成了主要在探讨三星堆遗址。到最后慌慌忙忙，原计划中的重点——大植物遗存反映的成都平原作物变迁因为我田野设计的欠缺未能出现可供讨论的变化。我不应该把重点放到三星堆这样的大遗址，所以我最终获得的作物遗存的变化幅度和讨论度远不及考古学文化、聚落及聚落分布的变化，被弱化到只是引用已有的成果，自己的数据反而隐而不显。当然，这其中，有原有的传统考古训练的路径依赖，也有自己用力不勤，植物数据不够，植物考古训练不足等多个原因。回首博士论文的写作之途，就像一条岔道很多的路，不停地往自己熟悉的方向每次偏一点点，写完论文后蓦然发现，本来要做植物考古的，最终还是做回了考古。

必须感谢我的原定第一导师张弛教授，虽然最终我的论文出乎意料地从植物考古转到了三星堆遗址和成都平原考古研究，老师看到论文后惊讶地将我还给了我导孙华教授，改做第二导师。犹记当初我忐忑地向老师汇报完从考古到植物再到农业社会的研究思路时，张弛老师就非常担忧，直接告诉我可以先以考古为重点进行研究，不用“考古、植物两张皮”，最好再延期一年到半年毕业。那个时候我还是没舍得放弃已经完成的植物部分工作，但后来无奈地发现，我想探讨基层的农业社会，却选择了三星堆遗址内最高大上的青关山台地做浮选，虽然根据当时的认识，我以为我选择的是在一个重要地方的前重要时段堆积做发掘。这次谈话最直接的影响是张弛老师延期的警告吓坏了我，让我回家后立刻收拾行李，以最快的速度“滚”去了三星堆工作站，拔网线也没起什么作用的拖延症神奇地不治而愈，每夜加班加点地赶论文材料和论文写作。

而我的导师孙华教授，一开始也以为我要做完全的农业研究，所以一直安心地做我的第二导师，虽然一直知道我在三星堆工作站整理，却还以为我一直在捣鼓三星堆的浮选材料，直到收到预答辩的论文，才震惊地发现怎么我又做回了传统考古！在张弛老师拒收后，又匆匆忙忙地做回第一导师，从本来就很紧张的时间预算中抽出宝贵的时间帮我指导和修改。

风趣、热情的秦岭老师负责具体指导我植物考古的学习，连带着Dorain Fuller教授也来指导我鉴定种子。在学校的日子，我也常常泡在实验室里假装很勤奋。很感谢实验室的小伙伴邓振华、高玉、蒋宇超、石涛等对我的帮助。即便我论文最终放弃了植物考古，植物考古训练仍然是我读博期间的重要收获，也是我现在研究的重要方向。

感谢吴小红老师和潘岩老师，当我为论文急匆匆地要^{14}C数据的时候，两位老师都热情提供了帮助。

为了论文的及时完成，为了我可以按时毕业不赔钱，我工作的四川省文物考古研究院给予了很大的支持，让我后期可以专心在三星堆工作站整理和写作，并且在材料、人员安排上给我提供了最大的方便。感谢陈德安先生、雷雨站长的支持和帮助，感谢给我提供了植物考古材料的刘志岩、陈苇、李万涛、金国林、辛中华、冉宏林、焦中义等同事。感谢在我发掘、整理期间提供帮助的冉宏林、罗泽云、吴承源、段家义、曾俊、焦中义，文中所用的三星堆遗址线图多由工作站罗泽云绘制，大家每天中午饭后一起打乒乓球的快乐时光，让我挺过了紧张、焦虑和睡眠不足，健康地熬到毕业。感谢协助我发掘和整理的张娇娇，在工作之余自愿熬夜加班帮我整理的李会，还有帮我拼陶片的尹芊雪子。

正是有这么多老师、领导、同事、同学的帮助，我的博士论文才每一步都踩在最后时刻里紧赶慢赶地完成。但也因为博士毕业的用力过度，毕业之后很长时间，我都无法直视我的论文。

忙碌的日常中，偶尔也会想起某些通宵之后的清晨，爬上三星堆工作站的楼顶，看着有些凌冽的晨风慢慢把天空吹成蓝色，映衬着皑皑雪山远远地矗立在天边，金色的晨曦暖暖地抚过峰顶，镀上层淡淡的金色（图版一四，1）。眼前这风景，应同千年前。相距不远的三星堆城墙，当年也该曾有人站在上面，看向金色晨曦中的皑皑雪山。隔着三千年的距离，我还是想知道这座曾经是成都平原中心的伟大城市，在她带着成都平原迈向文明的一千五百年间，到底发生了什么。

也正是这份一直困扰我的好奇，让我毕业多年后重新拎着行李回到工作站。非常感谢院里对我的宽容，让我可以有一段时间自由地发呆、整理、思考和探索，好好地丰富和完善我不够完美的毕业论文。曾经抱怨因为学术混淆了生活，曾经想着这件任务就倍感压抑，但是现在我很喜欢这段安静而充实的时光。沉浸在未知的过去，才觉得学术于我，不再是负担，更像是纷繁生活中的一片纯净天空，柴米油盐里的诗与远方，滚滚红尘中的一株菩提。

也许考古的有趣就在于，不仅要常常出差到别人不会去的荒郊野外，还需时不时“出差”到别人去不了的过往时光。历史的宏观叙述让人觉得疏离，考古是另一个维度的“身临其境”，让人在瓶瓶罐罐、一砖一瓦的碎片里拼凑过去、看见过去、理解过去，知道我们是如何从不同的路、用不同的方式走到共同的今天。脱离历史大事件的风起云涌，从镌刻在平凡生活中一餐一饭的差异（即考古中常言的陶器组合、铜器组合，等等），去理解这个世界的丰富、多样和不同。

最后，感谢牛津大学的安可（Anke Hein）副教授，修改、丰富和完善了我的英文摘要。谢谢我的雷英师姐承担了编辑本书的责任，虽然好几次吓得我通宵然后头疼，但是我终于完成了。

谢谢你们！

2020年9月17日于成都

四川广汉三星堆遗址正射影像图
（航拍时间：2011年11月22日）

图版二

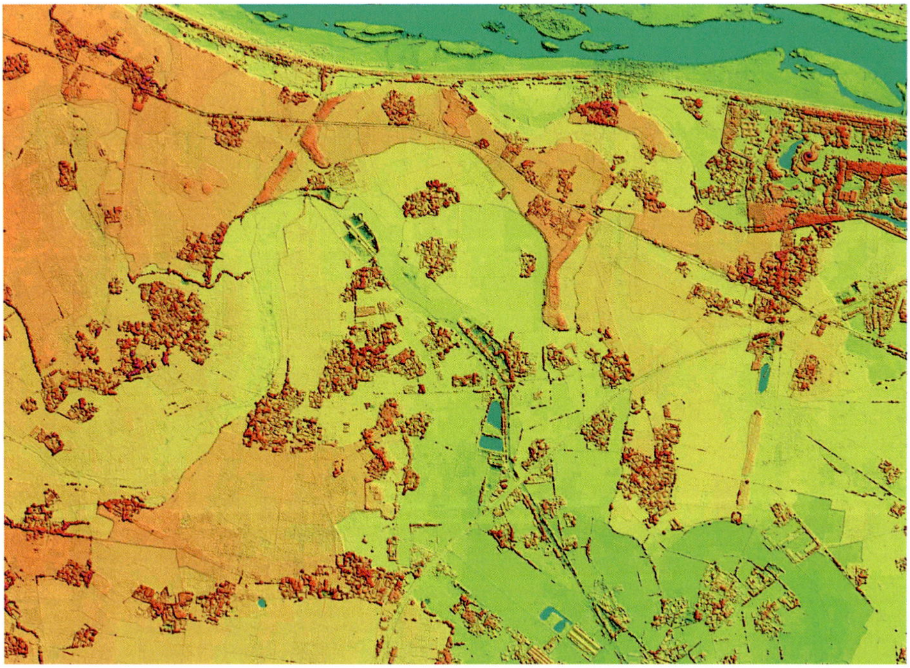

1. 三星堆遗址航拍正投影渲染图

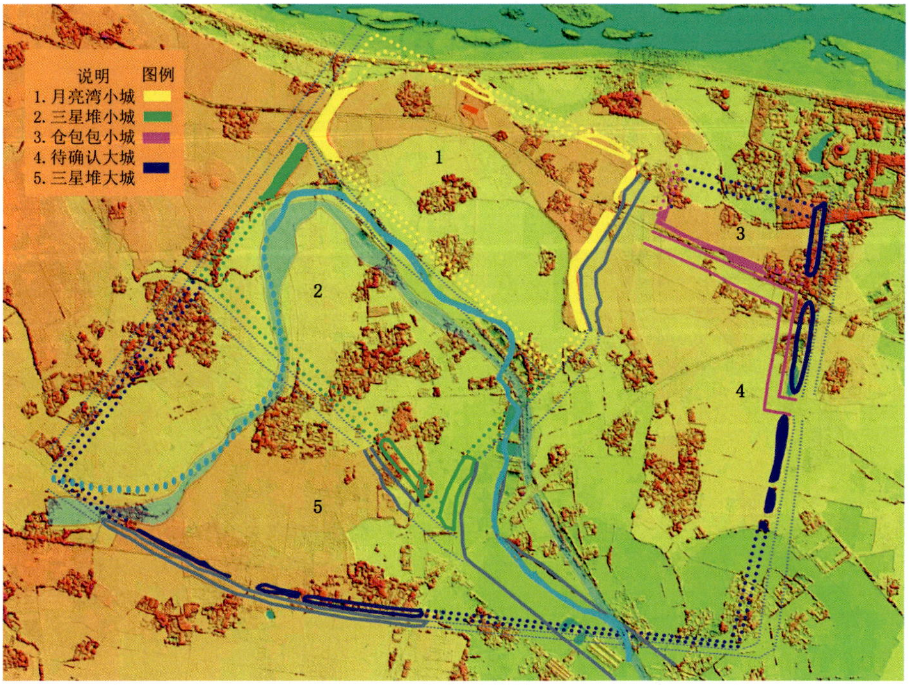

2. 三星堆古城结构图

图版三

1. 三星堆遗址科罗娜（Corona）卫星照片

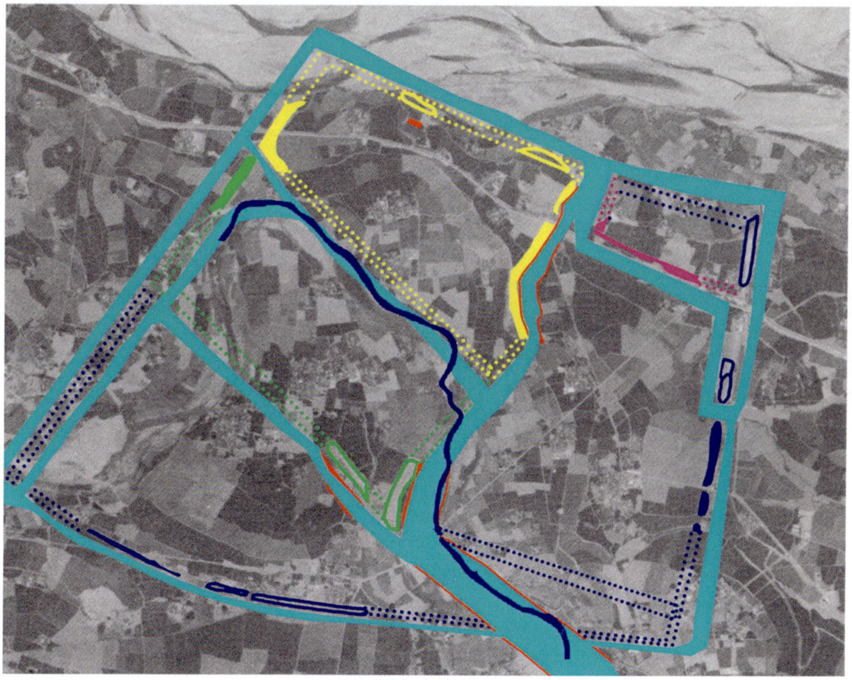

2. 三星堆古城水域复原想象图

图版四

1. 三星堆遗址1980年发掘点和三星堆城墙航拍

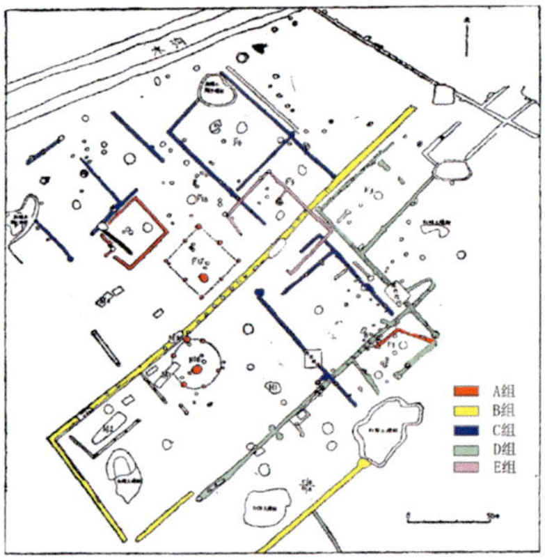

2. 1980地点建筑结构（简报）

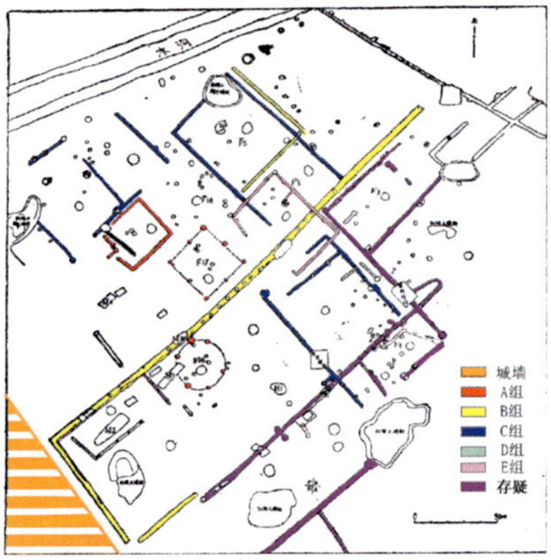

3. 1980地点建筑结构分析

4. 1980地点发掘建筑航拍片

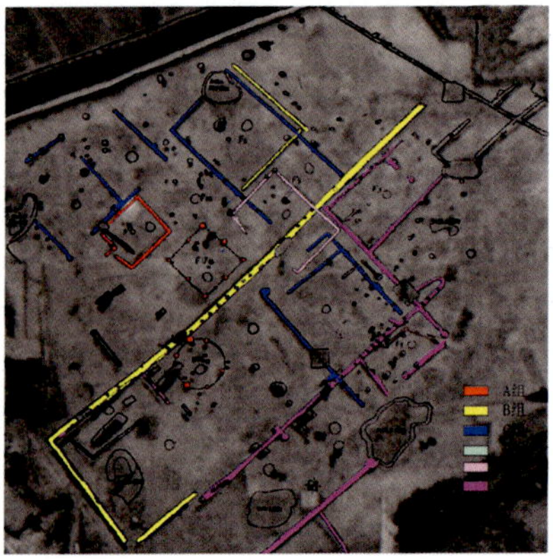

5. 1980地点建筑结构分析（航拍片）

桂圆桥遗址二期典型夹砂陶片

图版六

1. 桂圆桥一期典型夹粗砂厚胎红陶片

2. 2012GSFgT5388⑧出土纹饰陶片

图版七

1. 三星堆遗址第一大期夹砂陶片（2012GSFgT5388⑪）

2. 三星堆遗址第一大期泥质陶片（2012GSFgT5388⑫）

图版八

2012GSFgT5388⑤出土尖底杯

1. 什邡桂圆桥遗址H20

2. 什邡桂圆桥遗址F1

图版一〇

1. TN07E08⑥出土的尖底钵底部侧视图

2. TN07E08⑥出土的尖底钵底部俯视图

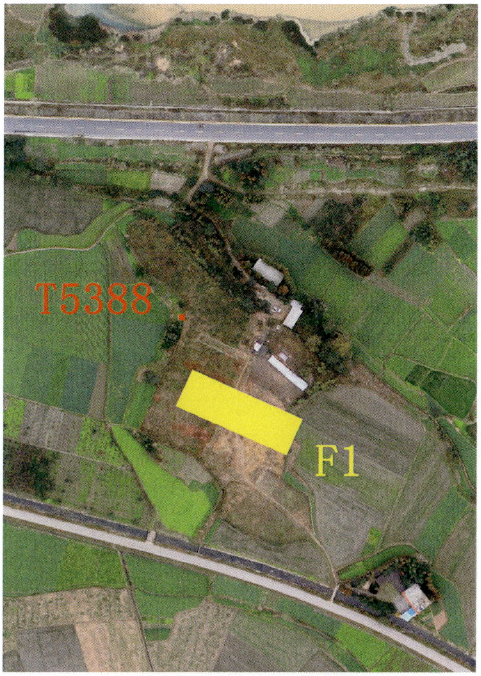

1. 2012GSFgT5388位置图

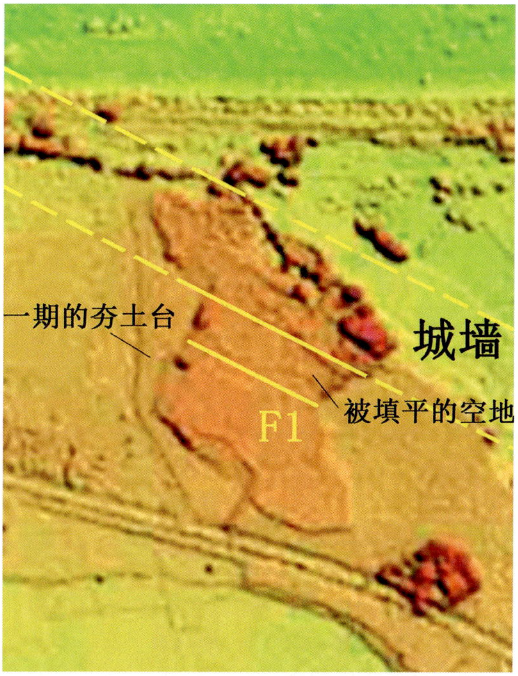

2. 青关山台地平面结构

3. 2012GSFgT5388解剖方层位关系

图版一二

1. 2012GSFgT5388H11清理完毕的遗迹关系

2. 2012GSFgT5388F1清理完毕的遗迹关系

1. 2012GSFgT5388H11出土遗物

2. 2012GSFgT5388H11器物坑

图版一四

1. 从三星堆工作站远眺狮子王峰

2. 从青关山台地远眺狮子王峰

3. Google Earth 模拟从青关山看龙门山脉模型

4. 从筲箕塘梁子看狮子王峰和九顶山

1. 三星堆遗址东城墙局部

2. 三星堆遗址东城墙

3. 三星堆城墙剖面

图版一六

三星堆城墙

1. 三星堆遗址月亮湾小城西城墙

2. 三星堆遗址月亮湾城墙和壕沟

图版一八

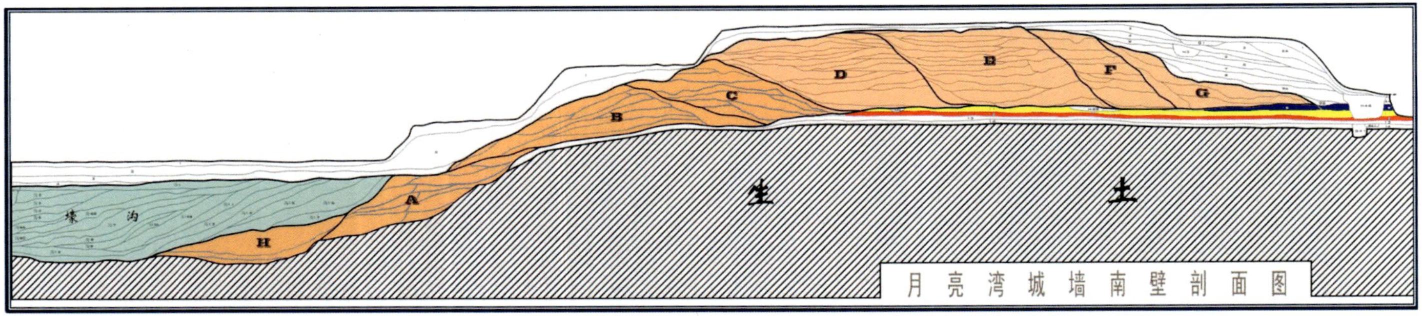

1. 月亮湾城墙南壁剖面图

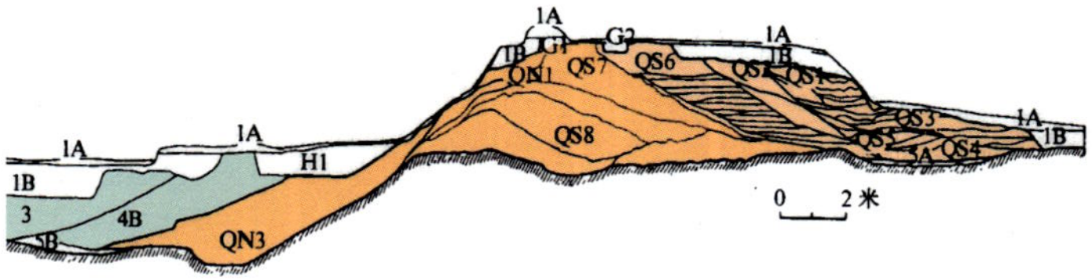

1A. 农耕土 1B. 灰褐色土 3. 褐色土 4B. 灰褐色土 5A. 青褐色土
5B. 黄褐色土 QS1—8. 城墙南侧夯土 QN1、QN3. 城墙北侧夯土

2. 宝墩遗址真武宫城墙T1东壁剖面

3. 月亮湾城墙剖面照片

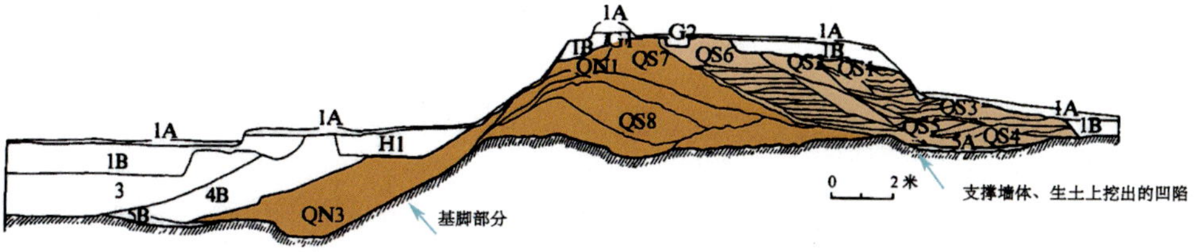

1. 新津宝墩真武宫T1东壁剖面

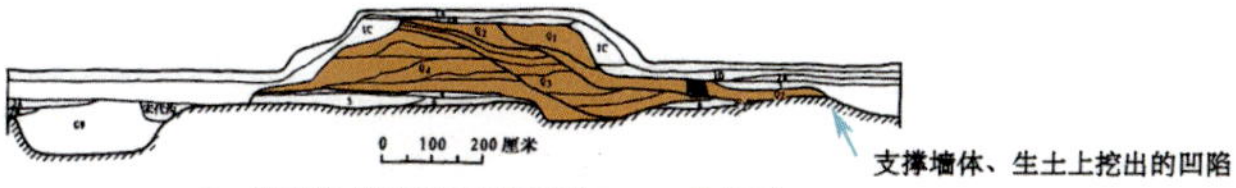

2. 新津宝墩蚂蝗墩TG1剖面

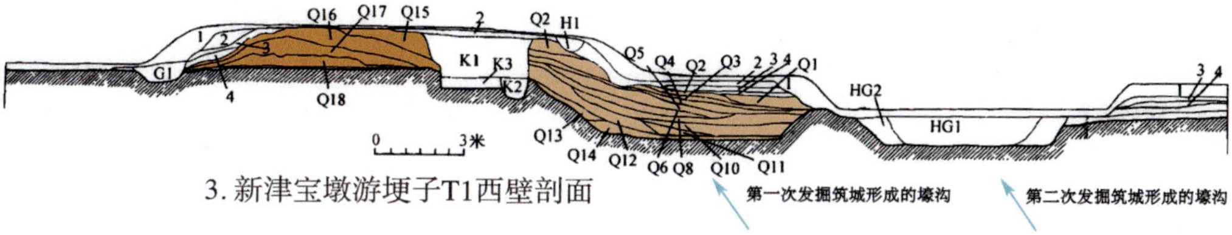

3. 新津宝墩游埂子T1西壁剖面

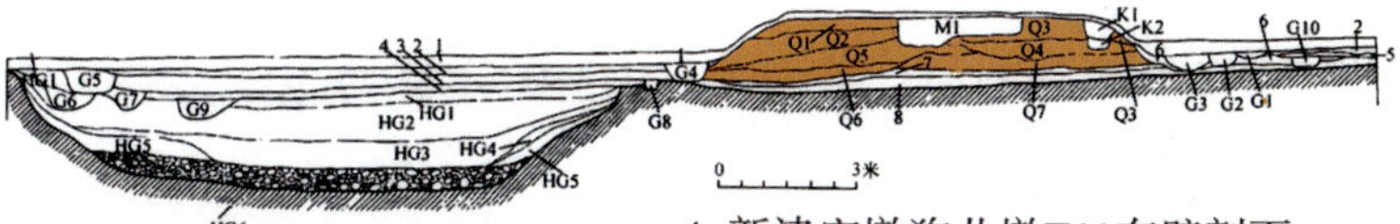

4. 新津宝墩狗儿墩T11东壁剖面

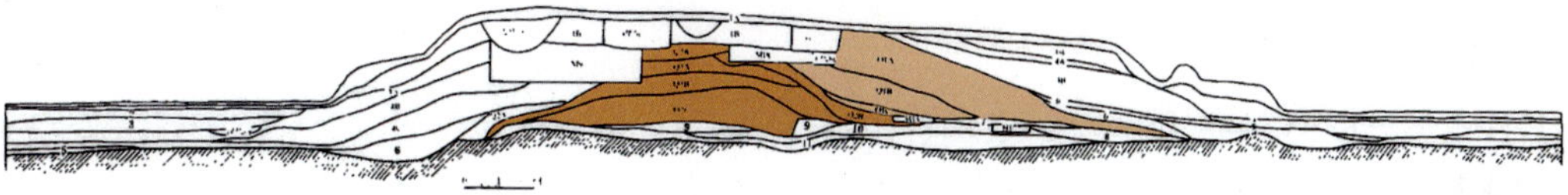

5. 郫县古城97CPGT6西壁

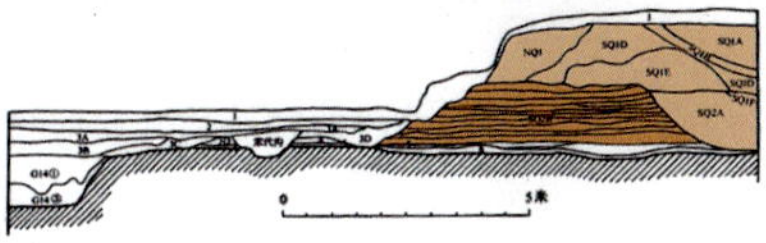

6. 都江堰芒城T1661～T1461东壁剖面

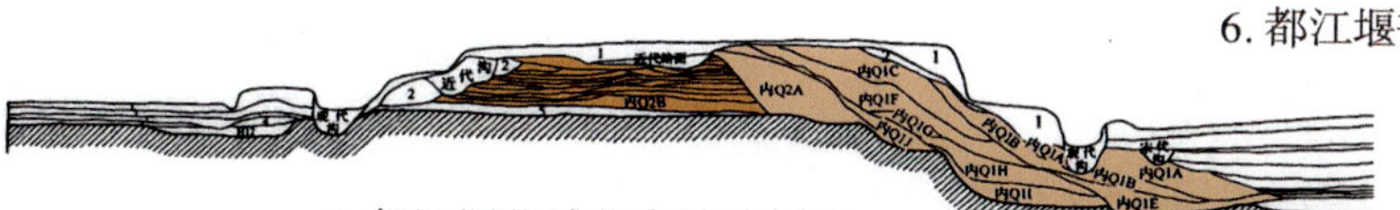

7. 都江堰芒城北内城墙剖面

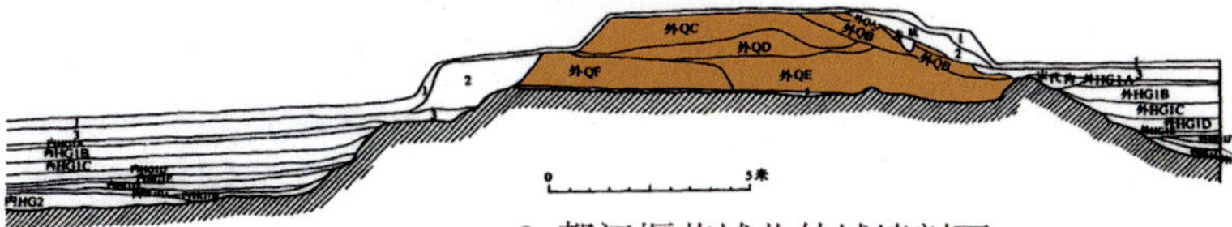

8. 都江堰芒城北外城墙剖面

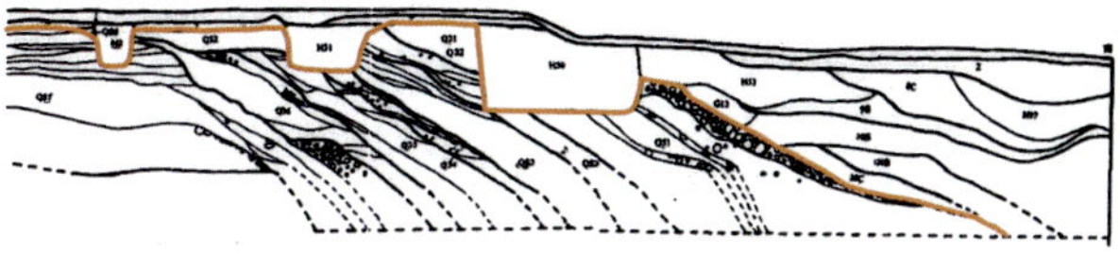

9. 温江鱼凫城剖面

图 标

墙芯
始筑部分

增筑部分

图版二〇

1. 穿越龙门山脉—翻越轿壁山垭口

2. 岷江上游典型地貌：松潘—茂县段德胜堡

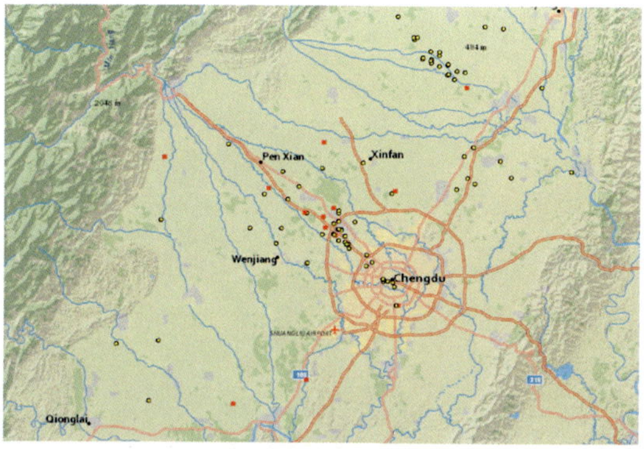

1. Ⅲ段遗址分布图

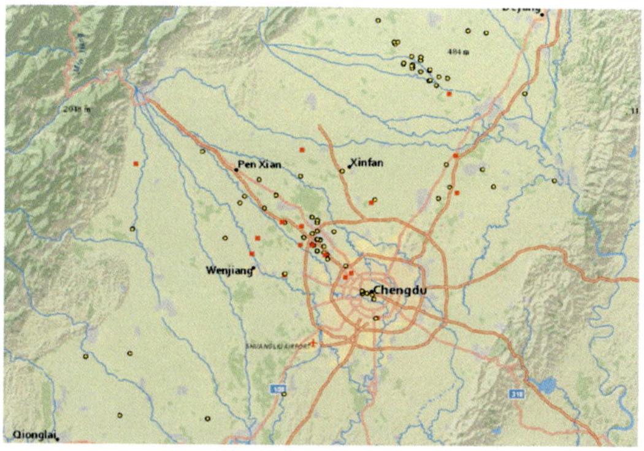

2. Ⅳ段遗址分布图

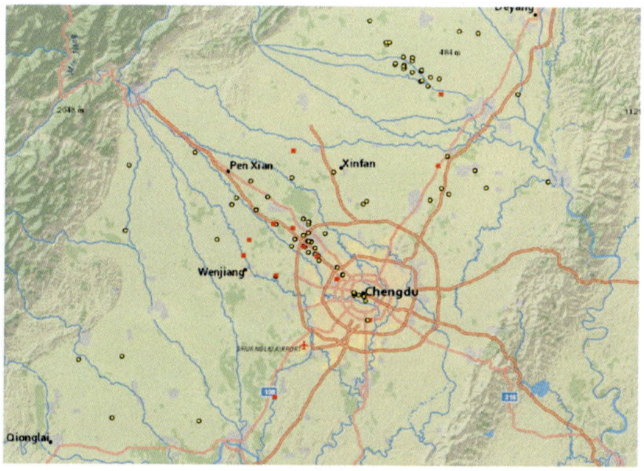

3. Ⅴ段遗址分布图

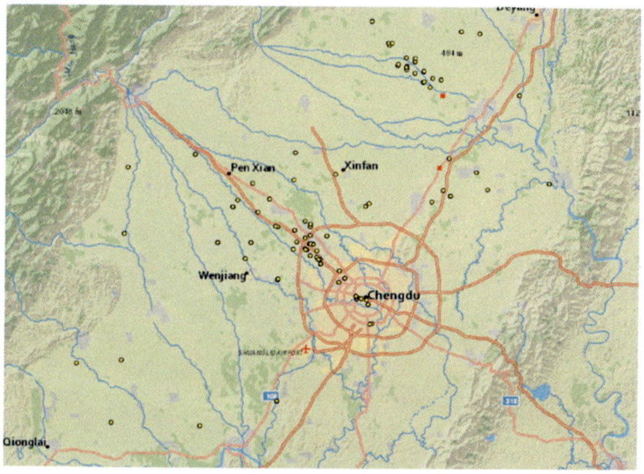

4. Ⅵ段遗址分布图

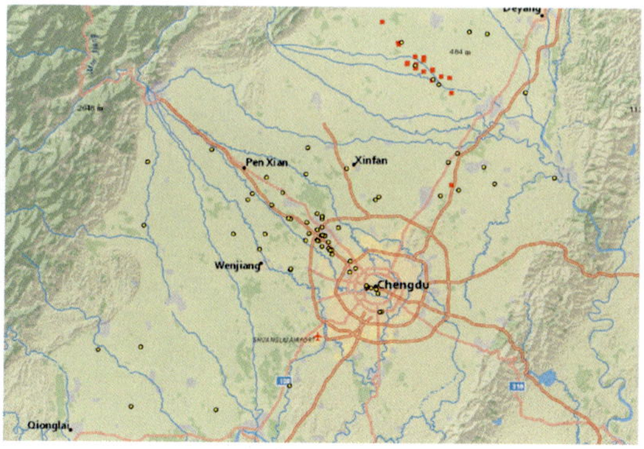

5. Ⅶ段遗址分布图

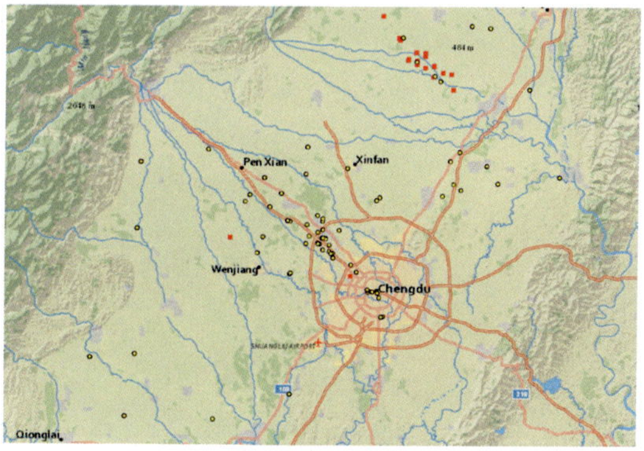

6. Ⅷ段遗址分布图

图版二二

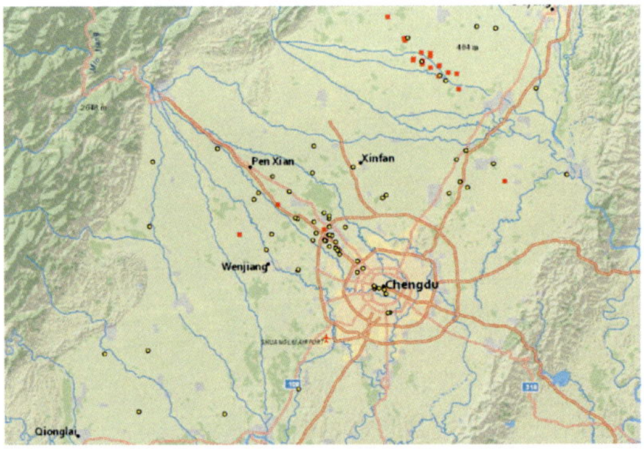

1. Ⅸ段遗址分布图

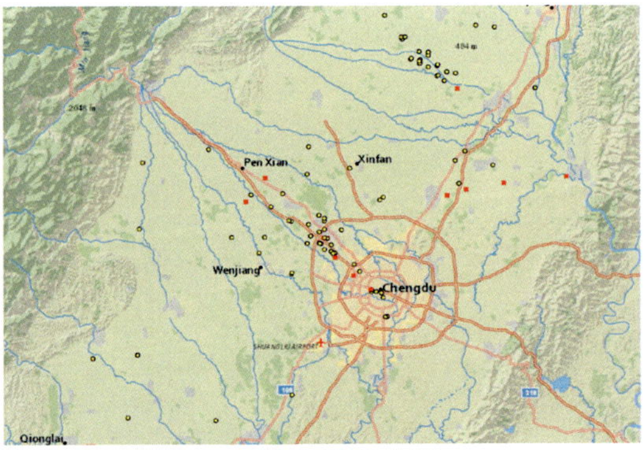

2. Ⅹ段遗址分布图

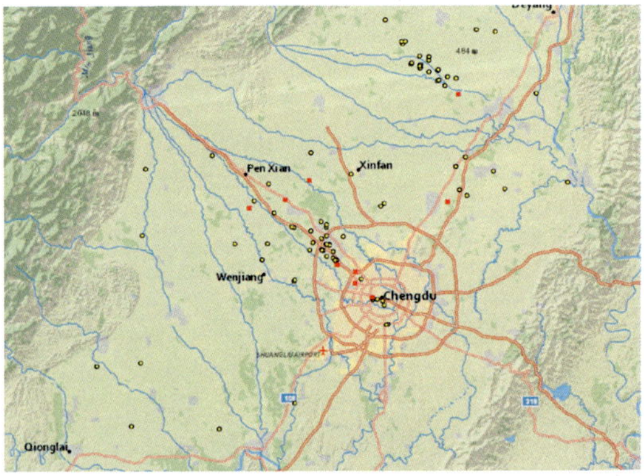

3. Ⅺ段遗址分布图

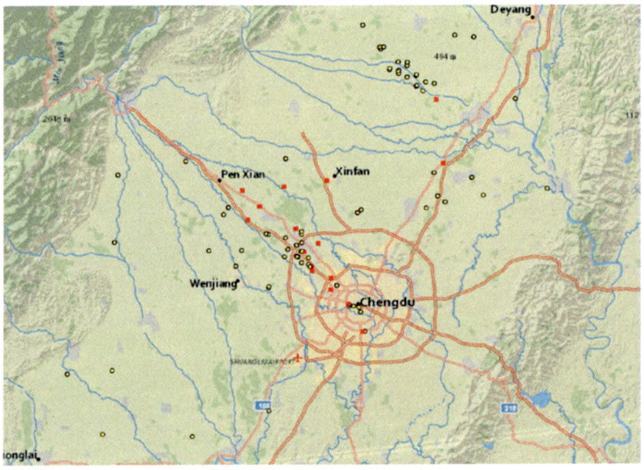

4. Ⅻ段遗址分布图

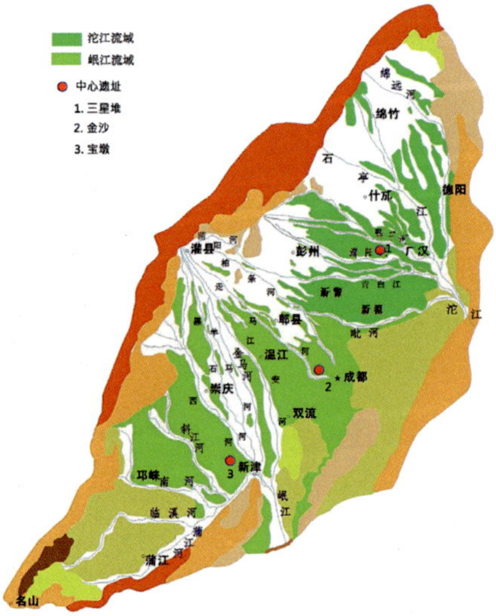

5. 成都平原地貌简图

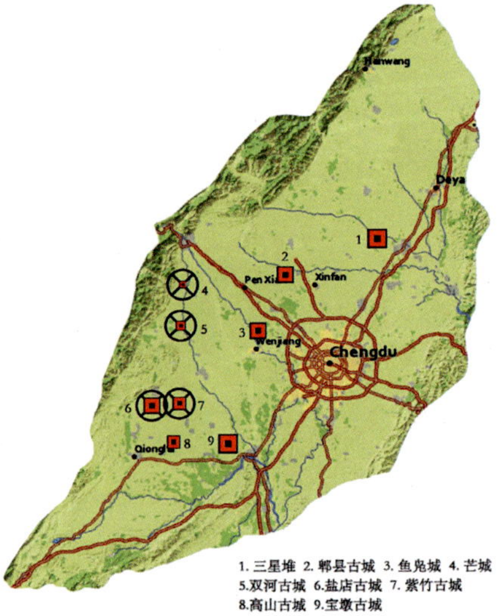

6. 宝墩文化时期成都平原城址分布图

图版二三

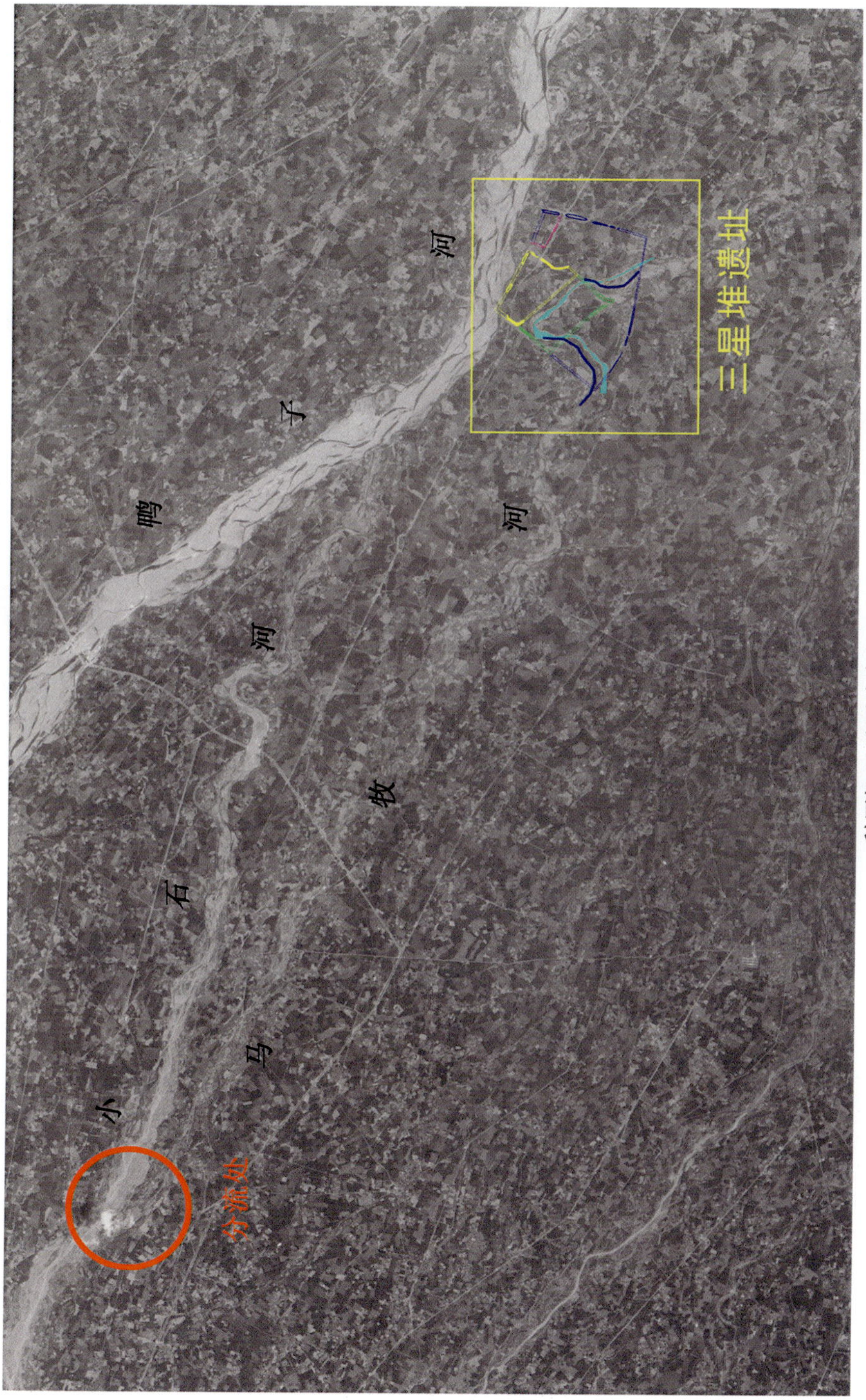

科罗娜卫星照片中的马牧河

图版二四

2012FgT5388H28
2012FgT5388⑪
2012FgT5388⑩
2012FgT5388⑩
2mm
2012FgT5388H15
1
2
3
4
5
6
7
8
9
10
11
12
13
14
15
2mm
2012GSFgT5388H5③

1. 水稻

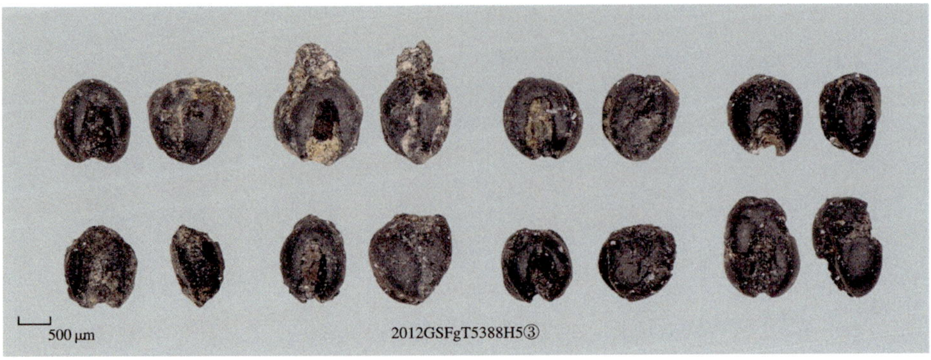
500 μm
2012GSFgT5388H5③

2. 粟